4

5

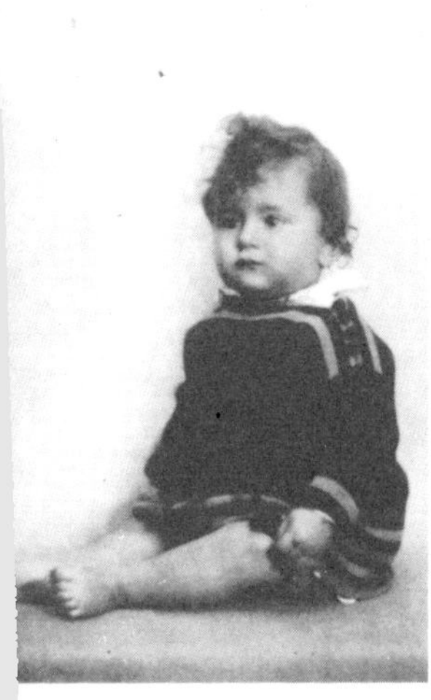

10

11

George Clare · Das waren die Klaars

George Clare

Das waren die Klaars

Spuren einer Familie

Ullstein

Titel der englischen Originalausgabe: »Man always does«
Ins Deutsche übertragen von Gabriele Grunwald und Frank Hergün
Verlag Ullstein GmbH · Berlin · Frankfurt/M. · Wien

Satz: Filmsatz Otto Gutfreund, Darmstadt
Druck und Binden: May & Co Nachf., Darmstadt
Printed in Germany 1980
ISBN 3 550 06323 7

Für meine Eltern
Ernst und Stella Klaar
und für ihre Enkel
Sylvia, Andrew, Jacqueline
und Julie

ERSTER TEIL

»Das Leben auf dem Lande«, schrieb mein Vater, »ist jetzt äußerst unbequem. Die eisige Kälte draußen kommt der Kälte im Herzen gleich. Man muß hier alles selbst machen, und es ist bewundernswert, wie Deine Mutter mit all dem allein zurechtkommt. Nichts ist ihr je zuviel, sie beschwert sich nie, ist völlig selbstlos. Wenn sie mit Besen, Bürste und Staubwedel fertig ist, kommen die Töpfe und Pfannen an die Reihe, in denen sie ihre ausgezeichneten kulinarischen Einfälle in die Tat umsetzt. O ja, sie hält es immer noch sehr mit dem Saubermachen.«

Vater schrieb diesen Brief am 23. Januar 1941 in dem abgelegenen Gebirgsdorf St. Pierreville im Département Ardèche, das das Frankreich Pétains und Lavals meinen Eltern als Zwangswohnsitz zugewiesen hatte.

Mit freundlicher Genehmigung der Armee Seiner Britannischen Majestät, die mir aus dringenden familiären Gründen Sonderurlaub und einen Eisenbahnfahrschein bewilligt hatte, reiste ich im Sommer 1946 von Berlin, wo ich stationiert war, nach Lyon. Dort holte ich im Büro der Jüdischen Gemeinde die wenigen Habseligkeiten ab, die meine Eltern in St. Pierreville zurückgelassen hatten, als sie, von Vichy-Gendarmen eskortiert, ihre letzte Reise antreten mußten.

Doch weder St. Pierreville noch Hitlers Wien war der eigentliche Ausgangspunkt dieser Reise. Das waren nur die letzten Stationen meiner Eltern auf der sehr viel längeren Reise der europäischen Juden, die aus den Ghettos heraus auf dem Umweg über die Emanzipation schließlich nach Auschwitz führte.

Die Familien meiner Eltern waren typisch für jenen Teil des mitteleuropäischen Judentums, der, beeinflußt von Aufklärung und wirtschaftlichem Liberalismus, Gleichheit mit seinen Gastvölkern anstrebte und Teilhabe an ihrem Kulturgut suchte.

Vor ungefähr 150 Jahren begannen die Klaars, die zweifellos tief im Ghetto verwurzelt waren, zusammen mit anderen den Exodus. Das geschah in den Nachwehen der napoleonischen Stürme mit all ihren Umwälzungen in Mitteleuropa. Dieses Buch ist die Geschichte der Klaars, aber es ist auch die Geschichte all derer, die fest daran glaubten, daß ihre Schritte sie ins Gelobte Land bringen würden, während sie in Wirklichkeit in der Vernichtung endeten.

Mein Urgroßvater Herrmann Klaar wurde in Stanislau, einem kleinen Städtchen in der Bukowina, geboren. Die Bukowina war die östlichste Provinz des Habsburger Kaiserreichs. Herrmann Klaar kam 1816 zur Welt. In einem Jahr, in dem Napoleon auf St. Helena verzweifelte, Beethoven in Wien auf dem Höhepunkt seines Ruhmes stand und Fürst Metternich der unbestrittene Herrscher Österreichs war, der rücksichtslos Fortschritt und Liberalismus unterdrückte, kurz all jene Ideen, die sich seit der Französischen Revolution über Europa verbreitet hatten. Für Metternich waren »Freiheit, Gleichheit, Brüderlichkeit« die drei verächtlichsten Wörter in jeder Sprache. Er war der standhafteste Verfechter und Verteidiger der »Legitimität«, jenes gottgegebenen Rechtes der Habsburger und ihresgleichen zu herrschen.

Das einzige Recht, das Metternich dem Volk zugestand, war das, in Frieden zu leben – vorausgesetzt, es mischte sich nicht in die Politik ein, beanspruchte keine Beteiligung an der Macht und hielt ansonsten den Mund; der war nach Meinung der Traditionalisten lediglich zum Absingen der Kaiserhymne und für den Konsum von Backhendln geschaffen.

Österreichische Historiker nennen die Zeit, in die Herrmann Klaar hineingeboren wurde, die »Backhendl-Zeit«. Aber trotz Metternichs autoritärer Politik war es auch eine Ära, in der sich nur wenige, sehr wenige, wirklich unterdrückt fühlten. Die Mehrheit, und es war die absolute Mehrheit, war ganz zufrieden, die Politik anderen überlassen zu können, und beschränkte die eigenen Aktivitäten darauf, aus dem Leben das Beste zu machen. Geld, nicht feudaler Landbesitz, wurde zum allgemein akzeptierten Maßstab für Wohlstand. Es behielt seinen Wert, der sicherste Beweis für Stabilität, und es sah ganz so aus, als würde es eine lange Ära wirtschaftlicher und politischer Beständigkeit werden.

Im großen und ganzen war es eine glückliche und sichere Zeit, weil – wie es Henry Kissinger beschreibt – Metternichs Politik eine fundamentale Gewißheit widerspiegelte: daß nämlich Freiheit und Autorität untrennbar sind, daß Freiheit ein Attribut der Ordnung ist.

Es war auch eine Zeit der Hoffnung für die Juden, die Zeit, in der ein junger Jude wie Herrmann, anders als noch sein Vater Isaak – ein wohlhabender Weinhändler, aber immer noch kaftangewandet und bärtig –, in einem orthodoxen jüdischen Elternhaus aufwachsen und dennoch einen »nicht-jüdischen« Beruf ergreifen und darin ungewöhnliche Karriere machen konnte. Herrmann Klaar wurde Offizier in der k.u.k. Armee.

Natürlich wurde er kein schneidiger Dragoner oder geschniegelter Gardist – kein Jude, der an seinem Glauben festhielt, durfte in eines der österreichischen Eliteregimenter eintreten. Herrmann Klaars Karriere war nicht rein martialisch. Er trat dem kurz zuvor erweiterten Sanitäts-Korps bei und wurde einer der ersten, wenn nicht sogar der erste Jude überhaupt, der in der Armee des Kaiserreichs den Rang eines Regimentsarztes Erster Klasse erreichte.

Auf einem Foto, das lange nach seinem Ausscheiden aus dem aktiven Dienst aufgenommen wurde, sieht man deutlich, wie sehr Herrmann die Rolle des k.u.k. Offiziers verinnerlicht hatte. Das strenge Gesicht, umrahmt von einem Kaiserbart, und seine Haltung, aufrecht wie ein Ladestock, verraten den ehemaligen Offizier, der es sein Leben lang gewohnt war, eisern auf Disziplin zu achten. Ich weiß nicht, ob der kleine Ludwig – sein jüngster Sohn und mein Großvater – oder seine Geschwister tatsächlich Haltung annehmen und salutieren mußten, wenn der Herr Papa abends aus der Kaserne zurückkam. Vermutlich ging es nicht ganz so weit, aber ich bin mir sicher, daß der Kasernenhof-Stil in der Familie nicht unbekannt war.

Herrmann Klaar war fünfundzwanzig Jahre alt, als er sein Medizinstudium beendete und am 14. November 1841 Rosalie Goldberg heiratete. Seinen Titel als Doktor der Medizin und Geburtshilfe der Universität Wien erhielt er am 25. Januar 1842.

Herrmann Klaar hatte sich auf eigene Füße gestellt. Als Nachkomme einer Reihe von Dorfgastwirten, die schließlich zu Weinhändlern aufgerückt waren, hatte er die erste Gelegenheit genutzt, die sich Ghettobewohnern aus dem von den Österreichern als fast »asiatisch« angesehenen Teil des Kaiserreichs bot, eine westeuropäische Ausbildung zu erlangen und einen Beruf zu ergreifen, der Juden früher verwehrt war.

Der frischgebackene Doktor eröffnete in Czernowitz, der Hauptstadt der Bukowina, eine Praxis, und im Laufe der Zeit wurde seine und Rosalies Ehe mit drei Kindern gesegnet, zwei Jungen und einem Mädchen. Ludwig, der Jüngste, mein Großvater, wurde am 1. November 1849 geboren, damals war sein Vater dreiunddreißig Jahre alt.

Die Saat der Französischen Revolution begann, begünstigt durch die sich rapide verändernden Wirtschaftsstrukturen, in den Jahren 1848 und 1849 auch in Österreich aufzugehen. Widerstand gegen die autoritäre Monarchie wurde zu einer revolutionären Bewegung, die kaum einen Teil Europas unberührt ließ. Liberale und nationale Ideen drangen schnell und tief in breite Schichten der Bevölkerung ein und bedrohten den restaurativen Autoritarismus Metternichs ernsthaft.

Die früheren Ghettobewohner, die ihren Weg zum europäischen Säkularismus gefunden hatten, sahen sich nun in einem Dilemma. Ihre Emanzipation verdankten sie zu einem großen Teil dem erwachenden europäischen Liberalismus und Nationalismus. Der Nationalismus kämpfte in der ersten Hälfte des vergangenen Jahrhunderts hauptsächlich für Selbstbestimmung und trug noch nicht jene chauvinistischen Züge, die er in der zweiten Hälfte annehmen sollte. In ähnlicher Weise war auch der frühe Liberalismus noch nicht der entschiedene Vertreter unbeschränkter Wirtschaftsinteressen, sondern trat für politische Gleichheit und größere Bürgerrechte ein.

Für Juden verbargen sich im Nationalismus Gefahren. Nationalistische Ziele und Propaganda appellierten nicht nur an die edlen Gefühle im Volke. Nach und nach entwickelte sich Fremdenhaß bis hin zu antisemitischen Schmähungen. Theoretisch sollten nationalistische und liberale Ziele eine größere Toleranz gegenüber Minderheiten beinhalten. Das war aber keineswegs der Fall. Ein Teil der Bevölkerung sah die Juden mit der verhaßten Zentralregierung unter einer Decke stecken, während der andere sie als Revoluzzer betrachtete und als Zerstörer der etablierten Ordnung verurteilte.

Wie so oft bei Revolutionen begannen auch hier, kaum daß die erste Begeisterung einer gewissen Ernüchterung gewichen war, erbitterte Diskussionen über das taktische Vorgehen. Einige Revolutionäre wollten alles und jedes umstürzen, andere rieten zu vorsichtigerem Verhalten. Aber noch während sie miteinander debattierten, begannen die Truppen der staatlichen Macht, die zunächst erschreckt vor der Revolution geflohen waren, sich wieder zu sammeln und zu reorganisieren.

In Österreich löste der achtzehnjährige Franz Joseph seinen imbezilen Onkel Ferdinand auf dem Thron ab. Die Truppen des jungen Kaisers schlugen die Revolution erbarmungslos nieder. Für Henker und Exekutionskommandos waren das hektische Zeiten. Am 11. März 1849, neun Monate vor der Geburt seines Sohnes Ludwig, schloß Herrmann Klaar seine Praxis und trat der Armee bei.

Warum? Wollte er versuchen, das System zu verteidigen, das ihm schließlich zur Emanzipation verholfen hatte? Fürchtete er, der widerspenstige Nationalismus könne ihn eines Tages seiner Gleichberechtigung wieder berauben? Oder rebellierte Herrmann einfach gegen seinen orthodoxen Vater, indem er sich gegen seine jüdische Herkunft wandte? Wollte er sich ein für allemal von den alten Überlieferungen und traditionellen Vorstellungen im Ghetto losreißen?

Bis zu einem gewissen Punkt traf das sicher zu, aber wenn die Klaars sich widersetzten, verfielen sie keineswegs in Extreme. Herrmann gab seinen jüdischen Glauben nicht auf, er konvertierte nicht. Er blieb Jude, aber er wollte auch »richtiger« Österreicher sein. Und nichts war in dem vielsprachigen Kaiserreich so österreichisch wie die Armee. Franz Grillparzer drückte es in einem Satz aus: »In deinem Lager ist Österreich.« Mit ihren Soldaten und Offizieren der verschiedensten Nationalitäten gehörte die Loyalität der Armee der Krone direkt. Diese Krone war Österreich. Bis 1918, als das Habsburger Reich zusammenbrach, sprach man von Österreich nur als von »der Monarchie«. Es gab viele Monarchien in Europa, aber die Länder, die von diesen Monarchen regiert wurden, blieben dennoch Deutschland,

Italien, Großbritannien; nur Österreich war »die Monarchie«. Zu Recht, denn das habsburgische Österreich war nie eine ethnische Einheit.

Herrmann Klaar wurde von Dr. Bürtl, Oberst des Sanitäts-Korps im Kommandanturbereich Lemberg, für den Militärdienst akzeptiert. Der dreiunddreißigjährige Arzt erhielt den Rang eines Oberleutnants des Sanitätswesens und das Feldlazarett Nummer 11 als Standort zugewiesen.

Herrmanns militärische Führungsakte ist erhalten. Auf die darin enthaltene Frage: »Geistige Fähigkeiten?« antwortete der prüfende Offizier: »Sehr viele.« Der neue Oberleutnant war ausgesprochen sprachbegabt. Er beherrschte Deutsch, Französisch, Polnisch und Ruthenisch – die beiden letzten waren Sprachen des Gebiets, in dem er aufgewachsen war. Darüber hinaus muß er aber auch Jiddisch gesprochen und gute Kenntnisse in Latein gehabt haben. Später lernte er auch noch Italienisch, das er sich während seiner Dienstzeit im Lande aneignete.

Er war nicht nur ein intelligenter, er war auch ein ehrgeiziger Mann. Während seines Dienstes bei der Armee – zugegebenermaßen waren die Aufgaben in der Garnison in jenen Tagen nicht gerade aufreibend – setzte er seine medizinischen Studien fort und qualifizierte sich 1851 als Chirurg an der Universität Krakau. Während dieser Zeit diente er beim 29. Infanterieregiment. Er blieb noch viereinhalb Jahre beim Militär, um danach wieder eine Praxis zu eröffnen. Nach sechs Jahren beim Militär hatte er Anspruch auf eine Pension. Eine bescheidene Lebensgrundlage war gesichert.

Die Familie Klaar kehrte nach Czernowitz zurück. Das war die Stadt, in der Herrmann bekannt war, in der er und seine Frau Freunde und Familienangehörige hatten und die er deswegen als seine Heimat betrachtete. Aber die Armee – er war natürlich auf die Reserveliste gesetzt worden – erlaubte ihm nicht lange, das geruhsame Leben eines Zivilisten zu führen. Am 1. März 1858, nur zweieinhalb Jahre nachdem er den Soldatenrock ausgezogen hatte, wurde der Reservist »rearbitriert«, wie es im Sprachgebrauch der österreichischen Armee hieß. Herrmann Klaar wurde dem 5. Infanterieregiment Prinz Lichtenstein zugeteilt. Franz Joseph schickte seine Truppen auf den Kriegspfad. Der junge

Kaiser wollte seinen rebellischen Untertanen in Italien eine Lektion erteilen, die sie nicht vergessen sollten.

In Polen und Ungarn waren die Revolutionen von 1848 mit bereitwilliger und tatkräftiger Unterstützung des russischen Zaren und seiner Kosaken blutig niedergeschlagen worden, aber in den österreichisch besetzten Gebieten Italiens brodelte es weiter. Die Unruhe wuchs von Tag zu Tag. Die Zeit des »Risorgimento« war gekommen, Italien sollte endlich als eine Nation wiedererstehen. Nationale Einheit hieß das Feuer, das die Herzen der Italiener entflammte. Garibaldi und seine Rothemden hatten in den Italienern einen neuen Nationalstolz geweckt, und die blendenden politischen Schachzüge des Grafen Benso di Cavour, des Ministerpräsidenten des Königreichs Sardinien-Piemont, bewiesen, daß es keineswegs an scharfsinniger politischer Führung mangelte. Cavour schloß ein Bündnis mit Napoleon III., ein brillanter Coup, der gegen Österreich gerichtet war. Ein vereintes Italien unter der Krone Savoyens war kein ferner Traum mehr.

Camillo Graf Benso di Cavour spielte seine Karten gut aus. Seine Trumpfkarte war die Unerfahrenheit des neunundzwanzigjährigen Kaisers Franz Joseph und die Dummköpfigkeit seiner Berater. Österreich erklärte den Krieg. Frankreich erklärte den Krieg. Piemont erklärte den Krieg. Die Franzosen marschierten, die Italiener marschierten, die Österreicher marschierten, und mit ihnen marschierte der neuernannte Regimentsarzt im Hauptmannsrang, Dr. Herrmann Klaar.

Er trug nicht die strahlend weiße Uniform, jahrhundertelang das sichtbare Zeichen der militärischen Macht Österreichs, wie die Offiziere und Mannschaften der kaiserlichen Infanterieregimenter. Die Militärärzte – es gab damals 972 von ihnen – trugen als Offiziere mattblaue Waffenröcke mit schwarzen Einfassungen an Kragen und Ärmeln und mit zwei Reihen von Messingknöpfen, pechschwarze Hosen mit roten Biesen an den Hosenbeinen, den langen Offiziersdegen mit goldenen Quasten und den goldverbrämten, grünbefederten Zweispitz. Auf Herrmanns Kragen funkelten die drei goldenen Sterne des Hauptmanns.

Da waren sie also. So strömten sie nach Italien hinein, eine Menschenmasse in Weiß und Gold. Gold glitzerte auf den schwarzen Tschakos, die leuchtenden Scheiden der Säbel funkelten im Sonnenlicht. Jeder Mann so blank wie ein polierter Knopf, jeder Mann ein ideales Ziel für die Scharfschützen des Feindes.

Wenn man Berichte über die Kriege und Schlachten des vergangenen Jahrhunderts liest, über die Verwegenheit und den Mut der Soldaten, über das Vorstoßen und Zurückziehen unter dem Klang schmetternder Hörner, über junge Fähnriche, die das Banner hochhalten, während die Hand schon im Todeskrampf erstarrt, läßt all dies die Kriege vergangener Zeiten so heldenhaft, rein, ja fast schön erscheinen. Doch die Wirklichkeit sah für die, die daran teilnahmen, ganz anders aus. Kriege waren zu allen Zeiten blutige Schlachtbänke. Zu Dr. Herrmann Klaar und seinen Kollegen wurden die Sterbenden und Verwundeten getragen, zu ihm und seinen Kollegen schleppten sich die Verletzten auf der Suche nach Hilfe. Stunde für Stunde schwangen die Ärzte Skalpell und Knochensäge, und das Blut floß in Strömen über die strahlend weißen Uniformen. Aber das Durcheinander auf den Verbandsplätzen und in den Feldlazaretten war nichts im Vergleich zu dem Chaos, das die österreichischen Befehlshaber angerichtet hatten.

Österreichs Soldaten waren gute Soldaten. Es gab tapfere Männer in allen Rängen der Armee, und die jungen Offiziere waren geradezu schneidig. Aber ihre hohen Befehlshaber hatten die Dummheit zur Kunst verfeinert. Unerschütterlich glaubten sie daran, daß zehn großmäulige Feldwebel und eine Handvoll ruppiger Oberste auf dem Schlachtfeld wertvoller seien als jede Zahl brillanter Stabsoffiziere. Der Italienfeldzug und später Königgrätz waren Triumphe des Unverstands.

Der 24. Juni 1859 brach an, der Tag der Schlacht von Solferino. Um sechs Uhr morgens schickte der Kaiser, der höchstpersönlich das Kommando übernommen hatte und so zur Untauglichkeit die Unerfahrenheit fügte, seinen Stab voraus. Er selbst und sein Stabschef wollten später folgen. Diese Entscheidung war der Beginn einer Komödie, die sich im Laufe des Tages in ein Trauerspiel verwandeln sollte. Gegen neun Uhr suchten die Stabsoffiziere ihren Kaiser, während der Kaiser seinen Stab suchte. In einer Art, die jeder englischen Fuchsjagd zur Ehre gereicht hätte, stürmten sechzig oder siebzig Stabsoffiziere über Felder, Hecken und Gräben – immer auf der Suche nach ihrem

Oberbefehlshaber. Als man sich endlich gefunden hatte, war es natürlich zu spät.

Herrmann Klaar zog sich mit den geschlagenen Truppen in jene Teile Italiens zurück, die Österreich verblieben waren, und diente in verschiedenen Regimentern. Herrmanns Tochter heiratete einen Prinzen Colonna, den sie in Italien kennengelernt hatte. Prinzen aus dem Geschlecht der Colonna trifft man nicht in Czernowitz!

Herrmann Klaar war immer noch in Italien, als Österreich 1866 seinen Krieg gegen das Preußen des Fürsten Bismarck verlor. Der allerdings war davon überzeugt, daß einige wenige brillante Stabsoffiziere mehr wert waren als jede x-beliebige Anzahl von großmäuligen Feldwebeln und ruppigen Obersten.

Österreichs Schwierigkeiten mit Bismarcks Soldaten ermutigten die Italiener, es noch einmal zu versuchen. Dieses Mal verloren die Italiener. Einer ihrer Angriffspunkte war das Fort Palmanova, das den Zugang zu Triest schützte, dem wichtigsten Seehafen der Monarchie. Italienische Truppen schnitten die Garnison ab und belagerten die Festung, die unter dem Kommando von General Corte stand. Sich in einem belagerten Fort aufzuhalten ist bestimmt kein angenehmer Zustand, aber für Urgroßvater Herrmann, den ranghöchsten Militärarzt der Garnison, muß es die Hölle gewesen sein. Unter den Verteidigern von Palmanova brach die Cholera aus. Herrmann unternahm ungewöhnliche Anstrengungen, die Epidemie unter Kontrolle zu bringen. Das blieb nicht ohne Anerkennung. Dr. Herrmann Klaar wurde zum Regimentsarzt Erster Klasse befördert und in Depeschen lobend erwähnt. Die offizielle Belobigung liest sich so: »Am 10. Oktober 1866 wurde Regimentsarzt Dr. Herrmann Klaar in Depeschen offiziell genannt und äußerst lobend erwähnt wegen seines unermüdlichen Einsatzes in Erfüllung seiner Pflichten während der Belagerung der Festung Palmanova und der sich anschließenden Cholera-Epidemie. General Corte hat eine persönliche Empfehlung für den Offizier geschrieben.«

So kam Herrmann Klaar zu seiner dritten Beförderung. Er war fünfzig Jahre alt und hatte fast zwanzig Jahre lang in der Armee gedient. Beförderungen ließen zu Friedenszeiten in der österreichischen Armee lange auf sich warten. Mein Urgroßvater hatte an den Italien-Feldzügen teilgenommen, seinen Dienst also im Krieg abgeleistet, dennoch vollzog sich sein Aufstieg auf der militärischen Karriereleiter eher im Kriechtempo.

Die Armee-Offiziere, unter denen er diente, hatten eine gute Meinung von ihm. Oberst Franz von Brznina und Major Gustav Lorenz, Befehlshaber und Adjutant des Regiments, dem Herrmann angehörte, hielten in dessen militärischer Führungsakte fest, Dr. Herrmann Klaar sei in seinem Betragen gegen Obere »sehr achtungsvoll und zuvorkommend«, gegen Untergebene »theilnehmend und freundlich« und »vollkommen verläßlich und sehr eifrig in Erfüllung seiner Berufspflichten«.

Sein Vorgesetzter als Militärarzt, Oberstabsarzt Zimmermann vom Sanitäts-Korps der Armee, sah das ganz anders. »Ist von leicht bestimmbaren Charakter«, schrieb er in Herrmanns Führungsakte, »unvortheilhaftem Äußeren, eifrig und thätig im gewöhnlichen formellen Dienste; entspricht aber höheren Anforderungen nicht. Zur Beförderung nicht geeignet.«

Im Klartext hieß »unvorteilhaftes Äußeres«: Der Mann ist Jude und deshalb »zur Beförderung nicht geeignet«. Juden sollten wissen, wo ihre Grenzen waren.

Offensichtlich konnte Zimmermann Juden nicht leiden, aber auch berufliche Eifersucht mochte sein negatives Urteil beeinflußt haben. Immer mehr jüdische Medizinstudenten verließen mit erstklassigen Prüfungsergebnissen die Universitäten und eröffneten gutgehende Praxen in Wien oder anderen Städten. Zimmermann konnte diesen Trend nicht aufhalten, aber er konnte wenigstens darauf achten, daß sich Ähnliches nicht auch in der Armee anbahnte.

Zimmermann brauchte seine Meinung gar nicht deutlicher auszudrücken. Die verschlüsselte Form stand in völliger Übereinstimmung mit der österreichischen Art, derartige Dinge zu erledigen.

Aber um gerecht zu sein: Das Österreich Zimmermanns war auch das Österreich, in dem sich ein junger Jude von den Fesseln befreien konnte, die das Judentum jahrhundertelang gefangengehalten hatten. Es war dieses Österreich, das ihm das Studium ermöglicht, ihm gestattet hatte, Offizier zu werden – also in der kurzen Zeitspanne eines Lebens den enormen Sprung vom jüdischen Ghettobewohner zum respektierten Bürger Wiens zu schaffen.

Und weil Herrmann Klaar die Möglichkeit zu diesem Sprung hatte und ihn auch schaffte, ist er in vieler Hinsicht die Schlüsselfigur in unserer Familiengeschichte. Er war der erste Klaar, der westliche Züge annahm, der erste, der sich völlig anglich, und zweifellos auch der erste, der dem tragischen Irrtum verfiel zu glauben, trotz seiner Zugehörigkeit zu einer Minderheits-Religion ganz und gar Österreicher zu sein, der sich in nichts von anderen Österreichern unterschied.

Herrmann Klaar lebte in einer Zeit, die ihre Zimmermanns hatte – aber selbst die Zimmermanns waren damals im großen und ganzen doch zivilisierte Menschen. Sie hatten ihre Vorurteile und Abneigungen, aber sie waren keine Mörder.

Es gab Antisemitismus, es gab Antisemiten. Sie konnten Juden Schwierigkeiten machen und taten das auch. Aber ihr Antisemitismus war religiös, nicht rassisch begründet. Falls sich ein Jude dazu entschloß, zum Christentum überzutreten, öffneten sich dem Konvertiten fast alle beruflichen Türen. Es war eine Zeit, in der die Welt noch in Ordnung zu sein schien.

Wie Stefan Zweig in seiner Autobiographie »Die Welt von gestern« sagt: »Alles in unserer fast tausendjährigen österreichischen Monarchie schien auf Dauer gegründet und der Staat selbst der oberste Garant dieser Beständigkeit. Die Rechte, die er seinen Bürgern gewährte, waren verbrieft vom Parlament, der frei gewählten Vertretung des Volkes, und jede Pflicht genau begrenzt. Unsere Währung, die österreichische Krone, lief in blanken Goldstücken um und verbürgte damit ihre Unwandelbarkeit. Jeder wußte, wieviel er besaß oder wieviel ihm zukam, was erlaubt und was verboten war. Alles hatte seine Norm, sein bestimmtes Maß und Gewicht. Wer ein Vermögen besaß, konnte genau errechnen, wieviel an Zinsen es alljährlich zubrachte, der Beamte, der Offizier wiederum fand im Kalender verläßlich das Jahr, in dem er avancieren werde und in dem er in Pension gehen würde. Jede Familie hatte ihr bestimmtes Budget, sie wußte, wieviel sie zu verbrauchen hatte für Wohnen und Essen, für Sommerreise und Repräsentation, außerdem war unweigerlich ein kleiner Betrag sorgsam für Unvorhergesehenes, für Krankheit und Arzt bereitgestellt. Wer ein Haus besaß, betrachtete es als sichere Heimstatt für Kinder und Enkel, Hof und Geschäft vererbte sich von Geschlecht zu Geschlecht; während ein Säugling noch in der Wiege lag, legte man in der Sparbüchse oder der Sparkasse bereits einen ersten Obolus für den Lebensweg zurecht, eine kleine ›Reserve‹ für die Zukunft. Alles stand in diesem weiten Reiche fest und unverrückbar an seiner Stelle und an der höchsten der greise Kaiser; aber sollte er sterben, so wußte man (oder meinte man), würde ein anderer kommen und nichts sich ändern in der wohlberechneten Ordnung. Niemand glaubte an Kriege, an Revolutionen und Umstürze. Alles Radikale, alles Gewaltsame schien bereits unmöglich in einem Zeitalter der Vernunft.«

Jedoch stand in jenem »weiten Reiche« kaum etwas wirklich »unverrückbar an seiner Stelle«, mit Ausnahme eines Mannes – Franz Joseph. Haß zwischen nebeneinander lebenden Völkerstämmen zum Beispiel wurde zur Voraussetzung für das fast unvermeidliche Verlangen der nationalen Bewegungen nach Selbstbestimmung. Die Ungarn haßten die Deutsch-Österreicher, die Tschechen und die Kroaten; die Deutsch-Österreicher haßten die Ungarn mehr als alle anderen; die Tschechen haßten alle zusammen. Eine Krise folgte der anderen, eine Regierung löste die andere ab. Eigentlich war alles in Bewegung, jedoch ohne sichtbare Fortbewegung, ohne Fortschritt.

Über diesem etablierten Tohuwabohu aber stand – »unverrückbar an ihrer Stelle« – die Monarchie. Franz Joseph war kein bedeutender Mann; mitunter kleinlich bis zur Mißgunst, war er steif und unbeugsam. Viel zu oft sah er die Probleme, die das 19. und 20. Jahrhundert stellten, mit den Augen eines Souveräns aus dem 18. Jahrhundert. Er machte unzählige Fehler einschließlich des letzten und tragischsten im Jahr 1914, als er am Ecktisch in einem schäbigen kleinen Raum seines Jagdschlosses in Bad Ischl seine Unterschrift unter ein Dokument setzte, das Millionen von Menschen zum Tode verurteilte. Dennoch schuf er ganz einfach durch sein langes Leben, durch sein »Unverrückbar-an-seiner-Stelle«-Sein jenes psychische Klima von Stabilität und Sicherheit, das Stefan Zweig so gut beschreibt.

Die schönen Künste – Musik, Literatur, Theater – erlebten in diesem Klima eine Blüte wie nie zuvor. Fast nirgendwo auf der Welt waren künstlerische Leistungen so anerkannt und so auf Zeit und Ort konzentriert wie im Wien Kaiser Franz Josephs. Hier gab es das Auditorium, das ein Künstler braucht, wenn seine Arbeiten gelingen sollen. Sigmund Freud – kein scharfsinnigerer Beobachter dieser Zeit kann zitiert werden – sagte über Franz Josephs Reich, lange nachdem es zusammengebrochen war: »Österreich-Ungarn besteht nicht mehr, aber ich möchte nirgendwo anders hin; die Emigration ist nichts für mich. Statt dessen werde ich mit dem verstümmelten Körper leben und mich an die Illusion klammern, er sei noch vollständig.«

Auch die Dauerhaftigkeit, von der Stefan Zweig spricht, war eine Illusion. Aber eine Illusion, an die man fest genug glaubt, wird zur Realität.

Es war ein Zeitalter, in dem Dauerhaftigkeit mit Stabilität verwechselt wurde. Es ließ die Familie Klaar glauben, Gleiche unter Gleichen zu sein – ungeachtet ihrer Religion und ihrer Herkunft.

Aber nichts ist so unbeständig wie die Beständigkeit, nichts so unsicher wie die Sicherheit. Juden, heißt es, sind so wie andere Menschen auch, nur etwas mehr so. Die Beständigkeit bei den österreichischen Juden war so unbeständig wie die der anderen, nur etwas mehr so. Die Sicherheit der Juden war so unsicher wie die der anderen, nur ein bißchen mehr so...

Die Schicksale von Herrmanns Enkeln Paul, Fritz, Josef, Sally und Ernst beweisen, wie verhängnisvoll es war, Dauerhaftigkeit und das Ausbleiben einer Veränderung mit Stabilität und Sicherheit zu verwechseln. Sie wurden als voll integrierte Wiener Bürger geboren und wuchsen in einem Staat auf, der sicher und stabil erschien. Sie waren von Geburt an Österreicher unter Österreichern. Sie gehörten zur Generation Stefan Zweigs, der über seine und ihre Zeit schrieb: »Uns war es vorbehalten, wieder seit Jahrhunderten Kriege ohne Kriegserklärungen, Konzentrationslager, Folterungen, Massenberaubungen und Bombenangriffe auf wehrlose Städte zu sehen, Bestialitäten all dies, welche die letzten fünfzig Generationen nicht mehr gekannt haben und künftige hoffentlich nicht mehr erdulden werden. Aber paradoxerweise habe ich auch in ebenderselben Zeit, da unsere Welt im Moralischen zurückstürzte um ein Jahrtausend, dieselbe Menschheit im Technischen und Geistigen sich zu ungeahnten Taten erheben sehen, mit einem Flügelschlag alles in Millionen Jahren Geleistete überholend: die Eroberung des Äthers durch das Flugzeug, die Übermittlung des irdischen Worts in derselben Sekunde über den Erdball und damit die Besiegung des Weltraums, die Zerspaltung des Atoms, die Besiegung der heimtückischesten Krankheiten, die fast tägliche Ermöglichung des gestern noch Unmöglichen. Nie bis zu unserer Stunde hat sich die Menschheit als Gesamtheit teuflischer gebärdet und nie so Gottähnliches geleistet.«

Als Herrmann Klaar nach fast zwanzigjähriger Dienstzeit aus der Armee ausschied, war er zweiundfünfzig Jahre alt. Also jung genug, um sich mit einer Praxis in Wien niederzulassen. Wenn ihm seine Pension auch nicht gerade zu Wohlstand verhalf, so doch zu einer gewissen Sicherheit. Wieder wurde er auf die Reserveliste gesetzt und schließlich sogar zum Major befördert. Das bedeutete auch eine Erhöhung seiner Pensionsbezüge um sechzig Gulden im Jahr. Das Leben war angenehm.

Herrmann Klaars jüngster Sohn Ludwig, mein Großvater, wurde ebenfalls Arzt. Er starb am 24. März 1922 an Kehlkopfkrebs. Eine kurz vor seinem Tod aufgenommene Fotografie zeigt Freundlichkeit und Trauer in den dunklen jüdischen Augen; eine tiefe Linie, die diagonal zu der scharfen Nase sein Gesicht durchfurcht, verrät ein aufbrausendes, hitziges Temperament, und die starken, buschigen Brauen drücken Entschlossenheit aus. Schnurrbart und Backenbart verdecken seine Lippen fast ganz. Die herabhängenden Enden des Schnurrbarts verstärken den ohnehin traurigen Gesichtsausdruck.

In der Familie galt Ludwig als ausgesprochen autoritär. Sein Verhalten gegenüber seinem Sohn aus erster Ehe, um den er sich nie kümmerte, bildete jahrelang Gesprächsstoff über seine ungebührliche Härte. Ludwig Klaars erste Frau Hermine war eine Tochter von Dr. David Winternitz, dem Gründer und Herausgeber des »Österreichischen Journals für praktische Medizin«.

Hermine, geboren 1850, war ein Jahr jünger als ihr Mann Ludwig. Sie heirateten 1881 und bekamen einen Sohn, Felix.

Ludwig Klaar ließ sich bereits drei Jahre später wieder scheiden. Der Grund für das Scheitern der Ehe war Hermines seelische Krankheit. Sie verbrachte die letzten zwölf Jahre ihres Lebens in der psychiatrischen Klinik Steinhof in Wien. In diese Klinik wurde 1919 auch der gemeinsame Sohn Felix eingewiesen, im selben Jahr übrigens, in dem seine Mutter dort starb.

Von Ludwig Klaars erster Ehe erfuhr ich zum erstenmal im Jahr 1938, als ich zusammen mit meinem Vater im Wiener Rathaus die Bestätigung abholen wollte, daß er keine Steuerschulden habe. Nach dem »Anschluß« Österreichs ans Deutsche Reich konnte man ohne eine derartige Bescheinigung nicht auswandern.

Im Rathaus wurden wir mit einem fast freundlich klingenden »Heil Hitler« begrüßt. Aber dann, nach einem Blick auf uns, setzte der junge Beamte mit dem Hitlerbärtchen hinzu: »Ach so, das dürfn S' ja net sagen. Also guten Morgen, und um was geht's denn?« Er bat uns sogar, Platz zu nehmen. Mein Vater erklärte, daß er seinen Steuerbescheid benötige, weil wir auswandern wollten.

»Haben S' alles bezahlt?« fragte der Mann. Mein Vater bejahte, und der Beamte begann, seine Akten zu durchstöbern. »Ah ja, Klaar Ernst. Hier ham mas!« Er nahm die Akte heraus, öffnete sie, las, runzelte die Stirn und sah dann mit einem sarkastischen Lächeln auf den Lippen zu meinem Vater auf. »Ja, ja, ja«, sagte er. Man konnte genau sehen, daß ihm das, was er da gefunden hatte, sehr gut gefiel. »Den Bescheid kann i Ihna net geb'n.«

»Aber warum denn nicht? Ich habe meine Steuern doch bezahlt.«

»Ja, ham S' dös wirklich?« fragte der Mann und schnalzte schadenfroh mit der Zunge. »Ham S' net wos vergessen?« Er amüsierte sich offenbar königlich. »Wie steht's denn mit dem Bruder?« fragte er.

»Von welchem meiner Brüder sprechen Sie?« erkundigte sich mein Vater.

»Na, von dem verrückten Halbbruder. Von dem, den die christlichen Steuerzahler dieser Stadt seit zwanzig Jahren in Steinhof ernähren. Arier zahlen heute net mehr für meschuggene

Juden, wissen S'? Zahlen S' nun für seinen Unterhalt oder wollen S' ka Bescheinigung? Mir is' wurscht.«

Nach österreichischem Recht konnte Vater für einen Halbbruder finanziell nicht haftbar gemacht werden. Aber Gesetz hin, Gesetz her – die Nazis waren jetzt die Herren, und was sie sagten, galt. Auch als mein Vater vorbrachte, daß er diesen armen Stiefbruder noch nie gesehen habe, machte das keinen Eindruck. Vater zahlte.

Erst nach dem Krieg erfuhren wir, daß derselbe Beamte auch meine Onkel Paul und Fritz dazu gezwungen hatte, für Felix Klaars Unterhalt zu bezahlen.

Felix' Akte wird noch immer in Steinhof aufbewahrt. Sie sagt über sein weiteres Schicksal aus, daß er am 1. August 1940 in eine »unbekannte Institution« gebracht wurde. Dabei handelt es sich mit großer Wahrscheinlichkeit um Schloß Hartheim bei Linz, wo die Nationalsozialisten geistig Behinderte ermordeten und das Euthanasie nannten.

Ludwig Klaars zweite Frau Julie wurde wie er selbst in Czernowitz geboren. Die Hauptstadt der Bukowina war damals nicht größer als ein Marktflecken mit etwa 24000 Einwohnern. Etwa die Hälfte davon waren Juden, die andere Hälfte setzte sich aus Ukrainern, Polen, österreichischen Beamten und Soldaten zusammen.

Auch wenn Ludwig als autoritär galt und zu seiner Zeit die Bezeichnung Familienoberhaupt mehr war als eine Beschreibung auf einem Zensusformular, war er doch eine weit weniger dynamische Persönlichkeit als Großmutter Julie. Nach außen hin glich er diesen Mangel an echter »Führungsqualität« durch jähzornige Temperamentsausbrüche aus. Es war kein besonderer Anlaß nötig, daß Ludwig tobte und schrie und aus vollem Halse brüllte. Großmutter weinte, die Kinder versteckten sich ängstlich, Annitschek, das Dienstmädchen, schlurfte schluchzend mit hochrotem Kopf in die Küche – all das waren regelmäßig auftretende Ereignisse in der Familie Klaar. Es war eine herrliche Zeit – für Väter. Mit Fug und Recht konnten sie damit rechnen, daß ihren Anordnungen unverzüglich Folge geleistet wurde, sie standen im absoluten Mittelpunkt des Familienlebens. Vom Recht des Kindes oder Women's Lib hatte noch niemand etwas vernommen. Wenn in der Familie jemand verhätschelt wurde, dann war das selbstverständlich der Vater. Das allgemein gültige Familienmotto hieß nicht nur »Vater ist der Beste«, sondern auch »Das Beste ist für Vater«. Großvater Ludwig bekam die ausgewählten Fleischstücke und die Spargelspitzen und hatte Anspruch darauf, seinen ungestörten Nachmittagsschlummer mit den Füßen auf den Schultern eines seiner Söhne zu halten. Das, so behauptete er, war gut für seinen Kreislauf.

Jeden Abend, wenn sich Dr. Ludwig Klaar zurückzog, mußte eine frischgebackene Schokoladentorte – Annitscheks Variante der berühmten Sachertorte – auf seinem Nachttisch stehen. Am nächsten Tag, wenn der Kuchen nicht mehr ganz so frisch war, wurde den Kindern je ein Stück vom Rest bewilligt, während Annitschek schon wieder mit hochrotem Kopf vor dem heißen Backofen stand, in dem sich die neue Schokoladentorte des Tages befand.

Das alles galt zu jener Zeit als ein völlig normales väterliches Verhalten. Selbst Ludwigs Sohn – mein Vater – billigte dieses »göttliche Recht« der Väter, auch wenn er selbst ganz anders war. Nach seinen Erzählungen gab es Väter, die wesentlich weiter gingen. Nie werde ich die Geschichte vergessen, die er mir vom Mann Tante Thalias, der Schwester von Großmutter Julie, erzählte. Dieser Herr fand ein ausgesprochenes Vergnügen daran, seine Kinder in jene ausgezeichnete Konditorei mitzunehmen, die einem Herrn Beisiegl gehörte und dem Haus meiner Großmutter gegenüber lag. Herr Teller, so hieß Tante Thalias Mann, pflegte sich an einem jener kleinen Marmortische niederzulassen und seine Kinder um sich zu versammeln. Dann bestellte er zwei oder drei Stück Kuchen, Kaffee mit Schlagobers oder was ihm sonst in den Sinn kam. Ehrenmann Teller trank den Kaffee, aß den Kuchen und steckte sich genüßlich und mit sich selbst zufrieden eine gute Zigarre an. Während der ganzen Zeit saßen die Kinder andächtig um den Tisch herum und hatten nicht einmal ein Glas Limonade, das sie sich hätten teilen können. Ihr Genuß bestand darin, überhaupt in die Konditorei mitgenommen worden zu sein.

Nachdem er sich ein paarmal sanft über sein Bäuchlein gestrichen hatte, pflegte Herr Teller die rechte Hand zu heben, mit dem Zeigefinger auf seinen ältesten Sohn Erwin zu deuten und die unsterblichen Worte zu sprechen: »Siehst du, mein lieber Junge, eines Tages, wenn du selbst Vater bist, wirst auch du in einer Patisserie soviel Kuchen essen können, wie du magst.«

So weit ging Ludwig nun doch nicht. Schließlich bekamen seine Kinder die Spargelstengel und den altbackenen Kuchen.

Daß Ludwig die berufliche Zukunft seiner Söhne ohne jede Rücksicht auf deren eigene Wünsche festlegte, stand ebenfalls völlig im Einklang mit dem Zeitgeist. Er beschloß, daß Paul, der Älteste, und Joseph, der Jüngste, Medizin studieren sollten. Allen vier Söhnen ein Universitätsstudium zu ermöglichen, dafür reichte das Geld nicht. Ernst und Fritz wären ebenfalls gern Ärzte geworden und vergingen fast vor Kummer. Beide bedauerten zeitlebens, keinen akademischen Abschluß zu haben. Doch weder sie noch Großmutter konnten an Ludwigs Entscheidung etwas ändern.

Trotz seines unerschütterlichen Glaubens, ein Gleicher unter Gleichen zu sein, erlitt Ludwig in seinem Berufsleben viele Enttäuschungen, weil er Jude war. Möglicherweise trug dies wesentlich dazu bei, aus ihm jenen schwierigen Menschen zu machen, der er in seiner Lebensmitte war. Seine Frau und seine Kinder nahmen reichlich Rücksicht auf ihn. Die Art, wie sie nach seinem Tod über ihn sprachen, auch über seine Strenge und seine Schwächen, zeigte jedoch deutlich, wie sehr sie ihn geliebt hatten.

Die starken, buschigen Augenbrauen auf dem erwähnten Foto verraten auch einen Hang zur Beharrlichkeit. Trotz erheblicher Versuchungen lehnte er es standhaft ab, die Religion seiner Vorfahren abzulegen. Dennoch war er kein religiöser Mensch. Er betrat die Synagoge nur, wenn Familienereignisse es erforderten. Aber obwohl ihm angedeutet worden war, daß er, wenn er zum römisch-katholischen Glauben überträte, mit Sicherheit zum Hofarzt ernannt werden würde – so groß war sein Ruf als Diagnostiker –, blieb er bei seinem Glauben und lehnte ab.

Daß ihm diese Ernennung verweigert wurde, verbitterte ihn nicht. Er hatte die Möglichkeit der Wahl gehabt und seine Entscheidung getroffen. Was ihn aber verbitterte, war die Tatsache, daß ihn bei seiner Karriere im medizinischen Dienst seiner geliebten Heimatstadt, der Weltstadt Wien, der Antisemitismus beharrlich verfolgte. Hier erwartete er, als Gleicher unter Gleichen behandelt zu werden, Beförderungen sollten sich auf Verdienste gründen. Sein Unglück aber war, daß seine Laufbahn mit dem Aufstieg des Rechtsanwalts Dr. Karl Lueger zusammenfiel. Dieser Dr. Lueger setzte den Antisemitismus, in der breiten Bevölkerung populär wie eh und je, dazu ein, sein politisches Ziel zu erreichen. »Der schöne Karl«, wie die Wiener den gutaussehenden Mann liebevoll-ironisch nannten, wurde der beliebteste und tüchtigste Bürgermeister, den die Stadt je hatte.

Doch zu jener Zeit gab es auch Menschen, allen voran Kaiser Franz Joseph persönlich, die antisemitische Demagogie verabscheuten. Und gelegentlich mußte sogar ein Lueger darauf bedacht sein, seine antijüdische Politik nicht allzu deutlich werden zu lassen. Ein solcher Anlaß ist in den Protokollen der Wiener Stadtratssitzung vom 25. Juni 1907 festgehalten: »Stadtrat Dr. Hein«, liest man da, »legt die folgende Frage vor: ›Vorkommnisse in jüngster Zeit im Zusammenhang mit Ernennungen für das Gesundheitsdepartement der Stadt haben beträchtliche Unruhe in den betroffenen Personenkreisen geweckt. Der leitende medizinische Beamte eines Bezirks, der seit längerer Zeit die bedeutenden Aufgaben zur allgemeinen Zufriedenheit erfüllt hat, wurde trotz der Empfehlungen durch seine Kollegen wegen seiner jüdischen Abstammung nicht befördert. Statt dessen ging die Position an einen rangniederen Beamten, der jedoch der glückliche Träger zweier päpstlicher Auszeichnungen ist. Dieser Arzt wurde über den Kopf vieler anderer weit rangälterer Kollegen hinweg befördert. Wie kann der Herr Bürgermeister diese Diskriminierung so vieler verdienstvoller und hart arbeitender städtischer Bediensteter, in diesem Fall medizinischer Beamter im Dienste der Stadt, rechtfertigen?‹ Bürgermeister Dr. Lueger: ›Dem Stadtrat ist wohlbekannt, daß die Beförderung städtischer Bediensteter, in diesem Fall medizinischer Beamter, eine Angelegenheit des Stadtratsplenums ist. Als dieses Thema im Rat erörtert wurde, war ich nicht anwesend. Ich lehne es ab, irgendeine Verantwortung für Stadtratsbeschlüsse, die in meiner Abwesenheit gefaßt wurden, zu übernehmen. Ich habe mich nicht zu rechtfertigen, da ich an der ganzen Angelegenheit absolut unschuldig bin.‹ Stadträte: ›Hört, hört!‹«

Diese Feststellung des Bürgermeisters wurde von einem Teil der Wiener Presse als reine Unverfrorenheit gewertet, die an politischer List kaum zu überbieten sei. Lueger war bei der in Frage kommenden Stadtratssitzung natürlich nicht persönlich anwesend gewesen, weil es viel klüger war, derartige Dinge hinter den Kulissen zu manipulieren. Der Bürgermeister hatte vorausgesehen, daß die Entscheidung, einen rangniederen, jüngeren katholischen Arzt in das Amt eines Stadt-Physikus zu berufen und damit einen Mediziner, der im Rang höher stand, älter, aber eben ein Jude war, einfach zu übergehen, alle Merkmale eines öffentlichen Skandals aufwies und ein wahres Fressen für die Presse sein würde. Der Oberphysikus und die drei Stadt-Physici waren schließlich die höchsten ärztlichen Beamten im Wiener Medizinalwesen.

Und es wurde ein Festschmaus für die Presse. Großmutter Julie sammelte alle Zeitungsausschnitte, in denen die Details des Falles berichtet wurden. Sie sammelte sie sorgfältig, denn der jüdische Arzt, der die Beförderung eigentlich verdient hätte, war ihr Mann Ludwig.

Aber egal, was die Zeitungen schrieben, Lueger konnte sich auf seine Unschuld berufen. Er war nicht dabeigewesen, er hatte nichts damit zu tun gehabt. Alles war eben nichts weiter als die übliche unverschämte Spekulation der natürlich jüdisch kontrollierten Schmutzpresse.

Kurze Zeit später, mit diplomatisch angemessener Verzögerung, wurde Ludwig der Titel eines Obermedizinalrats verliehen. Das war jedoch eine staatliche, keine städtische Verleihung – einer der vielen Nadelstiche, die Kaiser Franz Joseph, der eine ausgeprägte Abneigung gegen Lueger hatte, vielleicht auch weil er auf die ungeheure Popularität dieses Mannes innerhalb der Wiener Bevölkerung ein wenig neidisch war, dem Bürgermeister von Zeit zu Zeit zu versetzen pflegte.

Selbst nach Luegers Tod dauerte es zwei weitere Jahre, bis Ludwig Klaar endlich doch noch zum Stadt-Physikus ernannt wurde. Und auch dann erhielt er die ersehnte Beförderung nur aufgrund einer besonderen und in gewisser Weise überraschenden Petition, die den städtischen Behörden ausgerechnet von drei führenden Mitgliedern von Luegers eigener Christlich-Sozialer

Partei unterbreitet wurde. Die Petition wurde von Michael Hersan, einem katholischen Priester, eingereicht und vom Stadtsyndikus des Bezirks Josefstadt, Bergauer, sowie dem Bezirksrat Walter unterstützt. Sie betonten, Ludwig Klaar sei siebzehn Jahre lang bewußt bei Beförderungen übergangen worden, weil er Jude sei. Nun aber sei es höchste Zeit, daß seine Verdienste um die Stadt Wien die Anerkennung fänden, die sie längst verdienten.

Die drei Männer legten ihre Eingabe Anfang September 1911 dem Stadtrat vor und hatten Erfolg. Im Protokoll der Wiener Stadtratssitzung vom 12. Januar 1912 steht: »Stadtrat Dr. Haas berichtete über die neuen Ernennungen im Medizinalbereich der Stadt. Oberbezirksarzt Dr. Ludwig Klaar erhält den Titel eines Stadt-Physikus, und seine Pension wird um den Betrag von 500 Kronen per annum erhöht.« So erhielt Großvater Ludwig zu guter Letzt doch noch seinen Titel, aber auch nicht mehr. Die entsprechende Funktion blieb ihm verwehrt.

Zwei Jahre später zog sich Ludwig im Alter von fünfundsechzig Jahren aus dem medizinischen Dienst der Stadt zurück. Die einzige Funktion, die er bis zu seinem Lebensende beibehielt, war die eines medizinischen Betreuers des städtischen Waisenhauses in der Josefstadt.

Großvater Ludwig kam dann doch noch zu den Ehrungen und Würdigungen, die er verdient und auch erwünscht hatte – nach seinem Tode. Als er im Alter von dreiundsiebzig Jahren starb, schrieb die »Neue Freie Presse«, Österreichs führende Tageszeitung: »Die Beerdigung von Obermedizinalrat Dr. Ludwig Klaar fand am Sonntagvormittag auf dem Döblinger Friedhof statt. Unter den Trauergästen sah man den Vorsitzenden der Jüdischen Gemeinde, Professor Dr. Alois Pick, Polizei-Chefarzt Dr. Merta, Hofrat Dr. Munk, Ober-Stadtphysikus Dr. Boehm, Hofrat Professor Dr. Lelewer und zahlreiche andere Persönlichkeiten. Am Grabe schilderte Rabbiner Dr. Bauer in bewegenden Worten das verdienstvolle Lebenswerk des Toten.« Es muß schon eine bedeutende Beerdigung gewesen sein, denn alle Honoratioren waren erschienen, einschließlich – und das sei besonders betont – jenes Dr. August Boehm mit den zwei päpstlichen Auszeichnungen...

Obwohl also Ludwig so lange auf Anerkennung, Status und Würde hatte warten müssen, wurden sie ihm letztendlich doch nicht vorenthalten. Finanzielle Sicherheit hatte ihm dagegen immer gefehlt. Er hinterließ Großmutter Julie 120000 Kronen in bar, eine goldene Uhr mit Kette, einen Siegelring, ein paar medizinische Instrumente und Bücher, drei weiße Hemden, zwei schwarze Mäntel, zwei Anzüge, vier Paar Schuhe, einen Regenschirm und natürlich die Einrichtung der Wohnung in der Josefstädter Straße. Die medizinischen Bücher waren veraltet. Als alles bezahlt war – die Kosten, die während seiner langen Krankheit entstanden waren, die Ausgaben für seine Grabstätte, die für die Ewigkeit gekauft worden war –, schrieb sich die Bilanz in roten Zahlen. Großmutter und ihren Kindern verblieben Schulden in Höhe von 108510 Kronen. Das hört sich nach einer stattlichen Summe an. Aber 1922, im Todesjahr Ludwig Klaars, hatte die Inflation in Österreich fast ihren Höhepunkt erreicht. Als der Nachlaß geregelt wurde, entsprachen die Schulden dem Gegenwert von zehn Paar Wiener Würstln – mit Senf. Ludwig teilte das traurige finanzielle Ergebnis seines Lebens mit den meisten seiner Landsleute, vor allem denen, die von festen Einkommen oder Pensionen leben mußten. Er war weiß Gott kein kapitalistischer jüdischer Spekulant, der sich am Elend der Inflation bereicherte – jener beliebte Buh-Mann der Antisemiten. In mancher Hinsicht unterschied sich die Inflation der zwanziger Jahre kaum von der unserer Zeit. Die Rentner und Pensionäre waren die Hauptopfer – damals wie heute. Die Pensionsbezüge Ludwig Klaars waren 1922 genauso hoch – oder niedrig – wie 1914, als er sich zur Ruhe setzte, aber ihre Kaufkraft war auf sechzehn Prozent geschrumpft. Die Kriegsanleihen, in die er als österreichischer Patriot seine Ersparnisse gesteckt hatte, waren das Papier nicht wert, auf dem sie gedruckt waren. Großmutter Julie blieb mit einer fast wertlosen Pension zurück. Ihre Situation wäre verzweifelt gewesen, hätten ihre Söhne sie nicht unterstützt. Ohne deren Hilfe hätte sie die Wohnung aufgeben müssen, in der sie so lange gelebt hatte, in der ihre Kinder aufgewachsen waren und ihr Mann gestorben war.

Efroim Schätz war ein Mann mit Glück und Erfolg. Anfang Dreißig, gutaussehend, wohlhabend, war er einer der wenigen privilegierten Juden. Umfangreicher Landbesitz, große Viehherden, riesige Wälder – all das nannte er sein eigen. Nun, vielleicht doch nicht ganz. Er hatte Anspruch auf die Einnahmen aus diesem Besitz. Der eigentliche Besitzer, ein Angehöriger des niedrigeren polnischen Landadels, steckte bei Efroim bis über den Hals in Schulden. Weit weg von der heimatlichen Bukowina warf er Unsummen für Wein und Frauen, aber vor allem für Kartenspiel und Roulette hinaus, in Monte Carlo oder Wien, überall da, wo die Risiken hoch und die Sitten locker waren. Seine Schulden bei Efroim wuchsen und wuchsen. Immer neue Ländereien mit allem, was darauf kreuchte und fleuchte – ganze Dörfer mit ihren Bauern, ihren Juden, ihren Gasthöfen und Sägemühlen, Flüssen und Getreidefeldern –, kamen unter Efroims Kontrolle.

Mit Stolz und Zukunftszuversicht blickten er und seine junge Frau Pauline, geborene Baltinester, in die Wiege, in der ihre kleine Tochter schlief. Sie war am 7. April 1861 geboren worden und hatte den Namen Jochewed-Julcze erhalten. Sie war für Efroim und Pauline, wie jedes Erstgeborene für seine Eltern, das engelhafteste, bezauberndste und hübscheste Baby, das es je gegeben hatte.

Für mich, Jochewed-Julczes Enkel, ist diese Szene nur schwer vorstellbar. Wie konnte unser weiblicher »Patriarch« jemals etwas anderes gewesen sein als die birnenförmige alte Dame, die ich kannte? Wie war aus dem rosig überhauchten Kindergesicht jener kluge Kopf geworden, der ein wenig an den alten Goethe erinnerte – mit seiner scharfen, gebogenen Nase, die die geheimnisvollen Kräfte der Gene auch in die Gesichter ihrer Söhne pflanzten, deren Kinder und dann wieder meiner Kinder und die mit Sicherheit auch in kommenden Generationen immer wieder auftauchen wird?

Efroims Hoffnungen und Kalkulationen für die Zukunft waren berechtigt genug, und doch gab es zwei oder drei Faktoren, die er nicht berücksichtigt hatte, wohl nicht berücksichtigen konnte.

Da war zunächst einmal die damals noch bestehende Gefahr des Kindbettfiebers. Seine junge Frau Pauline starb daran im Jahr 1865, nachdem sie ein zweites Mädchen geboren hatte. Jochewed-Julcze war noch nicht einmal fünf Jahre alt, als sie die Mutter verlor und in diesem zarten Alter bereits die Verantwortung für die winzige Schwester übernehmen mußte. Das einzige Vermächtnis, das Pauline ihrer Tochter Julcze hinterließ, war jener rührende Myrtenkranz, den sie am Tag ihrer Hochzeit getragen hatte. Dieses herzergreifende kleine Erinnerungsstück an die Mutter, die sie kaum gekannt hatte, hing später in einem schweren Goldrahmen in Großmutters Wohnzimmer.

Der zweite unvorhergesehene Faktor war die Entscheidung Bismarcks, Österreich aus Deutschland hinauszuwerfen. Denn nur so konnte er Preußen zur Führungsmacht in Deutschland und damit in Mitteleuropa machen. 1866 standen sich die preußischen und österreichischen Truppen in der Schlacht bei Königgrätz gegenüber. Die Preußen gingen in diese Auseinandersetzung mit modern ausgebildeten Soldaten und neuzeitlichen Waffen, vor allem mit dem neuen Zündnadelgewehr, das der österreichische Generalstab in seiner Beharrlichkeit als viel zu neumodisch und unzuverlässig im Vergleich zu den bewährten alten Vorderladern aus der Zeit Napoleons abgelehnt hatte. Preußen gewann die Schlacht und damit den Krieg. Die Armee Österreichs hatte versagt.

Großmutter zufolge war es dieser Krieg, der Efroim Schätz nahezu ruinierte. Riesige Viehherden wurden einfach requiriert – ob von den vorrückenden Preußen oder den fliehenden Österreichern vermag ich nicht zu sagen. Ebensowenig kann ich erklären, wie es möglich war, daß Truppenteile beider Armeen sich aus Mähren, wo die Schlacht tobte, ausgerechnet in die Gegend um Czernowitz in der Bukowina verirrten, wo Efroims Besitztümer lagen.

Auf geheimnisvolle Weise muß Efroim aber dennoch wenigstens einen Teil seines Vermögens durch die Kriegswirren gerettet und gut investiert haben. Beweis für die Tatsache, daß er wieder ein wohlhabender Mann gewesen sein muß, als seine Tochter Jochewed-Julcze – ihre jüdischen Vornamen waren inzwischen in Julie geändert worden – am 6. April 1886 Dr. Ludwig Klaar heiratete, ist die Adresse der Braut auf der Heiratsurkunde. Sie wurde mit Opernring 3 angegeben, eine der besten Adressen, die man in Wien haben konnte und bis auf den heutigen Tag haben kann. Das Haus, das Großmutter verließ, um die Frau Dr. Ludwig Klaars zu werden, wurde im Zweiten Weltkrieg zerstört. An seiner Stelle steht heute eines der wenigen neueren Gebäude im Zentrum Wiens, das wundersamerweise die Jahre der Besetzung und bislang auch die meisten Verirrungen moderner Städteplaner überlebt hat.

Ich wünschte, ich wüßte ein bißchen mehr über Großmutter Julies Kindheit und ihr Leben als junge Braut. Mit der Lebensgeschichte dieser Frau, die in einem entlegenen Winkel des alten Kaiserreichs geboren wurde, im sogenannten Goldenen Zeitalter Mitteleuropas lebte, das Alter von zweiundachtzig Jahren erreichte und im April 1943 im Lager Theresienstadt starb, könnte die Geschichte nicht nur einer, sondern mehrerer vergangener, verschwundener Welten erzählt werden.

Aus einer Welt, in der sich kaftangewandete Juden mit buntem Bauernvolk und Kleinstädtern am Rande des schlampigsten, aber auch menschlichsten Imperiums mischten, das je bestand, wurde die junge Julie in die Hauptstadt des Kaiserreichs versetzt. Und das zu einer Zeit, als Wien sogar Paris übertraf und als eigentlicher Mittelpunkt intellektuellen Lebens und der Eleganz des 19. Jahrhunderts galt. Vom Opernring 3 aus sah sie über den Opernplatz hinweg direkt auf die berühmte Sirk-Ecke, dorthin, wo das obere Ende der Kärntner Straße, Wiens vornehmster Einkaufsstraße, mit dem Ring zusammentrifft. Dieser breite, baumbestandene Boulevard zieht sich in Hufeisenform um die gesamte Innenstadt. Mit seinen beiden Enden, die sozusagen an den Ufern des Donaukanals ruhen, umarmt der Ring die ganze Schönheit der alten Stadt, die barocken Paläste des längst verschwundenen Adels, die alten Kirchen, die dekorativen Plätze, über die schon Mozart und Haydn, Beethoven und Schubert schlenderten, die schmalen alten Gassen der mittelalterlichen Stadt ebenso wie die breiten Straßen mit ihren reichverzierten Gebäuden, von denen aus das Kaiserreich jahrhundertelang regiert wurde.

Mit dem Bau der Ringstraße, wie der Ring mit vollem Namen heißt, hatte Franz Josephs Herrschaft ihren Zenit erreicht. Es herrschte unbegrenztes Vertrauen in die Zukunft, gepaart mit einer uneingeschränkten Zurschaustellung von Reichtum. Die Wohngebäude der Reichen, die diesen großartigsten aller europäischen Boulevards flankieren sollten, schossen mit erstaunlicher Geschwindigkeit aus dem Boden. Nichts konnte üppig genug verziert, nichts zu überladen sein. Ein Haus ohne Karyatiden, ohne verschnörkelte Blumengewinde, ohne steinerne Vasen und Figuren paßte einfach nicht zum Ring. Aber nicht nur die Privathäuser der Reichen, von Spekulanten eiligst in die Höhe gezogen, zeigten diesen Reichtum. Die offiziellen Gebäude wetteiferten mit ihnen um Opulenz und Vielfalt der Stilarten. Die Oper wurde als italienischer Renaissance-Palast errichtet, ebenso die Universität, das neue Rathaus glich einer gotischen Kathedrale und das Parlament einem griechischen Tempel. Die Wiener nahmen gebührend zur Kenntnis, daß Pallas Athene, die griechische Göttin der Weisheit, deren goldbehelmte Statue vor dem Parlament aufgestellt wurde, dem Gebäude nicht das Gesicht, sondern den Rücken zuwandte...

Die Ringstraße ist Franz Josephs Schöpfung. Der Kaiser, der eine Metropole wünschte, die der Bedeutung des Habsburger Reiches angemessen war, beschloß im Jahr 1858, daß Wien endlich über die viel zu engen Grenzen der alten Innenstadt hinauszuwachsen habe. Er ordnete den Abbruch der Stadtgräben und Bastionen an, die den Stadtkern seit Jahrhunderten umgeben hatten. Doch bevor Franz Joseph seinen Plan verwirklichen konnte, mußte er den entschiedenen Widerstand seiner Generäle überwinden. Denen saß nämlich der Schock der 48er Revolution noch immer tief in den Knochen. Schließlich fand man einen Kompromiß. Der Kaiser sollte seinen Prachtboulevard bekommen, aber nicht die Architekten und Städteplaner sollten bei seiner Gestaltung das letzte Wort haben, sondern – die Generäle. Das Ergebnis war verblüffend. Die eleganten Plätze, die attraktiven freien Flächen, die die Ringstraße in mehr oder weniger regelmäßigen Abständen unterbrechen und ihr die Helle, Atmosphäre und Mannigfaltigkeit geben, die das Auge so erfreuen, sind tatsächlich das Werk von Franz Josephs Generalstab. Bei der Gestaltung des Rings erwiesen sich die Militärs phantasievoller und erfolgreicher als auf dem Schlachtfeld. Wieder einmal zeigte sich die echt österreichische Begabung, zweckdienliche und nüchterne Beschlüsse mit Eleganz und Charme zu realisieren. Die meisten der freien Grünanlagen befinden sich nämlich auf jener Seite des Rings, von der aus die Straßen in die Arbeiterbezirke mit ihren überfüllten Zinskasernen führten. Im Fall des Falles konnten also auf der anderen Seite des Rings, die näher an der Innenstadt mit ihren Ministerien und Palästen liegt, ohne weiteres Truppen aufziehen. Die schönen offenen Plätze waren dann ein geradezu ideales Schußfeld, um den Pöbel aus den Außenbezirken zur Räson zu bringen, falls der es noch einmal wagen sollte, die bestehende Ordnung zu bedrohen.

Von den Fenstern des Hauses Opernring 3 hatte Julie einen hervorragenden Blick auf das Schauspiel, das die Hauptstadt des Kaiserreiches bot. Abends sah sie die Kutschen vor dem Hauptportal der Oper vorfahren, sah die prächtig gekleideten und juwelenbehängten Damen der Gesellschaft, denen von ihren Ehemännern oder Geliebten – zuweilen auch von beiden – aus den eleganten Equipagen geholfen wurde. Die Herren erschienen entweder im Frack oder in den prunkvollen Uniformen der k.u.k. Armee. Da gab es Dragoner mit weißer Tunika, goldenen Litzen und blutroten Reithosen, die in den schwarzen Lackstiefeln verschwanden. Da waren die Infanterie-Offiziere in Blau, man sah die schokoladenbraunen Tuniken und roten Rangabzeichen an den Kragen der Artillerie-Offiziere, die kurzen pelzbesetzten und goldverschnürten Pallasche der Husaren, die gesetzten dunkelgrünen Uniformen der höheren Ränge des Generalstabes, klirrende Sporen, Säbel, die im Licht der Gaskandelaber aufleuchteten, goldene Gürtel und Spangen: eine Szene unglaublichen Luxus' und Glanzes, mit dem es kein Bühnenbild irgendeines Theaters dieser Welt aufnehmen konnte.

Wie sollte die junge Julie wissen, daß dies alles nur Bühnenflitter, daß die ganze Pracht, die das Kaiserreich unter ihrem Fenster entfaltete, nur Talmi war? Unter der glitzernden Oberfläche verbarg sich die ganze Dekadenz des späten 19. Jahrhunderts und der Österreichisch-Ungarischen Monarchie. Wie sollte Julie erkennen, daß hinter diesem schönen Schein bereits Unfähigkeit, Neid und Haß begonnen hatten, die Eckpfeiler der gesellschaftlichen Ordnung zu erschüttern?

Die junge Julie war gefangengenommen vom Glanz der Metropole, die so ganz anders war als das provinzielle Czernowitz. Das abendliche Schauspiel vor der Oper wurde, wenn möglich, durch die Szenen, die sich tagsüber ihrem Fenster gegenüber abspielten, noch übertroffen. Von ihrer Wohnung aus konnte man fast die gesamte Länge des berühmten »Corso« überblicken, jener fünf- bis sechshundert Meter Bürgersteig mit Café-Terrassen und Luxusgeschäften auf dem Abschnitt des Rings, der an der Ecke des Opernplatzes beginnt und an dem eleganten »Hotel Bristol« vorbei zum Ende der Akademiestraße führt. Dort promenierte das elegante Wien, hackenklappernd, Hände küssend, flirtend. Die reizendsten Liebschaften begannen oder endeten auf diesem kurzen Straßenabschnitt mit kühnen oder scheuen Blicken, halbversecktem, aber so bedeutungsvollem Lächeln, mit vielversprechendem oder verzweifeltem Flüstern.

Nirgendwo in Europa gab es etwas, das mit dem Wiener »Corso« der letzten zwanzig Jahre des zu Ende gehenden und dem ersten Jahrzehnt des neuen Jahrhunderts zu vergleichen gewesen wäre. Er war jene bittersüße Welt, die so brillant in den Geschichten und Stücken Arthur Schnitzlers und Hugo von Hofmannsthals beschrieben wird.

Ich sehe Großmutter Julie bei ihrem letzten Besuch in unserer Wohnung deutlich vor mir. Ich war damals krank – Masern oder Windpocken, eine jener Krankheiten, die man im Alter von neun oder zehn Jahren hat. Großmutter brauchte gut zehn Minuten, um die zwei Treppen zu unserer Wohnung heraufzusteigen. Ihre Beine, fest in schwarze halbhohe Stiefel geschnürt, konnten das Gewicht ihres schweren Körpers kaum tragen. Unter Schmerzen bewegte sie sich ächzend von Stufe zu Stufe. Schließlich erschien die alte Dame, gestützt auf den Arm meiner Mutter, an meinem Bett.

Da war sie also, bekleidet mit einem langen schwarzen Seidenkleid und einem schwarzen Hut, der auf dem grauen Haar festgesteckt war. Sie rang heftig nach Atem, während sie sich auf dem Stuhl neben meinem Bett niederließ. Sie hatte mir ein Geschenk mitgebracht. Eine Dr. Dolittle-Geschichte von Hugh Lofting. Damals betete ich Dr. Dolittle an – an diesem Tag natürlich auch meine Großmutter, weil sie mir dieses herrliche Buch mitgebracht hatte. Aber nicht allein deswegen war Julie meine bevorzugte Großmutter. Gewiß hatte die Tatsache, daß Julie, die »arme« Großmutter, stets Geschenke mitbrachte, die mir weit besser gefielen als jene, die ich von meiner »reichen« Großmutter Adele bekam, etwas mit meiner Zuneigung zu ihr zu tun. Aber es gab auch noch andere Gründe. Der wichtigste: Mit Großmutter Julie konnte ich reden, oder, besser gesagt, sie verstand es, mit mir zu reden. So stammt vieles von dem, was ich über die Familie in Erinnerung habe, von ihr. Aber sie konnte auch über ganz andere Themen in einer Weise sprechen, die das Interesse eines kleinen Jungen weckte und wachhielt.

Großmutter Adele, die Mutter meiner Mutter, hatte keine Begabung dafür, mit Kindern zu reden. Julie habe ich als intelligente und gebildete alte Dame in Erinnerung, Adele hingegen als eher beschränkte und jammernde Person. Wahrscheinlich bin ich der armen Frau gegenüber nicht fair. Meine Erinnerung an sie ist vermutlich durch den dauerhaften Eindruck bestimmt, daß Adele diejenige war, die in Benehmen und Sprache, unterstrichen durch nichtendenwollende Seufzer, ganz dem Bild einer osteuropäischen Jüdin entsprach, während Julies Auftreten und Sprechweise gänzlich dem Westen angepaßt waren, sie zu einer typischen Wiener Dame machten. Warum Jochewed-Julcze aus Czernowitz sich so sehr von Udel-Leie unterschied, die in Lemberg, der Hauptstadt Galiziens, geboren worden war und ihren Namen in Adele verändert hatte, war für mich lange Zeit unerklärlich. Beide kamen doch offensichtlich aus einer ähnlichen Umgebung, und dennoch hatte die eine ihre östliche Vergangenheit völlig abgeschüttelt, während die andere sie bis zu ihrem Tode mit sich herumtrug.

Der eigentliche Grund, weshalb ich Julie so viel lieber hatte als Adele, ist genau in diesem Unterschied zwischen den beiden Frauen zu suchen. In Wien geborene Juden, und ich war bereits ein Wiener der zweiten Generation, empfanden eine gewisse Abneigung gegenüber den weniger assimilierten Juden aus dem Osten. Wir waren, oder glaubten es wenigstens zu sein, so ganz anders als diese bärtige, kaftangewandete Gesellschaft. Wir waren nicht bloß Österreicher, wir waren Deutsch-Österreicher! Kein Wunder, daß ich den jiddischen Singsang ablehnte, in dem Adele deutsch sprach, mit einem »Joich«-Seufzer zu Beginn und am Ende fast jeden Satzes.

Nach jenem Besuch an meinem Krankenbett verließ Julie – abgesehen von der Reise nach Bad Ischl im Sommer – nie mehr ihre Wohnung in der Josefstädter Straße. Da sie nach Bad Ischl fahren konnte und auch die steilen Stufen nicht scheute, die dort vom Haus in der Brennerstraße in den Garten führten, erscheint ihre Behauptung, sie sei zu schwerfällig und zu alt, um in Wien noch ausgehen zu können, wenig plausibel. Gewiß, sie bewegte sich nur langsam vorwärts und brauchte einen Stock, aber sie kam zurecht. Die Wahrheit war, wie die Familie vermutete, daß sie es vorzog, Besuch zu empfangen, statt Visiten zu machen. Das paßte weit besser zu ihrer »königlichen« Stellung. Wenn sie zu Hause blieb und ihre Söhne zu sich bat, entging sie auch den Beschwerden von Onkel Pauls Frau Alice, die sich bitter darüber beklagt hatte, daß ihr die Ehre von Großmutters Besuchen weniger häufig zuteil wurde als meiner Mutter. Alice hatte genau Buch geführt.

So blieb Großmutter also zu Hause und »empfing«. Und wie gut sie das konnte! Annitschek, ihr Dienstmädchen, war in ihren ausgetretenen Hauspantoffeln gewiß nicht der eleganteste Zeremonienmeister, aber das machte Großmutter wieder wett. Wie sie da auf ihrem Stuhl im Wohnzimmer saß, mit dem Glorienschein raschelnder grauer Haare um ihr Haupt, symbolisierte sie Würde und Zeremoniell.

Ihre Wohnung war in den späten achtziger Jahren des vergangenen Jahrhunderts möbliert worden, zu einer Zeit, als sich Franz Joseph auf dem Höhepunkt seiner Regierungszeit befand. Fast fünfzig Jahre später, als ich ein kleiner Junge war, hatte sich nichts verändert, war nichts modernisiert worden. Kein einziger Stuhl, nicht einer der schweren burgunderroten Plüschvorhänge, kein Sofaschoner war ersetzt worden. Alles war noch genau so wie an jenem Tag, als Dr. Ludwig Klaar und seine junge Frau in das Haus Josefstädter Straße 70 eingezogen waren.

Großmutters Wohnung überstand die Zeit als ein Hafen der Beständigkeit, die Welt draußen aber erlebte katastrophale und umstürzende Veränderungen. Franz Joseph, sein Ruhm und sein Reich waren untergegangen, Großvater Ludwig war gestorben, seine Braut von 1886 zu einer beleibten Stammesmutter geworden – nein, das ist eine falsche, irreführende Bezeichnung für Großmutter Julie. Trotz ihres Geschlechts war sie der absolute Souverän der Familie, ein »Patriarch«.

In den zwanziger und dreißiger Jahren dieses Jahrhunderts war von Österreich geographisch und politisch ein kümmerlicher Torso übriggeblieben. Es war ein unglückseliges Land, das Überbleibsel der gewaltigen Monarchie, mit einer Hauptstadt, die zwar dem ehemaligen Kaiserreich entsprochen hatte, aber nun viel zu groß war für den Zwergstaat, zu dem es geworden war. Weder das Land noch die Stadt Wien waren mit ihrer trüben Gegenwart fertig geworden. Die meisten Österreicher träumten von ihrer glänzenden Vergangenheit, empfanden Abneigung gegen die Welt, wie sie heute war, und fürchteten sich vor der Zukunft – berechtigterweise, wie sich herausstellen sollte. Sie lebten in einem Land, das ein österreichischer Historiker treffend als »Staat, den keiner wollte« bezeichnete.

Das Wien, in dem ich aufwuchs, war eine Stadt, die immer noch vorgab, eine Metropole von kosmopolitischer Eleganz zu sein. Aber hinter den Relikten kaiserlichen Glanzes verbargen sich nun Niederlagen, Armut und Angst. Hinter Barockfassaden von erlesener Eleganz lagen dunkle, dumpfe Korridore, in denen der scharfe Geruch von verkochtem Kohl und menschlichem Schweiß waberte, aber auch jener undefinierbare und dennoch deutlich spürbare Hautgoût von Mißgunst und Haß.

Ein allzu frisch-fröhlich begonnener Weltkrieg war unter blutigen Opfern verloren worden. Millionen Menschen hatten sterben müssen, neue Staaten waren aus den Ruinen des Habsburger Reiches entstanden, die allerdings ihrerseits nur zwei Jahrzehnte später untergehen sollten.

Aber in der Wohnung meiner Großmutter, auf dem Territorium, das Julie regierte, war die Welt noch in Ordnung. Sie unterstand dem Befehl – Julies Befehl natürlich –, sich auf keinen Fall zu verändern. Die Ära Franz Josephs wurde sorgfältig erhalten.

Es gibt einen Raum, der bis auf den heutigen Tag fast genau Aussehen und Atmosphäre von Großmutter Julies Wohnung widerspiegelt. Er hat dieselbe gemütliche Schäbigkeit, die abgetretenen Teppiche, durchgesessenen Stühle, dieselben Polstermuster. Dieser Raum ist Kaiser Franz Josephs Arbeitszimmer in seinem Jagdschloß in Bad Ischl, dem Lieblingsaufenthaltsort des alten Kaisers. Es ist sicherlich keine Majestätsbeleidigung, wenn ich darauf hinweise, daß dieses pittoreske Spa des Salzkammerguts auch der beliebteste Ferienort unseres Familien-Souveräns war.

Es ist eine historische Tatsache, daß die bürgerliche Muffigkeit der Klaarschen Wohnung wie auch anderer repräsentativer österreichischer Bürgerfamilien und die bürgerliche Muffigkeit, mit der der bürokratische Herrscher des bürokratischsten Kaiserreiches der Welt sich zu umgeben pflegte, einander gleich waren. Die behäbige alte jüdische Dame – meine Großmutter – war im Grunde ihres Herzens ein ebenso konservativer österreichischer Bürger wie der steife Kaiser, der seinen Beruf auf dem eigenhändig ausgefüllten Zensusformular als »Staatsbeamter« angab. Und genau wie er liebte sie Bad Ischl. Wahrscheinlich zog sie dieser Ort aus den gleichen Gründen an, die ihren kaiserlichen Zeitgenossen zu seinen Reisen dorthin bewegten.

Als ich geboren wurde, waren die Habsburger fort, aber in Großmutters Wohnung blieb, wie weit man auch die Fenster öffnete, die dumpfe Wärme des verschwundenen Imperiums. Sie machte ihr Zuhause gemütlich, sicher und unwandelbar.

Ihre Kinder – vier Jungen und ein Mädchen, einer der Jungen war mein Vater – spürten das natürlich. Mit einer Ausnahme waren sie ihr Leben lang mehr oder weniger Bestandteil des Haushalts in der Josefstädter Straße. Die Ausnahme war mein Onkel Josef. Seine Frau hatte ihm untersagt, seine Mutter häufiger als ein Mal im Jahr zu besuchen.

Nach Ludwigs Tod hatte Onkel Paul, der älteste Sohn, ein praktischer Arzt und Gynäkologe, Großvaters Praxis im hinteren Teil der Wohnung übernommen. Er hielt sich täglich dort auf. Tante Rosalie, benannt nach ihrer Großmutter väterlicherseits, aber Sally gerufen, lebte ständig bei Großmutter. Mein Vater besuchte seine Mutter mindestens einmal, häufiger jedoch zweimal in der Woche, und Onkel Fritz schien, obwohl er Frau, zwei Kinder und vermutlich einen eigenen Hausstand hatte, zum festen Inventar der Wohnung zu gehören.

Man betrat Großmutter Julies Wohnung über einen schmalen Korridor. Hier befand sich eine große Anrichte und ein alter Fliegenschrank. Dieser Speiseschrank war dort hingestellt worden, als sie eingezogen war, also blieb er auch da. Im Sommer kam zweimal wöchentlich der Eismann. Er transportierte riesige Stangen Eis auf seinem Rücken, lud sie im Korridor ab und stopfte sie in den Fliegenschrank. Was Großmutter in der Anrichte aufbewahrte, habe ich nie erfahren.

Der schmale Korridor führte in das Vorzimmer, einen ziemlich großen Raum mit einem riesigen Tisch in der Mitte, der mit einem Läufer bedeckt war. Hinter dem Tisch stand eine Wandbank, zu beiden Seiten von Polstersesseln flankiert. Erstaunlicherweise befand sich im Vorzimmer auch ein Wasserhahn und ein Ausguß. Warum ein kaiserlich-österreichischer Architekt auf den verwegenen Einfall gekommen war, einen Wasseranschluß ins Vorzimmer statt in die Küche legen zu lassen, habe ich nie ergründen können. Ein zweites Geheimnis, das ich sehr viel später jedoch lüften konnte, war ein weiteres ständiges »Möbelstück« im Vorzimmer. Ich spreche von Onkel Fritz.

Offiziell kam Onkel Fritz in die Josefstädter Straße, um seine Mutter und seine Schwester zu besuchen. Also hätte er sich doch bei ihnen im Wohnzimmer aufhalten sollen. Aber ich kann mich nicht erinnern, ihn jemals dort gesehen zu haben. In meiner Erinnerung erscheint er mit einem Sessel im Vorzimmer fest verwachsen – sehr dekorativ aussehend und eine türkische Zigarette nach der anderen rauchend. Vielleicht lag es an seinem Zigarettenkonsum, vielleicht war er deshalb aus Großmutters Audienzzimmer verbannt. Die liebe Tante Sally hatte eine schwache Konstitution, und Zigarettenrauch hätte sie unter Umständen stören können. Möglich war aber auch, daß er nur einer Unterhaltung mit Großmutter aus dem Weg gehen wollte, die dazu neigte, sich allzusehr auf das Familien-Thema Nummer eins zu konzentrieren: Tante Sallys Gesundheit. Onkel Fritz, dessen Konstitution ungeachtet vieler Erkrankungen erstaunlich robust gewesen sein muß – er überlebte alle anderen und starb 1972 in Melbourne in Australien im Alter von immerhin vierundachtzig Jahren –, wollte absolut nichts von Sallys Leiden hören. Er suchte vielmehr jemanden, der sich seine eigenen Beschwerden anhörte. Und davon hatte er eine stattliche Anzahl.

In seinem Sessel im Vorzimmer war er dem Ohr des perfektesten Zuhörers der Familie nahe: Durch die immer offene Küchentür erreichte er Annitschek. Wenn Großmutter Julie Souverän der Familie war, dann war Annitschek ihr Ministerpräsident. Der Souverän hielt Hof im Wohnzimmer, der Ministerpräsident regierte die Familie zum Nutzen des Souveräns vom Küchenherd aus.

Annitschek war lange vor der Jahrhundertwende in die Dienste von Dr. Ludwig Klaar und seiner Frau getreten. Als junges, apfelbäckiges Bauernmädchen war sie aus Böhmen gekommen, »böhmakelte« aber auch noch vierzig Jahre später mit dem weichen, singenden Tonfall ihrer Heimat. In all den Jahren war sie kein einziges Mal nach Hause gefahren. Sie hatte Glück und Unglück der Familie geteilt, hatte mitgeholfen, die vier Jungen und das Mädchen aufzuziehen, und ist ihr Leben lang den Klaars treu ergeben gewesen. Nie hatte es außer den Klaar-Jungen irgendwelche Männer in ihrem Leben gegeben. Damit meine ich die unvermeidlichen Vertraulichkeiten, mit denen sich die Söhne jener Zeit mit Hilfe halb willfähriger Dienstmädchen auf die größeren und schöneren Dinge des Lebens vorbereiteten.

Annitschek wußte einfach alles. Sie entschied, was dem Souverän mitgeteilt wurde und was nicht. Natürlich kannte sie Onkel Fritz' Geschichten längst in- und auswendig. Schließlich hatte er sie bereits Hunderte von Malen erzählt. Aber das hielt sie keineswegs davon ab, Onkel Fritz' bewegten Klagen immer wieder zu lauschen. Obwohl sie die graue Eminenz hinter dem Thron war, war sie sich ihrer Stellung innerhalb der Familien-Hierarchie sehr wohl bewußt. Es wäre ihr nicht im Traume eingefallen, Onkel Fritz zu bitten, er möge doch endlich aufhören, sie zu langweilen, wie es ihr auch nie eingefallen wäre, sich an einen Tisch mit Großmutter zu setzen und mit ihr gemeinsam eine Mahlzeit einzunehmen. Obwohl sie länger als vierzig Jahre für die Familie gearbeitet hatte, obwohl sie jedes Detail über jedes Familienmitglied kannte, wäre sie nie auf den vermessenen Gedanken gekommen, sich in Gegenwart eines Klaar hinzusetzen – wie müde sie auch sein mochte. Ich kann mich überhaupt nicht daran erinnern, Annitschek je in einem Sessel gesehen zu haben. Dagegen habe ich Großmutters Stimme noch gut im Gedächtnis, wie sie häufig genug fragte: »Annitschek, warum setzt du dich nicht?« Aber solche Angebote von mehr Bequemlichkeit und familiärer Vertrautheit wurden stillschweigend übergangen. Wie gesagt, Annitschek kannte ihren Platz und fühlte sich dort durchaus wohl. Sie war an der Macht interessiert, nicht an deren Schein. Und Macht? Nun, die hatte sie als Großmutters Chefberater mit Sicherheit.

Onkel Fritz, der Kettenraucher, war ein sehr gut aussehender Mann. Mit seinem schmalen blonden Schnurrbart, der ansprechenden Figur, in seinen gutgeschnittenen, wenn auch leicht abgetragenen Anzügen entsprach er ganz dem Bild eines österreichischen Armeeoffiziers im Ruhestand. Er hatte es ja auch tatsächlich bis zum Hauptmann gebracht. Obwohl seither eine Reihe von Jahren vergangen war, sah er noch immer so aus, als sei er geradewegs einer Operette von Strauß oder Lehar entsprungen. Sein scharfgeschnittenes Profil hatte durchaus etwas Aristokratisches. Das und die schmucke Uniform muß es wohl gewesen sein, was Tante Hannah so anzog, daß sie ihn heiratete, ungeachtet der Tatsache, daß er Jude war.

Tante Hannah war nicht übermäßig gut auf Juden zu sprechen. Sie spielte sogar eine kleine Rolle in der klerikal-faschistischen und antisemitisch angehauchten Damen-Gesellschaft des Dollfuß-Schuschnigg-Regimes.

Der Religion nach gehörte Tante Hannah offiziell zur altkatholischen Kirche. Diese Sekte, eine Absplitterung der römisch-katholischen Kirche, wurde Mitte des 19. Jahrhunderts in Österreich gegründet. Die Mitglieder wollten eine frühe Form des Katholizismus wiederherstellen, aus jener Zeit, bevor sich das Papsttum etabliert hatte. Daher nahmen zahlreiche österreichische Juden an, daß diese Sekte in vieler Hinsicht dem Judentum wesentlich näher sei als die offizielle römische Kirche und daß es aus diesen Gründen angebrachter sei, zu dieser Gruppe zu konvertieren. Meine antijüdische Tante Hannah war nämlich als jüdisches Mädchen zur Welt gekommen. Ihr Mädchenname war Hannah Valerie Weiss. Der alte Herr Weiss, ihr Vater, war ein wohlhabender Mann, Direktor einer der größten österreichischen Brauereien. Hannahs Flirt mit dem Antisemitismus war nicht das Ergebnis einer starken Überzeugung, sondern beruhte auf ihrem gesellschaftlichen Ehrgeiz. Wenn es je einen sozialen Streber gegeben hat, dann sie. Als sie noch nicht verheiratet war, ließ sich die junge Dame Visitenkarten mit der Aufschrift »Hannah v. Weiss« drucken. Das kleingedruckte »v.« stand zwar für Valerie, aber jeder Österreicher nahm an, es handele sich um die Abkürzung des aristokratischen »von«. Und genau das war beabsichtigt.

Es wird kaum überraschen, daß unser Familien-Patriarch weniger als keine Zeit für diese Schwiegertochter hatte. Um die Wahrheit zu sagen, mochte sie keine ihrer Schwiegertöchter besonders, aber Hannah noch weniger als die anderen. In ihren freimütigen Momenten, und davon hatte Großmutter Julie einige, nannte sie Tante Hannah schlicht und ergreifend »die Hochstaplerin«. Das mag ein wenig bösartig klingen, enthält aber doch zumindest ein Körnchen Wahrheit. Hannah, intelligent, wie sie nun einmal war, war imstande, die erstaunlichsten Dinge zu tun. Einmal wollte sie so verzweifelt gern herausfinden, was ihre Freunde und Bekannten wirklich von ihr hielten, daß sie ihre eigene Todesanzeige in die Zeitung rücken ließ. Ob es ihr eine Unmenge Blumen oder aber eine Unmenge Probleme einbrachte, als schließlich bekannt wurde, daß sie noch unter den Lebenden weilte, weiß ich nicht.

Ich mochte die hübsche, muntere rothaarige Person sehr gern und freute mich immer, wenn sie uns besuchte. Aber das geschah nur selten, denn mein Vater stand Großmutter so nahe, daß seine Meinungen über Menschen häufig mit den ihren identisch waren.

Hannah hatte etwas Warmes und Freundliches an sich, auch wenn diese Eigenschaften von ihrem Ehrgeiz und einer Nonchalance im Umgang mit Geld überschattet wurden. Sie war in dieser Hinsicht so sorglos, daß sie sich und ihre Familie an den Rand des Ruins brachte. Adolf Hitlers Auftritt kehrte ihr wahres Ich hervor und wischte alles fort, was sie an Großtuerei und Verrücktheit zuvor gezeigt hatte. Während des Krieges überraschte sie mich mit großzügigen Lebensmittelpaketen aus Australien, obwohl sie selbst wenig Geld hatte.

Der arme Onkel Fritz konnte so viele Stunden in Großmutters Wohnung sitzen, weil er ein Opfer der Wirtschaftskrise geworden war, einer aus dem vieltausendköpfigen Heer der Arbeitslosen, die ihre Stellungen gewiß nicht durch eigenes Verschulden verloren hatten.

Er war Beamter der Creditanstalt, Österreichs größter Bank, gewesen, die während der Weltwirtschaftskrise zusammengebrochen war. Daß er seine Stellung verloren hatte, war, wie gesagt, gewiß nicht seine Schuld. Nichtsdestoweniger vertrat die Familie den Standpunkt, daß er sich ruhig ein bisserl mehr anstrengen könnte, wieder zu Lohn und Brot zu kommen. Wo auch immer aber Arbeit zu finden war – mit Sicherheit nicht in Großmutters Vorzimmer. Verbrachte er so viel Zeit in Großmutter Julies Wohnung, weil er sich in der Gegenwart seiner dominierenden Mutter sicher und geborgen fühlte?

Vom Vorzimmer aus führte eine verglaste Doppeltür in das Wartezimmer von Onkel Pauls Praxis. Nach Ludwigs Tod hatte Paul die Behandlungsräume modernisieren lassen. Überall nur Stahl und weißgestrichenes Mobiliar, selbst Pauls Schreibtisch war neu und aus Metall. Doch im Wartezimmer war die Muffigkeit aus Franz Josephs Zeiten erhalten geblieben. Trotz der beiden Fenster, die auf den Hinterhof hinausgingen, war es ein dunkler Raum, ausgestattet mit einer wuchtigen Couch, einem schweren Tisch, zwei oder drei Sesseln, einem kleinen Tisch, übersät mit alten Zeitschriften, einem Beethoven-Porträt aus jenen Zeiten, in denen er am finstersten aussah, und ein wenig Grünzeug – vielleicht Gummibäume oder Schildblumen, auf jeden Fall aber Pflanzen, die mit ihrem düsteren Grün den ohnehin schon freudlosen Raum noch bedrückender erscheinen ließen.

War es die trübselige Atmosphäre dieses Wartezimmers, die die Patienten fernhielt? Nie sah ich mehr als zwei oder drei Menschen gleichzeitig darin. Und selbst die sahen ganz so aus, als wären sie getreue, anhängliche Überbleibsel aus Großvaters Zeiten. Es war keine gutgehende Praxis. Onkel Pauls hauptsächliche und wichtigste Einnahmequelle war das Gehalt, das er als Polizeiarzt bezog.

Es hätte eigentlich eine der überfülltesten Praxen im Bezirk sein müssen, denn Onkel Paul war ein sehr guter Arzt. Er war ein großer, fröhlicher Mann mit einem geradezu unglaublichen Bauch. Trotz seiner Leibesfülle war er überraschend flink auf den Beinen. Nie werde ich vergessen, wie schnell er seinen gewaltigen Körper bewegen konnte – er wog gut über 120 Kilogramm –, wenn es sein mußte; zum Beispiel damals, beim Wettlauf mit einer Straßenbahn. Dies geschah irgendwo in der Nähe des Wienerwaldes. Wir hatten eine Landpartie unternommen –

Onkel Paul, seine Frau Alice, ihre Söhne Didi und Heinzi, Leopold Klaar, ein entfernter Verwandter, dessen Frau Steffi, ihr vierzehnjähriger Sohn Herbert, meine Eltern und ich. Wir hatten den strahlenden Sonnentag mit Spaziergängen verbracht, wenn ich auch nicht glaube, daß unsere Kilometerleistung beträchtlich war. Mein Vater war kein großer Sportler, und ein geruhsamer Waldspaziergang erhielt in seinem Sprachgebrauch bereits die anspruchsvolle Bezeichnung »Wandertour«.

Wie auch immer. Am Ende dieses Ausflugs stand die Familie erhitzt und erschöpft an einer Haltestelle und wartete auf die Straßenbahn. Sie näherte sich, wurde in der Kurve vor der Haltestelle langsamer. Sie war noch nicht ganz zum Stillstand gekommen, als Herbert voreilig aufsprang. Was dann in den Fahrer fuhr, mag der Himmel wissen. Ohne jede Vorwarnung schoß der Straßenbahnzug vorwärts, gewann schnell an Geschwindigkeit und entführte den verblüfft dreinschauenden Herbert seiner hysterisch »Halt! Halt!« schreienden Familie.

In diesem Augenblick setzte sich Onkel Paul in Bewegung, landete nach atemberaubendem Spurt behende auf der Plattform, und nach weiteren hundert Metern schneller Fahrt kam die Straßenbahn zu einem abrupten Halt. Onkel Paul, unser Held, hatte dem verwirrten Fahrer seine emaillierte, blinkende Polizeimarke mit dem Doppeladler unter die Nase gehalten und geschrien, er werde ihn wegen schwerer Körperverletzung festnehmen lassen. Daraufhin hatte der verängstigte Mann sein Fahrzeug natürlich sofort gestoppt.

Das war der Onkel Paul meiner Kinderjahre: groß, stark und immer gut gelaunt, ein ganz anderer Mensch als das armselige, ausgebrannte, von Schuld gequälte Wrack, das 1945 aus dem Lager Theresienstadt nach Wien zurückkehrte.

Aber Paul war nicht nur ein guter Arzt und eine anziehende Persönlichkeit, er war auch der Sohn Ludwig Klaars, seinerzeit einer der bekanntesten Ärzte in der Josefstadt und gleichzeitig der höchste Beamte des dortigen Gesundheitswesens. Man hätte also mit Fug und Recht ein volles Wartezimmer und einen steten Strom von Patienten, ein ständiges Klingeln an der Tür erwarten dürfen. Lag es an der Atmosphäre längst vergangener Tage, daß dem nicht so war, oder etwa an Annitschek? Sie war gewiß keine adrette Sprechstundenhilfe im weißen Kittel, die den Patienten beflissen die Tür öffnete. In einem etwas verschossenen, alten schwarzen Kleid, bedeckt von einer nicht ganz einwandfreien Küchenschürze, watschelte Annitschek in ihren ausgetretenen Filzpantoffeln zur Tür. Aber nein, natürlich war es auch nicht ihre Schuld. Die Zeit und die Umstände waren gegen Paul.

Die Stadt mit ihrer berühmten medizinischen Schule und vielen Ärzten von Weltruf litt an einem Überangebot von Medizinern. Nur einige wenige Genies durften hoffen, die oberste Sprosse der Karriereleiter zu erklimmen. Zu dieser verschwindend kleinen Elitegruppe gehörte Paul gewiß nicht. Auf jeden Fall beanspruchten seine Pflichten als Polizeiarzt einen Großteil seiner Zeit. Es dürfte nicht einfach gewesen sein, diese Position zu erlangen, besonders nicht für einen Juden. Womöglich hatten Ludwigs Beziehungen da geholfen und die Tatsache, daß Paul im Krieg hochdekorierter Kommandant – er war Ritter des militärischen Franz-Joseph-Ordens – eines Feldlazaretts gewesen war.

Die Arbeit bei der Polizei war kein Zuckerschlecken. Wenn man Dienst hatte, mußte man zu jeder Tages- und Nachtzeit einsatzbereit sein. Ich kann mich nicht daran erinnern, daß Onkel Paul auch nur einmal an einer Abendgesellschaft meiner Eltern teilgenommen hätte, ohne daß das Telefon klingelte und er – der doch so gern speiste – losstürzen mußte, ohne sein Mahl beenden zu können. Er erhielt einen Ausgleich für seine Mühen: Mitte der dreißiger Jahre wurde er zum Regierungsrat ernannt. Das bedeutete etwas in einem Land, in dem jemand, der etwas darstellen wollte, unbedingt einen Titel brauchte.

Paul war ein lebensfroher und – ganz im Gegensatz zu meinem Vater – ungewöhnlich geselliger Mensch. Als Student hatte er zu einer Burschenschaft gehört, zu einer von der schlagenden und bierkrügeschwingenden Art, mit den seltsamen Gebräuchen und Uniformen des frühen 19. Jahrhunderts. Er besaß einen scharfen Verstand und gewisse Fertigkeiten im Verfassen humoriger Knittelverse, die ihn auch in seiner Loge sehr beliebt machten. Daß sich Paul unter den vielen Logen, die in Wien existierten, ausgerechnet die mit dem Namen »Schlaraffia« aussuchte, war typisch für ihn; denn sein enormer Leibesumfang war nicht gottgegeben, sondern Menschenwerk nach der Do-it-yourself-Methode. Allerdings war der Kult jugendlicher Schlankheit damals auch noch nicht in Mode (andere Jugend-Fetischismen übrigens ebenfalls nicht). Ein ordentlicher Bauch oder, eleganter ausgedrückt, ein Ansatz von Embonpoint trug in jener Zeit durchaus zum Ansehen eines Mannes bei. Wenn er gut genährt war und gut aussah, mußte er doch jemand sein.

Meine vergnüglichsten Erinnerungen an Onkel Paul stammen aus jenen Zeiten, in denen er auf Diät gesetzt war. Tante Alice, von meiner rundlichen Mutter glühend um das Talent beneidet, unglaubliche Mengen in sich hineinstopfen zu können und doch so dünn wie eine Bohnenstange zu bleiben, trieb ihren Mann von Zeit zu Zeit durch ihre Nörgeleien zu aufreibenden Fastenkuren, die dann meist so aussahen, daß er seine gutgebutterten Frühstücksbrötchen mit Honig anstelle von Marmelade krönte und allen Ernstes stolz behauptete, das sei die wahre Diät. Er reduzierte auch brav die Schlagobersberge, die er normalerweise auf seine Kaffeeportionen in seinem Lieblings-Kaffeehaus häufte. Das war ein listiger Trick, denn mitunter platzte Tante Alice auf blitzartigen Inspektionsbesuchen in dieses Kaffeehaus. Seine üblichen Sahneportionen vertilgte er dann in anderen Cafés, in denen er vor ihren Überfällen sicher war.

Im Gegensatz zu Hannah wurde Alice von Großmutter Julie akzeptiert, wenn auch keineswegs kritiklos. Sie wurde als ein wenig hysterisch und überspannt bezeichnet.

Alice war mit Sicherheit eine durchaus reizbare, nervöse Person. Und dieser Eindruck wurde noch durch ihre hohe Stimme verstärkt. Ihre Nervosität, ihre schnellen, sprunghaften Bewegungen, ihre entnervende Stimme – dies alles reichte aus, um sie als hysterisch zu bezeichnen. Nur zu leicht machte sie aus einer Mücke einen Elefanten, wie zum Beispiel bei jenem »Sex-Krach«, in dessen Mittelpunkt ich stand und der unsere Familien eine Zeitlang einander entfremdete.

Es geschah, als ich acht oder neun Jahre alt war. Mein Cousin Heinzi und ich spielten in meinem Zimmer. Zunächst beschäftigten wir uns damit, mein Schaukelpferd mit Spielzeugsäbeln zu schlachten. So harmloser Aktivitäten überdrüssig, fragte Heinzi mich plötzlich und unerwartet: »Weißt du, was eine Hure ist?« Ich hatte das Wort noch nie gehört. Heinzi klärte mich darüber auf, daß das eine Frau sei, die man dafür bezahle, daß man alles, was man wolle, mit ihr machen könne. Nicht etwa, daß er wirklich gewußt hätte, was das bedeutete. Was er wußte, war aber immerhin, daß es etwas damit zu tun hatte, diese Damen auszuziehen und zu verprügeln. Offenbar hatte er irgendwann eine diesbezügliche Erzählung seines Vaters mit angehört. Als Polizeiarzt hatte Paul natürlich mit dem Gewerbe zu tun – meist nachdem die Gewerbetreibenden verprügelt und in einigen Fällen von »anspruchsvolleren« Kunden sogar umgebracht worden waren. Wir beschlossen also, daß Heinzi die Hure und ich den Kunden spielen sollte. Er ging in meinem Zimmer auf und ab und tat, als befände er sich auf der eleganten Kärntner Straße, auf der des Abends die leichten Mädchen flanierten. Ich spielte den Mann, der in die Stadt kommt und Fräulein Heinzis Liebreiz kennenlernen möchte. Arm in Arm näherten wir uns dem Schauplatz der »Orgie«, meinem Bett.

Obwohl ich den Mann spielte, hatte ich natürlich nicht die geringste Ahnung, was eigentlich von mir verlangt wurde. Daher übernahm der besser informierte Heinzi das Kommando. »Du ziehst mich jetzt aus«, befahl er, und ich gehorchte. Es begann, ziemlich spannend zu werden. Keiner von uns hatte jedoch eine Vorstellung davon, was als nächstes zu geschehen hätte. Was wir – oder, besser gesagt, Heinzi – allerdings wußte, war, daß eine Prügelszene unbedingt dazugehörte. Ich spielte den Mann, ich war ein Jahr älter und wesentlich stärker als mein Cousin und tat, was von mir erwartet wurde: Ich verdrosch ihn. Offensichtlich glaubte ich schon als Kind, daß man eine Sache gut machen muß, wenn man sie überhaupt macht. Der arme Heinzi bekam also sein Fell gründlich versohlt. Unter normalen Umständen hätte er das ganze Haus zusammengeschrien, aber die Umstände waren ganz entschieden nicht normal. Schließlich war er eine Hure, die für ihre »Dienste« bezahlt wurde. Wie eine vom Fach ließ er alles mit stoischer Ruhe über sich ergehen, und als es schließlich Zeit zum Gehen war, verabschiedeten wir uns als gute Freunde. Wir hatten keine Ahnung, was das Schicksal für uns bereithielt.

An diesem Abend wurde Heinzi gebadet. Als die liebe Mami Alice ihren kleinen Engel auszog, um ihn in die Badewanne zu stecken, bemerkte sie, daß sein hübscher kleiner Popo wesentlich farbenfreudiger aussah als gewöhnlich. Er wies rote, grüne und blaue Striemen auf. Spuren unseres »Liebesspiels« waren auch auf anderen Teilen von Heinzis Körper sichtbar. Tante Alice brauchte nicht lange, um die Wahrheit aus Heinzi herauszuholen. Nur war Heinzis Wahrheit leider nicht die reine Wahrheit. Ich war derjenige gewesen, der ihn verführt hatte. Ich hatte die Idee gehabt, Hure zu spielen. Ich war an allem schuld. Tante Alice steckte ihren Engel – er war wirklich ein hübsches Kind mit vielen blonden Locken – ins Bett, nachdem sie Onkel Paul alarmiert hatte, daß Heinzischatz unbedingt und auf der Stelle ärztlicher Fürsorge bedürfe. Dann zog sie aus, um Hölle, Vernichtung und Verdammnis in mein Leben zu bringen.

Als ich ihre Stimme – noch einige Oktaven höher als sonst – in unserem Vorzimmer hörte, hatte ich eine ziemlich genaue Vorstellung von dem, was ihr überraschender Besuch zu bedeuten hatte. Glücklicherweise lag ich bereits im Bett, als Tante Alice kam. Blitzschnell schaltete ich das Licht aus und täuschte tiefen, unschuldigen Schlummer vor.

Aber ich hätte mir gar keine Sorgen zu machen brauchen. Die Tür meines Zimmers wurde nicht aufgerissen, meine Eltern kamen nicht empört hereingestürzt. Ich konnte nur ihre Stimmen und natürlich die von Alice hören, die inzwischen ein wenig die Tonskala hinuntergeglitten war. Schließlich schlief ich tatsächlich ein.

Am nächsten Morgen fand das Kreuzverhör statt. Ich bekräftigte meine – wenigstens vergleichsweise – Unschuld. Ja, gab ich zu, ich hätte Heinzi verprügelt. Schließlich habe er mir gesagt, daß ich das tun solle. Die Idee stamme von ihm, er habe mir von Huren erzählt. Ich hätte das Wort zuvor noch nie gehört. Er sei derjenige, der gelogen habe, nicht ich.

Man glaubte mir. Alles deutete darauf hin, daß Heinzi sein Wissen irgendwann von seinem Vater aufgeschnappt hatte. Alles sprach dagegen, daß ich – wie Tante Alice behauptet hatte – eine Art frühreifer Verführer war.

Onkel Paul verhielt sich in der ganzen Sache wesentlich vernünftiger als seine Frau. Seine Beziehungen zu meinen Eltern blieben durch dieses Drama völlig unberührt, während es noch eine ganze Weile dauerte, bis Tante Alice wieder mit uns sprach.

Onkel Paul war es auch, der meinen Eltern und mir im Jahr 1936 aus einer ziemlich schwierigen Situation half. Ich war fünfzehn Jahre alt und hatte meine erste persönliche Begegnung mit der steigenden Flut des Nazismus. Ich war Schüler des Schopenhauer-Gymnasiums, einer recht strengen Lehranstalt mit nur wenigen jüdischen Schülern. In jeder Altersgruppe gab es zwei Parallelklassen. Klasse A war stets »gemischt«, vereinte Juden und Nicht-Juden, Klasse B wurde »rassisch sauber« gehalten.

Zu dieser Zeit war Österreich ein klerikal-faschistischer Staat. Kurt von Schuschnigg hatte als Kanzler die Nachfolge von Engelbert Dollfuß angetreten, der 1934 von österreichischen Nazis ermordet worden war. Das Schuschnigg-Regime war nicht offen antisemitisch. Offiziell gab es keine Diskriminierung der Juden. Aber an der Machtbasis operierten verschiedene pseudo-militärische Organisationen. Die wichtigste war Prinz Starhembergs »Heimwehr«, eine faschistische Miliz nach dem Vorbild Mussolinis. Dieses Konkurrenzunternehmen zur deutschen SA hatte einen sehr starken rassistischen, antisemitischen Flügel, obwohl ihm einige Juden – die meisten von ihnen getauft – als Mitglieder und Propagandisten angehörten.

Welche Zusicherungen Kanzler Schuschnigg der einflußreichen Jüdischen Gemeinde in Wien auch gegeben hatte, wie ehrlich er sie auch gemeint haben mochte, für Juden, die lesen konnten, stand 1936 das Menetekel längst an der Wand. Der Antisemitismus durchsetzte das öffentliche Leben. Die Aktivitäten der illegalen österreichischen Nationalsozialisten mit ihren geheimen SA- und SS-Zellen, mit speziellen Terror-Kommandos nahmen täglich zu. Sie wurden angeführt von einem Wiener Verbrecher kroatischer Herkunft, der Odilo Globocznik hieß. Sie legten Bomben in jüdischen Geschäften und verbreiteten Angst und Schrecken, wo immer sie konnten. Globocznik wurde später oberster Polizei- und SS-Chef in Lublin in Polen. Dort setzte er in großem Maßstab das fort, was er in Wien begonnen hatte.

Damals wurden die österreichischen Schulen dazu angehalten, nicht nur großen Nachdruck auf wissenschaftliche Leistungen zu legen, sondern auch auf vor- und paramilitärische Ausbildung zu achten. Zweimal im Jahr mußten alle Schüler, die älter als fünfzehn Jahre waren, Märsche durch den Wienerwald unternehmen. Diese Märsche waren mit militärischen Übungen verbunden.

Ich war vielleicht fünf Monate auf dem Schopenhauer-Gymnasium, als der erste Übungsmarsch fällig war. Wir verließen die Schule in relativ geordneten Marschkolonnen unter dem Kommando unseres Turnlehrers. Er war ein drahtiger, kleiner Bursche mit kurzgeschnittenen blonden Haaren. Robust in Benehmen, Aussehen und Verhalten, schien er der perfekte Nazi zu sein.

Nachdem wir ein paar Stunden marschiert waren, befahl er uns, militärische Lieder zu singen. So weit, so gut. Es war angenehm, in der frischen Luft zu sein, und ich spielte ohnehin gern Soldat. Plötzlich bemerkte ich, daß unsere »rassisch saubere« Parallelklasse aus voller Kehle und mit Leibeskräften den Refrain des SA-Liedes brüllte: »Wenn das Judenblut vom Messer spritzt...«

»Das ist eine Schweinerei«, sagte ich zu dem Mitschüler, der dicht neben mir marschierte. Er war kein Jude, ich mochte ihn. »Wenn wir in die Schule zurückkommen, gehe ich zum Direktor und schlage Krach.«

»Warum gehst du denn nicht zum Turnlehrer und beschwerst dich bei ihm?« fragte mein Mitschüler.

»Was hätte das für einen Sinn?« gab ich zurück. »Er kann doch ebenso gut hören wie ich und unternimmt nichts dagegen. Der ist doch sowieso ein Nazi.«

Als wir wieder in der Schule waren, ging ich zum Schulleiter. Ich erzählte ihm, was geschehen war. Er versprach, Nachforschungen anzustellen, und entließ mich.

Am nächsten Morgen wurde ich zum Schulleiter gerufen. Er empfing mich mit den Worten: »Sie packen sofort Ihre Sachen und verlassen die Schule. Ich will Sie hier nicht mehr sehen. Ihre Eltern werden schriftlich verständigt. Hinaus mit Ihnen!«

Ich tat, was man mir gesagt hatte. Zu Hause berichtete ich meiner Mutter, was geschehen war. Sie rief Vater an, und der rief wiederum Onkel Paul an. Eine halbe Stunde später war Onkel Paul zur Stelle. Wenn mir überhaupt jemand helfen konnte, dann er mit seinen Beziehungen zu Regierungsstellen und mit seinem Titel.

Dazu war Onkel Paul auch sofort bereit. Er suchte unverzüglich den Schulleiter auf. Und der war vom Herrn Regierungsrat so beeindruckt, daß er zum erstenmal erzählte, warum ich aus der Schule geworfen worden war. Jener christliche Mitschüler, dem gegenüber ich meine Empörung geäußert hatte, hatte nach unserer Rückkehr nichts Eiligeres zu tun gehabt, als meine Bemerkung über den Turnlehrer an die richtige Adresse zu bringen. Auch heute noch bin ich fest davon überzeugt, daß unser Turnlehrer ein Antisemit war und es ganz gern gehabt hätte, wenn »Judenblut vom Messer gespritzt« wäre; was ich zum damaligen Zeitpunkt aber nicht wußte, war, daß er einen ziemlich hohen Rang in der »Vaterländischen Jugendbewegung«, Kanzler Schuschniggs Jugendorganisation, bekleidete.

Nur meine leichtfertige Bemerkung über ihn war wichtig für den Schulleiter. Ich hatte einen Lehrer »verleumdet« – das gab den Ausschlag. Das verleumderische Lied und seine Sänger wurden nicht mehr erwähnt. Erst als Onkel Paul anklingen ließ, er werde eine polizeiliche Untersuchung über die politischen Verbindungen des Lehrerkollegiums veranlassen, gab der Schulleiter nach und machte den Vorschlag, meinen sofortigen Verweis von der Schule zurückzunehmen, vorausgesetzt, meine Eltern würden mich zum Ende des Schuljahres freiwillig aus dem Gymnasium nehmen. Diesem Kompromiß stimmten wir notgedrungen zu, denn mit dem Makel eines Verweises wegen ungebührlichen Betragens hätte mich keine andere Schule in Österreich aufgenommen, und meine Karriere als Gymnasiast wäre damit beendet gewesen.

Es war nicht einmal ein schlechter Kompromiß, denn ich hätte das Schopenhauer-Gymnasium ohnehin verlassen müssen. Wäre ich geblieben, hätten mir die Schüler der Klasse B, jene unverfrorenen Sänger, aber auch einige Lehrer mit NS-Sympathien das Leben sicher zur Hölle gemacht.

Von allen Brüdern stand Paul meinem Vater am nächsten. Zu Fritz hatte er eine recht gebrochene Beziehung, und zu Josef – weanerisch Pepi gerufen – bestand so gut wie keine.

Pepi erschien äußerst selten in Großmutters Wohnung. Der Grund dafür war nicht etwa mangelnde Zuneigung zu Großmutter oder dem Rest der Familie. Der Grund war Tante Gisi, seine Frau. Pepi, der mit vollem Namen Josef Pasquale hieß, war ein ausgezeichneter und sehr erfolgreicher Dermatologe. Sein Name wurde in Fachkreisen mit Respekt erwähnt. Er war auch ein begabter Cellist, der für Kammermusikabende sehr gesucht war. Mit seinen dichten, gelockten schwarzen Haaren, die unter einem breitkrempigen Verdi-Hut – eine überaus beliebte Kopfbedekkung unter den europäischen Künstlern jener Tage, von Rudolf in La Bohème bis Pepi Klaar in Wien – hervorlugten, glich er weit mehr dem Musiker, der er so gern gewesen wäre, als dem Arzt, der er war.

Ich war nur zwei- oder dreimal in Onkel Pepis Praxis. Was für ein Unterschied zu der von Onkel Paul! Sie war stets überfüllt, es herrschte ein ständiges Kommen und Gehen. Auch die Tür wurde keineswegs von einer Annitschek geöffnet, sondern von einer Sprechstundenhilfe im properen weißen Kittel. War die Sprechstundenhilfe jung und hübsch, traf man unvermeidlich auf eine große, ernstblickende Dame, die sich – ebenfalls im weißen Kittel – an allen Ecken und Enden zu schaffen machte. Das war Tante Gisi, die in der Praxis nach dem Rechten sah – so behauptete sie jedenfalls. In Wahrheit sah sie nach Onkel Pepi. Sie wollte verhindern, daß sich zwischen ihrem romantisch aussehenden Ehemann und seiner Assistentin ein Techtelmechtel anbahnte. Nicht, daß Pepi je gewagt hätte, etwas Derartiges auch nur zu versuchen. Gisi hatte unmißverständlich klargemacht, daß sie, sollte er je etwas mit einer anderen Frau anfangen, ihn im selben Augenblick eigenhändig ermorden würde. Pepi und die ganze Familie wußten nur zu gut, daß das kein Scherz war. Es war noch nicht einmal eine Drohung. Es war die schlichte Feststellung einer Tatsache.

Tante Gisi war eine von vielen Dämonen besessene Frau, so auch von dem Dämon der Eifersucht. Als ihre Tochter Susi sechs oder sieben Jahre alt war, konnte Pepi Gisi nur in letzter Minute davon abhalten, das Kind aus einem Fenster ihrer Wohnung im vierten Stock zu werfen. Dieses Geschehen war das Ergebnis eines heftigen Streits zwischen den Eheleuten. Gisi hatte Pepi beschuldigt, seine Tochter mehr zu lieben als seine Frau. Pepi war immer noch dabei, gegen diese Unterstellung heftig zu protestieren, als Gisi – außer sich vor Wut – das Kind zu einem der Fenster zerrte. Pepi hielt sie gerade noch rechtzeitig zurück.

Gisi war viel älter als ihr Mann. Offizielle Angaben sprachen von etwa zehn Jahren, aber es ist wahrscheinlicher, daß es fünfzehn waren. Pepi lernte die geschiedene Frau kennen, als er Anfang Zwanzig war. Gisi hatte mit ihrem ersten Mann Erich Störk, einem bekannten österreichischen Arzt, zwei Kinder. Sie war eine gefeierte Schönheit mit einem starken Charakter. Groß, gertenschlank und elegant, sah sie aus, als sei sie geradewegs einem Bild von Gustav Klimt entstiegen. Pepi verliebte sich Hals über Kopf in sie. Als er sie aber seinen Eltern vorstellte, gab es einen verblüffenden Zusammenstoß, der damit endete, daß Großvater Ludwig seine Schwiegertochter in spe kurzerhand ohrfeigte. Wie die späteren Ereignisse beweisen sollten, war der alte Dr. Ludwig kein schlechter Menschenkenner.

War es nur Gisis Persönlichkeit gewesen, die Großvater Ludwig so aufregte, oder hatte jene Ohrfeige etwas mit Gisis Scheidung zu tun? Das Gericht hatte Dr. Störk das Sorgerecht für seine beiden Kinder zugesprochen. Also konnten kaum Zweifel daran bestehen, daß Gisi zum schuldigen Teil erklärt worden war.

Auf diese Scheidungs-Affäre nimmt Friderike Maria Zweig, die erste Frau des Schriftstellers, in ihren Memoiren Bezug. Sie erwähnt einen »Jugendfreund, Dr. Erich Störk, der mir seine Kinder aus einer eben geschiedenen Ehe über einige Sommerwochen anvertraut hatte...«, und weist später, nach der Beschreibung des tragischen Todes von Dr. Störk und seiner zweiten Frau, auch auf die bitteren Umstände der Scheidung mit den Worten hin: »Deine Kinder, Erich, um die du dich blutig gekämpft hast mit deiner Frau, die jetzt wohl froh ist, sie allein zu besitzen: Der Tod hat sie ihr herausgegeben. Er war der Stärkere.« O ja, Gisi war erprobt im Ausfechten blutiger Kämpfe.

Pepi war in beachtlichem Ausmaß auf seine Mutter fixiert – der absolut klassische Fall, so typisch, daß es für die Diagnose keines Freud bedurfte. Und Gisi war der perfekte Mutter-Ersatz. Sie gab Pepi ein wenig Liebe und viele Strafen.

Als Jüngster war Pepi das verhätschelte Nesthäkchen der Familie, der Augapfel seiner Mutter gewesen. Doch dann wurde er dieser Privilegien jäh beraubt, als noch eine Schwester ankam.

Das erste Mädchen nach vier Jungen, Großmutters unbestrittener Liebling! Die intensive und überwältigende Liebe von Großmutter Julie konzentrierte sich nun ganz auf die Jüngste, für den kleinen Pepi blieb nicht mehr viel übrig.

Die Eigenschaft, intensiv, aber eingeschränkt lieben zu können, überwältigende Zuneigung ausschließlich auf einen einzigen Menschen zu konzentrieren und den anderen dadurch nur wenig übrigzulassen, scheinen alle Klaars von Großmutter Julie geerbt zu haben. In Pauls Fall konzentrierte sich die Zuneigung auf Alice. Was übrigblieb, wurde dem jüngeren seiner Söhne, Heinzi, gegeben. Als der sechs Jahre ältere Didi einmal von seinen Eltern gefragt wurde, was er sich zum Geburtstag wünsche, antwortete er: »Daß mich Mami und Vati einen einzigen Tag so liebhaben wie Heinzi die ganze Zeit.« Damals war der Junge zehn oder elf Jahre alt, und sein Wunsch machte die Runde in der Familie. Wie kam das Kind nur auf so etwas? Eltern liebten ihre Kinder selbstverständlich gleichermaßen. Nichts davon! Der kleine Didi wußte, wovon er sprach.

Die drei älteren Klaar-Jungen, Paul, Fritz und Ernst, wurden in rascher Folge geboren. Kaum hatte die arme Julie ein Kind zur Welt gebracht, war das nächste auch schon auf dem Weg. Paul und Fritz wurden sogar im selben Jahr geboren. Für Großmutter muß diese Fließband-Produktion von Söhnen ein traumatisches Erlebnis gewesen sein, um es gelinde auszudrücken. Ich erinnere mich genau daran, daß sie mir vier Jahrzehnte nach der Geburt ihres letzten Kindes immer noch grollend von ihrem harten Schicksal als junge Frau erzählte. Zwischen den Geburten der vier Söhne und der Tochter hatte sie zahlreiche Fehlgeburten. Ständig wies sie darauf hin, wieviel besser es doch die Generation meiner Mutter habe, in der sich die Frauen weigerten, Brutmaschinen zu sein. Nach Ernsts Geburt dauerte es zwei Jahre, bis Pepi auf die Welt kam, und weitere drei Jahre, bis Sally erschien.

Drei Jahre lang wurde Pepi geradezu verschwenderisch mit Liebe überhäuft, aber dann war plötzlich nichts mehr für ihn übrig. Pepis Beziehung zu Gisi läßt sich nur von diesen Kindheitserlebnissen her erklären.

Gisis Glanzperiode als gefeierte Schönheit der Gesellschaft lag in der Zeit vor Ausbruch des Ersten Weltkrieges. Und mit der

Entschiedenheit, die so typisch für sie war, zwang sie die Zeit dazu, stillzustehen und in den Jahren ihres größten Glanzes zu verharren. Ihre Garderobe zeigte ausschließlich den Stil der Vorkriegs-Ära. Mochten alle anderen Frauen ruhig Beine zeigen und Bubikopf tragen – Gisi schritt unverdrossen in Kleidern einher, die den Boden fegten, nicht die geringste Spur von Fesseln zeigten und sich in absoluter Übereinstimmung mit dem strengen Mode-Diktat von 1908 befanden. Mochten alle anderen ruhig ihre Glockenhüte tragen – auf Gisis hochgetürmtem Lokkenkopf thronte eines jener riesigen federgeschmückten Wagenräder, die am Hofe Franz Josephs ebenso en vogue gewesen waren wie im Ascot Eduards VII.

Die Leute starrten sie auf der Straße an, Kinder zeigten mit dem Finger auf sie und kicherten – Gisi blieb völlig unberührt und stolzierte unbekümmert weiter. Wo Pepi auch immer hinging, sie ging mit ihm. Wirklich ein seltsames Paar! Er mit seinem breitkrempigen Künstlerhut – und an seinem Arm Gisi, wesentlich älter und größer, dazu in Kleidern, die dreißig Jahre und länger aus der Mode waren. Jedermann im Bezirk kannte sie. Jedermann machte sich über sie lustig. Hinter ihren Rücken natürlich.

Eines der Restaurants, die mein Vater und ich besonders liebten, war der »Goldene Hirsch«, ein hübsches, altmodisches Gasthaus, in dem ganz ausgezeichnetes Essen serviert wurde. Es lag in der Straße, in der Pepi wohnte und seine Praxis hatte. Er selbst kehrte auch häufig dort ein. Nie werde ich den verdutzten Gesichtsausdruck meines Vaters vergessen, als er eines schönen Sonntags einen Kellner im »Goldenen Hirschen« fragte, ob Dr. Klaar schon dagewesen sei, und folgende Antwort erhielt: »O ja. Aber kurz bevor Sie kamen, erschien sein Gendarm und nahm ihn mit.«

»Gendarm« war die Bezeichnung, unter der man Tante Gisi im ganzen Bezirk kannte.

Die Beziehungen zwischen meinen Eltern und Onkel Pepis Familie waren, wie gesagt, etwas locker. Aber es hatte eine Zeit gegeben, in der der Kontakt doch enger zu werden schien. Ich muß damals sechs oder sieben Jahre alt gewesen sein. Ich erinnere mich daran, überraschenderweise zu einer von Susis Geburtstagsfeiern eingeladen worden zu sein.

War schon die Einladung bemerkenswert, so machen mir zwei andere Ereignisse diese Geburtstagsfeier vollends unvergeßlich. Das erste und weniger wichtige war, daß Chaplin-Kurzfilme gezeigt wurden. Daß auf einem Kindergeburtstag Filme gezeigt wurden, war in jenen Tagen eine Sensation. Ich war ungeheuer beeindruckt. Aber noch unvergeßlicher als die Filme war die Tatsache, daß ich mich an diesem Nachmittag unsterblich in eine von Susis kleinen Freundinnen verliebte. Es war die große Liebe – darunter tat ich es nicht. Das kleine Mädchen schenkte mir eine in Goldpapier eingewickelte Schokoladenmünze. Diesen Schatz, den ich von meiner Angebeteten als Angebinde erhalten hatte, hütete ich monatelang wie eine ungeheure Kostbarkeit. Kein Mensch durfte sie berühren. Tagsüber lag sie auf meinem Nachttisch, nachts unter meinem Kopfkissen. Die Qualität der Schokolade kann nicht besonders gewesen sein, denn selbst in meiner kleinen heißen Hand unter dem Kopfkissen schmolz sie nicht.

Vielleicht hätte diese Liebesaffäre durchaus eine Zukunft gehabt, wenn ich auch zu Susis nächster Geburtstagsfeier eingeladen worden und dem Idol meiner Träume wiederbegegnet wäre, wer weiß? Aber das sollte nicht sein. Wieder schlug das Schicksal hart und unerbittlich zu. Wieder, und mit ebensowenig Berechtigung wie beim erstenmal, geriet ich in der Familie in den Verdacht, ein frühreifer Sittenstrolch zu sein.

Susi machte einen ihrer seltenen Besuche bei Großmutter und Tante Sally. Ob Großmutter mich eingeladen hatte, damit ich mit Susi spielen könnte, oder ob wir ganz zufällig am selben Tag dort auftauchten, weiß ich nicht mehr. Auf jeden Fall zogen sich Susi und ich in Tante Sallys Zimmer zurück, während sich die Erwachsenen im Wohnzimmer unterhielten. Wir spielten glücklich und unschuldig miteinander, bis Susi plötzlich vorschlug, wir sollten doch Braut und Bräutigam spielen. Wir stellten ein paar Möbelstücke zu einem Altar zusammen, auf den wir dann Seite an Seite zumarschieren wollten. Wir waren beide nicht besonders gut über das Zeremoniell derartiger Feierlichkeiten unterrichtet, aber ich erinnerte mich immerhin plötzlich daran, daß die Bräute bei solchen Gelegenheiten lange weiße Kleider mit Schleppen tragen und daß es Pagen gibt, die die Schleppe hochhalten. Irgendwie muß mir das als wichtigster und eindrucksvollster Teil der ganzen

Zeremonie erschienen sein. Entschlossen trat ich also hinter Susi, ergriff den Saum ihres Kleides, die imaginäre Schleppe, lüpfte sie und starrte verblüfft auf den nackten Popo meiner kleinen Cousine, die, solchermaßen entehrt, wie am Spieß zu schreien begann. Schluchzend stürzte sie aus dem Zimmer, um bei den Erwachsenen Zuflucht vor mir, dem angeblichen Mädchenschänder, zu suchen. Großmutter und Tante Sally waren über die Tatsache, daß Gisi ihr Töchterlein ohne Unterhöschen herumlaufen ließ, so verblüfft, daß meine Beteiligung an dem Skandal von ihnen gar nicht beachtet wurde. Von Tante Gisi und Susi um so mehr. Nie wieder wurde ich zu einer Geburtstagsfeier oder sonstigen Gelegenheit zu Cousine Susi eingeladen.

Das Wohnzimmer war Mittelpunkt des Familienlebens in Großmutter Julies Wohnung. Wenn man es durch die Doppeltür vom Speisezimmer her betrat, erblickte man zunächst den riesigen schwarzen Konzertflügel vor den beiden Fenstern. An der gegenüberliegenden Wand stand ein großer Bücherschrank aus Mahagoni mit Großvaters Büchern darin und drei signierten Fotografien auf dem Sims. Auf ihnen waren Tante Sallys Idole abgebildet. Eine zeigte einen älteren, bärtigen Herrn und trug eine Widmung: »Für meine liebe Schülerin Rosalie Klaar.« Sie stammte von dem großen Leschetizky, dem berühmtesten Musikpädagogen und Klavierlehrer seiner Zeit. Zeit ihres Lebens war es Sallys größter Stolz, daß dieser bekannte Musikpädagoge, selbst ein Schüler Czernys, der seinerseits bei Beethoven höchstpersönlich Musik studiert hatte, sie als Schülerin akzeptiert hatte. In einem anderen Rahmen befand sich ein Foto Gustav Mahlers mit Unterschrift. Sally gehörte schon sehr früh zu den glühenden Bewunderern Mahlers. Aus dem dritten Rahmen schaute das traurige aristokratische Gesicht des österreichischen Lyrikers Richard von Schaukal. Tante Sally hatte einige seiner Gedichte vertont. Mitunter sendete der österreichische Rundfunk sogar einige von Tante Sallys Schaukal-Vertonungen. Das waren die glücklichsten Augenblicke in ihrem kurzen Leben, das ansonsten nicht gerade von Glück gesegnet war.

Man kann nur hoffen, daß Sally nie jenen Artikel zu Gesicht

bekam, den ihr Idol Richard von Schaukal im April 1933 in der austro-faschistischen Zeitung »Der Heimatschützer« veröffentlichte. Darin beschwerte er sich über den »allzu offensichtlichen jüdischen Einfluß auf Österreichs soziales und intellektuelles Leben«. Er bezeichnete es als einen »Skandal«, wie »jüdische Arroganz das wahre Gesicht österreichischer Kunst zu einer häßlichen Grimasse verzerrt; wie kann ein Arthur Schnitzler, dessen Arbeit vielleicht einen winzigen Eintrag in die Annalen österreichischer Literatur wert ist, die künstlerische Leistung Österreichs im Ausland repräsentieren oder ein Sigmund Freud die österreichische Wissenschaft?«

An der Wand neben der Tür stand die große Couch, auf der Großmutter schlief, davor ein mächtiger Tisch, um den sich drei Sessel gruppierten. Eine Überraschung zwischen all den behäbigen und soliden Möbelstücken aus der Kaiser-Ära stellte der große Wandtisch aus Eichenholz auf der anderen Seite der Tür dar mit dem handbemalten italienischen Majolika-Spiegel darüber, flankiert von zwei riesigen zueinander passenden Vasen. Jede Vase zeigte ein Petrarca-Porträt, umrahmt von Blumenornamenten. Dieser herrliche Spiegel und die Vasen waren ein Hochzeitsgeschenk für Großvater Ludwig von seiner Schwester, der Prinzessin Colonna. Ich sah die Vasen abends gern an, wenn die weißen Flächen den gelbgrünlichen Schimmer des Gaslichts widerspiegelten. Gaslicht? Aber selbstverständlich! In Großmutters Augen war es dem vulgären elektrischen Licht weit überlegen. Jeden Abend schlurfte Annitschek mit der Streichholzschachtel in der Hand von Zimmer zu Zimmer, um die zischenden Gasflammen anzuzünden.

Tante Sally versuchte, Geld als Klavierlehrerin zu verdienen. Sie war nicht nur eine gute Pianistin, sie war auch eine gute Pädagogin. Daß meine Klavierstunden bei ihr nicht gerade von Erfolg gekrönt und reine Zeitverschwendung waren, lag an Gründen, für die sie nicht verantwortlich war. Erstens hatte ich keine Spur von Talent. Zweitens war sie meine Tante, also glaubte ich, meinen Willen durchsetzen zu können. Drittens erlaubte mir meine Mutter nicht, mit einer dieser großen schwarzen Mappen herumzulaufen, auf denen in goldenen Lettern das Wort »Musik« stand. Mit einer solchen Mappe unter dem Arm, davon war ich felsenfest überzeugt, hätte ich bestimmt sehr bedeutend und künstlerisch ausgesehen. Diese Art von Zurschaustellung zeuge von extrem schlechtem Geschmack, trumpfte meine Mutter auf, sei Angabe. Genau das aber war es ja, was mich an der Mappe so reizte. Keine Goldbuchstaben? Dann zur Hölle mit der ganzen Musik! Also gab es tränenreiche Szenen zu Hause und Unterricht bei einer verärgerten Tante. Hätte man meine Eitelkeit befriedigt – wer weiß, vielleicht hätte ich eines Tages doch noch Gefallen am Klavier gefunden...

In diesem Zusammenhang müssen Sallys häufige Migräne-Anfälle, die einen regelmäßigen Unterricht unmöglich machten, erwähnt werden. Schon als junges Mädchen hatte sie unter Kopfschmerzen gelitten, die ständig stärker wurden, je älter sie wurde. Der Grund für diese Qualen war, wie sich später, viel später herausstellte, ein langsam wachsender Gehirntumor. Er brachte ihr schließlich den Tod, barmherzigerweise im Jahr 1942, kurz bevor die letzten Juden aus Wien deportiert wurden und Baldur von Schirach, der Gauleiter von Wien, sein Freudentelegramm an Hitler sandte: »Mein Führer, ich melde Ihnen, Wien ist judenrein.«

Obwohl Sally in der Familie nur von Ärzten umgeben war und im Laufe der Jahre wohl jeden berühmten Arzt in Wien, selbst den großen Freud, aufsuchte, hat keiner von ihnen diesen Tumor entdeckt, bis es zu spät war.

Großmutter Julie lebte nur für Sally. Sie war das A und O ihres Daseins. Ganz gleich, wie eine Unterhaltung mit Großmutter auch begonnen haben mochte, irgendwie, irgendwann endete sie immer bei der armen Sally. Kein Wunder, daß sich die Tochter im Laufe der Zeit in ihre Rolle hineinfand und damit begann, die »arme Sally« durchaus genüßlich darzustellen. Sehr früh erkannte sie, wie sie die Aufmerksamkeit der Mutter und die Sympathie der anderen Familienmitglieder auf sich lenken konnte. Das war lange, bevor sich dieser Tumor entwickelt haben konnte, und zu einer Zeit, als die Kopfschmerzen nur gelegentlich auftraten.

Sally war Mitte Dreißig, als Großmutter endlich diagnostizierte – schließlich war sie Arztwitwe und Mutter zweier Ärzte –, was bei der armen Sally tatsächlich nicht stimmte. Sie war noch immer Jungfrau. Ich war natürlich bei jenem Gespräch zwischen Großmutter und Onkel Paul nicht anwesend, aber Pauls ältester Sohn Didi muß wohl in Hörweite gewesen sein. Jedenfalls berichtete er freudestrahlend, daß Großmutter laut gerufen habe: »Sally braucht einen Mann, sie braucht einen Mann!«

Nach diesem Ausbruch wurde allen Familienmitgliedern der strikte Befehl erteilt: »Sucht einen Mann für Sally, oder...«, und es wurde tatsächlich ein Mann gefunden. Sallys künftiges Glück hieß Dr. Robert Friedmann, ein Konzertpianist und wie sie ein ehemaliger Schüler des großen Leschetizky. Robert war groß, kahl, mit einem langen, bohemienhaften Haarkranz um den glänzenden Schädel. Er war extrem dünn und hatte ein intelligentes, sensibles Gesicht mit einer sehr großen, sehr jüdischen Nase. Ihm beim Klavierspielen zuzuhören war das reine Vergnügen, ihm dabei zuzusehen hatte mehr chaplineske Qualitäten. Seine Hände flogen nicht nur über die Tasten, sondern durch die ganze Umgebung. Sein ganzer Körper gab sich den unglaublichsten, schrecklichsten Verrenkungen hin. Sein Gesicht verzerrte sich in einer unerschöpflichen Auswahl an Grimassen. Er summte, sang, schnaubte, ja schluchzte, wenn er spielte.

Robert spielte manchmal auf den Abendgesellschaften meiner Eltern. Dazu erschien er in einem alten Frack, der mit Sicherheit aus seinen Tagen als Wunderkind stammte. Die Hosen waren zu kurz, die Jacke zu eng, die Weste schwamm irgendwo in der Mitte seiner gestärkten Hemdbrust, ihre beiden Spitzen und sein Hosenbund waren sich seit Jahren nicht mehr nahe gekommen. Sein verwirrendes Gebaren hielt die Zuhörer bei privaten Darbietungen keineswegs davon ab, die Brillanz seines Spiels zu genießen, aber auf einer Konzertbühne wäre er untragbar gewesen – es sei denn als Musik-Clown.

Seine Auftritte in normaler Kleidung waren nicht weniger erheiternd. Er trug einen breitkrempigen Hut, die Krempe vorn nach oben, hinten nach unten gebogen, einen einige Nummern zu großen Mantel, der seine merkwürdige Haltung mit weit nach vorn gebogenen Schultern noch storchenähnlicher machte. Seine schnabelartige Nase und die stets zu kurzen Hosen, die seine dürren Beine zeigten, steigerten den Gesamteindruck bis zur Karikatur eines Storches. Es grenzte an ein Wunder, daß er nicht schon als kleines Kind ums Leben gekommen war, indem er in eine Straßenbahn oder einen Bus lief. Immer war er total abwesend, vermutlich von irgendeiner Symphonie oder Sonate völlig in Anspruch genommen. Der Schutzengel, der ihn davor bewahrte, unter Busse zu geraten, muß sehr ortskundig gewesen sein, denn ohne himmlische Führung hätte Robert Friedmann nie von Punkt A nach Punkt B finden können.

Neben der Musik hatte er zwei weitere Passionen: Schönheitsmittelchen und Feuerzeuge. Er sammelte süßduftende Seifen, Eau de Cologne, alle Arten von Gesichtscremes und eine endlose Zahl von Feuerzeugen. Es entzückte ihn, mir seine Schätze zeigen zu können, mich mit den Feuerzeugen spielen und an seiner Kosmetik-Sammlung schnuppern zu lassen.

Wie ich schon sagte, hatte Robert drei Passionen. Eine Passion hatte er gewiß nicht: die arme Tante Sally. Dabei hatte er gar nichts gegen sie persönlich. Es war nur so, daß dieser Herr, den die familiären Kundschafter ausfindig gemacht hatten, um Sally endlich von ihrem Jungfrauen-Dasein zu erlösen, schlicht und ergreifend impotent war. Arme Sally, arme Großmutter Julie! Als sich herausstellte, daß der Gute nicht in der Lage war, die in ihn gesetzten Erwartungen zu erfüllen, wurde er im Familienkreis stillschweigend geduldet. Die Ehe, ganz abgesehen davon, daß sie gar nicht vollzogen worden war, wurde nur noch als Fiktion aufrechterhalten. Sie endete in Scheidung nach Hitlers Einmarsch in Österreich. Dr. Friedmann emigrierte nach Großbritannien, und der Schock des Nationalsozialismus veränderte ihn. Er riß ihn aus der Traumwelt, in der er so lange gelebt hatte. Dr. Friedmann ließ sich in Birmingham nieder und heiratete wieder. War seine Impotenz vielleicht keine physische, sondern eine psychische Funktionsstörung gewesen? Neigte er womöglich zu nervöser Impotenz, die durch die allumfassende Gegenwart seiner Schwiegermutter voll zutage trat?

Nachdem die Ehe-Therapie solcherart fehlgeschlagen war, schlug jemand – wahrscheinlich Großmutter – vor, es doch mit der Bridge-Therapie zu versuchen. Bridge war damals in Wien sehr in Mode, und jedes Kaffeehaus, das etwas auf sich hielt, verfügte unter seinen Angestellten über eine Bridge-Lehrerin. Natürlich kam es für Tante Sally überhaupt nicht in Frage, dieses Spiel an einem so öffentlichen Ort wie einem Kaffeehaus zu erlernen. Ein privater Bridge-Circle wurde ins Leben gerufen, und so verbrachten eine Bridge-Lehrerin, Tante Sally und zwei ihrer Freundinnen zwei Nachmittage in der Woche damit, in Großmutters Wohnzimmer Karten zu spielen. Ihre physischen Bedürfnisse wurden unterdessen von Annitschek befriedigt, die mit unzähligen Tassen Tee, leckeren Sandwiches und einer Auswahl von Herrn Beisiegls köstlichen Kuchen hin und her schlurfte.

Tante Sally war aber nicht nur Objekt für die Gefühle und Handlungen anderer, besonders ihrer Mutter, sie besaß durchaus einen eigenen Willen. Solange es ihr gutging, war sie sogar eine ziemlich energische Person mit entschiedenen Ansichten, wenn ich mich auch nicht genau erinnern kann, ob sie eigene oder Großmutters Meinungen äußerte. Von ihren Brüdern wurde sie stets als kleine Schwester behandelt, die auf keinen Fall aufgeregt oder nervös gemacht werden durfte. Ob diese Haltung nun auf Sallys Gesundheitszustand zurückzuführen oder Teil jener altmodischen Erziehung war, die jedes weibliche Mitglied der Familie auf ein Podest stellte, wage ich nicht zu entscheiden.

Ihr Leben lang hat Sally nicht einen einzigen Tag ohne ihre Mutter verbracht. Im Sommer wie im Winter, in Wien oder am Ferienort, jahrein, jahraus hingen die beiden Frauen zusammen. Jeden Sommer fuhren sie nach Bad Ischl. Sie mieteten stets dieselbe Wohnung für die Monate Juli und August. Ihre Satelliten – darunter sind die Familien Onkel Pauls und meines Vaters zu verstehen – wurden in der Nachbarschaft einquartiert. Pepi fehlte, aber das war man ja von Wien her gewohnt. Der einzige Unterschied war, daß – im Gegensatz zu Wien – Onkel Fritz durch Abwesenheit glänzte. Aber in seinem Fall lag es nicht an der fehlenden Erlaubnis, sondern am fehlenden Geld.

Sally wohnte natürlich bei Großmutter, und Annitschek sorgte für sie. Nie erhielt sie die Chance, der Gegenwart ihrer Mutter zu entkommen. In Bad Ischl entkam sie lediglich der ohnehin nicht existenten Liebe ihres Ehemanns. Er begleitete sie nie. Für Robert Friedmann waren Juli und August wirkliche Ferienmonate. Was diese Art von Leben bei Sally bewirken mußte, war nur zu offensichtlich. Sie selbst aber hätte zweifellos energisch gegen die These protestiert, es besser haben zu können, und unter

Umständen sogar noch an die Richtigkeit ihres Protestes geglaubt.

Von meinem Vater besitze ich ein Foto, das ihn im Alter von ungefähr neun Monaten auf dem Arm seiner Amme zeigt. Sie, eine Frau um die Dreißig, trägt das Kopftuch, das dunkle, einfache Kleid über unzähligen Schichten von Unterröcken und die gestreifte Schürze einer ruthenischen Bäuerin.

Die Aufnahme muß im Spätfrühling oder Sommer 1890 entstanden sein, denn mein Vater Ernst wurde am 15. Oktober 1889 im Haus Stolzenthaler Gasse 26 geboren. Dieses Haus lag nur hundert Meter von der Wohnung in der Josefstädter Straße entfernt. Als die Familie dorthin umzog, brauchten die Kinder ihre gewohnte Umgebung also nicht zu verlassen. Es war und ist auch heute noch eine der besseren, aber keineswegs eine der besten Wiener Adressen. Der VIII. Bezirk, die Josefstadt, zieht sich bis zum aristokratischen Ende des Rings hinunter, am anderen Ende beginnt das proletarische Hernals. Die Wohnsitze der Klaars – der von Großmutter, aber auch die von Onkel Paul und Onkel Pepi – lagen alle im mittelständischen Zentrum der Josefstadt.

Der Umzug von der Stolzenthaler Gasse in die Josefstädter Straße ging vonstatten, als mein Vater noch sehr jung war.

Obwohl Großvater Ludwig ein strenger Vater war und Großmutter Julies Art, ihre Kinder aufzuziehen, kaum als progressiv bezeichnet werden kann, muß es mit vier kleinen Jungen und einem aufgeweckten Mädchen in diesem Haushalt doch recht lebhaft zugegangen sein. Und Ernst, der kleine Junge mit den intelligenten, fragenden Augen, war ganz bestimmt kein Engel.

Nach dem Besuch der Volksschule ging er, wie sein älterer Bruder Paul, auf das berühmte Piaristen-Gymnasium in der Josefstadt. Das war eine Schule, die früher von den frommen Mönchen des Piaristen-Ordens geleitet wurde. Das eigentliche Schulgebäude war und ist noch immer in einem Flügel ihres Klosters untergebracht. Zu der Zeit, als der junge Ernst das Gymnasium besuchte, war es längst vom Staat übernommen, die ernsthaften Mönche durch nicht weniger ernsthafte weltliche Lehrer ersetzt worden. Die Schule war und blieb bekannt für ihre Strenge, aber auch für die hohe Qualität der Ausbildung.

Zu Ernsts Schulzeit – aber auch noch zu meiner eigenen – wurde ein Lehrer an einem österreichischen Gymnasium unweigerlich mit »Herr Professor« angeredet. Für einen kleinen Jungen, der von der Volksschule, in der die Lehrer schlicht mit »Herr Lehrer« angesprochen wurden und sich mehr oder weniger menschlich verhalten hatten, zum Gymnasium wechselte, mußten die »Herren Professoren« zwangsläufig wie Halbgötter erscheinen. Sie hatten geruht, sich von ihrem Olymp herabzulassen, um jener dubiosen Spezies Mensch in kurzen Hosen, Gymnasiasten genannt, Wissen zu vermitteln.

Nie werde ich den Schock vergessen, den ich erlebte, als ich einen meiner Professoren dabei ertappte, wie er in der Pause ein Schinkenbrot aß. Der Gedanke, daß Professoren richtige Menschen waren, sogar relativ kleine Staatsbeamte, die genau wie ich essen und trinken mußten, war mir bis dahin überhaupt nicht gekommen.

Paul war ein ausgezeichneter Schüler, der stets zu den Besten seiner Klasse gehörte. Lateinische und griechische Vokabeln kamen fließend über seine Lippen. Ernst war bestenfalls mittelmäßig und kämpfte verzweifelt mit Julius Cäsars »Bellum Gallicum«. Er gehörte ganz gewiß nicht zu den Leuchten seiner Klasse. Damit begründete mein Vater eine Tradition, die von seinem Sohn freudig fortgesetzt wurde. Allerdings erfuhr ich absolut nichts über die schulischen Leistungen meines Vaters, bevor meine eigene Schulzeit fast zu Ende war.

Ernst verließ das Piaristen-Gymnasium im Alter von vierzehn Jahren und besuchte von 1904 an die Handelsakademie. Diese Schule, die sich auch in der Josefstadt befand, hatte den Status eines Gymnasiums, war aber auf die Vermittlung wirtschaftlichen Wissens ausgerichtet. Es wurde von Söhnen wohlhabender Eltern – darunter vielen Juden – besucht, die die Nachfolge ihrer Väter in den Familienunternehmen antreten sollten.

In Vaters Fall gab es kein Familienunternehmen, in dem er die Nachfolge hätte antreten können. Er wußte, daß es um seine eigene berufliche Karriere ging, und arbeitete fleißig und gut mit. Sein Abschlußzeugnis aus dem Jahr 1909 – ich fand es in Vaters

Personalakte im Archiv der Länderbank, in der er sein ganzes Arbeitsleben verbracht hatte – bescheinigt ihm, daß er seine Ausbildung mit ausgezeichneten Ergebnissen abgeschlossen habe, daß sein Benehmen lobenswert und sein Fleiß beständig gewesen seien. Das waren die besten Allgemein-Beurteilungen, die man erreichen konnte. In den meisten Fächern erhielt er sehr gute Zensuren. Der einzige Lehrer, der davon überzeugt war, daß der Schüler »mehr hätte leisten können«, war Henry S. Langridge, der Englischlehrer. Ernst hatte nun einmal keine große Begabung für Sprachen.

Aber in seiner Muttersprache Deutsch, unterrichtet von Dr. Jerusalem, konnte Ernst die Note »ausgezeichnet« einheimsen. Vielleicht war Dr. Jerusalem einer der wenigen Lehrer, die wußten, wie man auch bei eher zurückhaltenden Schülern Interesse wecken kann. Auf jeden Fall entwickelte Ernst eine wahre Begeisterung für die deutsche Literatur. Er konnte nicht oft genug lange Passagen aus Goethes oder Schillers Werken auswendig rezitieren. Daß ich als Schuljunge seine Liebe für die klassische Literatur nicht teilte, war eine große Enttäuschung für ihn. Aber zu meiner Entlastung möchte ich bemerken, daß sich seit seiner Jugend auch sehr vieles verändert hatte. Die Zeit, in der mein Vater aufwuchs, trug sehr romantische Züge. Es war eine Welt, in der die jungen Menschen ihren Künstlern buchstäblich zu Füßen saßen. Mit heißen Köpfen diskutierten sie über das jüngste Gedicht aus der Feder Rainer Maria Rilkes, die neueste Streitschrift, die dem messerscharfen Verstand Karl Kraus' entsprungen war. Bis in die tiefe Nacht hinein debattierten sie über die einzig wahre Bedeutung einer Passage eines Stückes von Hugo von Hofmannsthal. Die Zahl der Schriftsteller, Dramatiker, Lyriker, Musiker, die ihre Phantasie beflügelten, war endlos. Wie schon gesagt, gab es kaum eine Stadt in der Welt, in der Künstler so hoch geschätzt waren, ein so hervorragendes Prestige genossen, wie das Wien Kaiser Franz Josephs.

In ihren Werken war aber schon, wenn auch verschleiert, eine Art Todessehnsucht vorhanden, eine dekadente Freude am Untergang Österreich-Ungarns und Europas letzter »sonniger Zeit«. Ihre Unruhe und ihre Hoffnungslosigkeit weckte in ihnen einen Ekel gegenüber der Welt, in der sie leben mußten. Er wurde so stark, daß sie geradezu Sehnsucht nach der Vernichtung empfanden. Ihre Schriften, ihre Bilder, ihre Musik enthalten etwas von dem Samen, aus dem die blutgetränkten Mohnblumen des Ersten Weltkriegs wuchsen.

Sie wollten »Krieg«. Einige bewußt, andere unbewußt. Das aufziehende Stahlgewitter würde die Zeit reinigen und damit auch viel Übel in ihnen und um sie herum beseitigen.

Selbst der Norddeutsche Thomas Mann, um so vieles gefühlskühler als die Träumer aus Wien, teilte deren Todessehnsucht. Er schrieb im Jahr 1914: »Wir kannten sie ja, diese Welt des Friedens und der cancanierenden Gesittung – besser, quälend viel besser, als die Männer, deren furchtbare, weit über ihre persönliche Größe hinausgehende Sendung es war, den Brand zu entfesseln: Mit unseren Nerven, unserer Seele hatten wir tiefer an dieser Welt zu leiden vermocht, als sie. Gräßliche Welt, die nun nicht mehr ist – oder doch nicht mehr sein wird, wenn das große Wetter vorüberzog! Wimmelte sie nicht von dem Ungeziefer des Geistes wie von Maden? Gor und stank sie nicht von den Zersetzungsstoffen der Zivilisation?... Eine sittliche Reaktion, ein moralisches Wieder-fest-werden hatte eingesetzt oder bereitete sich vor; ein neuer Wille, das Verworfene zu verwerfen, dem Abgrund die Sympathie zu kündigen, ein Wille zur Geradheit, Lauterkeit und Haltung wollte Gestalt werden... Wie hätte der Künstler, der Soldat im Künstler nicht Gott loben sollen für den Zusammenbruch einer Friedenswelt, die er so satt, so überaus satt hatte! Krieg! Es war Reinigung, Befreiung, was wir empfanden, und eine ungeheure Hoffnung.«

So machte die Generation meines Vaters aus dem Selbstmord-Instinkt der Lemminge eine Ideologie. O ja, der Erste Weltkrieg wurde geradezu enthusiastisch begrüßt.

Ernst gehörte einer Generation an, deren fanatische Suche nach den »höheren Werten« eine intellektuelle Treibhaus-Atmosphäre schuf. Aber die feuchte, stickige Luft erzeugte nicht nur üppige Blüten, sondern auch deren giftige Früchte.

Adolf Hitler hat mit meinem Vater eines gemeinsam: das Geburtsjahr...

Die Kaiserlich und Königlich privilegierte Österreichische Länderbank war wirklich ein vornehmes Finanzinstitut. Sie hatte einen kaiserlich und königlich ernannten Gouverneur, den edlen Grafen Montecuccoli, der so edel war, daß er kein Gehalt bezog. Die Vergütung seiner Dienste wurde dem Grafen nur einmal im Jahr gebracht, vielmehr präsentiert. Und sie wurde nicht etwa per Scheck und Hauptbucheintrag oder – noch undenkbarer – in schnöden Banknoten ausgezahlt. Am ersten Arbeitstag eines jeden Jahres wurde eine Tasche aus feinstem Kalbsleder auf den Schreibtisch des Gouverneurs gestellt. Sie enthielt die Bezüge des Grafen – in Goldmünzen. Der Mann, der die Bank wirklich leitete, ihr Vorsitzender, Lohnstein mit Namen, war eine etwas weniger aristokratische Persönlichkeit.

Nachdem er die Handelsakademie verlassen hatte, schickte Ernst an diese Bank seine erste Stellenbewerbung.

»An das hochgeschätzte Direktorium der Kaiserlich und Königlich privilegierten Österreichischen Länderbank.

Hochgeschätztes Direktorium!

Der ergebenst Unterzeichnende gestattet sich die Freiheit, das hochgeschätzte Direktorium der Kaiserl. und Königl. privilegierten Österreichischen Länderbank zu bitten, die Freundlichkeit besitzen zu wollen, ihn in die Dienste Ihres Institutes zu nehmen, und erlaubt sich, seine Bitte wie folgt zu unterstützen: Der Unterzeichnende ist in seinem 20. Lebensjahr und wurde in Wien geboren. Nach vier Jahren auf einem Gymnasium setzte er seine Studien an der Handelsakademie fort, die er laut beigefügtem Zeugnis mit gutem Erfolg abschloß. Während der Jahre seines Studiums erwarb er gründliche Kenntnisse aller geschäftlichen Bereiche sowie sehr gute Fähigkeiten in Kurzschrift und Maschineschreiben. Sollte das hochgeschätzte Direktorium die Freundlichkeit besitzen, auf die Anfrage des untergebenst Unterzeichnenden zu antworten, dann wird es sein Bestreben sein, das Vertrauen und die Zufriedenheit seiner Vorgesetzten durch Fleiß und Pflichtbewußtsein zu erlangen.

Des hochgeschätzten Direktoriums
allerergebenster
Ernst Klaar«

Ergeben hatte man damals als Angestellter dieses hochgeschätzten Instituts tatsächlich zu sein. Eine kleine Broschüre der Bank läßt unter dem Titel »Dienstregeln für Angestellte« daran kaum einen Zweifel. So heißt es etwa im Paragraph 10: »Jeder Angestellte hat während der offiziellen Arbeitsstunden den Interessen der Bank zu dienen. Falls erforderlich, wird er auf Anweisungen seines Vorgesetzten hin zusätzliche Stunden arbeiten.« Kein Wort von Kaffeepausen oder gar bezahlten Überstunden. Aber selbst in der Zeit, in der die Angestellten sich selbst gehörten, ruhte das Auge der Bank auf ihnen. Paragraph 12 forderte von den Angestellten, »ein Privatleben zu führen, das keinen Grund zu Ärgernissen gibt«. Und um absolut sicher zu gehen, daß keiner der Beamten – Gott behüte! – etwa auf ein Barmädchen oder ähnliches hereinfiel, erläuterte Paragraph 19, daß »kein Angestellter ohne die ausdrückliche Zustimmung der Bank in den Ehestand treten kann. Die Zustimmung kann ohne Angabe der Gründe verweigert werden«.

Schon nach drei Tagen hatte Ernst die Antwort der Bank auf sein Bewerbungsschreiben. Sie datiert vom 27. September 1909 und lautet: »Sie werden hiermit gebeten, sich am 20. Oktober um 9.30 Uhr in unseren Büros einzufinden, um eine Aufnahmeprüfung abzulegen.«

Es folgten drei aufregende Wochen mit intensiven Vorbereitungen, am festgesetzten Tag die mehrstündige Aufnahmeprüfung mit dem Abfassen fiktiver Bilanzen und Geschäftsbriefe, dann eine unendlich lange Wartezeit und schließlich wieder ein Brief von der Bank. Diesmal hatte er den Inhalt: »Wir bieten Ihnen eine Anstellung mit sechsmonatiger Probezeit und drei Kronen pro Tag.«

Mit diesem Brief wurde Ernsts gesamte berufliche Laufbahn entschieden. Er mochte die Bank, und die Bank mochte ihn. Nach den sechs Monaten Probezeit wurde er zum Hilfsangestellten »befördert« und nach weiteren sechs Monaten fest angestellt. Er war Bankbeamter.

Von da an muß das Leben für den jungen Mann recht rosig ausgesehen haben. Er hatte eine gute Stellung mit lebenslanger Sicherheit, er verdiente eigenes Geld, wohnte aber weiterhin zu Hause. Er ließ sich einen flotten Schnurrbart wachsen, der ihn reifer und attraktiver machte – und hübsche Mädchen gab es jede Menge in Wien, hatte es immer gegeben.

Mein Vater war weder ein Draufgänger noch ein Lebemann. Aber er fand durchaus Gefallen an weiblichen Reizen. Das mag zu mancherlei Romanzen und Affären in seiner Jugend- und Junggesellenzeit geführt haben. Ich habe davon gehört, daß manche Väter, wenn sie ein wenig älter sind, ihren Söhnen von ihren romantischen Jugendabenteuern berichten und in diesen Erzählungen selbst wieder jung werden. Meinem Vater war dieses unschuldige Vergnügen nicht vergönnt. Ihm wurde nicht gestattet, eine reifere Beziehung zu seinem Sohn zu entwickeln... Kurz nach meinem achtzehnten Geburtstag sah ich ihn zum letztenmal. Und das war nicht der richtige Zeitpunkt, einander derartige Erinnerungen und Geheimnisse anzuvertrauen. Aber ich weiß auch so, daß mein Vater nicht gerade »aus Holz« war – eine Bezeichnung, die ich von ihm habe. Die österreichischen Arbeitgeber jener Zeit bewilligten ihren Angestellten, wenn diese auf Geschäftsreisen waren, offenbar eine gewisse Summe für »Wein, Weib und Gesang«. Unter diesem heiteren Titel erschienen die Ausgaben sogar auf den Spesenabrechnungen, und solange sie einen bestimmten Betrag nicht überstiegen, wurden keine Fragen gestellt.

Wenn es schon in Wien keinen Mangel an jungen hübschen Frauen gab, so existierte noch eine weitere europäische Großstadt, in der das Angebot mindestens ebenso reichlich und die Damen womöglich noch williger waren. Nein, es war nicht das fröhliche Paris des fin de siècle – es war Bukarest, Rumäniens Hauptstadt. Die »freieste« Stadt im »freiesten« Land Europas zu jener Zeit. Dort sollen die Hotelportiers angeblich bei der Buchung eines Einzelzimmers bereits gefragt haben, ob der Herr mit einem oder zwei Kopfkissen zu schlafen wünsche. Der Lokkenkopf für das zweite Kissen mit den dazugehörenden wohlgeformten Beinen tauchte dann gewöhnlich gegen zehn Uhr abends auf.

Diese pikanten Histörchen verdanke ich meinem Vater, und er war eine sichere Informationsquelle, was das Leben vor dem Ersten Weltkrieg in Bukarest betraf. Im Februar 1914 wurde er von der Länderbank dorthin entsandt, um für die rumänische

Credit-Bank, ein Tochterunternehmen des Wiener Stammhauses, zu arbeiten.

»Vati, was hast du im Großen Krieg gemacht?« Diese berühmte Frage habe auch ich als kleiner Junge von acht oder neun Jahren oft gestellt. Meist an jenen herrlichen Sonntagmorgen, wenn ich zwischen den Eltern in ihrem großen Doppelbett liegen durfte. Ich rechne es meinem Vater hoch an, daß er in seinen Antworten nie vorgab, einer der ersten gewesen zu sein, die zu den Fahnen eilten, große Taten vollbracht zu haben oder gar von dem Wunsch beseelt gewesen zu sein, sein Leben notfalls für »Kaiser und Vaterland« zu geben.

Verschiedene Schriftstücke beweisen, daß mein Vater die Wahrheit gesagt hat. Erst im November 1914 erschien er vor der Rekrutierungskommission, keineswegs also sofort nach der Kriegserklärung. Die Länderbank hatte ihn zum unabkömmlichen Angestellten erklärt. Er war damals mit der Ausgabe von Kriegsanleihen betraut.

Schon am 27. Januar 1915 wandte sich die Länderbank erneut an das Kriegsministerium, um die Freistellung Ernst Klaars vom Militärdienst zu erreichen. Und wieder hatte sie Erfolg. Erst am 1. August 1915 mußte er die Uniform anziehen.

An jenen Sonntagmorgen, an denen ich in der sicheren und behaglichen Wärme des Bettes lag, den Kopf in Vaters Armbeuge geschmiegt, erzählte er mir, daß man ihn zunächst zur Infanterie gesteckt habe. Diese drei Monate Kasernenhofdrill waren für den Offiziersanwärter und Korporal Ernst Klaar kein Vergnügen, noch weniger aber sein kurzer Abstecher zur Artillerie an die Front. Also bewarb sich Vater um eine Versetzung zum Versorgungskorps und wies dabei nachdrücklich auf seine Kenntnisse in Buchhaltung hin. Aber man hatte auch noch andere Fäden in der Hand. Einer von Großvater Ludwigs Patienten, vielleicht sogar einer, den er noch von seinem Vater »geerbt« hatte, war ein gewisser General Ballasz. Ob seine Exzellenz überhaupt noch im aktiven Dienst stand, entzieht sich meiner Kenntnis. Auf jeden Fall hatte er die richtigen Beziehungen, ließ sie spielen, und prompt wurde Vater zum Versorgungskorps versetzt. Vater sprach von Ballasz stets nur als von »dem Mann, der mir das Leben rettete«, und ich kann noch heute die riesigen Delikatessenkörbe sehen und riechen, die er bis zu dessen Tod zu jedem Weihnachtsfest an den alten Herrn schickte.

Die österreichische Armee lehnte alles ab, was einfach war. Ihre fatale Vorliebe für das Komplizierte drückt sich auch in ihrem Sprachgebrauch aus. So war Ernst Klaar nicht etwa schlicht Leutnant, sondern ein »Akzessist der Militäradministration«. Als Halbwüchsiger fand ich unter Großmutter Julies alten Papieren ein Foto meines Vaters in Uniform. Darauf ist er sehr schlank, der Waffenrock mit dem goldenen Stern auf dem Stehkragen paßt ihm wie die sprichwörtliche zweite Haut. Er trägt gutgeschnittene Reithosen, die in hohen schwarzen Reiterstiefeln stecken, über die Schulter hat er einen kurzen, pelzbesetzten Militärmantel geworfen. Das alles, dazu der schwarze Tschako, keck ein wenig schräg auf den Kopf gesetzt, ließ ihn – wenigstens in meinen Augen – wie einen echten Märchenprinzen erscheinen. Vater behauptete, daß seinerzeit auch andere Augen höchst wohlgefällig auf dem jungen Leutnant in der schmucken Uniform geruht hätten, und ich glaubte ihm aufs Wort. Er sprach von den jungen Mädchen in Udine. Dort war er eine Zeitlang stationiert, und die oberitalienische Stadt ist gar nicht so weit vom Fort Palmanova entfernt, wo Urgroßvater Herrmann eine so schreckliche Zeit durchlebte. Die jungen Damen in Udine nannten Vater nur ihren »bellissimo Tenente« – ein Urteil, das sein halbwüchsiger Sohn aus vollem Herzen teilte.

Vater pflegte seine Erzählungen stets mit der Feststellung zu beenden: »Gott sei Dank, Georgerl, wenigstens du wirst keinen neuen Krieg erleben. Wir sind jetzt ein kleines Land, die Habsburger sind fort. Diese kleine Republik wird nie wieder in solche Schrecken verwickelt werden.«

Vaters Hoffnungen sollten nicht in Erfüllung gehen. Seine Geschichtsdarstellungen indes machten mich bei einigen meiner Schulfreunde äußerst unbeliebt, denn ich bestand darauf, daß der Krieg allein die Schuld der Habsburger gewesen sei – »... hat mein Vati gesagt!« – und daß wir ohne Kaiser ganz bestimmt in einer friedvollen Welt aufwachsen würden. Diese Interpretation war allerdings ziemlich übertrieben. In Wirklichkeit gab Vater den Habsburgern durchaus nicht die Alleinschuld am Ersten Weltkrieg. Er war bestimmt kein Monarchist, empfand aber dennoch die gängige Achtung vor Franz Joseph und ein gewisses Bedauern für den unglücklichen Karl I., den letzten Habsburger auf dem Thron der Doppelmonarchie.

Die Doppelmonarchie hatte das Ende ihres langen Weges erreicht, sie war auseinandergefallen. Die Tschechen, Ungarn, Polen, Ruthenen, Italiener, Bosnier und Kroaten waren keine Österreicher mehr. Einige von ihnen gründeten im Namen nationaler Einheit und Selbstbestimmung eigene Staaten, andere wurden von eben diesen Staaten – und ebenfalls unter dem Namen nationaler Einheit und Selbstbestimmung – aufgesogen und mit einer Brutalität unterdrückt, die in den Tagen der Habsburger unbekannt gewesen war.

Zwanzig Jahre vor dem Untergang der Habsburger Monarchie hielt ihr der Gründer der Sozialdemokratischen Partei Österreichs, Viktor Adler, bereits eine treffende Grabrede. In seiner Ansprache vor dem Kongreß der Sozialistischen Internationale 1889 in Paris sagte er: »Die Freiheit in Österreich ist ein zusammengesetztes Wesen, welches die Mitte hält zwischen der Freiheit in Rußland und der Freiheit in Deutschland. In der Form ist sie deutsch, in der Ausführung ist sie russisch. Abgesehen von Frankreich und England hat Österreich vielleicht in ganz Europa die freisinnigsten Gesetze, so sehr, daß es einer Republik ähnelt, die anstatt eines Präsidenten eine Majestät an der Spitze hat. Leider verfährt man nur in der Praxis nicht nach dem, was das Gesetz vorschreibt, sondern allein nach dem, was das Belieben des betreffenden Polizei-Commissärs ist. Der Polizei-Commissär ist befugt, alle gesetzlichen Freiheiten zu confisziren, und man kann schon glauben, daß er dies Recht braucht – und mißbraucht... Aber, sonderbar genug! Die österreichische Regierung ist gleich unfähig, bei einem Werke der Gerechtigkeit consequent zu sein wie bei einem Werke der Unterdrückung; sie schwankt beständig hin und her – wir haben den Despotismus gemildert durch Schlamperei.«

Als die Angehörigen der tschechischen Legion, ehemalige Soldaten der k.u.k. Armee, die die Seiten gewechselt und zusammen mit Franzosen, Italienern und Russen gegen die Österreicher gekämpft hatten, in das jubelnde Prag einmarschierten, verließ Ernst Klaar seinen letzten militärischen Posten, das Nachschubmagazin der Armee in Prag, und machte sich auf den Weg in seine Heimatstadt Wien. Am 27. November 1918 wurde er aus der Armee entlassen.

Die allgemeine Einschätzung von Glück und Sicherheit in Wien nach dem Ersten Weltkrieg wird treffend in jenem Liedchen ausgedrückt, in dem es heißt: »Am besten hat's a Fixangestellter mit Pensionsberechtigung, mit Pensionsberechtigung...« Exakt so eine Stellung hatte Ernst. Die Länderbank hatte den Krieg gut überstanden. Sie strich nun lediglich das »Kaiserlich und Königlich privilegiert« aus ihrem Namen und wurde zur »Österreichischen Länderbank«, bis sie ein wenig später, nach der Übernahme durch die französische »Banque des Pays de l'Europe Centrale«, in »Europäische Länderbank« umbenannt wurde. Ernst war von dem politischen und wirtschaftlichen Chaos um ihn herum also nicht allzu betroffen. Sofort nach der Demobilisierung wartete seine Stellung als »Fixangestellter mit Pensionsberechtigung« auf ihn. Eine entsprechende Banknotiz mit Datum vom 2. Dezember 1918 lautet: »Da Herr Klaar aufgrund der augenblicklichen Umstände nicht zur rumänischen Bank zurückkehren kann, wird vorgeschlagen, daß er sich wegen seiner hervorragenden Qualifikation der Abteilung Rechnungswesen zur Verfügung stellt. Es wird auch vorgeschlagen, sein Einkommen so großzügig wie möglich festzusetzen.«

Seit seinem Ausscheiden aus der Armee war noch nicht einmal ein Monat vergangen, und er war schon wieder sicher und geborgen im Schoß der Familie. Aber auch die Bank zog ihre Vorteile aus seiner Wiederbeschäftigung. Ernst war jetzt, im Alter von neunundzwanzig Jahren, ein außerordentlich hart und erfolgreich arbeitender Angestellter. Schon nach drei Monaten wurde er zum Inspektor befördert, und wieder einen Monat später wurde der neue Inspektor zum Revisor für die Volksbank in Lemberg, Galizien, und zum Revisor der Länderbank-Filiale in Prag ernannt. Das bedeutete, daß Ernst bereits zu einer Zeit häufig auf Reisen war, als andere Menschen, so kurz nach dem Kriege, noch nicht daran zu denken wagten.

Wenn ein Mann um die Dreißig ist, ist es Zeit für ihn, Bestandsaufnahme zu machen, und die lautete bei Ernst: Die richtige Partnerin fehlte ihm immer noch. In den alten Zeiten, fern in der Bukowina, war es kein Problem gewesen, eine Frau zu finden. Aber in Wien wurden die Dienste des Schadchen, des jüdischen Heiratsvermittlers, nicht in Anspruch genommen. Man verschmähte die Jentes, die Ehestifterin aus »Anatevka«. Aber es gab – um bei den Musicals zu bleiben – Ehestifter wie die Dolly aus »Hello Dolly«. Und so eine Dolly war es, die die Klaars mit den Schapiras zusammenbrachte.

Es wurde ein erstes Treffen im Café Josefstadt vereinbart zwischen Ernst Klaar, Junggeselle im Alter von neunundzwanzig Jahren, dritter Sohn Dr. Ludwig Klaars und seiner Ehefrau Julie, und Ernestine Schapira, genannt Stella, ledige Jungfer, dreißigjährig, älteste Tochter Bernhard Schapiras und seiner Ehefrau Adele. Das Café Josefstadt war überaus günstig gelegen, etwa dreihundert Schritte vom Haus Josefstädter Straße 70 entfernt, wo Ernst bei seinen Eltern wohnte. Und es waren nur etwa hundert Schritte bis zur Wohnung von Stellas jüngerer Schwester Klara in der Bennogasse. Das bot der aufgeregten jungen Dame die Möglichkeit, sich zu erfrischen, während Ernst sich nach seinem Arbeitstag zu Hause zurechtmachen konnte, bevor er zu dem schicksalhaften Rendezvous zu dritt ging, denn selbstverständlich würde auch »Dolly Ehestifterin« dabeisein.

Der Ernst, der zu dem Café spazierte, war nicht mehr so schlank wie der junge Leutnant auf dem Foto, aber immer noch ein gutaussehender junger Mann. Sein tiefdunkles, gewelltes Haar trug er ziemlich lang – als äußeres Zeichen der romantischen Dichterseele, die in der Brust des jungen Bank-Inspektors wohnte. Der dunkle Schnurrbart über dem dünnlippigen Mund war von jener buschigen Art, die beim österreichischen Militär so beliebt war, seine braunen Augen sahen unter starken Augenbrauen hervor. Die Nase ähnelte der Julies, war nur kleiner, feiner geschwungen.

Stella puderte sich in Klaras Wohnung zum letztenmal das Gesicht. Sie war fest in ein graues Seidenkleid geschnürt, um etwas schlanker zu wirken, als sie von Natur aus war. Sie war ein »bisserl mollert«, wie die Wiener sagen. Ihr von Natur glattes schwarzes Haar – sie trug es rechts gescheitelt – war sorgfältig onduliert. Das Schönste an Stellas äußerer Erscheinung waren – und das wußte sie – ihre braunen mandelförmigen Augen, mit denen sie die Welt um sich herum durch jenen ewigen Nebel betrachtete, der die Kurzsichtigen umgibt. Ihr kleiner sinnlicher Mund zeigte ein Lächeln von seltener Freundlichkeit und großer Sanftmut, das sich in ihren Augen widerspiegelte. Sie war eine Frau, mit der man leben konnte. Mehr noch: Sie war auch eine Frau, mit der man sterben konnte.

Die Wohnung meiner Großmutter mütterlicherseits, Adele Schapira, nahm das gesamte oberste Stockwerk des Hauses Türkenschanzplatz 7 im 18. Wiener Bezirk ein.

Der Architekt, der es um die Jahrhundertwende baute, hatte sich an den Stil der Ringstraße gehalten. Nachdem die äußere Hülle des Gebäudes fertiggestellt war, überzog er das Ganze mit Karyatiden, Vasen, Girlanden, Figurinen, eben jener pseudogriechischen, scheinbarocken, quasigotischen Mischung, die so typisch war für alles, was reich, aber nachgeahmt und falsch war im Kaiserreich. In das rote Ziegeldach mit seinen grünpatinierten Einfassungen fügte er barocke Mansardenfenster. Über das riesige grüne schmiedeeiserne Portal, flankiert von griechischen Säulen, setzte er ein Steinsims und darauf klassische Götter und Göttinnen von großzügigem Zuschnitt. Ihre steinernen starren Blicke gehen noch heute hinüber zur weiten grünen Fläche des Türkenschanzparks auf der anderen Straßenseite, einem der größten und schönsten Parks der Stadt.

Als ich viele, viele Jahre später vor diesem architektonischen Potpourri stand, war das Gefühl, nichts habe sich verändert, so stark, daß ich nicht überrascht gewesen wäre, eine von Großvater Bernhards »Torheiten«, zwei riesige deutsche Adler-Automobile, die Auffahrt hinaufrollen und vor dem grünen Portal halten zu sehen: Großvaters uniformierter fescher Chauffeur Klein würde aussteigen, neben der geöffneten Autotür stehenbleiben und respektvoll auf das Erscheinen des Börsenrats Bernhard Schapira warten. Irgendwann würde Großvater dann herauskommen, die Luft einziehen und entscheiden, welches Auto benutzt werden sollte – das offene oder das geschlossene.

Die ganze Kulisse paßte zu Bernhard Schapira, schien wie für ihn geschaffen. Reichtum, oder sein Anschein, umgab seine über ein Meter achtzig große Gestalt. Seine grauen Augen sahen durch einen Goldrandkneifer mit der Gelassenheit eines Grandseigneurs in die Welt. Sein rasiertes Gesicht war so glatt und faltenlos wie die Haut auf seinem kahlen Schädel. Er trug einen dunklen Anzug, die Weste mit schmaler weißer Borte eingefaßt, weiße Glacéhandschuhe und einen Stock mit goldenem Knauf.

Obwohl als Baruch Schapira 1864 in der galizischen Stadt Tarnow geboren, hatte er äußerlich nichts von einem osteuropäischen Juden an sich. Er glich viel eher einem amerikanischen Wirtschaftsgiganten als einem europäischen Geschäftsmann jener Zeit. Wallstreet hätte ihm gepaßt wie seine Glacéhandschuhe.

Das war kein reiner Zufall. Als sehr junger Mann war Bernhard in die Vereinigten Staaten ausgewandert und hatte dort den Grundstein zu seiner späteren geschäftlichen Karriere gelegt. Irgendwie stellte der junge Jude aus Galizien eine Verbindung zu einer der protestantischsten Firmen in Amerika her, der Quaker Oats Company in Chicago, schon damals ein bedeutendes Unternehmen, wenn auch natürlich noch nicht der Nahrungsmittel-Gigant von heute. Gewalzter Hafer fürs liebe Vieh und Haferflocken für die Menschen waren seine Hauptprodukte in den achtziger Jahren des vergangenen Jahrhunderts.

Es bedurfte schon einiger Phantasie zu glauben, daß die Menschen in Bismarcks Reich oder in Franz Josephs Monarchie zu Haferbrei-Essern gemacht werden konnten. In diesen beiden Ländern wurde Hafer an Pferde verfüttert, nicht aber an menschliche Wesen. Solange er frei von Blähungen war und gesunde Glieder hatte, pflegte kein anständiger Deutscher oder Österreicher auch nur einen Blick auf eine Schüssel mit gutem, nahrhaftem Haferbrei zu werfen. Nur wenn der Magen ein bißchen empfindlich war, konnten die Ärzte schon mal eine Diät aus Haferflocken, mit Wasser zu Schleim gekocht, verschreiben.

Bernhard Schapiras scharfsinniger Verstand muß dem Hafer aber doch eine Zukunft gegeben haben und ebenso – und noch überraschender für jemanden mit seinen »koscheren« Traditionen – auch Speck und Schweinefett. Er kehrte nach Österreich zurück und ließ sich als Repräsentant für Quäker-Haferflocken und für Speck und Schweinefett Marke Harrison Brand nieder.

Nachdem er sein Geschäft gegründet hatte, gründete er auch

eine Familie. Er landete in den Armen der zweiundzwanzigjährigen Udel-Leie, später Adele, Immerdauer in Übereinstimmung mit den richtigen jüdischen Gebräuchen und Riten.

Adele kam aus einer sehr großen Familie mit sieben Schwestern und sieben Brüdern. Sie war die Tochter eines wohlhabenden Tabakhändlers. Vater Immerdauer war Lieferant für das staatliche österreichische Tabakmonopol. Ein Foto, um 1870 von einem Fotografen Blachowski in Lemberg aufgenommen, zeigt ihn zusammen mit seiner Ehefrau in der zeitlosen Tracht des orthodoxen Juden. Er trägt einen fast bis zum Boden reichenden Kaftan und ein schwarzes Jarmulke, die kleine Gebetsmütze, auf dem Kopf. Die modischen Kleider meiner Urgroßmutter spiegeln den Geschmack ihrer Zeit wider. Ihr glattes Haar unter dem kleinen Hut ist in der Mitte gescheitelt und sieht echt aus. Sie trug offenbar nicht die traditionelle Perücke der orthodoxen jüdischen Frauen.

Obwohl die Klaars wie die Schapiras Juden waren und derselben sozialen Schicht angehörten, vereinigte die Heirat zwischen Ernst und Stella zwei verschiedene Elemente österreichischen Judentums. Die Klaars waren Österreicher jüdischen Glaubens, während die Schapiras Juden waren, die in Österreich lebten. Daß Bernhard, Börsenrat und Präsidiumsmitglied der Wiener Kaufmanns-Innung, nicht jüdisch aussah, änderte daran nichts. Auch nicht die Tatsache, daß er fast der gleiche Familientyrann war wie Ludwig. Die Atmosphäre in der Wohnung meiner Großmutter Adele trug den Stempel ihrer Persönlichkeit, und die war galizisch-jüdisch.

Der Unterschied wird an den alten Fotos deutlich: Immerdauer im Kaftan und mit Seitenlocken und Herrmann mit der kerzengeraden Haltung und dem kaiserlichen Backenbart. Beide Männer gehörten derselben Generation von Juden an, beide kamen aus den östlichen Provinzen der Monarchie – aber der eine hatte den Weg der Assimilation beschritten, während der andere in der Welt der Ghettos verharrte. Obwohl also beide Urgroßväter aus denselben Gebieten der Monarchie kamen, waren ihre Ahnen unterschiedlichen historischen Erfahrungen unterworfen gewesen.

Galizien fiel nach der zweiten polnischen Teilung an Österreich. Die Juden Galiziens trugen den Kaftan, die Tracht der polnischen Aristokratie, die die Aschkenasi-Juden im späten Mittelalter angenommen hatten, als sie aus Deutschland nach Polen kamen. Von ihren polnischen Gastgebern schließlich als Ausgestoßene behandelt, isolierten sie sich selbst in ihren physischen und intellektuellen Ghettos.

Die Bukowina, das Land der Buchenbäume, war bis 1774 unter türkischer Herrschaft gewesen. Dann brachten es die Österreicher in ihren Besitz. Im Gegensatz zu den Aschkenasi-Juden, die vom 14. Jahrhundert an in Polen einwanderten, hatten sich die Juden in der Bukowina weit früher niedergelassen. Die ersten kamen vermutlich schon mit den römischen Legionen. Die Türken, viel grausamere, aber auch viel indolentere Herren als die Polen, machten keinen Unterschied zwischen jüdischen und nichtjüdischen Bewohnern der Provinz. Zwischen den periodischen Ausbrüchen von Mord, Plünderung und Raub, von denen jede Bevölkerungsgruppe ihr Teil abbekam, überließen sie die Bewohner sich selbst. Die Bukowina-Juden waren weltlicher und gebildeter im säkularen Sinne als ihre Brüder in Galizien.

Zwischen den galizischen Juden und den Polen gab es eine Beziehung – nicht auf Liebe, sondern auf Haß aufgebaut, aber nichtsdestoweniger eine Beziehung. Zwischen den Türken und den Juden der Bukowina gab es nicht die geringste Beziehung. Die österreichischen Truppen, die in die Provinz einmarschierten, wurden von der gesamten Bevölkerung, einschließlich der Juden, als Befreier begrüßt, während für die Polen Galiziens die Österreicher eine Besatzungsarmee waren. Kein Wunder also, daß der Prozeß der Germanisierung, die Identifikation mit Sprache und Kultur der Befreier, bei den Bukowina-Juden sofort einsetzte. In Galizien blieben die polnischen Aristokraten die Herren der Juden, schalteten die eigene Kultur zwischen die Juden und die Österreicher und ließen so die Germanisierung oder Austrianisierung der Ghettos zu einem viel langsameren und schwierigeren Prozeß werden.

Historische und kulturelle Faktoren schufen ein einzigartiges Phänomen in der Geschichte des osteuropäischen Judentums: eine Enklave verwestlichter Juden in der östlichsten Provinz des Kaiserreichs, eine Insel westlicher Kultur, in der die Juden Träger und Verehrer der austro-deutschen Sprache, ihrer Kunst und Literatur waren.

Dies erklärt, wie Herrmann mit seinem Säbel, den drei goldenen Sternen und den Sporen in meiner Ahnenreihe direkt neben den Tabakhändler Immerdauer geriet; es erklärt auch den unterschiedlichen Hintergrund der hochgebildeten und musikalischen Julie einerseits und den Adeles mit ihrem leicht jiddischen Akzent andererseits. Die Klaars und die Schapiras repräsentierten zwei unterschiedliche jüdische Welten, die schließlich doch wieder eins wurden – hinter den Toren von Auschwitz.

Ernestine Schapira, meine Mutter, wurde am 13. Februar 1889 in Lemberg oder – um den polnischen Namen zu benutzen – Lwow geboren. Ihre Mutter Adele lebte damals noch bei ihren Eltern, da Bernhard geschäftlich viel auf Reisen war. Adele war bildhübsch, wenn auch etwas reichlich gepolstert. Sie besaß eine gewisse angeborene Intelligenz, den vom alten Immerdauer geerbten jüdischen Witz, aber es fehlte ihr an formaler Bildung. Orthodoxe Juden wie die Immerdauers legten den größten Wert auf die Ausbildung der Männer; Frauen brauchten nur zu wissen, wie man einen Haushalt führt. Und obwohl sie gewöhnlich auch ihre Männer führten, waren Bücher und Wissen nichts für sie. Zu eigenständigen Personen wurden sie nicht erzogen.

Adele war eine wunderbare Hausfrau und ausgezeichnete Köchin. Natürlich stand sie nicht selbst vor den Töpfen und Pfannen; dafür hatte man eine Köchin. Aber indem sie hier ein bißchen Salz, da eine Prise Zucker, mal dieses, mal jenes Gewürz dazugab, verwandelte sie Gutes in Köstliches. Sie besaß »Tahm«, das ist die jiddische Bezeichnung für die Begabung, etwas Gewöhnliches zu etwas Außergewöhnlichem zu machen, es zu veredeln. Großmutter Julie besaß diese Begabung nicht. Weder in der Küche – das war sowieso Annitscheks Reich, und ich kann mich nicht erinnern, Großmutter jemals darin gesehen zu haben – noch auf den meisten anderen hausfraulichen Gebieten. Aber da sie von bereits assimilierter Herkunft war, besaß sie höhere Bildung. Auch nach ihrer Eheschließung bildete sie sich weiter, und die Palette ihrer geistigen Interessen war groß. Sie besaß auch viel größere innere Reichtümer als Adele. Nach Ludwigs Tod setzte Großmutter Julie ihr eigenes Leben fort. Adele wurde durch Bernhards Tod zerstört. Sie hörte nie auf, um ihn zu trauern, und blieb eine gebrochene Frau.

Meine Mutter erhielt den Namen Ernestine, wahrscheinlich in Erinnerung an eine längst verblichene Ahnin der Immerdauers oder Schapiras. Juden geben ihren Kindern nie die Namen von noch lebenden Verwandten, aber Verstorbene werden häufig auf diese Art geehrt. Im Falle dieser unbekannten Tante oder Urgroßmutter war die Ehre allerdings sehr kurzlebig, Denn »Ernestine« wurde meine Mutter nie genannt. Sie war »Stella« von Geburt an.

Wenn Bernhard und Adele nur zwei Jahre gewartet hätten, bevor sie ihr erstes Kind bekamen, hätten sie meine »österreichischen Gefühle« nicht so empfindlich verletzt. Jahrelang grämte ich mich als Junge über die Tatsache, daß meine Mutter in Polen, wenn auch im österreichischen Teil, geboren war.

1891 zogen die Schapiras nach Wien, und hier wurde 1893 Stellas Schwester Klara geboren. Der erste Aufenthalt in der österreichischen Hauptstadt dauerte nur acht Jahre. Die Quaker Oats Company war mit ihrem Repräsentanten in Deutschland in Schwierigkeiten geraten, und Großvater Bernhard wurde gebeten, dessen Aufgaben zu übernehmen und die Sache in Ordnung zu bringen. Die Familie zog nach Hamburg, der größten Hafenstadt des Reichs und sein Import- und Export-Zentrum. Großvater Bernhard richtete sein Kontor in der Kaiser-Wilhelm-Straße ein, aber das neue Heim der Familie – Stella war zehn, Klara sechs Jahre alt – wurde in Winterhude an der Außenalster gefunden.

Es dauerte natürlich eine gewisse Zeit, bis sich Bernhard und Adele in der neuen Umgebung eingelebt hatten, die beiden Mädchen aber hatten, wie das häufig bei Kindern ist, in dieser Hinsicht kaum Probleme. Ihre späteren Erzählungen machten deutlich, daß es eine sehr glückliche Zeit für sie gewesen sein muß. Meine Mutter bewahrte sich eine gewisse nostalgische Sehnsucht nach dieser Stadt. Hamburg verkörperte für sie die letzten Jahre ihrer Kindheit und die ersten Schritte zum Erwachsensein. Dort wurden die Jungmädchenträume geträumt, die Ängste, Ungewißheiten und Hoffnungen der Pubertät durchlebt. Sie sprach oft davon, mit mir nach Hamburg zu fahren und mir die

Stadt zu zeigen, in die sie nur noch einmal zurückkehrte, und zwar im Jahr 1929, als sie mit Vater eine Urlaubsreise durch Deutschland unternahm.

Die Familie blieb bis 1906 in Hamburg. Stella und Klara gingen allerdings nicht dort zur Schule, sondern besuchten ein Pensionat für »höhere Töchter« in der Nähe von Hannover. Dort wurde und wird – so behaupten wenigstens die Hannoveraner – das beste Deutsch gesprochen. Eine Behauptung, die – soweit es Mutter betrifft – berechtigt ist. Sie sprach weder mit Wiener Akzent noch in den rauheren »preußischeren« Tönen. Sie hatte eine weiche Altstimme, die ihr sehr reines Deutsch besonders reizvoll klingen ließ. Die engen Freundschaften, die sie mit vielen nichtjüdischen deutschen Mädchen in diesem Pensionat schloß, hielten lange Jahre. Viele blieben sogar noch mit ihr in Verbindung, nachdem Hitler in Deutschland die Macht ergriffen hatte.

Vielleicht fühlte sich Stella in Norddeutschland so wohl, weil sie sich mit den Menschen dort gut verstand. Es gibt bestimmte Züge im norddeutschen Charakter, die ihren eigenen entsprachen. Obwohl sie eine warmherzige Frau war, zeigte sie ihre Gefühle nicht gern, höchstens im engsten Kreis. Sie versuchte immer, ruhig und kontrolliert zu bleiben, ihre Ansichten und Handlungen nicht durch ihre Gefühle, sondern durch ihren Verstand bestimmen zu lassen. Mit dieser Haltung war sie die ideale Ergänzung zu meinem Vater, dessen heftiges Temperament oft zu Ausbrüchen führte, die in keinem Verhältnis zu den Ursachen standen. In ihrer objektiven Denkweise unterschied sich meine Mutter sehr von meinem Wiener Vater, dessen Ansichten und Beziehungen allzu oft subjektiv bestimmt waren.

Eines Tages eröffnete Stella ihren Eltern, daß sie studieren wolle, um Lehrerin zu werden. Adele hatte zwar nichts dagegen, daß ihre Tochter eine bessere und höhere Bildung erfuhr als sie selbst, sah aber die eigentliche Bestimmung des jungen Mädchens dennoch in der Rolle einer Ehefrau und Mutter. Sie seufzte. Bernhard explodierte. Diesen Unsinn würde er nicht zulassen. Er sei sehr wohl in der Lage, für seine Familie zu sorgen – und die akzeptierte selbstverständlich Papas Urteilsspruch.

Ihre ganze Kindheit hindurch wurden Stella, Klara und der Nachkömmling der Familie, Louisa – genannt Lisa –, 1902 in

Hamburg geboren, daraufhin erzogen, daß der Papa das letzte Wort in allen Dingen hatte.

Wenn sich Papa auch nur ein wenig unwohl fühlte, hatten alle absolut still zu sein, Freunde durften nicht zum Spielen kommen, die ganze Welt verdunkelte sich hinter den herabgelassenen Jalousien: Papa hatte Kopfschmerzen. Das änderte sich auch nicht, als Stella und Klara schon erwachsene junge Damen waren. Hatten sie zum Beispiel Karten für das Theater oder die Oper, pflegte Adele ihre Töchter zu bitten, doch daheimzubleiben, weil Papa eine von seinen Stimmungen hatte. Und natürlich blieben sie zu Hause.

Mein erstes Erlebnis mit jüdischen Traditionen spielte sich 1925 in Großmutter Adeles Wohnung ab. Es war der Seder-Abend des Passah-Festes. Mutter und ich waren schon früh am Nachmittag zum Türkenschanzplatz gegangen, damit ich mich noch etwas ausruhen konnte, bevor die anderen Gäste kamen.

Sie kamen um sieben. Ernst Lamberg, Lisas Verlobter, erschien mit seinen Eltern, einem winzigen Herrn und einer winzigen Dame. Sie sahen Porzellanfigürchen ähnlicher als wirklichen Menschen. Tante Klara und ihr Mann Alfred hatten ihre siebenjährige Tochter Hedi mitgebracht. Adeles Schwester Netty, ihr erwachsener Sohn Oskar und mein Vater waren die letzten, die dazukamen. Wir waren vierzehn Personen am ausgezogenen Eßzimmertisch mit seiner Tischdecke aus Golddamast, den funkelnden Gläsern, Goldrandtellern und glänzendem Silber. Die Damen trugen lange Kleider und waren mit ihrem schönsten Schmuck behangen, die Herren waren im Smoking und trugen steife Hüte statt der traditionellen Jarmulkes. Bei Börsenrat Schapiras Seder-Abend entsprachen steife Hüte mehr »der Etikette«.

Großvater Bernhard thronte mit seinem Kneifer auf der Nase majestätisch am Kopf der Tafel. Großmutter saß zu seiner Linken und ich neben ihr auf einem Stuhl, auf dem ein Kissenstapel aufgetürmt war. Es ist üblich, daß der jüngste männliche Anwesende das »Mah Nischtane«, die Einleitung der Geschichte des Exodus rezitiert, die mit der Frage beginnt: »Warum ist diese Nacht anders als alle anderen Nächte?« Die Versammelten antworten, und so wird in Frage und Antwort die Geschichte von der

Flucht der Juden aus Ägypten erzählt. Während die Rezitation weitergeht, werden bestimmte Riten vollzogen, wobei jeder Bissen, der dabei gegessen wird, die Leiden unserer Vorväter symbolisiert – wie sie die Ziegel für die großen Pyramiden unter der heißen Sonne Ägyptens brannten, wie die Peitschen der Aufseher sie zu immer größeren Leistungen antrieben. Da ich zu jung war, um in irgendeiner Sprache lesen zu können, mußte sich meine siebenjährige Cousine Hedi, kräftig unterstützt von Tante Lisa, durch das »Mah Nischtane« hindurchquälen.

Das anschließende Abendessen war reichhaltig und zog sich hin. Die beiden Dienstmädchen, die servierten, wurden durch bedeutsame Blicke meiner Großmutter Adele dirigiert. Vollkommenheit war alles, und auch ich legte mein engelhaftestes Betragen an den Tag. Nicht, weil mich der Geist des Judaismus beseelt hätte, sondern weil ich mir einen bedeutenden persönlichen Gewinn ausrechnete. Großmutter hatte mir am Nachmittag erzählt, daß sie ein kleines Stück Matze während des Abendessens verstecken würde, das das »Affikomen« hieße, und daß es immer das jüngste Kind am Tisch sei, welches es fände und dann eine Belohnung für seine Klugheit verlangen könne.

Sobald Großmutter das »Affikomen« versteckt hatte, beugte sie sich zu mir herab und flüsterte mir zu, wo ich es finden würde. Ich konnte also nur gewinnen und würde meinen größten Herzenswunsch erfüllt bekommen, ein Tretauto im leuchtendsten Rot. Mein reicher Großvater würde mir diesen Himmel auf vier Rädern schenken.

Es dauerte etwa vierzig Jahre, bis Moses seine Juden in das Gelobte Land gebracht hatte. Für mich schien jenes Abendessen noch ein gutes Stück länger zu dauern. Ein Gang folgte dem anderen. Ich begann ausgesprochen nervös zu werden. Großmutter merkte das. Sie flüsterte mir zu, daß es nun ganz bestimmt nicht mehr lange dauern könne, bis der große Augenblick gekommen sei. Ich wußte genau, wie es sein würde. Großvater würde aufschauen und fragen, ob jemand das »Affikomen« gesehen habe. Meine Hand würde emporschnellen – mit dem zerkrümelten Schatz darin. Bernhards ernstes Gesicht würde sich zu einem Beinahe-Lächeln verziehen. Ich würde meinen Wunsch äußern. Seine Hand würde in die Brusttasche fahren und die Brieftasche hervorholen. Er würde sie öffnen und die Banknote herausnehmen, mit der ich das schickste Tretauto in ganz Wien kaufen konnte.

»Hat jemand das Affikomen gesehen?« dröhnte Großvaters Stimme. Ich hielt es hoch. »Du hast es also gefunden. Wie klug von dir, liebes Kind. Du hast eine Belohnung verdient. Was hättest du denn gern?« »Ein Spielzeugauto bitte, Großpapa«, antwortete ich. Seine rechte Hand geriet in Bewegung. Aber nicht nach oben zur Brieftasche. Sie fuhr hinab in seine Hosentasche. Als sie wieder herauskam, war alles, was sich darin befand, ein einziger lausiger österreichischer Schilling. Dafür konnte man nicht einmal ein kleines Modellauto kaufen.

Ich hätte es eigentlich wissen müssen. Gab es einen zweiten Großvater, der seine Enkelkinder, wenn sie zu Besuch kamen, so behandelte wie Bernhard Schapira? Wenn Cousine Hedi und ich am Türkenschanzplatz erschienen – wir wurden meist zusammen eingeladen, damit wir miteinander spielen konnten und die Erwachsenen nicht störten –, pflegte sich Großvater aus dem Stuhl zu voller Größe zu erheben. Nach der Aufforderung, ihm zu folgen, schritt er uns voran in sein Arbeitszimmer. Dort blieb er vor dem großen Bücherschrank stehen, holte seinen Schlüsselbund, der mit einer goldenen Kette sicher an seinen Hosenträger angeschlossen war, aus der Hosentasche und schloß die rechte Tür des Bücherschranks auf. Bei dieser zeremoniellen Handlung hatte er etwas von einem Rabbi an sich, der die Tür des Tabernakels in der Synagoge aufschließt, bevor er das Allerheiligste, die Schriftrollen der Thora, herausnimmt. Was er dem Schrank entnahm, war eine große Tafel Kochschokolade. Er brach eine Rippe für Hedi ab und eine für mich. Hedi knickste ihren Dank, ich machte einen Diener. Die Kochschokolade wurde wieder im Bücherschrank verschlossen, die Schlüssel in die Tasche zurückgesteckt. Großvaters Großzügigkeit gegenüber seinen Enkelkindern, und auch sein Interesse an ihnen, war vorüber.

Das zweite »jüdische Erlebnis« meiner frühen Kindheit war ebenso schmerzlich wie die Enttäuschung mit dem »Affikomen«. Es geschah an meinem sechsten Geburtstag. An diesem Tag verkündete mein Vater, daß es in Zukunft keinen Christbaum und keine Weihnachtsgeschenke mehr geben würde. Ich sei alt genug, ohne so etwas auszukommen. Schließlich seien wir Juden, und mein Geburtstag sei ohnehin nur drei Tage vor Weihnachten.

Mutter erzählte mir, als ich anfing zu fragen, wie sie und Vater sich kennengelernt hätten, daß es da eine Dame, eine gemeinsame Bekannte, gegeben habe, die es für eine gute Idee gehalten habe, daß sie Vater kennenlernte. Daß diese überraschende »gemeinsame Bekannte« in Wirklichkeit eine professionelle Ehestifterin war, erfuhr ich zufällig von Annitschek. Die gute Seele gab das Geheimnis unabsichtlich preis. Eigentlich hatte sie mir erzählen wollen, wie aufregend und romantisch das erste Rendezvous meiner Eltern gewesen war; wie Vater aus dem Café Josefstadt zurückgekommen war und jubilierend verkündet hatte: »Endlich habe ich die Richtige gefunden. Stella ist die Frau für mich; sie und keine andere!« Und dann ließ Annitschek die Katze, oder besser die »Dolly«, aus dem Sack. »Wer hätte je gedacht«, meinte sie, »daß so ein arrangiertes Treffen zu einer Liebe auf den ersten Blick führen könnte?«

Mutters Reaktion auf Ernst war etwas weniger enthusiastisch. »Ich wußte nicht recht«, erzählte sie mir, »was ich von dem langhaarigen jungen Mann halten sollte, der seine luftig-leichte poetische Seele so offen zur Schau trug. Ich hatte mir junge Bankiers etwas anders vorgestellt. Dennoch, da war etwas an ihm, das mir gefiel. Wir sagten, wir würden uns wiedersehen.«

Ernst war ein Mann der Übertreibungen, Stella eine Frau der Untertreibungen. Aber es muß doch etwas an dem seelenvollen Bankier gewesen sein, das sie für ihn einnahm. Sie trafen sich zum erstenmal im Café Josefstadt im Oktober 1919, in der zweiten Novemberwoche waren sie verlobt, und sechs Wochen später schrieb Inspektor Ernst Klaar von der Länderbank an seine Vorgesetzten:

»Der Unterzeichnende möchte dem geschätzten Direktorium mitteilen, daß er und Fräulein Stella Schapira am 21. Dezember 1919 die Ehe schlossen.

Des geschätzten Direktoriums
ergebener
Ernst Klaar«

Man wird bemerken, daß es nicht mehr das »hochgeschätzte« Direktorium war. Dieses majestätische Gremium war nur noch »geschätzt« und Ernst nicht länger sein »allerergebenster«, sondern nur noch »ergebener« Angestellter. Man wird auch bemerken, daß der Paragraph 19 der Dienstvorschrift – »Kein Angestellter kann ohne die ausdrückliche Zustimmung der Bank in den Ehestand treten« – ignoriert wurde. Das Direktorium wurde erst informiert, nachdem das Ereignis stattgefunden hatte.

Die Zeiten hatten sich geändert!

Ernst und Stella waren Bürger des »Staates, den keiner wollte«, eines Staates, dessen Grenzen auf der Landkarte Mitteleuropas von den Siegern des Ersten Weltkriegs gezogen worden waren. Die Männer, die jetzt an der Macht waren, waren nicht mehr jene, die die Monarchie beherrscht hatten. Sie hatten den Krieg nicht begonnen. Sie waren gute Sozialdemokraten, keine Habsburger Imperialisten. Aber weil es noch kein Österreich ohne Kaiser gegeben hatte, konnten sie einfach nicht glauben, daß so ein Gebilde überhaupt lebensfähig war – sie nannten den Staat also nicht einfach »Österreich«, sie nannten ihn »Deutsch-Österreich«, die Deutsch-Österreichische Republik. Diese Bezeichnung hatte einige Bedeutung, denn das einzige, was von Österreich übriggeblieben war, waren sechs Millionen deutschsprechende Menschen. Was aber noch gefährlicher war – »Deutsch-Österreich« war nicht nur eine Bezeichnung, es war auch das politische Ziel und Programm der gemäßigten österreichischen Linken. Sie waren überzeugt, daß der Torso Österreich allein nicht lebensfähig sei. Sie wollten sich dem neuen, demokratischen Deutschland anschließen, sie wollten den »Anschluß« an das Reich. Doch davon wollten die Alliierten nichts hören. Schließlich hatten sie nicht vier Jahre lang das Deutsche Reich bekämpft, um es jetzt – besiegt, wie es war – zu einer Macht werden zu lassen, deren Grenzen von Ungarn und Italien geradewegs bis zur Ostsee gereicht hätten.

Österreichs gemäßigte Rechte, die Christlich-Sozialen, Dr. Luegers Erben, betrachteten einen »Anschluß« mit gemischten Gefühlen. Sie wollten eine Donau-Föderation, die in ihren Grenzen die meisten Territorien der früheren Monarchie einschließen sollte. Aber die Nachfolgestaaten wollten davon nichts hören.

Eine Donau-Föderation wäre doch nichts anderes als ein Habsburger Reich unter anderem Namen.

Die beiden Seiten, Sozialdemokraten und Christlich-Soziale, stimmten aber in einem Punkt überein: Der österreichische Staat mit seinen nur sechs Millionen Einwohnern konnte allein nicht überleben.

Die Hauptstadt dieses Staates, der bereits zum Zeitpunkt seiner Geburt theoretisch zum Tode verurteilt war, war verarmt. In Wien herrschten Chaos und Elend. Der höchste medizinische Beamte der Stadt berichtete, daß mindestens 20000 Kinder dem Verhungern nahe waren. 130000 Menschen, jeder dritte Arbeitnehmer, waren arbeitslos. Tag für Tag war das Geld weniger wert. Aber auch mit viel Geld konnte man von Tag zu Tag weniger kaufen. Eine blutige Demonstration folgte der anderen. Hunger und politische Radikalisierung forderten ihre Opfer.

Das war Wien im Winter des Jahres 1919/20, als Ernst Großmutter Julies und Stella Großmutter Adeles Wohnung verließen, um ihr gemeinsames Leben zu beginnen. In der letzten Dezemberwoche des Jahres 1919 zogen sie in ihr neues Heim. Die Wohnung meiner Eltern lag in der Pichlergasse, im 9. Wiener Bezirk.

ZWEITER TEIL

Die Frau öffnete mir die Tür zur Wohnung meiner Eltern. Sie war über Sechzig, dick, etwas schüchtern. Sie bat mich herein, und zum erstenmal seit sechsunddreißig Jahren trat ich wieder über die Schwelle meines Zuhauses.

In meiner Phantasie hatte ich diese Wohnung oft wiedergesehen, war an der Hand meines Vaters durch die Räume gegangen, wie er es früher so gern getan hatte. Er hatte es »unsere Museumsrunde« genannt. Gemeinsam sahen wir seine Bilder an, die Bronzefiguren und den wunderschön geschnitzten hölzernen Harlekin aus dem 18. Jahrhundert, der auf seiner Stirn eine Sägeuhr balancierte; betrachteten die Möbel, das Schlafzimmer im Stil Ludwigs XVI., den französischen Schreibtisch im Herrenzimmer, das Werk eines Herrn Gruber, einer der letzten wirklichen Meister des Kunsttischlerhandwerks in Wien, und dann – Vater war schließlich Vater – erklärte er stolz, was er für seine Schätze bezahlt habe, und beendete unsere »Museumsrunde« stets mit den Worten: »Und eines Tages wird das alles dir gehören, Georgerl.« Dies war ihm sehr wichtig.

Die Wohnung, durch die ich in der Erinnerung mit meinem Vater ging, war groß und weiträumig. Sie verband Eleganz mit Gemütlichkeit, und in den Augen des Kindes und des heranwachsenden Jungen schloß sie in ihren Wänden alles ein, was schön und gut und freundlich, alles, was das Leben meiner Eltern und mein eigenes Leben war, alles, was das Wort »Zuhause« bedeuten kann.

Jetzt, nach so vielen Jahren, war ich wieder in der Wohnung meiner Eltern. An meiner Seite aber war nicht mein Vater, sondern diese ältliche Blondine, das typische süße Weaner Madl von vorgestern. Und ich mußte erkennen, daß meine Eltern in zwei Wohnungen gelebt hatten: in der Wohnung, die die Augen des Jungen gesehen und festgehalten hatten, und in der Wohnung, wie sie wirklich war, die ich jetzt mit den Augen des Mannes betrachtete. Einen Augenblick lang dachte ich, ich hätte mich geirrt, wäre im falschen Stockwerk, aber dann, als ich mich im Flur umdrehte, sah ich die stählernen Schutzhalterungen, die meine Eltern innen an der Wohnungstür befestigen ließen, um sie einbruchssicher zu machen. Ich erinnerte mich daran, wie der Schlosser und sein Lehrling sie angebracht hatten. Ich erinnerte mich, wie Mutter mit einem Tuch um den Kopf und einem Staublappen in der Hand zugesehen hatte. Es war eine schmutzige Arbeit gewesen, und Mutter fiel über Schmutz her wie eine Schlange über ein Kaninchen. Sie waren immer noch da, diese sicher befestigten Stahlbänder, die kein Einbrecher je aufbekommen hätte. Aber die Verbrecher, die schließlich kamen, Angst verbreiteten und raubten, brauchten keine physische Gewalt anzuwenden, um einzubrechen. Der Schlüssel des Terrors öffnet alle Türen, so gut sie auch geschützt sein mögen. Sie hielten ihn in den Händen.

Ja, ich war in der richtigen Wohnung. Ich war zu Hause.

Ich ging durch alle Zimmer, und jedes war, wie es gewesen war, und war doch gleichzeitig ganz anders. Ich nahm übel, daß sich diese Fremde in meine Erinnerungen drängte, und empfand doch zugleich auch Beschämung über diese Reaktion. Ich saß mit der Frau am Tisch in der Mitte des Speisezimmers, an genau dem Platz, wo unser Eßtisch gestanden hatte, ich nippte an einem Glas Wein und machte Konversation.

Bevor ich mich verabschiedete, bat ich um die Erlaubnis, die mir auch bereitwillig und freundlich gewährt wurde, noch einmal allein durch die Wohnung gehen zu dürfen. Ich ging zurück in den Flur. Durch die Tür auf der linken Seite trat ich in die Küche, wo ich so viele Stunden auf der Kohlenkiste sitzend und mit den Beinen schlenkernd damit zugebracht hatte, unserem Dienstmädchen Poldi zuzusehen, wie sie sich mit dem Küchenherd abmühte, einem jener altmodischen eisernen Herde, die noch mit Kohle geheizt wurden. Durch die Tür am anderen Ende der Küche betrat ich Poldis ehemaliges Zimmer. Die Tür trug noch immer die Messerkerben... Ich hatte erfahren, daß Poldi verlobt war und heiraten wollte, und war verrückt vor Eifersucht. Ich, ihr acht

Jahre alter Liebhaber, hatte das Küchenmesser genommen, immer wieder auf die Tür eingestochen und geschluchzt: »Das ist für ihn, das ist für ihn!« Nach Poldi hatten dort andere Dienstmädchen geschlafen, aber für mich war jener winzige, dunkle und schäbige Raum, der jetzt als Abstellkammer genutzt wurde, immer Poldis Zimmer geblieben.

Zurück durch die Küche in das Vorzimmer und rasch einen Blick in das winzige Badezimmer hinter der zweiten Tür links, Schauplatz vieler Schlachten zwischen Mutter und mir über all die größeren und kleineren Prinzipien von Reinlichkeit und ihrer Bedeutung für mein gegenwärtiges und künftiges Wohlergehen. Ich kämpfte hart gegen das Faktum des Waschens, ich argumentierte gegen die ihm zugrundeliegende Philosophie. Natürlich verfügte Mutter über die besseren Argumente, aber ich verstand es, dagegen anzugehen, und hielt gewichtige Plädoyers zugunsten des ungewaschenen Zustands. Dennoch siegte letzten Endes immer brutale Gewalt. Mutter klatschte mir den nassen, seifigen Waschlappen um die Wangen und begann mich abzureiben, wobei sie meine Protestschreie, daß nach dieser Tortur doch unmöglich überhaupt noch etwas von meinem Gesicht übrigbleiben könne, völlig ignorierte.

Unser Telefon war an der Wand in der Ecke neben der Badezimmertür angebracht und hinter einem schweren Vorhang verborgen. Wie alt war ich, als es installiert wurde? Drei oder vier? Ich werde nie vergessen, welche Aufregung herrschte, als der schwarze Kasten mit der weißen Scheibe in der Mitte – es war ein Gemeinschaftsanschluß, und wenn der andere Teilnehmer sprach, war die Scheibe schwarz – gebrauchsbereit war und wir Vater in seinem Büro anriefen. Ich werde auch nie »A-16-7-51« vergessen, unsere Wiener Telefonnummer, obwohl ich keine einzige der später folgenden Nummern in den vielen Wohnungen, in denen ich lebte, behalten habe.

Die kleine weiße Tür hinter dem Telefonvorhang führte zum Schlafzimmer meiner Eltern. Ich durchschritt sie, ohne von der schweren, dunklen Schlafzimmereinrichtung, die jetzt darin stand, Notiz zu nehmen. Ich erkannte sofort den grünen Kachelofen wieder, unsere einzige Wärmequelle im schrecklichen Winter des Jahres 1928, als Autos über die zugefrorene Donau fuhren und Kohlen so knapp wurden, daß nur dieser eine Raum geheizt werden konnte.

Durch die Tür zur rechten Hand, neben der das Bett meiner Eltern gestanden hatte, betrat ich mein Zimmer. Jetzt war es der mit Ramschmöbeln angefüllte Raum des dreißigjährigen Sohns der Mieterin. In der gegenüberliegenden Ecke hatte mein Kinderbett gestanden. Ich lag darin, als Poldi sich um den Posten als Kindermädchen bewarb. Nach den Worten meiner Mutter war ich mit ausgestreckten Armen aufgesprungen und hatte »Apuldi, Apuldi!« gerufen – zweifellos mein allererstes Erlebnis von Liebe auf den ersten Blick.

Später, mein kleines Bett stand immer noch in derselben Ecke, führte ich darauf meine abendliche »Gute-Nacht«-Zeremonie vor den Augen meiner entzückten Eltern auf. Ich hopste im Bett auf und nieder, hob mein Nachthemd, so daß mein nackter Hintern hervorschaute, schrie gellend: »Der Mond ist aufgegangen, der Mond ist aufgegangen« und ließ mich kichernd auf die Bettücher fallen. Später, viel später, stand dort meine Couch. Auf ihr träumte ich heiße Träume von Mädchen und Frauen, wobei ich mir immer wieder vorstellte, wie es sein würde, bis ich in der Theorie jede Pose und jede Verdrehung durchgeführt hatte, von denen ich je gehört oder gelesen hatte, und dabei den Zustand himmlischsten Entzückens in mir und meiner Partnerin hervorrief.

Und genau auf dieser Couch hatte ich, der große Theoretiker, der große Allwissende, tatsächlich mein erstes sexuelles Erlebnis Nur, als es dazu kam, hatten weder ich noch das Mädchen die leiseste Ahnung von dem, was wir taten. Es passierte einfach. Ich drang nicht bewußt in sie ein, sondern es ergab sich so im Verlauf unseres Liebesspiels. Es war reiner Instinkt, keineswegs die sanfte fortschreitende Entwicklung zum großartigen und endgültigen Akt der Vereinigung, von dem ich soviel gelesen hatte. Meine Enttäuschung und Verwirrung waren derart, ihre Tränen der Scham, Überraschung und Angst flossen so überreichlich, daß ich, nachdem der große Augenblick, den ich so viele Jahre herbeigesehnt hatte, nun gekommen war, wünschte, es wäre nicht geschehen.

Es war nicht überraschend, daß mir diese Szene, die dramatischste, die sich in diesem Zimmer abgespielt hatte, in jenem Augenblick wieder in Erinnerung kam. Ich wandte mich um und ging durch das Schlafzimmer zurück in das Speisezimmer. Die Erinnerungen daran, wie sehr hier der Mittelpunkt unseres Familienlebens gewesen war, verdrängte ich. Ich wollte meine Eltern nicht hier sitzen sehen, wollte nicht in diesem Moment den Schmerz, der mit solchen Erinnerungen untrennbar verbunden ist, erleben. Die Zeit zum Nachdenken würde kommen, aber später, nicht jetzt, mit dieser Frau und ihrem Sohn an meiner Seite.

Schließlich Vaters Arbeitszimmer, das Herrenzimmer, unmittelbar an das Speisezimmer angrenzend. Es hat eine eigenartige, ziemlich elegante Form, fast trapezähnlich, mit einer abgeschnittenen Ecke. Seine beiden Fenster bieten unterschiedliche Ausblicke. Eins geht auf die relativ ruhige Pichlergasse hinaus, das andere auf die viel belebtere Nußdorfer Straße mit ihren Straßenbahnen, Autos und Geschäften. Von beiden Fenstern gleich weit entfernt, genau in der Ecke des Gebäudes, führte eine französische Doppeltür auf den kleinen schmiedeeisernen Balkon. Die Wohnung lag im ersten Stockwerk, da aber alle alten Wiener Häuser Zwischenetagen hatten, war es eigentlich die zweite Etage, ziemlich hoch oben. Ich hatte selten auf unserem Balkon gestanden. Das Schwindelgefühl, das mich dabei überkam, ließ mich fürchten, der Balkon und ich könnten jede Sekunde auf die Straße hinabstürzen.

Als ihre kurzen Flitterwochen vorüber waren, ließen sich Ernst und Stella in der Gasse nieder, die nach Caroline Pichler benannt war, Biedermeier-Dichterin und vor allem gesellschaftliche Chronistin des Wiener Kongresses.

Zwischen Ernst und seinen angeheirateten Verwandten gab es keine »Flitterwochen«. Das lag daran, daß Bernhard Schapira nicht Vaters Typ war. Der Hauch von Arroganz und Magnatentum, mit dem der Herr mit dem Kneifer auf seinen Schwiegersohn herabsah, sein unausgesprochenes, aber angedeutetes: »Dieser junge Bankangestellte mußte wohl für Stella genügen – letzten Endes war sie nicht mehr die Jüngste« nagte an Vaters Nerven.

Natürlich wäre es für Ernst schwierig gewesen, seiner Braut unverblümt zu sagen: »Ich kann deinen Vater nicht ausstehen. Je weniger ich von dem Alten sehe, desto besser.« Er brauchte eine gute Entschuldigung dafür, mit den Schapiras so wenig wie möglich zu tun zu haben. Großvater Bernhard lieferte sie ihm gefälligerweise. Bei einem seiner ersten Besuche in der Pichlergasse deutete Vater wie zufällig auf die nackten Fußböden und erwähnte, wie teuer Teppiche seien. Bernhard nahm diesen Wink mit dem Zaunpfahl reichlich ungnädig auf. »Wozu denn gleich Teppiche?« brummte er. »Schneid doch ein paar Säcke auf, wenn du einen Bodenbelag brauchst. Das wird für den Anfang reichen.« Vater liebte diese Geschichte. Er erzählte sie oft und gern und stets in meiner Hörweite. Mutter wandte ein, daß es ganz so nicht gewesen sei. Es sei ein Witz gewesen, vielleicht kein sehr guter, aber immerhin ein Witz. Vater wollte nichts davon hören. Die Geschichte diente seinen Zwecken, und da er wie alle anderen Mitglieder der Klaar-Sippe etwas eigene Vorstellungen von objektiver Wahrheit hatte, blieb er fest bei seiner Ansicht, daß Bernhard ein übler alter Knicker sei.

Im besten Fall waren seine Beziehungen zu Mutters Eltern und ihrer weiteren Familie korrekt zu nennen, im schlimmsten Fall lieferten sie den Rohstoff, aus dem sich herrliche Szenen und Streitereien schaffen ließen. Eine Kunst, in der Ernst kein Dilettant war.

Das vierte Mitglied unserer Familie, Poldi, unser Dienstmädchen, war wahrscheinlich in meinen ersten Lebensjahren wichti ger für mich als Vater und Mutter.

Als zähes, resolutes zwanzigjähriges Wiener Mädchen, aus einer Arbeiterfamilie stammend, war sie unbelastet von allem, was über die elementarste Bildung hinausging. Sie hatte nie ein Buch über Kindererziehung gelesen. Aber sie wußte Bescheid. Poldi war die beste und weiseste Erzieherin, die sich ein kleiner Junge wie ich nur wünschen konnte. Ich liebte sie von Herzen. Die Art, wie sie mit mir umging, war einfach und wirksam, wenn auch nicht immer dicht an der Wahrheit. Bis meine Eltern zu Bett gingen, brannte stets die Lampe auf dem Nachttisch meines Vaters. Eines Abends – ich war vier Jahre alt – wachte ich auf. Ich schrie, in der Erwartung, als Antwort meinen Vater »Geh schlafen, Georgerl« murmeln zu hören. Aber es kam keine Antwort – und kein Licht. Ich wußte, daß etwas Schreckliches passiert sein mußte. Meine Eltern lagen ermordet in ihren Betten, ihre Körper aus Hunderten von Stichwunden blutend. Ich heulte. Es muß ein so kräftiges Geheul gewesen sein, daß Poldi es in ihrem Zimmer hinter der Küche hörte. Sie kam angerannt, schaltete das Licht ein und nahm mich in die Arme.

»Was ist denn los, Georgerl?« Endlich gelang es mir, mein Schluchzen unter Kontrolle zu bekommen, und ich klagte ihr mein Leid. »Aber du weißt doch, daß Mama und Papa auf einem Ball sind. Es ist kaum Mitternacht. Sie kommen erst am frühen Morgen wieder«, sagte sie. »Warum ist denn das Licht nicht an?« »Oh«, meinte sie, »das wollt' ich dir am Morgen erzählen. Weißt, ein Polizist hat das Licht von der Straße gesehn. Er meinte, mir hätt'n Einbrecher in der Wohnung. Da is' er raufgekommen. Ich hab' ihm g'sagt, daß wir das Licht anlassen, weilst dich im Dunkeln fürchtest. Dös derf ma net tun, hat er g'sagt. Dös is' net erlaubt. Dös is' Irreführung der Polizei. Ganz wütend war er, sag' ich dir. Alsdann, ka Licht mehr nebenan, oder die Polizei kummt.«

Und ich glaubte dieses Ammenmärchen aufs Wort. Die liebe Poldi hatte einfach entschieden, daß es für mich an der Zeit war, mit meiner Angst vor der Dunkelheit aufzuhören. Und hatte Poldi einmal etwas beschlossen, dann geschah es auch. Bei ihr gab's keine »Schpompernadln«. Und Poldi kannte die Psyche eines kleinen österreichischen Jungen. Ich würde mit meinen Eltern streiten, ich würde sogar – nun ja, manchmal – Poldi anschreien, aber nie, nie, nie würde ich mit einem Polizisten argumentieren. Der grünuniformierte Ordnungshüter, bis an die Zähne bewaffnet mit Säbel, Revolver und Gummiknüppel, repräsentierte das Höchstmaß an Autorität für einen kleinen Wiener.

Poldis »angewandte Psychologie« funktionierte, und von da an ging ich im Dunkeln schlafen. Glücklich? Natürlich nicht! Die Angst, daß meine armen Eltern nebenan abgeschlachtet in ihren Betten liegen könnten, verschwand lange Zeit nicht. Aber das war etwas, mit dem ich selbst und schweigend fertig werden mußte. Es gab keinen anderen Weg. Die Angst vor einem wütenden österreichischen Polizisten war die größere von beiden.

Vater war ein erstklassiger Wirtschaftsprüfer und ein extrem harter Arbeiter. Manchen Samstagnachmittag und manchen Sonntag verbrachte er an seinem Schreibtisch zu Hause damit, Bilanzen zu überprüfen und Berichte zu schreiben. Bei dieser Arbeit half ihm entweder Fräulein Großfeld, seine eigene Sekretärin, oder Fräulein Blankenberg. Hedwig Blankenberg arbeitete im Sekretariat von Herrn Fischer, einem der beiden leitenden Generaldirektoren der Länderbank, und deshalb konnte Vater sie nicht einfach kommen lassen. Aber er fand einen typisch wienerischen Weg, diese Schwierigkeit zu umgehen. Er »entlieh« sie gleichsam unter dem Vorwand: »Meine Frau mag Sie so sehr, wissen Sie; warum kommen Sie nicht einfach diesen Sonntag zu uns zum Essen? Kommen Sie doch gegen elf, und verbringen Sie den Tag mit uns.«

Hedwig Blankenberg wußte natürlich, daß Mutter bezaubernd und freundlich sein würde, aber auch, daß sie kein besonderes Verlangen nach ihrer Gesellschaft empfand, zu keiner Zeit, und schon gar nicht sonntags. Aber Fräulein Blankenberg spielte mit. Sie akzeptierte die Einladung »mit großem Vergnügen; ich freue mich so sehr darauf, Ihre Frau wiederzusehen«, und brachte ihre Stenoblöcke und eine Anzahl scharf gespitzter Bleistifte zu diesem »gesellschaftlichen« Ereignis mit.

Von allen Banken Wiens war die Länderbank eine der erfolgreichsten und am besten geleiteten. Sie überlebte alle Stürme und Wirtschaftskrisen der späten zwanziger und frühen dreißiger Jahre, nicht nur wegen ihrer Verbindung zu Frankreich. Die beiden leitenden Generaldirektoren Fischer und Bergler waren höchst gewitzte Bankiers. Sie und ihr oberster Chef, Monsieur Henri Reuter in Paris, hielten das Institut im Gleichgewicht.

Höchstwahrscheinlich weil sie in französischem Besitz war, war die Länderbank ein wesentlicher Teilhaber an tschechischen und ungarischen Banken geblieben. Da Vater die Bücher der meisten dieser Institute prüfte, erforderte seine Arbeit zahlreiche Reisen und häufige, oft recht lange Abwesenheit von Wien. Eine Begabung für Fremdsprachen wäre zweifellos ein großer Vorteil für seine Arbeit gewesen, aber wenn er auch ein Genie im Rechnungswesen war, was Sprachen anbelangte, war er ein absolutes Anti-Talent. Er war der einzige Mensch, der das besondere und höchst individuelle Kunststück beherrschte, Englisch mit einem französischen Akzent zu sprechen und französische Wörter auf der Zunge zu kauen, als wären es englische. Was er so schwierigen Sprachen wie dem Tschechischen oder Ungarischen hätte antun können, falls er es je versucht hätte, entzieht sich sogar der Phantasie. Wie auch immer, die Sprache der Zahlen in den Hauptbüchern, die er prüfte, war seine Lingua franca. Einmal mußte er nach Kroatien fahren, um die Bücher einer in Schwierigkeiten geratenen Firma zu überprüfen. Die Kroaten sprachen Kroatisch oder Serbokroatisch – es spielte keine Rolle, er verstand keins von beidem –, er sprach Wiener Deutsch, dem sie nicht folgen konnten, aber auch so fand er sehr schnell heraus, daß die Bücher frisiert worden waren.

Vater liebte die Bank und seine Arbeit, er setzte seine Verpflichtungen dort sehr hoch an, wenn nicht gar an die erste Stelle seiner Prioritätenskala. Und dennoch, trotz seines Pflichteifers gegenüber der Bank, trotz seiner Liebe zum Bankwesen, sagte er stets zu mir: »Du sollst kein Bankier werden, wenn du groß bist.«

War der Grund dafür die Enttäuschung, die er darüber empfand, daß er keine akademische Karriere hatte einschlagen dürfen? Es muß auch das Motiv dafür gewesen sein, daß Vater das Frage- und Antwort-Quiz »Was bin ich?« erfand – lange vor dem Fernsehen. Es wurde mit einem Podiumsteilnehmer – mir – entweder auf der Straße oder im Park gespielt. Vater ließ mich an einer Straßenecke oder auf einer Parkbank warten; dann ging er ein paar Meter weiter, drehte sich um und kam auf mich zu. Meine Aufgabe bestand darin, den Beruf des »Herrn, der da auf mich zukam«, zu erraten. Er freute sich am meisten, wenn ich ihn in die akademische, intellektuelle Schicht erhob. Arzt oder Jurist war gut, Universitätsprofessor war besser, berühmter Schriftsteller am besten. Aber meine Popularität fiel sofort auf den Nullpunkt, wenn ich frech oder wütend war und mit »jüdischer Hausierer« herauskam.

Vielleicht hatte Josef Lippert, Vaters persönlicher Barbier, etwas mit Vaters Erfindung des »Heiteren Beruferatens« zu tun. Lippert, dessen Laden »um die Ecke« lag, war 1920 von Vater zu seinem »Hofbarbier« ernannt worden, nachdem Vater von der Bank zum »Oberinspektor« befördert worden war. Jeden Morgen, werktags wie sonntags, pünktlich um 8 Uhr 15, betrat Lippert die Wohnung in der Pichlergasse mit einem frischen »Guten Morgen, Herr Oberinspektor, guten Morgen, gnädige Frau«. Aus Vater war inzwischen längst ein »Herr Prokurist« geworden. In Wien wurde man unvermeidlich mit einem Titel angesprochen, der mindestens eine Stufe über dem lag, den man tatsächlich innehatte, also hätte Vaters Barbier, diesem Brauch folgend, ihn mit »Herr Direktor« anreden oder ihn sogar rundheraus »Herr Generaldirektor« nennen sollen.

Daß er es nicht tat, hatte einen sehr eigenartigen und sehr österreichischen Grund. Ein »Herr Oberinspektor« war Wachtmeister bei der Wiener Polizei. Vater brummte oft, daß er »kein verdammter Polizist« sei und daß »Herr Klaar« ohne Schnörkel es sehr wohl täte, aber Lippert nahm von seinen Protesten nicht die mindeste Notiz. Für ihn war ein Polizei-»Oberinspektor« die höchste Form menschlichen Wesens, mächtiger und wichtiger als jeder »Prokurist« oder selbst »Generaldirektor«. Also setzte sich der »Herr Oberinspektor« jeden Morgen vor Mutters Toilettentisch, während Herr Lippert seine Instrumente ausbreitete, einen wundervollen Seifenschaum in seiner Seifenschüssel zauberte, noch eine von denen, die wie Don Quichottes berühmter Helm geformt waren, und die Prozedur begann. Das Rasieren und Einseifen wurde nur unterbrochen, wenn Lippert Vaters Schnurrbart stutzte, sobald die Enden aus der schäumenden Rasierseife auftauchten.

Dieses tägliche Zeremoniell fand noch viele Jahre statt, nachdem King Gillette seinen Sicherheitsrasierapparat erfunden und vervollkommnet hatte, ein Instrument, mit dem auch nur in Berührung zu kommen Vater unerbittlich ablehnte. Er fürchtete nicht etwa die scharfe Rasierklinge, wie er vorgab. Er genoß einfach Lipperts Dienste. Sauber und glattwangig aus dem Seifenschaum des Barbiers aufzutauchen, Eau-de-Cologne ins Gesicht gesprüht zu bekommen, sich die Wangen sanft von durchtrainierten Händen massieren zu lassen, von einem wirklichen Fachmann abgeklopft, gebürstet und wichtig genommen zu werden, da fühlt man sich sauberer, adretter und auch erfolgreicher und wichtiger, als es irgendeine »Do-it-yourself«-Rasur je bewirken kann.

Budapest im Sommer 1926. Hauptstadt eines Königreichs ohne König, regiert von einem Admiral ohne Flotte.

Nikolaus Horthy von Nagybánya, flottenloser Exadmiral der kaiserlichen Marine und selbsternannter Regent jenes Königreichs, aus dem er den legitimen König von Ungarn, den unglücklichen Karl, den letzten mit der heiligen Stephanskrone gekrönten Habsburger, verjagt hatte, regierte sein Land vom königlichen Schloß auf dem Burgberg in Buda aus. Als Mann von begrenztem Intellekt, aber beträchtlicher Entschlossenheit war Horthy eine der seltsamsten Gestalten unter jenen Männern, die nach dem Ersten Weltkrieg Geschichte gemacht haben.

Er vertrat auch den Typ des klerikalen Konservatismus, der einmal in der Doppelmonarchie so weit verbreitet gewesen war, eine Form von atavistischem Konservatismus, der Antisemitismus als integralen und notwendigen Bestandteil vom Christentum betrachtet. Erfüllt von dem traditionellen Glauben, daß das Auftauchen des Wortes »christlich« im Namen irgendeiner Organisation signalisiere, daß sie gleichzeitig antisemitisch sei, begrüßte er den amerikanischen Geschäftsführer des Christlichen Vereins Junger Männer (CVJM) anläßlich seines Besuchs in Ungarn mit den Worten: »Ich bin hocherfreut, den Führer einer so bedeutenden antisemitischen Vereinigung kennenzulernen.«

1926 war Horthy auf dem Höhepunkt seiner Macht. Für mich wurde er zu einer ziemlich furchteinflößenden Figur. Das hatte wenig mit dem Mann selbst oder mit der grimmigen magyarischen Miene zu tun, mit der seine überall zur Schau gestellten Fotografien auf sein Volk und mich herabsahen. Was mir Angst machte, waren die großen steinernen Löwen vor seinem Amtssitz auf dem Schloßberg von Buda und noch mehr die Soldaten, die es bewachten: schwarzschnurrbärtige Riesen mit großen Gewehren und Bajonetten, die mit dem langsamen Paradeschritt der ungarischen Armee auf und ab marschierten, das vorwärtsgerichtete Bein leicht im Knie abgewinkelt, wenn der Fuß den Boden berührt, was den Eindruck langsamen, aber unaufhaltsamen Vorrückens vermittelt. Ich war ganz sicher, daß einer dieser Riesen plötzlich stehenbleiben, herumschwenken, sein Gewehr auf Mutter anlegen und feuern würde. Ich konnte förmlich sehen, wie sie neben mir auf dem Boden zusammenbrach und das Blut aus der Wunde über ihrem Herzen strömte. Weinend und schluchzend zog ich sie fort. Sie, völlig verblüfft über diesen plötzlichen Ausbruch, versuchte mich zu beruhigen und herauszufinden, was eigentlich geschehen war. Aber ich konnte kein Wort hervorbringen.

Mit Ausnahme dieses einen Besuchs vor Horthys Schloß – wir gingen nie wieder dorthin – gefiel mir unser Leben in Budapest sehr. Wir wohnten in einem großen gemütlichen Zimmer im obersten Stockwerk einer eleganten Pension. Vater liebte es, in guten Häusern abzusteigen und in den besten Restaurants zu speisen. Aber zwei Monate in einem Spitzenhotel hätten zuviel gekostet. Unsere Pension war erstklassig, sie bot einen Ausblick auf den »Korso«, wo sich das elegante Budapest präsentierte, und auf die Donau, die in Budapest an einem schönen Tag wirklich so blau war, wie in Johann Strauß' berühmtem Walzer behauptet wird. Ich liebte diese Aussicht. Aber dann kam der Morgen, an dem ich gewünscht hätte, unsere Fenster gingen auf einen Hinterhof hinaus.

Meine Eltern schliefen noch, als ich aufwachte. Ich hörte Musik. Ich lief ans offene Fenster, aber das Fensterbrett war für mich zu hoch. Ich holte schnell einen der Korbstühle und kletterte darauf. Jetzt konnte ich endlich etwas sehen!

Es war ein großartiger Morgen. Die Sonne schien vom hellblauen Himmel herab und malte silberne Sprenkel auf das Dunkelblau des Flusses. Ein großer weißer Raddampfer zog dort seine Bahn. Eine Pfadfinderkapelle, die Militärmärsche spielte, stand auf dem offenen Deck. Es war ein wunderschöner Anblick: goldene Posaunen und Trompeten, das blinkende Silber der Flöten, die großen Trommeln, in Ungarns Nationalfarben rot-weiß-grün bemalt. Nie zuvor hatte ich etwas Schöneres gesehen. Da ich noch mehr sehen wollte, begann ich, von dem Stuhl aus auf das Fensterbrett zu klettern. Gerade war ich dabei, mein zweites Knie daraufzusetzen, als mein Nachthemd von einer starken Faust gepackt wurde. Ich wurde vom Fenster weggerissen. Ich stürzte. Vaters große Hände klatschten auf meinen Hintern, meinen Rücken, meinen Kopf – einfach überall hin. Er war ganz außer sich vor Schock und Wut. Es war die heftigste Tracht Prügel, die ich in meinem ganzen Leben bekam.

Vater war aufgewacht und hatte gesehen, daß ich offenbar

dabei war, mich aus dem Fenster im sechsten Stock zu stürzen. Noch halb benommen, machte ihn dieser Anblick zum Berserker. Mutter brauchte eine ganze Weile, bis sie ihn beruhigt hatte. Er hielt inne. Aber er zitterte immer noch am ganzen Körper, genau wie ich.

Die Prügel taten mir am ganzen Körper weh, aber ich wußte, daß ich sie verdient hatte und daß Vater, gerade weil er mich liebte, nicht anders hatte handeln können. Ich würde ihm nie wieder einen solchen Schreck einjagen. So lautete mein erster Entschluß an diesem Tag. Der zweite war, daß ich Pfadfinder werden würde, sobald ich alt genug dazu war. Dann würde ich auch den großen Mafeking-Hut tragen und schmuck auf Paraden marschieren, jeden Tag ein gutes Werk tun und ganz nach dem Motto des großen Baden-Powell leben: »Allzeit bereit!« Aber das alles lag in der Zukunft, und ich war auf die weiteren Ereignisse des Tages keineswegs vorbereitet.

Kaum eine Stunde nach dem Drama am Fenster, als auch das letzte Wölkchen seiner Wut sich verzogen hatte, tat es Vater wie immer leid, daß er mich geschlagen hatte. Er küßte meine noch reichlich fließenden Tränen fort und versprach, daß wir eine Fahrt auf einem Donaudampfer machen, in einem Restaurant auf der Margareteninsel essen und dann mit einem Fiaker in die Stadt zurückfahren würden. Meine Tränen versiegten schnell bei der Aussicht auf einen so herrlichen Tag.

Vater hielt sein Versprechen. Ein paar Stunden später kniete ich glücklich auf der polierten Holzbank eines Donaudampfers und blickte auf das glitzernde Wasser hinaus. Alles war wunderschön, bis zu dem Moment, als ich mich umdrehte und Vater eine Frage stellte. Ich begann sie mit den Worten: »Tate, was ist...« In diesem Augenblick fühlte ich ein Brennen auf der rechten Wange. Vater hatte mich geohrfeigt. »Wag es nie wieder, mich Tate zu nennen«, zischte er mich an. »Niemals, hörst du, niemals!« Ich kann mir bis heute nicht erklären, was plötzlich in mich gefahren war, ihn »Tate« zu nennen, das jiddische Wort für Vater zu benutzen statt des üblichen »Vati«. Ich mußte es irgendwo aufgeschnappt und es mußte mir wohl gefallen haben.

Diese kurze und häßliche Szene, die in weniger als einer Sekunde vorbei war, beinhaltete den ganzen Konflikt, der die mitteleuropäischen Juden spaltete. Wir, die Klaars, gehörten zu den weltlichen Juden mit westeuropäischer Erziehung und Kultur. Wir trugen gute Kleidung, hatten selbst zu Titeln und Würden Zugang, besaßen Einfluß und Wohlstand. Wir waren aber auch unsicher und ängstlich, weil wir wußten, daß die Mehrheit, die »Gojim«, glaubten, das alles sei nur Fassade. Sie machten im Grunde keinen wirklichen Unterschied zwischen den kaftantragenden, jiddisch sprechenden Juden mit ihren langen, flatternden Schläfenlocken und dem eleganten Juden (à la Klaar) in den Wiener Kaffeehäusern. Aber diese merkwürdigen, fremdartigen Geschöpfe aus dem Osten besaßen etwas, was uns, ihren Enkeln und Urenkeln, längst tief verwurzelt in deutscher Kultur, verlorengegangen war. Sie hatten die starke religiöse Überzeugung, sie hatten ihren Glauben. Ihr Gott lebte.

Die schnelle und unbedachte Reaktion meines Vaters, als ich ihn »Tate« nannte, entsprang der Furcht, von den anderen Fahrgästen auf dem Donaudampfer für »einen von denen» gehalten zu werden.

Dieser bittere Konflikt, tiefverwurzelt in der jüdischen Seele, betraf jeden Juden in Österreich. Wie wir versuchten, dieses Dilemma zu lösen, illustrieren die Wesenszüge dreier prominenter österreichischer Juden aus den letzten Jahrzehnten der Monarchie: Karl Kraus, Moritz Benedikt, Theodor Herzl.

Benedikt, rundkopfig, grobschlächtig, mit kräftigem Schnurrbart und einem Gesicht voller Kraft und Intelligenz, war der einflußreiche Verleger und Chefredakteur der »Neuen Freien Presse«, der einzigen österreichischen Zeitung von Weltruf. Er sah sich als Österreicher jüdischen Glaubens, als der vollkommen assimilierte Jude.

Herzl, ein Mann von noblem und aristokratischem Auftreten, hatte eine der einflußreichsten Positionen im deutschsprachigen Pressewesen inne. Als Feuilletonredakteur von Benedikts »Neuer Freien Presse« konnte er Künstler fördern oder vernichten. Der in Budapest geborene Herzl begann seine Mannesjahre als überzeugter Deutsch-Österreicher, aber sein Leben durchlief viele – oft verworrene – Phasen, bis er sein wahres Ziel fand: den Zionismus.

Der schillerndste und brillanteste dieser drei Männer war Karl

Kraus. Ironie lag in seinen kurzsichtigen Augen, bitterer Sarkasmus formte das Lächeln seiner Lippen, beißender Witz und leidenschaftlicher Zorn prägten seine Züge, verliehen ihnen Nachdruck und Kraft. In sein Gesicht hatte eine zutiefst unglückliche Seele scharfe Linien gekerbt. Kraus haßte sich selbst, vor allem den Juden in sich, Benedikt als speichelleckenden Zeitungs-Zaren, Herzl als visionären Spinner. Er haßte und fürchtete den Zionismus, sehnte sich nach dem Verschwinden seines Volkes durch Assimilierung und Heirat mit Andersgläubigen. Er trug dazu bei – sicherlich unwissentlich –, den Boden für die Vernichtung von Millionen Juden vorzubereiten. Wenn seine spitze Feder auch Nichtjuden bloßstellte und entlarvte, floß sein Gift doch am dicksten, wenn es galt, Juden zu porträtieren oder besser: zu karikieren.

Während er Juden, wie er selbst einer war, am meisten haßte, also Juden, die es zu etwas gebracht hatten, empfand er doch auch ein abstraktes, unpersönliches Mitgefühl für das jüdische Proletariat in den Ghettos des Ostens. Auch wenn er selbst kein Sozialist war, glaubte er doch, daß der Sozialismus und nicht der Zionismus die jüdischen Massen befreien und zum Licht führen konnte.

»Es ist kaum anzunehmen«, schrieb Kraus in einer Stellungnahme zum Zionismus, »daß die Juden diesmal trockenen Fußes in das Gelobte Land einziehen; ein anderes Rotes Meer, die Sozialdemokratie, wird ihnen den Weg versperren.«

Das wichtigste Forum für Kraus' Artikel und Ideen war seine Zeitschrift »Die Fackel«. Er schrieb sie über Jahre hinaus von der ersten bis zur letzten Seite selbst, und – das sei nur nebenbei erwähnt – mein Vater las sie von der ersten bis zur letzten Seite. Doch Vater war nie ein echter »Krausianer«, einer von jenen Tausenden, meist Juden, die – nicht nur in Wien – das Genie fast wie einen Messias verehrten. Wie viele von ihnen müssen den unstillbaren Wunsch, Deutsch-Österreicher zu sein, mit Kraus geteilt haben, jenen unstillbaren Durst, deutsche Kultur und Sprache in tiefen Zügen zu sich zu nehmen, einer Welt ganz anzugehören, die es mehr oder weniger vehement ablehnte, sie als die Ihren anzuerkennen! Sie folgten Kraus in blinder Bewunderung. Und das war auch der Grund, weshalb Vater nie Angehöriger der Kraus-Gemeinde wurde. Er war viel zu sehr Individualist, um sich irgendeinem Verein anzuschließen, seien es nun die Freimaurer oder eine politische Partei. Was Vater an Kraus bewunderte, war seine außergewöhnliche Meisterschaft in der deutschen Sprache, seine wunderbaren Lesungen der Werke Shakespeares, Offenbachscher Operetten-Libretti und der Schwänke von Nestroy. Als ich etwa zehn Jahre alt war, wurde ich zu einer Kraus-Lesung mitgenommen. Ich erinnere mich an den Anblick des kleinen Mannes, der sein Publikum streng fixierte. Ich glaube, er las aus Shakespeare's »Sturm«. Was es auch immer gewesen sein mag, es ging auf jeden Fall weit über meinen Horizont, und ich saß gelangweilt da. Der Zehnjährige konnte das Privileg nicht würdigen, einen Meister seiner Kunst zu hören, einem der größten Satiriker deutscher Sprache von Angesicht zu Angesicht gegenüberzusitzen.

Daß Kraus Satiriker war, ist – natürlich – das Argument, mit dem seine Anhänger seine Bösartigkeit entschuldigten. Kraus haßte Wien, haßte Österreich – weil er Österreich und Wien so sehr liebte, sagten seine Verehrer. Sein Haß war nur der Ausdruck seiner Verzweiflung über die Unvollkommenheit von Stadt und Staat. Es ist allerdings merkwürdig, daß frühere und heutige Krausianer bisher noch nicht auf den Einfall gekommen sind zu behaupten, daß die Verleumdungen der Juden eigentlich auch nur »zu ihrem Besten« geschrieben wurden. Wahre Größe verlangt eine gewisse Ausgeglichenheit, selbst bei einem Satiriker. Ohne diese innere Balance ist er nur destruktiv. Die Aufgabe der Satire ähnelt der der Akupunktur: Die spitzen Nadeln ihres Witzes sollen den Nerv treffen, der die kranken Teile des Körpers kontrolliert, sollen heilen, nicht aber zerstören.

Kraus' bedeutendstes Werk, »Die letzten Tage der Menschheit«, ist eine grausame Satire auf das k.u.k. Österreich und das Deutsche Kaiserreich während des Ersten Weltkrieges. Dieses ungeheure Schauspiel verstehen die Anbeter des Meisters als das Werk eines begnadeten Sehers, als eine prophetische Ouverture zu Auschwitz. Das ist es sicherlich. So gewiß, wie die Bestialitäten des Zweiten Weltkrieges ohne die Brutalitäten des Ersten nie möglich geworden wären. Aber »Die letzten Tage der Menschheit« sind mehr als das. Gewiß werden die Angriffe gegen das

Kaiserreich Österreich und seine Armee, Regierung und Presse, in denen Kraus lediglich Lügen, Betrug und Grausamkeit sieht, mit enormer Sprachgewalt und Weitsicht geführt, aber wenn jüdische Charaktere die Kraussche Panorama-Bühne betreten, dann füllt er seine Feder nicht mit der Tinte der Satire, sondern mit dem Gift des Hasses.

Die meisten dieser Juden repräsentieren verschiedene Charakterzüge von Moritz Benedikt, dem Zeitungsverleger und Journalisten, in dem Kraus die Inkarnation des miesen Juden sah. Da ist der Parasit Benedikt, der korrupte Korrumpierer Benedikt, Benedikt der Kriegsgewinnler, Benedikt der Speichellecker. Er trägt viele Namen in »Die letzten Tage der Menschheit«. Er kriecht und dienert sich durch unzählige Seiten, katzbuckelt vor den Großen und tritt die Kleinen in den Staub. Keiner der Benedikt-Juden in Kraus' Schauspiel spricht reines Deutsch. Manche versuchen es zwar, fallen aber früher oder später unweigerlich in den jüdischen Jargon zurück.

Um sein Judentum loszuwerden, konvertierte Kraus gleich zweimal, erst zur katholischen, dann zur lutherischen Kirche.

Seine Suche nach einer neuen, nichtjüdischen Identität blieb – selbstverständlich – erfolglos. Sein Inneres, das Wissen darum, wer er wirklich war und wie die Welt um ihn herum aussah, zog und stieß ihn immer wieder in den Strudel seiner jüdischen Existenz, und er schlug um sich wie ein Ertrinkender.

In Moritz Benedikt hatte Kraus die perfekte Zielscheibe. Da war ein Jude, der an seiner Religion festhielt, aber auch eine Säule des k.u.k. Systems, eine Stütze der Gesellschaft war. Benedikt war einer der wenigen Vertrauten Kaiser Franz Josephs. In seiner »Neuen Freien Presse« verteidigte er unverdrossen und sicherlich nicht immer wahrheitsgemäß Tag für Tag das System, das so »unverrückbar an seiner Stelle« zu stehen schien. Für Kraus waren Benedikt und seine Zeitungen das Hauptübel. Kraus wollte nur Verderbtheit in Österreich-Ungarn sehen, Benedikt – ähnlich verblendet – nur das Gute.

Wie viele Tausende der assimilierten Juden schreckte Benedikt vor den Juden aus den Ghettos zurück, diesen linkischen, unbeholfenen Menschen mit ihrer jiddischen Sprache, den Bärten, Schläfenlocken und seltsamen Gewändern. Allein ihre Existenz war für die westlich angepaßten Juden eine Bedrohung ihres Status. Und wenn sie, sei es auch nur durch das Wort »Tate«, daran erinnert wurden, daß sie zum selben Volk wie diese da gehörten, schlugen sie verzweifelt um sich – wie Vater...

Der einzige Mann, der dieses Dilemma schließlich diagnostizierte – anfänglich vielleicht aus falschen Motiven heraus –, war Theodor Herzl. Er kam zu der Einsicht, daß die Juden ein Volk und nicht nur eine Religionsgemeinschaft seien. Diese Erkenntnis kam nicht – wie so oft behauptet wird – buchstäblich über Nacht, als er für die »Neue Freie Presse« aus Paris über die Affäre Dreyfus berichtete.

Diese Einsicht entsprang nicht nur, aber doch weitgehend der Tatsache, daß er als Österreicher in Österreich zu einer Zeit lebte, als die vielen Völker der Doppelmonarchie immer hörbarer Unabhängigkeit forderten und – zur selben Zeit – der Antisemitismus lauter, spürbarer und rabiater wurde.

Wenn Tschechen, Polen und alle anderen Völker im Kaiserreich sich als unterdrückte Minderheiten fühlten, wenn sie alle, die doch eine Heimat hatten, mit steigender Vehemenz für ihre »Selbstbestimmung« kämpften, wiesen sie dann damit nicht auch den einzig begehbaren Weg für das einzige Volk, das jederzeit und überall in der Minderheit war? Für das einzige Volk, das nicht einmal einen Quadratkilometer Land auf dem weiten Erdenrund sein eigen nennen konnte? Weil er im Zeitalter des überall aufflammenden Nationalismus lebte, kam Herzl zu der Überzeugung, daß jüdischer Nationalismus, Zionismus, ein eigener jüdischer Staat die einzige Garantie für das Überleben und für die Zukunft seines Volkes waren.

Die eigentliche Bedeutung Herzls liegt in der Tatsache, daß er der erste assimilierte und einflußreiche Jude war, der den Zionismus zu seiner Lebensaufgabe machte. Er war der erste führende Zionist, der eine anerkannte und wichtige Stellung in der »anderen«, der nichtjüdischen Welt innehatte. Er besaß das Ansehen, die Persönlichkeit, aber vor allem den unbedingten Willen, den Traum der Ostjuden in die Wirklichkeit umzusetzen.

Herzls Antriebskraft war aber nicht nur die hehre, reine Liebe zu den Millionen Juden, die im Elend lebten. Seine persönliche Eitelkeit, seine Mißerfolge als Dramatiker, sein starker Glaube, er sei ein Auserwählter – all das spielte eine Rolle bei seinem Kampf um Anerkennung als der erste und einzige, als der Fürst, der König der Juden. Eine gewisse launenhafte Labilität brachte ihn zeitweise dazu, Vorstellungen und Ideen nachzuhängen, die bestenfalls als merkwürdig bezeichnet werden konnten. Als ausgesprochenes Kind seiner Zeit – hatte er seinen Machiavelli studiert? – setzte er nur allzu oft all seine Hoffnungen auf die Mächtigen. Vor seiner endgültigen Zuwendung zum Zionismus sprach er gar davon, mit dem Papst »einen Handel« abschließen zu wollen. Wenn der Papst einverstanden sei, Herzls Verbündeter im Kampf gegen den Antisemitismus zu werden, wolle er – Herzl – dafür sorgen, daß Juden in großer Zahl zum Katholizismus konvertierten. Unter den Glockenklängen von St. Stefan würde Herzl eine große Schar von Juden zur Wiener Hauptkirche führen. Während Herzl und andere führende Zionisten vor den riesigen gotischen Portalen verharrten, würden die Juden drinnen vom Erzbischof gnädig in den Schoß der römischen Mutterkirche aufgenommen...

Selbst für einen so überzeugten Assimilanten wie Benedikt, Herzls Chef, war dieser Vorschlag ein zu starker Tobak. »Hundert Generationen hindurch«, warf er Herzl vor, »hat Ihr Geschlecht sich im Judentum erhalten. Sie wollen jetzt sich selbst als die Grenze dieser Entwicklung setzen. Das können und dürfen Sie nicht.« Es mag unwahrscheinlich erscheinen, daß Herzl auf einen solchen Einfall kommen konnte. Wer aber ein wenig mehr über Herzls absolut österreichische Herkunft und die erste Zeit seines Familienlebens weiß, dem erscheint das nicht mehr ganz so unwahrscheinlich.

Wenn ich Großmutter Julie besuchte, saß manchmal eine alte Dame bei ihr im Wohnzimmer. Lina Marmorek war eine Jugendfreundin. Sie war auch die Schwester von Oskar Marmorek, einem sehr engen Mitarbeiter Herzls, und eine häufige Besucherin in der Wohnung des Zionisten. Sie erzählte mir die von ihr persönlich erlebte Geschichte von dem mit Kerzen bestückten Christbaum, um den die gesamte Familie, Theodor Herzl eingeschlossen, herumstand und »Stille Nacht, heilige Nacht« mit ebenso großer Inbrunst sang wie Millionen katholischer österreichischer Familien auch.

All das fand ein Ende, als Herzl sich seines Judentums und seiner Mission bewußt wurde, als seine Überzeugung wuchs, daß die Juden nie sicher sein konnten, solange sie fremdes Korn auf fremden Feldern waren.

Benedikt wollte mit dem Zionismus nichts zu tun haben. Das ist nicht überraschend. Kraus zufolge hatte Benedikt einen Standardsatz, der politische oder künstlerische Karrieren vernichten konnte. Der Satz lautete: »Nicht erwähnt werden soll sein Name in unseren Spalten!« Wenn ein Name in der »Neuen Freien Presse« totgeschwiegen wurde, war das in der Tat so etwas wie das Todesurteil für die Ambitionen des Namensträgers. So groß war damals die Macht dieser Zeitung und ihres Verlegers. Daß aber ein Moritz Benedikt – wie Kraus schreibt – dies im jüdischen Jargon gesagt haben soll, anstatt den deutschen Satzbau zu verwenden: »Sein Name wird in unseren Spalten nicht mehr erwähnt«, ist wahrscheinlich eine jener Verunglimpfungen, die der große Satiriker unbedingt zu den Akten geben wollte.

Wie immer Benedikt es formuliert haben mag, auf jeden Fall steht fest, daß er die Namen von Leuten, die ihm nicht paßten, in seiner Zeitung nicht erwähnte. Aber obwohl er den zionistischen Gedanken ablehnte, konnte er dennoch schlecht den Namen des herausragendsten Zionisten, seines eigenen Feuilletonredakteurs, in den Spalten seiner Zeitung verschweigen. Das Wort, der Begriff »Zionismus« allerdings wurde in der »Neuen Freien Presse« nicht erwähnt. Für Benedikt existierte er einfach nicht. Seine Zeitung nahm keine Notiz von den Reisen Herzls zu den Mächtigen dieser Welt, verschwendete kein einziges Wort an eines der wichtigsten – und auch in der allgemeinen Historie nicht ganz unbedeutenden – Ereignisse in der jüdischen Geschichte, den ersten Zionistischen Weltkongreß in Zürich.

Benedikt erlaubte sich nur eine einzige Ausnahme von seiner eisernen Regel: Theodor Herzls Nachruf. Aus diesem Anlaß gestattete er den Zusatz: »Der Verstorbene widmete viel Zeit und Energie der Sache des Zionismus.«

Um gerecht zu sein, muß man an dieser Stelle hinzufügen, daß Herzl nur mit der schweigenden Genehmigung von Benedikt »viel Zeit und Energie der Sache des Zionismus« widmen konnte, denn er war schließlich sein Angestellter.

Wie viele assimilierte Juden – nicht nur in Österreich und Deutschland, sondern auch in Frankreich und Großbritannien – hatte Benedikt schlicht Angst vor dem Zionismus. Reiche und prominente Juden in diesen Ländern hatten die Beziehungen zwischen Zionismus und Antisemitismus als das Dilemma »Wer war zuerst da – das Ei oder die Henne?« erfahren. Für die Kurzsichtigen war der Zionismus eine jüdische Bewegung, die für die Antisemiten nur Wasser auf ihre Mühlen war: Wenn sich die Juden selbst als eigenständige Nation betrachteten, wenn sie den Anspruch erhoben, sich grundsätzlich und nicht nur durch die Religion von den Bewohnern ihrer Gastgeberländer zu unterscheiden, bestätigten sie damit nicht die Ansicht der Antisemiten, daß die Juden in aller Welt Verbündete waren, wenn es darum ging, Macht und Einfluß zu erlangen? Nur die Weitsichtigen erkannten, daß der Zionismus nicht den Antisemitismus förderte, sondern seine logische Konsequenz war.

Das letzte Wort über die Kraus und Benedikt, über all jene Juden, die wie die Klaars in die Assimilation geflüchtet waren, sprach ein Zeitgenosse von Kraus und Benedikt, Arthur Schnitzler. Schnitzler, Arzt, Bühnenautor und Schriftsteller, besaß ebenfalls intellektuelle Brillanz, aber darüber hinaus eine Eigenschaft, die von Intellektuellen weniger hoch eingeschätzt wird und dennoch wichtig ist – Instinkt. Sein Instinkt verlieh ihm einen Weitblick, der den anderen hochbegabten Männern fehlte.

In seinem vor dem Ersten Weltkrieg geschriebenen Roman »Der Weg ins Freie« berührt Schnitzler den Kern des Problems. Baron Georg von Wergenthin, der Held des Buches, beschuldigt seinen Freund, den Juden Bermann, daß er, wie die meisten Juden, ständig unter »Verfolgungswahnsinn« leide. »Was Sie Verfolgungswahnsinn zu nennen belieben, lieber Georg«, antwortet Bermann, »das ist eben in Wahrheit nichts anderes als ein ununterbrochen waches, sehr intensives Wissen von einem Zustand, in dem wir Juden uns befinden, und viel eher als von Verfolgungswahnsinn könnte man von einem Wahn des Geborgenseins, des Inruhegelassenwerdens reden, von einem Sicherheitswahn, der vielleicht eine minder auffallende, aber für den Befallenen viel gefährlichere Krankheitsform vorstellt.«

Wenige Tage nach dem Vorfall mit dem »Taten« befanden sich Mutter und ich im Wien-Expreß auf dem Wege nach Hause. Vater – das muß betont werden – hatte uns nicht wegen meines »unmöglichen« Verhaltens verbannt und auch nicht, damit ich endlich wieder dorthin zurückkäme, wo das richtige »Schönbrunner Deutsch« gesprochen wurde, das in unserer Familie üblich war. Nein, es war an der Zeit zurückzufahren. Vater brauchte nur noch zwei Wochen in der ungarischen Bank zu arbeiten, dann würde er uns folgen.

In dem Sommer vor unserem Budapest-Aufenthalt hatten wir unsere Ferien in Lovrana in Italien verbracht. Es war ein richtiger Familienurlaub gewesen. Mutters Schwester Klara, ihr Mann Alfred, ihr Baby Fritzl und seine Schwester Hedi, die engste Freundin, Vertraute, fast Schwester meiner Kindheit – wir alle wohnten im selben Hotel. Es war für lange Zeit der letzte gemeinsame Familienurlaub der Klaars und der Bartmanns.

In der Zeitspanne zwischen Lovrana und Budapest starb Großvater Bernhard. Die Folge davon war, daß die beiden Schwäger zu Todfeinden wurden. Alfreds Name sollte nie wieder in unserem Hause erwähnt werden.

»Niemals, hörst du!« hatte Vater Mutter angeschrien. So sollte es sein, für immer und in alle Ewigkeit, Amen! Mutter und ich gehorchten natürlich. Es war Vater, der sich nicht an seinen eigenen Befehl hielt. Jedenfalls nicht ganz. Er nannte Alfred zwar nicht beim Namen, aber er kam immer wieder auf diese Familienfehde zurück und verwendete eine reichhaltige und erlesene Auswahl an wenig schmeichelhaften Ausdrücken für den einzigen Onkel, den ich wirklich mochte. Wenn Vater von dem »Schurken, Halunken, Schuft« sprach, was häufig der Fall war, hatten weder Mutter noch ich die geringsten Schwierigkeiten zu erraten, welchen Herrn er meinte.

Aber in Lovrana war Alfred noch »Onkel Alfred« gewesen, gutaussehend auf eine etwas herbe Art, ziemlich streng, ziemlich entschieden. In diesem italienischen Ferienort nahm Mutter ein gelegentliches kurzes Bad im Meer, Vater aber hielt großen Abstand zum Wasser. Ihn dazu zu bringen, auch nur an den Strand zu gehen, war schon anstrengend genug. Er war nicht sehr erpicht auf Sonne, aber das war nur ein Grund; der andere lag darin, daß er sich in seinem Badeanzug abscheulich fand. Badehosen für Männer waren damals durchaus schon üblich, aber ein Ernst Klaar, der halbnackt in der Öffentlichkeit herumlief – das war undenkbar! Am Strand trug er ein schwarzes einteiliges Badekostüm, dessen schüchternes Röckchen seine Männlichkeit verdeckte. Vater hatte zu jener Zeit schon eine sehr stattliche Figur. Unter dem schwarzen Badeanzug waren seine »Rettungsringe« deutlich sichtbar, und mit seinen bleichen weißen Schenkeln und Beinen, die unter jenem ziemlich lächerlichen Röckchen hervorragten, war Vater nicht gerade eine Strandschönheit, und das wußte er. In seinen zu kurzen weißen Flanellhosen und einem nicht allzu adrett geschnittenen hellen Sommerjackett sah er dagegen eindrucksvoll und gut aus. Obwohl natürlich nicht ganz frei von Eitelkeit, machte sich Vater nie viele Gedanken über seine Kleidung. Mutter mußte alle möglichen Kniffe anwenden, damit er sich bei seinem Schneider einen neuen Anzug machen ließ. Im Gegensatz zu Onkel Alfred, der nur bei den allerbesten Schneidern in Wien arbeiten ließ, war Vater ganz glücklich, wenn irgendein mehr oder weniger adäquater Vorstadtschneider seine Anzüge zuschnitt. In Lovrana hatte Vater seinen endgültig letzten Auftritt in einem Badeanzug.

Im September 1927 trat ich in die Volksschule in der Währinger Straße ein, und zwar gleich in die zweite Klasse. Unser Klassenlehrer, Herr Schneider, groß, gutaussehend, freundlich, bestimmt, aber kein typischer strenger österreichischer Schulmeister, war ein hervorragender Pädagoge. Er gab einem das in der Tat seltene Gefühl, daß er kleine Jungen wirklich mochte und nicht vergessen hatte, daß er einmal selbst einer gewesen war. Wenn er da war, waren wir eine gesittete Gesellschaft, schlecht erging es aber dem armen Lehramtskandidaten, der unsere Klasse übernehmen mußte, wenn Schneider krank oder wegen einer Konferenz verhindert war. Dann wurde der Klassenraum zu einer Hölle voller siebenjähriger Teufel, die den armen Vertreter bei lebendigem Leibe rösteten, bis der Schulleiter, Oberlehrer Sobotka, den Höllenlärm hörte, hereinstürzte und die Ordnung wiederherstellte. Wir waren ein sehr gemischter Haufen. Potentielle, in manchen Fällen auch schon ausübende jugendliche Übeltäter saßen Schulter an Schulter mit kleinen Lord Fountleroys aus der Mittelschicht, Mamas Lieblingen in schmucken Anzügen, mit kurzen Hosen und langen wollenen Strümpfen. Die Mehrheit entstammte kleinbürgerlichen Familien, waren Söhne von Ladeninhabern und kleineren Angestellten. Von den etwa fünfundzwanzig Prozent Juden waren keineswegs alle aus gutsituierten Familien, aber es war auch keiner von ihnen dem wirklich rauhen Auf und Ab des Lebens ausgesetzt. Den Unterricht hatten wir alle gemeinsam, nur Religion bildete eine Ausnahme.

Als wir zum erstenmal für den Religionsunterricht aufgeteilt wurden, blieben die katholischen Jungen im Klassenzimmer zurück, und die Juden zogen im Gänsemarsch unter dem Spottgesang hinaus: »Jud', Jud', spuck in' Hut, sag deiner Mutter, das ist gut!«

Während ich hinausging, bemerkte ich, daß der dicke Fredl Resch, der ruhige Junge mit dem runden, pausbäckigen Gesicht von meiner Nebenbank, schwieg und in die Luft starrte. Für viele lange Jahre sollte Fredl Resch mein engster Freund werden. Wir sprachen nie über diese Vorfälle, aber sein Schweigen, während die meisten anderen Katholiken über uns Juden herzogen, mochte sehr wohl etwas mit dem Beginn unserer Freundschaft zu tun gehabt haben.

Auf alle Fälle nahmen wir Juden das Verhalten der anderen nicht demütig hin. Das nächste Mal, als sie mit ihrem »Jud', Jud',...« anfingen, schrien wir zurück: »Christ, Christ, g'hörst am Mist!« Ob tatsächlich einer von uns jene hinreißende Zeile erfunden hatte, oder ob beides, die antisemitische Litanei wie unsere Antwort, Bestandteil einer alten österreichischen Schultradition war, weiß ich nicht. Soweit es uns anging, war die Rechnung beglichen.

Wir spielten und arbeiteten aber trotzdem recht gut miteinander, und wann immer, dank Lehrer Schneiders zeitweiser Abwesenheit, eine Gelegenheit gegeben war, ein Chaos in der Klasse zu veranstalten, bildeten die kleinen jüdischen und katholischen Teufel eine festgefügte Front.

Meine Leistungen in der Schule waren bestenfalls mittelmäßig, und als Mutter Lehrer Schneider aufsuchte (Vater hätte nicht im

Traum daran gedacht hinzugehen), um sich nach meinen Fortschritten zu erkundigen, erklärte er ihr: »Ihr Sohn ist ein aufgeweckter und intelligenter Junge, aber er gibt sich keine rechte Mühe. Er konzentriert sich nicht. Sein Verstand huscht von einer Sache zur nächsten. Wenn er etwas sofort versteht, gut und schön; heißt es aber, Dinge zu durchdenken, macht ihm das zuviel Mühe. Alles, was Anstrengung erfordert, lehnt er ab.«

Herr Schneider war, wie schon gesagt, ein kluger und erfahrener Lehrer.

Nach diesem Besuch hielt Mutter mir eine ernsthafte Standpauke, die jedoch nicht den geringsten Eindruck hinterließ. Hätte Vater etwas gesagt, wäre das vielleicht anders gewesen. Er aber, wahrscheinlich in Erinnerung an seine eigene Schulzeit, sah nicht, daß ich in Gefahr war, auf ein schulisches Desaster zuzusteuern. Das einzige Gespräch über die Schule, das ich mit ihm hatte, während ich in die Volksschule in der Währinger Straße ging, spornte mich nicht gerade zu größeren Anstrengungen an. Er war zu Hause, weil er an Furunkeln litt, und lag auf der Chaiselongue im Schlafzimmer, als ich mit meinem Schulzeugnis hereinmarschierte. Es war wieder eins von der Sorte »Könnte mehr erreichen, wenn er nur wollte«. Vater sah es sich an, lächelte und sagte: »Nun gut, wahrscheinlich will ich nicht wirklich, daß du ein Musterschüler bist. So wichtig ist die Schule nun auch wieder nicht. Viele berühmte Männer waren ziemlich miese Schüler. Du hast einen hellen Kopf, du wirst im Leben schon zurechtkommen, und darauf kommt es an, aber du könntest dich immerhin etwas mehr anstrengen.«

Er hatte natürlich recht, aber ganz und gar unrecht damit, es mir zu sagen. Seine Worte bestärkten mich in der Überzeugung, daß ich kaum etwas falsch machen konnte. Ich wußte, daß ich sein ein und alles war. Zuweilen verfiel er in seiner Liebe zu mir in geradezu lächerliche Extreme. Als ich Masern hatte und ziemlich hohes Fieber bekam, geriet mein Vater in Wut und schrie Mutter an, daß sie an allem schuld sei. Wie konnte sie auch zulassen, daß ich die Masern hatte!

Das Hauptproblem in der Schule war, daß ich keine Hausaufgaben machen wollte. Ich las sehr viel, aber keine Schulbücher: Zeitungen, Illustrierte, unterhaltende Bücher. Ich las am Tisch, im Bett, oft mit einer Taschenlampe unter der Decke, auf der Toilette, in der Straßenbahn, wenn ich zu einem Besuch bei Großmutter Julie unterwegs war. Meine Lieblingslektüre, abgesehen von Büchern, war »Der gute Kamerad«, eine deutsche Zeitschrift für Jungen. Das Jahresabonnement des »Guten Kameraden« war Großmutter Julies Standard-Geburtstagsgeschenk für mich. Die Zeitschrift war voll von Geschichten über deutsche Entdeckungen, Erfindungen, Leistungen, die selbstverständlich besser waren als die jeder anderen Nation. Begierig verfolgte ich jede Fortsetzung der Romanserien. Wie identifizierte ich mich mit ihren Helden, stets blauäugige, gutgewachsene, blonde deutsche Jungen, und wie verabscheute ich, zumindest geistig, die Schurken, die immer düster und schwarzhaarig waren und slawische, französische oder italienische Namen hatten! Als ich einmal auf der Toilette saß und in Vaters Zeitung las, daß ein französisches Passagierflugzeug abgestürzt war und alle acht Menschen an Bord umgekommen waren, dachte ich: »Sehr gut. Wieder acht Feinde tot.« Ich war auf alles Deutsche stolz und natürlich auf Österreichs große Vergangenheit.

Mein Lieblingsbuch war das »Kaiserbuch«, ebenfalls ein Geschenk von Großmutter Julie. Es war ein dicker Wälzer, 1908 zum sechzigsten Jubiläum der Krönung Franz Josephs herausgegeben. Auf seinem dicken braunen Einband prangte ein goldgeprägtes Porträt »unseres Kaisers«, umrahmt von einem Lorbeerkranz. Darunter stand sein kaiserliches Motto »Viribus unitis« – »Mit vereinten Kräften«; ein ungewollt ironischer Wahlspruch für ein Kaiserreich, das in Uneinigkeit zerbrechen sollte.

Das Österreich der Ersten Republik hatte keine Nationalitätenprobleme und war dennoch nicht mehr geeint, als es das alte Kaiserreich gewesen war. Die beiden führenden politischen Parteien, die Sozialdemokraten und die Christlich-Sozialen, betrachteten einander über Klassen- und Sozialschranken hinweg mit dem gleichen tiefsitzenden Mißtrauen, mit Argwohn und Haß, die früher die Nationen des Kaiserreichs gespalten hatten. Nach siebenhundert Jahren absoluter oder fast absoluter Herrschaft konnte sich ein Staat wie Österreich, der sich über seine Identität völlig unklar war, nicht über Nacht in eine funktionierende Demokratie verwandeln. Die Form war vorhanden, aber der

Inhalt fehlte. Die Führer der Sozialdemokraten, im großen und ganzen gemäßigte Männer, die eine Partei der gemäßigten Linken anführten, fühlten sich bemüßigt, die Sprache der Barrikaden zu benützen. Klassenkampf, kapitalistische Ausbeuter, Schlacht, Vernichtung – diese Slogans gingen ihnen allzu leicht über die Lippen. Aber sie waren hochintelligente, zivilisierte Menschen, weitgehend aus der Mittelschicht stammend, weitgehend Juden, alles andere als Fanatiker. Tatsächlich schlugen dieselben Männer nach 1918 einen kommunistischen Versuch nieder, Österreich in eine Sowjetrepublik zu verwandeln.

Ihre christlich-sozialen Opponenten waren keineswegs »faschistische Bestien«. Aber sie sahen nur einen geringen Unterschied zwischen Sozialdemokratie und Bolschewismus. Sie wähnten ihre bürgerliche Existenz bedroht. Auch sie verwendeten bei öffentlichen Anlässen eine kräftige Sprache und schwadronierten unaufhörlich über die Notwendigkeit, die westliche Zivilisation und »deutsch-christliche« Werte zu verteidigen. Darunter verstanden sie alles, was nicht »jüdisch-bolschewistisch« war. Ihre Reden waren großzügig mit antisemitischen Bemerkungen gewürzt, die schon immer – seit Luegers Zeiten, aber auch früher – bei der österreichischen Wählerschaft populär und wirksam gewesen waren.

Jede Seite begann, ihren »Privat-Armeen« immer größere Aufmerksamkeit zu widmen. Die Sozialdemokraten hatten ihren »Republikanischen Schutzbund«. Er setzte sich hauptsächlich aus Kriegsveteranen zusammen und wurde unter anderem auch von einigen Offizieren der kaiserlichen Armee, einschließlich eines früheren Generalmajors, befehligt. Dieser, General Theodor Koerner, wurde Jahrzehnte später ein populärer Präsident der Zweiten Republik.

Während die Sozialdemokraten die Kontrolle über ihre Partei-Soldaten im »Schutzbund« hatten, kontrollierten die Christlich-Sozialen die ihnen am nächsten stehende Privatarmee, Prinz Starhembergs »Heimwehr«, nicht so ganz. Wie sie selbst richtete sich die Starhemberg-Truppe gegen die »Roten«, folgte aber eigenen politischen Zielen, die nie klar definiert wurden, weil sie von den momentanen Launen des Prinzen oder seiner Satrapen abhingen. Es gab eine Menge innerer Kämpfe in der Führung dieser grün-uniformierten Truppen mit den Hahnenschwänzen auf den Hüten. Einig waren sie sich nur in ihrer Bewunderung für Benito Mussolini und seine faschistische Miliz. Das war das Vorbild für die Mehrheit der »Heimwehr«, ausgenommen eine Splittergruppe, die von Hitlers Sturmeinheiten stärker beeindruckt war und sich später folgerichtig den Nazis anschloß. Das Überhandnehmen von Freikorps in Österreich wie in Deutschland, die Aufmärsche und Gegenaufmärsche, die Straßenschlachten mit Peitschen, Bierflaschen, Schlagringen und gelegentlich sogar Feuerwaffen bewies aber nicht die Stärke dieser Wehrverbände, sondern die Schwäche des Staates.

Der Sommer 1927 fing heiß an und wurde immer heißer. Vater hatte beschlossen zu sparen. Deshalb würden wir auch nicht in Urlaub fahren, sondern in Wien bleiben. Für einen kleinen Jungen versprach es, eine ziemlich langweilige Zeit in der heißen Stadt zu werden.

Da ich noch nicht zur Schule ging, hatte ich keine Freunde zum Spielen. Meine geliebte Cousine Hedi, die Tochter jenes »Schufts«, gehörte immer noch zu den Gemiedenen. Mir war verboten, in die Bennogasse zu gehen, um mit ihr zu spielen, und sie durfte unsere Wohnung nicht betreten. Es war langweilig, sehr langweilig und sehr heiß.

Aber eines Morgens lag Aufregung in der Luft. Ich rieb mir gerade den Schlaf aus den Augen, als Poldi in mein Zimmer gestürmt kam.

»Komm schon, du mußt dich schnell anziehen. Mama und Papa holen gerade ein Taxi. Mama nimmt dich mit zu Großmutter Adele. Du bleibst über Nacht dort. Du hast die große Wohnung zum Spielen und den schönen Garten.«

Poldi hätte den Garten nicht erwähnen sollen, denn in jenem Garten am Türkenschanzplatz lebte ein glatzköpfiger Menschenfresser, Oberst Besser, einst in der k. u. k. Armee, der Bruder der Dame, der das Haus gehörte. Dieser martialische Riese betreute den Garten, und jedesmal, wenn ich darin spielte und mein Ball oder mein Fuß eins seiner wertvollen Blumenbeete berührte, stimmte er ein ungeheuerliches Gebrüll an, laut genug, um ein ganzes k. u. k. Infanterieregiment in die Flucht zu schlagen, ganz zu schweigen von einem sechseinhalb Jahre alten Jungen. Ich hatte unendliche Angst vor dem alten Oberst, der in Wirklichkeit zwar bellte, aber nicht biß.

Nun war ich an seine Existenz erinnert worden – erstaunlich unklug von Poldi. Ich heulte, daß ich nie im Leben dort hingehen würde. Aber da waren meine Eltern schon zurück, das Taxi wartete mit laufendem Motor, und ich wurde schnell und ohne viel Federlesens die Treppe hinuntergeschafft.

Als wir dann im Taxi saßen, verlor ich all meine Ängste. Taxifahren war ein seltener und ganz besonderer Genuß. Normalerweise fuhr man überallhin mit der Straßenbahn und verschwendete kein Geld fürs Taxifahren, eine im Wien der zwanziger Jahre höchst luxuriöse Transportweise. Und zu Großmutter Adeles Wohnung war es eine lange und daher doppelt vergnügliche Fahrt, die mindestens zwanzig Minuten dauerte. So lange brauchte man jedenfalls unter normalen Verkehrsverhältnissen – wenn die Autos in den schmalen Straßen hinter den Straßenbahnen warten mußten, um die Leute an den Haltestellen aus- und einsteigen zu lassen –, aber am Morgen des 15. Juli 1927 waren die Verkehrsverhältnisse alles andere als normal. Es gab keine Trams, sehr wenig Autos und Menschen auf den Straßen und Wegen, statt dessen war ein Riesenaufgebot von Polizisten unterwegs, und als wir aus der Stadt hinausfuhren, trafen wir auf eine Anzahl der grünen Polizei-Alarmkommandowagen, die in die entgegengesetzte Richtung fuhren. Mutter erklärte, daß es Unruhen in der Stadt gebe (sie berichtete keine Einzelheiten, aber daran wäre ich auch sicher nicht besonders interessiert gewesen) und daß es besser für mich sei, bei Großmutter zu bleiben. Vati würde am nächsten Tag kommen, falls alles vorüber wäre, und mich nach Hause zurückholen. Wir erreichten den Türkenschanzplatz für meinen Geschmack viel zu schnell, ich wurde Großmutter übergeben, und Mutter fuhr mit dem Taxi zurück zur Pichlergasse.

Wäre nicht der Abend in der Wohnung von Großmutter Adele gewesen, hätte ich überhaupt keine Erinnerungen an den 15. Juli 1927. Für mich verlief der Tag, den ich im Garten verbrachte – der Oberst-Unhold war glücklicherweise abwesend –, ganz ohne besondere Ereignisse.

Ich schlief nicht zum erstenmal in Großmutter Adeles Wohnung. Im Herbst 1926 hatte ich dort zwei Nächte verbracht. Wir hatten die Pichlergasse verlassen müssen, nachdem Vater eines Morgens aufgewacht war und zu seinem Entsetzen ein paar Bettwanzen auf seinem Laken entdeckt hatte. Trotz Mutters Reinlichkeitsfanatismus drangen hin und wieder Wanzen in die alten Häuser ein. Der Kammerjäger wurde gerufen, der die Wohnung mit giftigem Blausäuregas ausräucherte. Es vernichtete die Wanzen, machte aber auch die Wohnung drei Tage lang unbewohnbar.

An jenem Tag, den ich in Großmutter Adeles Garten spielend verbrachte, fielen in Österreich endgültig die Würfel. Vor dem 15. Juli hatte es eine, wenn auch sehr kleine, Chance gegeben, daß Österreichs Rechte und Linke noch eine Form der Koexistenz finden könnten. Nach dem 15. Juli gab es dafür keine Hoffnung mehr. Das auslösende Moment für diese Katastrophe war der Freispruch von drei Heimwehrlern durch ein Wiener Gericht, die einen Schutzbundmann erschossen und fünf andere verletzt hatten. Sie hatten auch – versehentlich – einen achtjährigen Jungen getötet, der zufällig am Ort des Geschehens war, als die Schießerei begann.

Das Verbrechen wurde in einem kleinen Dorf im Burgenland begangen, der rückständigsten und abgelegensten aller österreichischen Provinzen. Vor Gericht in Wien gaben die »Heimwehr«-Männer die Schießerei zu, plädierten jedoch auf Notwehr. Die Geschworenen akzeptierten dies, und der Richter hatte keine Wahl, als sie laufenzulassen. Als der Urteilsspruch am 14. Juli verkündet wurde, kam es im Gericht zu heftigen Demonstrationen. Bis zum Abend hatte sich ein Gefühl von Spannung und allgemeiner Unruhe über die ganze Stadt verbreitet. Wiens Polizeipräsident nahm Kontakt zur sozialdemokratischen Führung auf, um zu erfragen, ob man beabsichtige, Protestdemonstrationen für den nächsten Tag zu organisieren. Man versicherte ihm, daß keine Demonstrationen geplant seien und auch der »Schutzbund« nicht alarmiert werden würde.

Als die sozialdemokratischen Führer diese Zusicherungen gaben, wußten sie nicht, daß einige Mitglieder der Partei die Sache bereits in die Hand genommen hatten. Die Arbeiter des städtischen Elektrizitätswerks kamen am Abend zusammen und beschlossen zu streiken. Der Chefredakteur des Parteiblatts »Arbeiter-Zeitung« schrieb einen Leitartikel, in dem er den Freispruch der »Heimwehr«-Männer heftig brandmarkte. Möglich, daß der Mann gehofft hatte, sein Artikel würde als Sicherheitsventil fungieren, um Dampf abzulassen; aber er bewirkte das Gegenteil. Die politische Situation hatte ohnehin bereits jenen Punkt erreicht, bei dem der Freispruch und der Leitartikel in der »Arbeiter-Zeitung« nur noch die Funken waren, die die Explosion auslösten.

Seit dem frühen Morgen des 15. Juli marschierten Gruppen empörter Arbeiter durch die Hauptverkehrsstraßen, die aus den Außenbezirken zum Ring führten. Es wurden jedoch keine Waffen auf sie angelegt, als sie begannen, die offenen Plätze zu füllen, die von den Generälen der alten Armee als Schußfelder vorgesehen worden waren. Die österreichische Regierung konnte weder ihren Soldaten noch manchen ihrer Offiziere trauen. Man vermutete, daß sie mit den Sozialisten sympathisierten. Die Ordnung aufrechtzuerhalten wurde der Polizei überlassen, die unvorbereitet, zahlenmäßig schwach und lediglich mit langen Kavallerie-Säbeln bewaffnet war. Sie wurde schnell überrannt. Im Laufe des Vormittags waren die wenigen hundert Demonstranten der frühen Morgenstunden zu einem wütenden Mob geworden, und immer noch strömten Tausende auf die Innenstadt zu.

Es war ein typisch österreichisches Schlamassel. Die Reaktion der offiziellen Stellen, wie üblich zuerst zu schwach und zu zögernd, wurde dann – ebenso üblich – zu brutal und zu heftig. Und wie üblich gelang es den vernünftigen Männern, die versuchten, eine Katastrophe zu verhindern, nicht, ihrer Stimme rechtzeitig Gehör zu verschaffen. Die Sozialdemokraten riefen am Vormittag den »Schutzbund« zu Hilfe, um die Raserei unter Kontrolle zu bringen, aber als die Parteispitze und ihre Soldaten endlich zur Tat schritten, war der lodernde Haß der Menge so ansteckend geworden, daß große Teile des »Schutzbundes« zu den Demonstranten überliefen. SPÖ-Funktionäre, die an die Vernunft appellierten, wurden niedergeschrien und sogar bedroht.

Ob die Massen einem vorgefaßten Plan folgten oder ob es Zufall war, weiß bis heute niemand, sie rotteten sich jedenfalls vor dem Justizpalast zusammen. Für sie symbolisierte dieses

Gebäude die verhaßte Klassenjustiz, die die »Heimwehr«-Mörder laufengelassen hatte. Die Polizei konnte nicht verhindern, daß die Anführer des Mobs in das Gebäude stürmten und es in Brand steckten. Aber inzwischen waren Polizeiverstärkungen, mit Gewehren aus den Armee-Arsenalen bewaffnet, auf dem Anmarsch.

Sie trafen ein, als die sozialdemokratische Führung und loyale Männer des »Schutzbundes« begannen, die Menge unter Kontrolle zu bekommen. Mit den Flammen, die hoch über dem Dach des Justizpalastes emporschlugen, hatte die Revolte ihren Höhepunkt erreicht. Die Flamme der Empörung war dabei, sich selbst zu verbrennen. In der Annahme, daß das Schlimmste vorüber sei, kamen Polizeipräsident Schober und die Spitze der Sozialdemokratischen Partei überein, daß man keine weiteren Polizeikräfte mehr benötigte. Man schickte Boten zu den Polizeikommandos, die ihnen befehlen sollten zu bleiben, wo sie gerade waren, und weitere Instruktionen abzuwarten. Aber zu diesem Zeitpunkt hatten Polizeipräsident Johannes Schober oder Schutzbundführer Julius Deutsch nicht mehr das Kommando. Österreichs Nemesis hatte die Macht übernommen. Die Tragödie mußte bis zum letzten Vorhang zu Ende gespielt werden.

Schobers und Deutschs Boten gelang es nicht, rechtzeitig durch die dichtgedrängten Massen zu kommen. Verbittert darüber, daß einige ihrer Kameraden vom Mob erschlagen worden waren, feuerten die heranmarschierenden Polizisten direkt auf die Demonstranten. Die Salven läuteten die Totenglocke für achtzig Arbeiter – und für Österreich. Ihr Tod war von nun an das unüberwindliche Hindernis auf dem Pfade der Vernunft.

Weder die Rechten noch die Linken hatten dieses Gemetzel gewollt. Aber beide waren an der Vergiftung der politischen Atmosphäre gleichermaßen schuld. Am 15. Juli 1927 fand kein Bürgerkrieg statt. Es war nur eine Eintagsrevolte, aber die Ereignisse dieses einen unglückseligen Tages machten den Bürgerkrieg von 1934 unvermeidlich.

In unserer Familie war der »Bürgerkrieg« schon früher ausgebrochen, im April 1926, und 1927 wütete er immer noch.

Bernhard Schapira, der nie krank gewesen war, erlag am 8. April 1926 um 11 Uhr, mitten in einer Rede, die er vor dem Präsidium der Wiener Handelskammer hielt, einem Herzschlag. Er war erst zweiundsechzig Jahre alt. Für mich hatte sein Tod kaum Bedeutung. Für meinen Vater, Onkel Alfred und Ernst Lamberg, den Verlobten von Tante Lisa, sollte der Tod des »reichen« Bernhard oder, besser gesagt, sein Erbe allerdings von großer Bedeutung werden.

Bernhard Schapira schrieb seinen Letzten Willen am 1. Juli 1917 nieder. Er lautete: »Nach reiflicher Überlegung der Angelegenheit und frei von jeglichen Zwängen und Ängsten lege ich meinen Letzten Willen wie folgt nieder: Als einzigen Erben meines gesamten Vermögens, gleich, unter welchem Namen und Titel, setze ich meine Ehefrau Udel-Leie (Adele) Schapira, geborene Immerdauer, ein. Zum Beweis dessen habe ich dieses Testament eigenhändig verfaßt und eigenhändig unterzeichnet.«

Adele ließ sich von niemandem zum Narren halten, aber sie verstand nichts von Geschäften, weder von denen ihres Mannes noch von denen anderer. Ihre Rolle war immer die der Ehefrau und Mutter gewesen. Nun, nach seinem Tode, wurde sie zur Alleinerbin von allem, was Bernhard besaß, einschließlich seiner Firma, die, wie sich herausstellte, längst nicht so erfolgreich gewesen war, wie die Familie angenommen hatte. Als alles zusammengerechnet und die offenstehenden Schulden der Firma abgezogen waren, belief sich der Nettowert von Bernhards Vermögen auf 36034 österreichische Schillinge. Österreichs Banken haben einen auf der Kaufkraft basierenden Schlüssel errechnet; danach konnte man mit einem Vorkriegs-Schilling soviel kaufen wie heute mit 15 Schillingen. Bernhard hinterließ daher etwa 540510 österreichische Schillinge, nach heutigem Wert ungefähr 80000 Mark – kein riesiges Vermögen.

Es gibt jedoch ein Geheimnis, das zu der Vermutung Anlaß gibt, es könne mehr an Bernhards Reichtum drangewesen sein, als den österreichischen Behörden, die seinen Besitz schätzten, unter die Augen kommen durfte. Das Geheimnis sind die beiden verschwundenen Autos. Sie sind in keinem der Papiere und Dokumente aufgelistet. Aber sie haben existiert. Ich sah sie und fuhr in ihnen, als Bernhard noch lebte, und auch noch nach seinem Tode. Und Vater, der, wie wir wissen, kein allzu großer Verehrer seines Schwiegervaters war, unterstrich von Zeit zu Zeit, wie unvernünftig Großvater gehandelt hätte, soviel Geld für Luxusautos auszugeben, wenn er für das gleiche Geld das prächtige Haus am Türkenschanzplatz hätte kaufen können. Mit Blick auf die Bilanzen hatte Vater natürlich recht, aber Bernhard muß auch eine Menge Spaß und Befriedigung, vielleicht auch geschäftliche Vorteile, aus diesen Autos gezogen haben, die für seinen feudalen Lebensstil so wichtig gewesen waren. Seine Erben, darunter Vater, hätten allerdings größeren Gewinn aus dem Besitz jener ansehnlichen Villa gezogen – und viel Vergnügen und Aufregungen aus dem Kampf um ihre Anteile.

Der Kauf der beiden Autos mag dennoch ein viel gerissenerer geschäftlicher Schachzug von Bernhard gewesen sein, als mein Vater vermutete. Viele Menschen besaßen in Wien Häuser, aber wenige, sehr wenige besaßen Autos. Und der Besitz nicht nur eines, sondern von zwei Autos steigerte Bernhards Reputation und auch die seiner Firma. Autos waren damals das eindrucksvollste Statussymbol, das man haben konnte.

Was auch immer Bernhards Motive beim Kauf dieser zwei Adler-Autos im Jahr 1922 oder 1923 gewesen sein mögen, sie wurden in seiner Habe jedenfalls nicht ausgewiesen, aber sie waren da und gingen in Großmutters Besitz über. Zuletzt wurden sie als Taxis eingesetzt, und als sich das Taxigeschäft als Fehlschlag erwies, wurden sie verkauft. Das Coupé verschwand aus unserem Blickfeld; die Limousine wurde an Großvaters Chauffeur, Herrn Klein, verkauft und dann weiter als Taxi genutzt. Ich sah das Auto zuletzt Anfang der dreißiger Jahre, als es vor unserem Haus in der Pichlergasse vorfuhr und Herr Klein galant Poldis Nachfolgerin Otti half, das Vehikel zu besteigen – es gibt keinen treffenderen Ausdruck –, das zu jener Zeit in einem technischen Museum weit besser ausgesehen hätte als auf den Straßen von Wien. Es setzte sich auch wirklich in Bewegung, und Otti fuhr stolz in dem, was einmal Großvaters Torheit Nummer eins gewesen war, zu ihrer Hochzeit.

Der schwarze Granitblock auf Bernhards Grab auf dem Wiener Zentralfriedhof (Tor IV – Jüdische Abteilung) war noch nicht an seinem Platz, als die beiden Schwiegersöhne Ernst und Alfred und auch Lisas Verlobter, der Rechtsanwalt Ernst Lamberg, anfingen, auf die Witwe Druck auszuüben. Adele hatte nach der Beerdigung einen leichten Herzanfall erlitten und mußte das Bett hüten, als das Familiendrama begann. Nach Vaters Meinung gab es einen Jago, der selbst Shakespeares üblen Intriganten in den Schatten stellte: Alfred Bartmann.

Laut Vater hatte sich folgendes ereignet: Kurz nach Großvaters Beerdigung und bevor hinsichtlich der künftigen Leitung von Großvaters Firma alles geregelt werden konnte, mußte er nach Budapest fahren. Er hatte noch nicht einmal Zeit, die Bücher mit den geübten Augen eines geprüften Bücherrevisors zu studieren und Empfehlungen zu geben. Er bat Großmutter, vor seiner Rückkehr keinerlei Dokumente zu unterzeichnen oder irgendwelche bindenden Abmachungen zu treffen, und sie willigte ein, diesem Ratschlag zu folgen. In dem Augenblick jedoch, als Vater im Zug nach Budapest saß, erschien Jago-Alfred an Großmutters Bett, und indem er jede List aus dem Arsenal des Intriganten anwandte, goß er Verdächtigungen gegen Vater über Großmutters Daunendecke aus.

Mit Erfolg. Alfred Bartmann wurde »bis auf weiteres zum gemeinschaftlichen geschäftsführenden Direktor ernannt, zusammen mit Frau Adele Schapira von der Firma Bernhard Schapira, wobei jeder der beiden gemeinschaftlichen geschäftsführenden Direktoren berechtigt ist, die Firma zu vertreten und in ihrem Auftrag unabhängig voneinander zu zeichnen«. Dieser Eintrag taucht im Wiener Handelsregister unter dem Datum des 24. April 1926 auf, zwei Wochen und zwei Tage nach Bernhards Tod und etwa eine Woche nach Vaters Abreise aus Wien.

Man kann sich vorstellen, welch eine Explosion es gab, als Vater erfuhr, was geschehen war. Stoßwellen breiteten sich von Budapest bis zum Türkenschanzplatz aus.

Dieser Familienkrieg verzögerte lange Zeit die Beurkundung der gerichtlichen Bestätigung für Großvaters Testament. Dr. Rumpler, der Familienanwalt, bat um eine Verlängerung bis zum 1. Mai 1927, »da die Verhandlungen zwischen den Erben, die Zukunft des Familienunternehmens betreffend, noch nicht abgeschlossen sind«. Als dieses Datum näherrückte, mußte er um einen weiteren Aufschub bis zum 15. Juni einkommen, »da trotz angestrengtester Bemühungen, eine völlige Einigung zwischen den beteiligten Parteien zu erzielen, und trotz unterschiedlicher vertraglicher Vereinbarungen, die in Betracht gezogen wurden, es immer noch an Einigkeit mangelt. Obwohl Frau Adele Schapira als Alleinerbin jedes Recht hätte, die Firma nur auf ihren Namen eintragen zu lassen, wünscht sie bis jetzt nicht, dies zu tun, um den Frieden innerhalb ihrer Familie zu bewahren«.

Meine arme Großmutter versuchte offensichtlich alles Erdenkliche, aber der Familienfrieden war nicht mehr zu retten. Schließlich handelte sie. Die Ernennung Alfred Bartmanns wurde am 8. Juli 1927 rückgängig gemacht, und Adele übernahm die Firma als alleinige Besitzerin. Danach war Vater wieder bereit, mit seiner Schwiegermutter zu sprechen. Aber erst zwei Jahre später durfte Tante Klara die Pichlergasse wieder besuchen. Es war eine solche Sensation, daß ich auf unserem Balkon ungeduldig von einem Bein auf das andere hopste, um der erste zu sein, der sie zu Gesicht bekam. Schließlich sah ich ihre schlanke kleine Figur, in ein elegantes marineblaues Kostüm gekleidet, mit einem passenden Hut mit weißem Besatz auf dem Kopf – es war ein warmer, sonniger Frühlingstag –, auf unser Haus zukommen. Kurze Zeit später traf Tante Lisa ein, dann Mutters beste Freundin Käthe Mautner und ihre gemeinsame Freundin Hannerl Herlinger, und zuletzt erschien vom Nachbarhaus in der Pichlergasse Selma Ornstein: Mutter gab ihren ersten »Jour«, dem noch viele folgen sollten. Fast immer nahmen daran ihre beiden Schwestern teil sowie ihre engsten Freundinnen, manchmal auch die Frauen von einigen von Vaters Kollegen in der Bank und gelegentlich besondere Besucher, bei denen ich mich vor allem an eine sehr elegante Dame erinnere, die eine wallende perlgraue Robe mit passendem glockenförmigen Hut trug – alle Damen trugen Hüte zum Tee –, Mutters Englischlehrerin vom Pensionat in Hannover, die aus London angereist war. Mutter liebte ihre »Jours« über alles. Nur dafür wurde das japanische Teeservice, graublaues hauchdünnes Porzellan mit handgemalten Geishas, hervorgeholt. Winzige Croissants, knusprige Mohn- und Salzstangen waren am selben Morgen in Wiens erlesenster Bäckerei, der von Herrn Fritz in der Naglergasse, gekauft worden. Sie wurden aufgeschnitten und mit Butter und köstlicher Teewurst bestrichen. Der zweite Gang bestand aus einer selbstgemachten schweren Sahnetorte mit Nuß, Orange oder Schokolade.

Die Abendessen, die meine Eltern von Zeit zu Zeit gaben, versammelten mehr Personen als Mutters »Jours«. Sie begannen normalerweise mit einer Auswahl kalter Hors d'oeuvres, gefolgt von Chateaubriand, selbstgemachten Pommes frites, Reis, Salaten und schließlich unserer eigenen Sachertorte, die mindestens ebenso gut war wie die aus dem berühmten Café Sacher, obwohl ihre Schokoladenglasur nicht ganz jenes elegant polierte Aussehen besaß.

Wenn die ersten Gäste kamen – die Mautners, die Herlingers, sehr oft Onkel Paul und Tante Alice, einige von Vaters engeren Kollegen aus der Länderbank mit ihren Frauen, gelegentlich Tante Sally und ihr seltsamer Musiker-Ehemann Robert, der nach dem Essen Klavier spielte, sowie unvermeidlich Dr. Maurer, ein offenbar berufsmäßiger Junggeselle, der als »Hausfreund« der Eltern berechtigt war hereinzuplatzen, wann immer es ihm paßte –, verschwand ich in meinem Zimmer, damit ich keine Hände zu schütteln, keinen Diener zu machen und wohlerzogene Dankeschöns zu den Gästen zu murmeln brauchte, die daran gedacht hatten, mir kleine Geschenke mitzubringen. Das funktionierte recht gut, solange ich klein war, aber nach meinem zehnten Geburtstag wurde es immer schwerer, den Erwachsenen zu entwischen. Vater liebte es, mich hereinkommen, gute Nacht sagen und einen Witz erzählen zu lassen, um jedermanns Aufmerksamkeit auf sein Kind zu lenken, dem nichts lieber gewesen wäre, als daß sich der Boden unter seinen Füßen aufgetan hätte.

Ein paar Jahre später trugen Vater und ich erbitterte Kämpfe um diese Gastspiele aus. Ich fühlte mich eingeschüchtert und haßte es, wenn die Freunde meiner Eltern herablassend mit mir sprachen, hatte ihnen nichts zu sagen und wollte nichts anderes, als in meiner eigenen Welt, in meine Bücher versunken, leben.

Siege und Niederlagen waren bei diesen Kämpfen ziemlich gleichmäßig verteilt. Manchmal ergab ich mich, manchmal Vater. Wenn er es tat, war seine Enttäuschung so offensichtlich, daß ich bei der nächsten Abendgesellschaft nachgab und mich für etwa eine halbe Stunde zu den Erwachsenen gesellte. Und als ich älter wurde, stellte ich fest, daß es mir nichts ausmachte. Ich genoß es sogar mehr und mehr, ihren Gesprächen zu lauschen und ganz besonders Vaters leicht sarkastischen Witzen, die die Gäste zum Lachen brachten und für eine entspannte Atmosphäre sorgten. Ich fühlte mich nicht mehr als der artige Sohn, der vorgezeigt wurde, sondern fast als Erwachsener, der – wenn auch bescheiden – an der Unterhaltung teilnahm. Ich sehe Vater lachend und glücklich und so deutlich vor mir, daß ich seinen Atem höre und die Wärme seines Körpers spüre.

Von allen Freunden meiner Eltern war Dr. Maurer, der Junggeselle, derjenige, der mich am meisten beeindruckte. Er hatte den Ruf eines Intellektuellen, aber wenn er wirklich einer war, dann war er von der »erträglichen« Sorte. Er hatte eine fesselnde Art, mit mir zu reden. Er konnte über Politik, Geschichte, über jedes Thema sprechen, ohne je dozierend zu wirken, weil er einfache, unkomplizierte Worte wählte, selbst wenn er komplizierte Sachverhalte erklärte.

Ich muß zehn oder elf Jahre alt gewesen sein, als ich am 1. Mai mit einigen meiner Schulfreunde in der traditionellen Demonstration der Sozialdemokraten mitmarschierte. Als ich nach Hause kam, saß Dr. Maurer am Bett meines Vaters. Vater erholte sich gerade von einer Grippe, und der »Hausfreund« war auf einen Sprung vorbeigekommen, um zu sehen, wie es ihm ging. Ich war aufgeregt und hochrot vom Marschieren und von den vielen Eindrücken: den Hunderten von roten Fahnen, den Begrüßungen mit geballter Faust, den »Freundschaft«-Rufen. Nie wieder sollte ich soviel von einem politischen Radikalen an mir haben wie in jenem Augenblick, und ich trug stolz das sozialdemokratische Parteiabzeichen, eine rote Nelke auf schwarzem Emaillegrund, im Knopfloch. Dr. Maurer warf mir einen Blick zu und meinte: »Georg, ich bin mein Leben lang Sozialdemokrat gewesen, aber laß dir eins sagen: Man trägt seine politischen Überzeugungen nicht im Knopfloch.«

Wir waren natürlich alle Sozialdemokraten. Für welche andere Partei sollte ein Jude auch stimmen? Die Sozialdemokraten waren, zumindest offiziell, nicht antisemitisch, und viele ihrer Spitzenfunktionäre waren Juden. Auch Viktor Adler, Gründer der österreichischen Sozialdemokratischen Partei, war ein getaufter Jude.

In den Zwanzigern und Anfang der dreißiger Jahre wurde die Partei von Otto Bauer geleitet, ein Jude wie Julius Deutsch, sein Stellvertreter, der gleichzeitig Befehlshaber des »Republikanischen Schutzbundes« war. Juden waren führend innerhalb der Parteispitze und der vielen ihr angeschlossenen Organisationen, nur wenige von ihnen entstammten der Arbeiterklasse. Die meisten kamen aus wohlhabenden bürgerlichen Familien. Viele waren Idealisten, die ihr Leben der Verbesserung des Schicksals der Arbeiterklasse widmeten. Ihre bewußten Motive waren absolut aufrichtig, ihre unbewußten entsprangen Schuld und Furcht.

Die Schuld, die sie antrieb, war die gleiche, die heute so viele Bürgersöhne und -töchter motiviert, sich ihrer ererbten sozialen und Bildungsprivilegien zu schämen und sich »progressiven« Bewegungen zuzuwenden; immer vorausgesetzt, daß sie Eliten bilden und gleicher sind als die anderen. Was sie fürchteten, war der antisemitische Pöbel. Eine Partei wie die Sozialdemokratische Partei, die vorrangig für Gleichheit eintrat, konnte doch keine Ungleichheit zwischen Österreichern, die Juden waren, und denen, die keine waren, zulassen. Jeder jüdische Sozialdemokrat fühlte sich daher von einer Schutzmauer nichtjüdischer Sozialdemokraten umgeben. Ein weiterer Anziehungspunkt war die intellektuell faszinierende Herausforderung der menschlichen Manipulation, die notwendig ist, um die gleichmacherische Gesellschaft des sozialistischen Traums zu schaffen.

Die meisten Klaars waren nur sozialdemokratische Wähler. Ihre sozialistischen Überzeugungen hätten sich mit der Feder des Liberalismus niederschlagen lassen, wenn in der Ersten Republik noch eine nennenswerte liberale Partei existiert hätte.

Die einzige Ausnahme war Anni Klaar, eine entfernte Cousine meines Vaters, fast zwanzig Jahre jünger als er, die eng mit meinen Eltern befreundet war. Die dunkle, attraktive Frau blieb ihr Leben lang überzeugte Sozialdemokratin. Niemand konnte ein typischeres Beispiel für den jüdischen bürgerlichen sozialdemokratischen Partei-Anhänger abgeben als unsere Anni.

Eines Tages erzählte sie mir, damals eine siebzigjährige Dame, wie sie an einem Feiertag fünfzig Jahre zuvor einen langen Spaziergang auf dem Lande unternommen und sich verlaufen hatte. Sie wußte nicht, wie sie nach Hause zurückkommen sollte.

Schließlich kam ein einsamer Motorradfahrer auf der Landstraße vorbei. Er hielt an, nahm seine Schutzbrille ab, und Anni sah, daß er ein sehr gut aussehender junger Mann war. Auf der »Pupperlhutschen« zu fahren, wie der Soziussitz eines Motorrads in Wien genannt wird, schickte sich für eine kleine Verkäuferin, aber keineswegs für eine junge Dame und Studentin der Jurisprudenz. Anni jedoch hatte keine Wahl. Es wurde dunkel. Also kletterte sie schließlich auf die »Pupperlhutschen«, wobei sie sehr darauf achtete, ja nicht zuviel Bein zu zeigen, und legte zimperlich die Arme um die Hüften des jungen Mannes. »Wann S'mi net fester anfassen wollen, macht mir dös nix aus«, sagte er, »aber in der ersten Kurve fallen S'abi.«

Also griff sie zu, und er brachte sie sicher zurück zu ihren Eltern. Als sie ihm die Hand gab, um sich zu verabschieden und ihm zu danken, zog er sie schnell an sich und versuchte, sie zu küssen. Anni war entsetzt, wehrte sich und lief davon. Ihre Erklärung – rund fünfzig Jahre später abgegeben –, warum sie als Zwanzigjährige so überempfindlich gewesen sei, sagt etwas über bürgerliche austro-jüdische Sozialisten jener Tage aus. »Ich hätte dem Burschen doch nicht erlauben können, mich zu küssen«, erklärte Anni. »Er war Tischler oder Klempner, ich weiß nicht mehr, was, aber jedenfalls Proletarier, weißt du.«

Einer der Vorteile des Wiener Sozialismus waren die eingefrorenen Mieten. Für die Wohnung in der Pichlergasse bezahlte Vater nur 125 österreichische Schillinge pro Vierteljahr. Das war geradezu lächerlich billig und der Hauptgrund dafür, daß meine Eltern nie daran dachten, in eine größere Wohnung zu ziehen, obwohl wir sie wirklich gebraucht hätten. Nicht, daß die Wohnung in der Pichlergasse für die Familie zu klein geworden wäre, aber wir hatten allmählich keinen Platz mehr an den Wänden, um die Bilder aufzuhängen, die Vater wie ein Süchtiger kaufte. Kunstobjekte und Bilder waren seine große Passion.

Der erste Hinweis, den meine Mutter auf diese Leidenschaft erhielt, war der berühmte weiße Elefant. Er traf eines Morgens – meine Eltern waren erst kurze Zeit verheiratet – aus einem der bekanntesten Wiener Porzellanläden ein. Mutter stand sprachlos vor diesem unerwünschten und unerwarteten Tier. Die Wohnung war noch nicht richtig möbliert, nicht einmal Bernhards aufgeschnittene Säcke bedeckten die Böden, aber da stand Mutter nun und blickte auf den erhobenen Rüssel eines Porzellan-Elefanten.

War Mutter auch eine hingebungsvolle junge Gattin, so besaß sie doch ein gesundes Gefühl für das Wesentliche. Wie glänzend auch immer der weiße Schimmer auf den Flanken des Elefanten war, wie befriedigend die Glätte seiner Struktur sein mochte, wie kühl und sinnlich bei einer Berührung – das Ding mußte weg. Und es ging auch geradewegs zurück in den Laden, wo Vater es gekauft hatte.

War es junge Liebe, die ihn so leicht nachgeben ließ, oder war er gar selbst ein wenig im Zweifel gewesen, ob er sein Geld nicht etwas zu leichtsinnig ausgegeben hatte? Hätte die Wohnung am Ende eine Porzellan-Menagerie beherbergt, wenn Mutter nicht so entschieden reagiert hätte? Ich meine eher, daß Vater selbst nicht ganz überzeugt von seinem ersten »Kunst-Fund« war.

Nie wieder jedenfalls kaufte er Porzellan, weder Tiere noch Figuren. Seine wirkliche Liebe gehörte Malern und Gemälden. Eine Zeitlang war er mit einem Kunstmaler namens Schindler befreundet. Er nahm mich oft in sein Atelier mit, wo er eine glückliche Stunde damit zubrachte, dem Maler schweigend bei der Arbeit zuzusehen. Schließlich kaufte er eins von Schindlers Stilleben, ein ziemlich großes Gemälde. Es zeigte einen mit einem Damasttuch bedeckten Tisch, auf dem ein mittelalterlicher Brustharnisch neben Helm und Schwert lag. Eine etwas eigenartige Komposition. Später wandte sich Vaters Zuneigung dem Maler Onken zu. Der winzige Herr Onken – er muß damals in den Siebzigern gewesen sein – wurde häufig zu unseren Abendgesellschaften eingeladen und sah sehr schmuck und adrett aus mit seinem schön gestutzten weißen Backen- und Schnurrbart. Herr Onken war umgeben – wortwörtlich umgeben – von einer Walküre von Ehefrau. Sie wäre mühelos imstande gewesen, ihren kleinen Künstlergatten hochzuheben und ihn wie ein Baby in ihren Armen zu wiegen. Darin schien ihre wahre und glückliche Beziehung zu liegen.

Im Laufe der Zeit kaufte Vater eine ganze Anzahl Onkens. In meiner Erinnerung waren diese Gemälde sehr schön, aber auf dem Wiener Kunstmarkt von heute gilt Onken als Maler von mittelmäßiger Qualität. In den frühen dreißiger Jahren lernte Vater den Sohn von Albin Egger-Lienz, dem hochgeschätzten österreichischen Bauernmaler, kennen und half ihm dabei, eine Stellung zu finden. Der junge Mann zeigte seine Dankbarkeit, indem er Vater Egger-Lienz' Skizzen für sein berühmtes Gemälde von Pater Joachim Haspinger schenkte, dem katholischen Priester und geistigen Mentor von Andreas Hofer.

Als immer mehr Bilder eintrafen, kündigte Mutter mit Galgenhumor an, sie werde sie bald an die Decke nageln müssen, da an der Wand kein Platz mehr sei. Aber auch ohne Umzug in eine größere Wohnung oder die Einbeziehung der Zimmerdecke gelang es unserem Kunstausschuß immer, das kleine bißchen zusätzlichen Raum für Vaters neueste Errungenschaft zu finden. Nicht allzu überraschend, wenn man in Betracht zieht, daß der Ausschuß nur ein Mitglied hatte – Vater.

Mutter war nicht wirklich verstimmt. Im Gegenteil. Sie wollte ein schönes Zuhause, sie wollte, daß die Räume in der Pichlergasse jenen Hauch von Luxus aufwiesen, von dem die geräumige Wohnung ihrer Eltern durchdrungen gewesen war, aber sie hätte viel lieber Geld für schöne Möbel ausgegeben als für Bilder. Sie wünschte sich auch zweckmäßige, neue Haushaltsgeräte, einen der modernen Staubsauger und am sehnlichsten einen Kühlschrank, um die Lebensmittel in den heißen Sommermonaten frisch halten zu können.

Sie bekam ihren Staubsauger, der Kühlschrank aber blieb ihr Leben lang ein Traum. Was sollte denn an einer Eisbox wie der, die seine Mutter seit vierzig Jahren benutzte, unzweckmäßig sein, wollte Vater wissen. Nicht viel, antwortete Mutter, außer, daß man vor vierzig Jahren 1891 schrieb und sich jetzt im Jahr 1931 befand. Darüber hinaus schien ihr die Frage ohnehin irrelevant, da wir nicht einmal eine altmodische Eisbox besaßen. Alles, was wir hatten, war der Fensterschrank in der Küche mit zwei Lüftungsgittern zum Hinterhof. Im Sommer mußte sie eine Wanne mit Eisblöcken hineinstellen, damit die Lebensmittel nicht verdarben.

Die Wohnung neu zu möblieren, das war ihr größter Wunsch. Dafür hatte Vater volles Verständnis. Inzwischen hatte er auch zwei Einkommen: sein Gehalt von der Bank sowie ein ansehnliches regelmäßiges Honorar von der österreichischen Niederlassung des französischen Zigarettenpapierherstellers Abadie. Er überprüfte die Bücher dieser Firma und arbeitete ihren jährlichen Geschäftsbericht aus.

Nach und nach verschwanden die alten Möbel. Als erstes wurde die Schlafzimmereinrichtung meiner Eltern ersetzt. Die neue, ob echt oder eine Reproduktion, weiß ich nicht, war im Stil Ludwigs XVI. gehalten: weißes Holz mit geschnitzten Verzierungen, Blumen und Girlanden; das Kopf- und Fußende sowie die Rücken der beiden Stühle aus Korbgeflecht vermittelten Leichtigkeit und Anmut. Dann stellte Herr Gruber, der bärtige Kunsttischler, Vaters Schreibtisch her, typisch französisch, mit eingelegtem Holz, die Schubladen und Ecken mit Goldbronze verziert, ferner eine große Biedermeier-Anrichte und -Konsole für das Speisezimmer. Schließlich tauchte Herr Leonhardtsberger auf, ein Innenarchitekt von glattem Äußeren, kein Geldverächter, wie Vater mehr als einmal seufzte. Er entfernte die große Doppeltür, die das Speise- vom Herrenzimmer trennte, so daß die beiden Zimmer eine Einheit bildeten, wodurch die Wohnung weit geräumiger erschien. Ein weicher blauer Vorhang mit aufgestickten Goldblättern wurde in die Türöffnung gehängt, die Polsterstühle im Speisezimmer mit dem gleichen Material bezogen.

Was aber Vaters Geld betraf, so wurde Leonhardtsbergers Meisterstück mein eigenes Zimmer. Alle Möbel aus meiner Kindheit wurden ausrangiert. Mein neuer großer Kleiderschrank, Schreibtisch, Couch und Stühle waren aus dunklem rotbraunen Mahagoniholz, glatt und glänzend, und – Triumph der Innenarchitektur – neben meine Couch wurde ein scharlachrot lackierter Nachttisch gestellt, der genau zu dem scharlachfarbenen Holz paßte, das den brusthohen Jute-Behang an der Wand hinter der Couch umrahmte.

Ich machte die Aufnahmeprüfung für das Gymnasium zusammen mit Fredl Resch und einer Reihe anderer Freunde aus der Volksschule. Für sie alle war es ein Spaziergang; ich robbte auf dem Zahnfleisch hinterher. Das Lernen auf dem Wasa-Gymnasium war aber nicht nur Schweiß und Plage. Es gab die Pausen zwischen den Stunden und den Schlemmerladen in der Eingangshalle, geführt von der Frau des Hausmeisters, der – da es eine österreichische und humanistische Schule war – einen dem Altgriechischen entlehnten Titel hatte: er war der Herr Pedell, und die Dame aus dem Schlemmerladen natürlich die Frau Pedell, die köstliche belegte Brote und eine große Auswahl an Schokoladen und Süßigkeiten anbot. Alles in allem aber erscheinen mir die Jahre auf dem Wasa-Gymnasium in der Erinnerung so düster, wie es die Korridore und Klassenzimmer waren.

Der glücklichste Augenblick des Tages war der, wenn ich die Schule verlassen konnte, und der Moment allerhöchsten Glücks, wenn ich sah, daß auf der anderen Straßenseite mein Vater auf mich wartete. Das kam nicht sehr oft vor, obwohl sein Büro nur knapp zehn Minuten von der Schule entfernt war, aber wenn es geschah und ich meinen Vater entdeckte, war ich ungeheuer stolz und aufgeregt; ich rannte direkt in seine Arme – ein ziemlich albernes Benehmen für den Schüler eines der besten Gymnasien Wiens, für einen, der tatsächlich Visitenkarten besaß, auf denen es hieß: Georg Klaar, stud. gym., Wien IX, Pichlergasse 1.

Mein zweites Jahr auf dem Wasa-Gymnasium endete mit den Noten »Nicht genügend« in Latein und Mathematik. Ich mußte also das Jahr wiederholen.

Dieses Malheur wurde weder von meinen Eltern noch von mir selbst allzu ernst genommen. Da ich, um keine Zeit zu verlieren, mein erstes Schuljahr mit einem Privatlehrer zu Hause absolviert hatte und dann nach einer Sonderprüfung gleich in die zweite Volksschulklasse eingetreten war, war ich jünger als die meisten meiner Mitschüler. Das nun verpatzte Jahr versetzte mich also in die Altersstufe, in die ich eigentlich ohnehin gehörte. Offensichtlich, so lautete die Ausrede der Familie, hatte ich noch nicht den entsprechenden Reifegrad erreicht, das würde nun in der zweiten Runde kommen. Ich sei, so die Familie, weitaus intelligenter als die meisten; was mir fehle, sei Konzentration und Hingabe, aber ohne jeden Zweifel werde das Erlebnis des Versagens, der Schock, sich als heilsame Lehre erweisen. Sicherlich würde ich mich von nun an mühelos an die Spitze setzen. Meine Eltern glaubten daran, obwohl Mutter vielleicht ein wenig skeptischer war als Vater, ich aber war davon überzeugt. Die zweite Runde in der zweiten Gymnasialklasse würde mir leichtfallen wie ein Fingerschnalzen.

Wir verbrachten herrliche Ferien in Kärnten, in Seeboden am Ufer des Millstätter Sees. Vater sollte erst später dazukommen, aber die Bartmanns waren da und Onkel Paul, Tante Alice mit ihren beiden Jungen, also genug Gesellschaft für mich. Es war ein sehr heißer Sommer, das Baden war herrlich, und da selbst die entferntere Verwandtschaft darin übereinstimmte, daß meine schlechten Schulleistungen kein Gesprächsthema für die Sommerferien seien, und anscheinend absolutes Vertrauen in meine Zukunft hatte, machte ich mir ebenfalls keine Sorgen.

Wieder einmal stellten wir eine Liste miserabler Schüler auf, die bedeutende Männer geworden waren – Winston Churchill, George Bernard Shaw, Albert Einstein und viele andere. Mir fiel es nicht schwer zu glauben, daß meine »Nicht genügend« nur die ersten Schritte auf einem Weg zu späteren Erfolgen waren.

Daß Mutter, zumindest während der ersten Wochen in Seeboden, bevor Vater zu uns stieß, nicht besonders glücklich war, hatte auch nichts mit meinen Leistungen zu tun. Sie weinte ziemlich viel. Mir sagte sie, sie wisse nicht, warum. Sie litt unter der großen Hitze, und plötzlich begann so etwas wie ein feines Haar vor ihrem linken Auge zu flimmern, wodurch ihr ohnehin schlechtes Sehvermögen weiter beeinträchtigt wurde. Sie suchte einen Spezialisten auf, der ihr Augentropfen und alle möglichen Salben verschrieb, aber sie halfen nicht. An ihrem Auge war nichts festzustellen, und auch der Facharzt, den sie später in Wien konsultierte, hatte keine Erklärung dafür. Die dünne Linie, wie das feine Fadenkreuz im Sucher einer Kamera, verschwand viele Jahre lang nicht, wobei die Geschwindigkeit, mit der sie rotierte, von Mutters nervlichem Zustand abhing.

Als Vater kam, blühte sie auf, aber sie fand kein Vergnügen an der Komödie, die von den beiden Schwank-Schauspielern Ernst Klaar und Alfred Bartmann aufgeführt wurde. Wie die beiden Schwäger einander in dem kleinen Ort Seeboden übersahen, wo sie sich mindestens zweimal täglich über den Weg liefen, war eine wahrhaft große Leistung. Wenn der eine den anderen erspähte, gab er sich flink das Kommando: »Augen rechts« oder »Augen links«, hastig sprangen die Herren von einer Straßenseite auf die andere und gingen aneinander vorbei wie zwei Strauße, die, den Kopf im Federkleid verborgen, herumstelzen. Nur ihre Schatten – Gott behüte – berührten sich mitunter.

Zu dieser Zeit hatte ihre gegenseitige Abneigung den absoluten Höhepunkt erreicht. Mit den Jahren schmerzte sie der Kampf um Großvater Bernhards Firma, den sie schließlich beide verloren hatten, immer weniger. Aber die erwachende Erkenntnis, wieviel besser es für jeden von ihnen – und natürlich für Großvaters Firma – gewesen wäre, wenn sie, statt sich zu bekämpfen, zusammengearbeitet hätten, steigerte ihre gegenseitige Antipathie nur noch mehr. Mit ihrer jeweiligen Erfahrung in Geschäften und im Rechnungswesen hätte »Bernhard Schapira Importe« ganz gut vorankommen können...

Adele starb am 21. Juni 1931. Die Trauer der drei Schapira-Töchter um ihre Mutter war viel tiefer, als sie es bei ihrem Vater gewesen war. Zwischen ihm und ihnen hatte immer eine Distanz bestanden, eine Art gläserne Wand, durch die man hindurchsehen, aber nicht wirklich fühlen konnte. »Respektvolle Zuneigung« drückt wohl am besten das aus, was sie für ihren Vater empfanden. Zwischen Adele und ihren Töchtern aber bestand ein sehr festes Band, und viele Merkmale ihrer Persönlichkeit fanden sich in den drei Frauen wieder.

Meine Mutter besaß eine von Adele vererbte Unparteilichkeit und ruhige Objektivität, über die ihre Schwestern nicht in gleichem Maße verfügten. Diese Charakterzüge traten sehr stark hervor, als Adeles wertvoller Schmuck zwischen den drei Töchtern aufgeteilt werden sollte. Eine herrliche Gelegenheit für die drei Ehemänner, vergangene Schlachten erneut auszufechten. Wie sollte man die Diamantentiara, die Broschen, Ohrringe und Ringe so aufteilen, daß jede Schwester den gleichen Wert bekam? Das war das Problem.

Mutter, meine sanfte, ihren Ernst anbetende Mutter, löste den gordischen Knoten. Ruhig und gelassen ignorierte sie die Ansicht meines Vaters, sie habe Anspruch auf einen größeren Anteil – war sie etwa nicht die Älteste? –, rief ihre Schwestern zusammen, und die drei entschieden unter sich, was jede einzelne hier und jetzt haben sollte. Sollten die Männer sich doch streiten, die drei Schwestern vertrugen sich.

Ein weiterer gordischer Knoten, den meine Mutter durchschlug, war der, den ich mir selbst geknüpft hatte. Meine Leistungen in der zweiten Klasse des Wasa-Gymnasiums waren beim erstenmal geradezu brillant gewesen im Vergleich zu dem, was ich anstellte, als ich diese Klasse wiederholte. Am letzten Tag des Halbjahres wurden die Zeugnisse verteilt. Für mich war keins da. »Du wirst dein Zeugnis zu Hause vorfinden«, sagte der Klassenlehrer. »Es ist mit der Post abgeschickt worden.«

Am nächsten Morgen kam mein Zeugnis in dem blauen amtlichen Umschlag an. Beim ersten Durchgang hatte ich in Latein und Mathematik versagt. Jetzt, da ich die Klasse wiederholte, war ich nicht nur in diesen beiden Fächern erneut durchgefallen, sondern dazu noch in Geschichte und Geographie.

Ohne meine Mutter und mich speziell im Sinn zu haben, kam uns die österreichische Regierung zu Hilfe. Besorgt über die Zahl arbeitsloser Akademiker wollte sie die Anzahl der Studenten an Gymnasien und Universitäten verringern. Aus diesem Grunde wurde ein neues Ausbildungsgesetz verabschiedet, das unter anderem festlegte, ein Gymnasialschüler dürfe eine Klasse nur einmal wiederholen. Falls er ein zweites Mal versagte, sollte er vom höheren Bildungsweg ausgeschlossen und automatisch an eine normale Schule relegiert werden.

Als Mutter und ich den blauen Umschlag öffneten, waren wir in Latein und Mathematik auf das Schlimmste vorbereitet, aber völlig unvorbereitet auf die zusätzlichen Katastrophen in Geschichte und Geographie. Wir brachen beide in Tränen aus. Mein Schluchzen wurde geradezu hysterisch. Mutter schloß mich in die Arme, küßte mich und wiederholte immer wieder: »Wir werden das in Ordnung bringen, Georgerl. Es wird alles gut, bestimmt.« Kein vorwurfsvolles Wort, keine Beschuldigungen, nur Liebe und Verständnis. »Du kannst natürlich nicht auf diesem Gymnasium bleiben«, sagte sie. »Ich weiß auch schon die richtige Schule für dich.« Sie nahm den Prospekt des Landerziehungsheims Grinzing aus einer Schublade und zeigte ihn mir. Trotz seines merkwürdig klingenden Namens war das keine Besserungsanstalt, sondern ein privates Internat, von dem ich schon viel gehört hatte und das angeblich für Dummköpfe aus wohlhabenden Familien bestimmt war. Auf den Fotos im Prospekt sah ich, daß es sich sehr von den staatlichen Schulen unterschied, die ich kannte. Das Hauptgebäude mit den Büros, den Schlafsälen für die Internatsschüler und dem Speisesaal sah ziemlich normal aus, der Unterricht fand in hellen kleinen Holzhütten statt, die durch einen Hauptgang miteinander verbunden waren und viel luftiger und freier wirkten als die dunklen, dumpfen Klassenzimmer, die ich kannte. Am meisten beeindruckte mich jedoch, daß die Jungen hinter richtigen kleinen Tischen auf normalen Stühlen saßen, statt in diese gräßlichen engen Schreibpulte eingepfercht zu sein, wie sie in den Staatsschulen seit mehr als hundert Jahren benutzt wurden. Noch unter Tränen stammelte ich, daß ich diese Schule unbedingt besuchen wollte.

»Ich werde sofort mit Vati darüber reden«, sagte Mutter, ging zum Telefon und meldete ein Gespräch mit der tschechischen Nationalbank in Prag an, wo Vater seit vier Wochen an der Jahresbilanz arbeitete. Als das Gespräch durchkam, gab Mutter mir die zweite kleine Hörmuschel, die an unserem Telefon befestigt war, damit ich an der Unterhaltung teilnehmen konnte. »Ernst«, sagte sie, »Georgs Schulzeugnis ist eingetroffen, und es ist sehr schlecht.«

»Wie schlecht?«

Mutter erzählte es ihm und fügte hinzu: »Er kann nicht auf dem Wasa-Gymnasium bleiben. Er muß aus dem staatlichen Bereich heraus. Es gibt doch dieses neue Gesetz, und überhaupt braucht er eine private Schule, wo sie kleinere Klassen haben und Lehrer, die sich mehr Zeit für den einzelnen Schüler nehmen. Er braucht eine Schule, in der die Hausarbeiten überwacht werden, und genau die Schule habe ich gefunden.«

»Was für eine Schule ist das?« fragte Vater, und man hörte seiner Stimme an, daß er ziemlich unwirsch war.

»Ich glaube, das Landerziehungsheim in Grinzing wäre das beste für ihn«, sagte Mutter. »Natürlich nur als Tagesschüler.«

»Und was kostet das?«

Mutter ließ die Bombe platzen: »Das Schulgeld macht zweihundertfünfzig Schillinge pro Monat, das schließt Unterricht am Nachmittag ein, ein zweites Frühstück, Mittagessen und Tee. Es ist eine Menge Geld, ich weiß, aber es muß aufgebracht werden.«

Die Formulierung »eine Menge Geld« war eine gelinde Untertreibung. 250 Schillinge waren damals das monatliche Durchschnittseinkommen eines österreichischen Arbeiters. Eine ganztags beschäftigte Hausangestellte wie Poldi oder ihre Nachfolgerin Otti erhielt etwa sechzig Schillinge im Monat. Es war wirklich sehr viel Geld, etwa zehn Prozent von Vaters Bruttogehalt bei der Bank.

Nicht verwunderlich also, daß Vater an diesem Punkt die Beherrschung verlor. »Das ist doch ganz unmöglich!« brüllte er los. Die Verbindung nach Prag war sehr gut, und Vaters Stimme kam laut und deutlich bei uns an. »Soviel Geld für diesen faulen Taugenichts! Soll der Bub doch Flickschuster oder Straßenkehrer werden! Das will er ja offenbar, und dazu taugt er. Wo soll ich das Geld denn hernehmen? Stehlen, oder was? Kommt ja überhaupt nicht in Frage! Er bleibt, wo er ist, und wenn sie ihn rauswerfen, kann er sich gefälligst um sich selbst kümmern. Es ist mir gleich, was aus diesem Faulpelz wird. Es ist seine eigene Schuld. Er hat sich die Suppe selbst eingebrockt. Nein, nein und nochmals nein!«

Wenn Vater brüllte, pflegte Mutter in Tränen auszubrechen. Das kam mit ziemlicher Regelmäßigkeit einmal im Monat vor, wenn Vater das Haushaltsbuch »revidierte«. Nicht etwa, daß Mutter sorglos zuviel ausgegeben hätte. Mutter machte, obwohl ihr die Konsequenzen klar sein mußten, kleine monatliche Schenkungen, nie mehr als fünfundzwanzig oder dreißig Schillinge, an einige Immerdauer-Tanten, -Kusinen und -Großtanten, die – und es gab nicht wenige davon – in Not geraten waren. Sie hätte ihre Abrechnungen leicht frisieren können; denn Vater mochte die Preise aller industriellen Rohstoffe kennen, hatte aber gewiß keine Ahnung, was Fleisch, Obst oder Gemüse kosteten, doch daran hätte sie nicht im Traum gedacht.

Jetzt aber, als sie mit Vater über meine Zukunft sprach, blieb sie von seinem Zornesausbruch völlig unberührt und sagte mit ruhiger, aber entschlossener Stimme: »Nun gut, Ernst, wenn du so darüber denkst, gibt es nur wenig, was ich dazu sagen kann. Aber du sollst wissen, daß Georg auf diese Schule gehen wird. Da du es dir nicht leisten kannst, werde ich den Schmuck verkaufen, den ich von meiner Mutter geerbt habe. Das wird reichen, um sein Schulgeld für die nächsten Jahre zu bezahlen.« Wieder einmal hatte Mutter nichts dem Zufall überlassen. Sie war auf Vaters Reaktion gefaßt gewesen. Sie hatte ihre Juwelen schätzen lassen und wußte genau, was sie wert waren.

Einen Augenblick lang war Schweigen in der Leitung. Dann sagte Vater: »Ich glaube, du solltest ihn tatsächlich bei dieser Schule anmelden. Je eher er dort eintritt, desto besser. Über den Rest reden wir, wenn ich zurück bin. Wann, meinst du, könnte er in Grinzing anfangen?«

»Sicher sehr bald«, antwortete Mutter, und dann sprachen sie kurz über andere Dinge, ehe sie das Gespräch beendeten. Mutter drehte sich zu mir um und sagte: »Du fängst am nächsten Montag in Grinzing an. Ich habe schon mit dem Schulleiter gesprochen. Er will dich erst kurz kennenlernen, aber das geht schon in Ordnung. Wir werden jetzt etwas essen, und dann gehen wir ins Kino.«

Ich war überwältigt und tief bewegt und begann zu weinen. Die Tränen kullerten nur so in die Suppe. Nachdem der Kampf mit Vater beendet war, saßen auch bei Mutter wieder die Tränen locker. Keiner von uns hatte Appetit.

Eine Stunde später waren wir im Fliegerkino. Mutter hatte eine ganze Loge für uns genommen – auch etwas, das es noch nie zuvor gegeben hatte. Durch einen Schleier von Tränen und während wir uns von Zeit zu Zeit umarmten, sahen wir »Audienz in Bad Ischl« mit Paul Hörbiger in der Rolle eines Kaiser Franz Joseph, der vom Hofkonditor Demel aus Zuckerguß hergestellt zu sein schien. An diesem Tag war solcher Kitsch für Mutter und mich gerade recht.

Mit allem, was sie in jenen Stunden tat, bewies Mutter ein tiefes Verständnis für ihren zwölf Jahre alten Sohn. Der Versuch, einem Kind verständlich zu machen, daß das, was es in der Schule lernt, letztlich nur zu seinem eigenen Nutzen und nicht etwa zum Vorteil seiner Eltern ist, mißlingt immer. Wie soll ein Kind dieses »letztlich« begreifen? Es betrifft die Zukunft und ist daher unendlich weit entfernt von dem, was es als Realität erfassen kann. Es bedeutet etwas Nebelhaftes, Unklares und emotionell Bedeutungsloses, weil kein Kind sich mit dem Mann oder der Frau, die es in zehn oder zwanzig Jahren sein wird, identifizieren kann. Ein

Kind kann sich aber emotionell mit seinen Eltern identifizieren. Was sie ihm gegenüber fühlen, das ist für das Kind Realität. Und meine Realität, meine Identifizierung an jenem Tag war Mutter. Mutter, die mit mir geweint hatte, die ihren Teil an meiner Schuld mitgetragen hatte, die bereit war, ihren Schmuck für mich zu opfern, der für sie doppelt wertvoll sein mußte, weil er das Erbe ihrer Mutter war, und die mich schließlich ins Kino mitgenommen hatte, statt mich zu bestrafen.

An jenem Tag schwor ich mir, daß ich in dieser neuen Schule arbeiten würde wie nie zuvor, nicht für mich, nicht für den Unbekannten, der ich in zwanzig, dreißig Jahren sein würde, sondern für meine Mutter.

Das Landerziehungsheim Grinzing war eine ausgezeichnete Schule. Es bemühte sich erfolgreich, das hohe akademische Niveau des staatlichen Erziehungswesens mit den liberaleren Idealen einiger der besten englischen Public Schools zu vereinigen. Hermann Lietz, der Begründer der Landerziehungsheim-Bewegung, hatte einige der Prinzipien des berühmten Dr. Reddie übernommen, eines höchst exzentrischen pädagogischen Theoretikers, der als Headmaster von Abbotsholme viele neue Ideen hervorbrachte, manche guten, aber auch manche verschrobenen. Als Lietz Abbotsholme verließ, wo er als Lehrer tätig gewesen war, kehrte er nach Deutschland zurück und begründete eine Reihe von Landerziehungsheimen, von denen das berühmteste Salem wurde.

Grinzing, das einzige Landerziehungsheim in Österreich, hatte nie mehr als fünfundzwanzig Jungen, Heimschüler und Tagesschüler, in einer Klasse. Für mich am wichtigsten war der Einzelunterricht durch Tutoren. Statt mittags nach Hause zu gehen, wie an den Staatsschulen üblich, um dann allein Hausaufgaben zu machen oder, wie in meinem Fall, nicht zu machen, aß man in der Schule und blieb danach so lange, bis der Erzieher überzeugt war, daß man das Pensum absolviert und verstanden hatte.

Nach damaligen Maßstäben wurde der pädagogische Freisinn in Grinzing auf die Spitze getrieben. Einer der besten Lehrer der Schule, Professor Kollmann – wir hatten bei ihm Geographie –, erlaubte den Jungen, deren Klassenlehrer er war, ihn mit dem familiären »du« statt des vorgeschriebenen »Herr Professor« und »Sie« anzureden. Er war mit diesen Jungen zusammen, seit sie im Alter von zehn Jahren in die Schule eingetreten waren. Nach den österreichischen Vorschriften mußte jemand, der in der fünften Gymnasialklasse und fünfzehn Jahre alt war, von den Lehrern mit »Sie« angesprochen werden. Kollmann hielt das für Unsinn. Er umging die Vorschrift auf einfache Weise. An dem Tag, als seine Jungen in die fünfte Klasse aufrückten, sagte er zu ihnen: »Von nun an werden wir uns mit Vornamen anreden. Ich sage weiter ›du‹ zu euch, und ihr sagt zu mir ebenfalls ›du‹. Ich kann euch Lauser nicht plötzlich siezen.« Er verlor nie die Achtung seiner Schüler, ja die Disziplin in seiner Klasse war die beste in der ganzen Schule.

Das Element des Unkonventionellen in Grinzing im Verein mit dem Tutorensystem verbesserte meine Schulleistung sofort. Ich wurde einer der Besten in meiner Klasse. Mutter war glücklich, Vater war glücklich, ich war glücklich. Und kein Wort wurde mehr davon geredet, daß Mutter ihren Schmuck verpfänden müßte, damit ich an dieser Schule bleiben könnte.

Mit meinen Lehrern hatte ich keine Probleme. Mein einziges Problem war der Klassentyrann, ein Junge namens Jessner, groß, drahtig, sehr stark und mit vierzehn zwei Jahre älter als der Klassendurchschnitt. Er wohnte im selben Haus wie die Familie Bartmann. Mein Pech war, daß ich am Tisch neben dem seinen sitzen mußte. So wurde ich schnell sein nächstes und liebstes Opfer.

Jessner war ein Meister im Erfinden ausgesuchter kleiner Quälereien, besonders während des Unterrichts, die mich ständig ablenkten und mir Sorgen bereiteten, weil ich doch so bemüht war, mein Gelöbnis zu erfüllen, ein guter Schüler zu sein. Wenn kein Lehrer in Sicht war, ging er oft ganz brutal auf mich los. Lange Zeit versuchte ich, ihn zu beschwichtigen, ihn mit kleinen Geschenken zu bestechen, aber der so erkaufte Frieden dauerte nie lange. Und dann, eines Tages, explodierte etwas in mir. Obwohl viel kleiner und schwächer als Jessner, warf ich mich rasend vor Wut auf ihn. Es gab einen schlimmen Kampf. Schließlich hatten die anderen Jungen Angst, wir könnten einander wirklich verletzen, und trennten uns. Von diesem Tag an hatte ich ein leichteres Leben.

Nachdem ich Grinzing verlassen hatte, traf ich Jessner nur noch einmal. Es war auf der Straße, in der die Bartmanns wohnten. Er sah mich nicht, und das war mein Glück. Es war das Jahr 1938, ein paar Wochen nach dem »Anschluß«, und Jessner trug die schwarze Uniform mit den Silberrunen von Himmlers SS.

Die Jahre, die ich im Landerziehungsheim verbrachte – von meinem zwölften bis fast zum fünfzehnten Lebensjahr –, waren die harmonischsten und ruhigsten, die meine Eltern und ich miteinander verlebten. Natürlich gab es aber auch hin und wieder kleine Streitereien, besonders lebhaft ging es zu, als Mutters »Vergangenheit« sie unerwartet einholte und Vater wütend machte.

Eines Tages klingelte das Telefon. Ein Ingenieur Wolf rief aus Budapest an. Er käme demnächst nach Wien, und ob er Mutter treffen könne? Sie war hocherfreut, etwas von diesem Kavalier aus ihren Mädchentagen zu hören. Nicht, daß Herr Wolf ihr irgend etwas bedeutet hätte (wieso hatte er dann aber unsere Telefonnummer?), doch daß er sie wiedersehen wollte, daß sie ein »Rendezvous« haben würde, daß ein Mann nach fünfzehn oder gar zwanzig Jahren immer noch Interesse an ihr zeigte, all das schmeichelte ihr ungemein.

Natürlich machte sie kein Geheimnis daraus. Einerseits wäre es unehrlich gewesen und andererseits auch nur halb so vergnüglich. Sie erzählte Vater, sie würde diesen alten Freund in einem Café treffen, nur so, um über alte Zeiten zu reden. Zweifellos genoß sie es sehr, Vaters Gesicht zu beobachten. Er sah aus, als hätte er gerade eine Zitrone verschluckt. Aber er mußte es akzeptieren; schließlich war er nicht Ludwig, sondern Ernst Klaar. Am nächsten Nachmittag entschwebte eine lächelnde Mutter mit frisch geschnittenem kurzen Haar und ihrem elegantesten Kleid unter dem Persianermantel, den sie von Großmutter geerbt hatte, der Wohnung, um sich mit dem Mann aus ihrer Vergangenheit zu treffen.

Gegen 18 Uhr kam Mutter in Begleitung von Herrn Wolf zurück. Er war groß, etwa ebenso füllig wie Vater, hatte dichtes schwarzes Haar und auf seiner Oberlippe einen sehr schmuck gestutzten, dünnen Schnurrbart in dem Stil, den ungarische Don Juans bevorzugten. Ich wurde stolz präsentiert und blieb bei ihm und Mutter im Herrenzimmer. Er ging schon nach wenigen Minuten, da er nicht gekommen war, um uns zu besuchen, sondern nur, um Mutter heimzubringen. Er beglückwünschte sie zu ihrer schönen Wohnung und zu diesem entzückenden Jungen, dankte ihr für einen bezaubernden Nachmittag und verabschiedete sich.

Etwa eine Stunde später, wie immer zwischen 19 und 20 Uhr, kehrte Vater heim. Er grunzte etwas Unverständliches, als Mutter ihm erzählte, die Blumen da seien ein kleines Geschenk des aufmerksamen Herrn Wolf. Als aber herauskam, daß Mutter den »öligen Ungarn« (Vaters Worte) hierhergebracht hatte, ihn unser Heim hatte betreten lassen, schamlos genug gewesen war zuzulassen, daß er mich, seinen Sohn, kennenlernte, brach die Hölle los. Oh, welche Aufregung! Je lauter er schrie, desto begeisterter nahm Mutter es auf. Schließlich erreichte seine Wut einen derartigen Höhepunkt, daß sie das Herrenzimmer verließ, in dem Vater, brüllend wie ein Bühnenlöwe, auf und ab schritt. Als sie zu mir ins Zimmer kam, kicherte Mutter zwar nicht gerade, schien aber alles andere als unglücklich zu sein.

Dies war also die Situation: Vater grollte in seinem Zimmer, Mutter nähte in meinem. Tödliches Schweigen in der ganzen Wohnung.

Irgend etwas mußte geschehen. Ich nahm eine große weiße Serviette und befestigte sie als Armbinde an meinem rechten Arm. Ich hatte im Kino gesehen, daß Offiziere das tun, wenn sie wegen eines Waffenstillstands verhandeln.

Ich öffnete die Tür zum Herrenzimmer und ging auf Vater zu. Er stand – oder besser posierte – grimmig dreinblickend am Kamin, einer weiteren Neuerung von Herrn Leonhardtsberger. Als er die weiße Serviette an meinem Arm sah, begannen sich die Falten auf seiner Stirn zu glätten. Er war noch nicht bereit zu lächeln, aber ich sah, daß das Schlimmste vorüber war.

»Hat deine Mutter dich geschickt?« fragte er.

»Nein, Vati. Ich bin Chefunterhändler. Ich habe mich selbst dazu ernannt.«

»Gut, sag deiner Mutter also, ich erwarte, daß sie einsieht, wie schlecht sie sich benommen hat. Ich bringe schließlich auch keine meiner ehemaligen Freundinnen mit hierher, oder?«

Ich ging in mein Zimmer und gab Mutter Vaters Worte wieder.

»Sag deinem Vater, daß er sich lächerlich benimmt und aus einer Mücke einen Elefanten macht«, antwortete sie. »Ich habe Herrn Wolf nicht heimlich getroffen. Kann ich etwas dafür, wenn er darauf besteht, mich nach Hause zu begleiten?«

Zurück zu Vater, wieder zurück zu Mutter. Ich flitzte eine ganze Weile zwischen den beiden »Parteien« hin und her, aber zu guter Letzt wurden sie in Vaters Herrenzimmer wiedervereint, und ich – ausnahmsweise einmal taktvoll – zog mich zurück und überließ es ihnen, die Ereignisse jenes Nachmittags und Abends selbst zu ordnen.

Wie sicher und in geregelten Bahnen zu Hause doch alles ablief! Vater ging in sein Büro, kam zum Essen nach Hause, hielt ein Nickerchen in dem großen Sessel im Herrenzimmer, ging zurück ins Büro, kam zum Abendessen heim und nahm treu und brav seine Waldheim-Pillen, ein harmloses Abführmittel, das seine ideale Verdauung überhaupt nicht brauchte; aber da sie angeblich halfen abzunehmen, waren sie eine wundervolle Entschuldigung für zu reichliches Essen. Mutter widmete sich dem Haushalt. Sie erledigte frühmorgens die Einkäufe, und danach begann sie, ein Kopftuch über den Haaren und ein Sortiment von Staubtüchern in den Händen, ihre tägliche Schlacht gegen ihren Hauptfeind, den Schmutz. Keine Hausangestellte konnte diese Arbeit je zu ihrer Zufriedenheit verrichten. Mutters rechter Zeigefinger war das, was die Rute für den Wünschelrutengänger ist, wenn es galt, verborgenen Staub hinter Simsen und Bilderrahmen zu finden. Sie wischte und reinigte, wusch und polierte, während das Dienstmädchen ihr im Bewußtsein einer totalen Niederlage folgte. Natürlich hatte sie Staub gewischt, aber nie gut genug. So kurzsichtig Mutter auch war, entging ihr doch kein Spalt, übersah sie keine Ritze; sie trieb den Schmutz aus der Wohnung und war der größte Weiße Riese, den die Welt je gesehen hatte. Cousine Hedi, die Mutter den Kosenamen »Wasch-Tantchen« gegeben hatte, traf damit den Nagel auf den Kopf.

Nach dem Abendessen, normalerweise eine kalte Mahlzeit, zu

der es Tee gab, und nachdem Vater seiner Zeitung und den Auswirkungen seiner Waldheim-Pillen eine angemessene Zeit gewidmet hatte – das geschah stets gleichzeitig –, ließen sich meine Eltern im Herrenzimmer nieder und besprachen die Ereignisse des Tages. Mindestens einmal in der Woche machte Vater einen Besuch in der Josefstadt, und Großmutters und Tante Sallys neueste Kapricen wurden Mutter brühwarm berichtet. Ich glaube nicht, daß Mutter an diesem Standardthema wirklich interessiert war, aber sie hörte geduldig und kommentarlos zu, wohl wissend, welch große Rolle diese zwei Frauen in Vaters Leben spielten und daß er, obwohl zuweilen selbst kritisch, herabsetzende Bemerkungen über seine Mutter und Schwester aus ihrem Munde zurückweisen würde.

Meine Eltern lasen sehr viel. Manchmal lasen sie einander vor. Vater konnte dieser Versuchung nie widerstehen, wenn er einen Band seines Lieblingsdichters Rainer Maria Rilke in der Hand hielt. Dann ließ der Bankier seiner romantischen Ader freien Lauf, er verlor sich in Rilkes lyrischen Versen und Bildern und kostete die Schönheit der Sprache aus, während er rezitierte. Nicht, daß er ein Meister in dieser Kunst gewesen wäre! Er war emotional zu sehr beteiligt, betonte Passagen zu stark, bei denen um ihrer Klarheit willen Distanz notwendig gewesen wäre, erhob seine Stimme zu aufgeregt, gab, kurz gesagt, keine sehr überzeugende Vorstellung, unterhielt sich dabei aber nichtsdestoweniger gut. Mutter zahlte es ihm manchmal mit Abschnitten aus Dickens oder John Galsworthy heim, aber ihre Lesungen waren stets ein Vergnügen für den Zuhörer. Sie hatte jene seltene Begabung, einen Dialog auf eine Art vorzulesen, daß man immer wußte, welche der handelnden Personen gerade sprach. Im Gegensatz zu Vater hielt sie Distanz zu dem Werk, das sie vortrug, und es gelang ihr auf diese Weise, den Autor selbst sprechen zu lassen. Wenn Vater Rilke las, fühlte er sich selbst als Rilke, Mutter blieb Mutter und lieh dem Verfasser nur ihre Stimme.

Dann gab es noch das Radio. Die ersten Kopfhörer-Modelle mit dem Kristall, deren blecherner Klang allzu oft von heulenden Poltergeistern unterbrochen wurde, wenn ein Nachbar an seinem Gerät herumspielte, waren durch richtige Lautsprecher ersetzt worden, und Radio Wiens Abendprogramme waren oft sehr gut.

Obwohl meine Eltern kaum in Konzerte gingen, hörten sie sie im Radio gern an, während sie auf dem Sofa saßen und sich an den Händen hielten.

Im großen und ganzen verbrachten sie ihre Abende zu Hause, aber es gab natürlich auch Abende, an denen sie ins Theater oder ins Kino gingen und Freunde im Café trafen, und ganz gelegentlich gelang es Mutter sogar, Vater in die Oper zu schleppen. Er, der in seiner Jugend das ganze klassische Repertoire am Burgtheater in sich aufgenommen hatte, schätzte eher die leichtere Muse. Er liebte die Komödien Franz Molnars, die immer unterhaltsam, aber nie seicht waren, war aber nicht allzu wild auf Operetten, die Lieblingsunterhaltung der Wiener. Franz Lehar war wohl der bekannteste und beliebteste Komponist jener Zeit, dicht gefolgt von Ralph Benatzky, Oscar Strauss und Robert Stolz. Je tiefer das Land in die wirtschaftliche und politische Krise tauchte, desto größer wurde die Popularität der Operette, der eskapistischsten aller Kunstformen, die die Welt der »guten alten Zeit« auf die Bühne zaubert. In vielen Operetten trat der Mann auf, der zur Personifikation der glücklichen alten Zeiten geworden war: Franz Joseph, gewöhnlich in einer kleineren Rolle. Aber das machte nichts, selbst wenn er nur »unbeweglich an seiner Stelle« ein paar Minuten auf der Bühne stand, gab es donnernden Applaus.

Max Reinhardt war der große Magier des zeitgenössischen Theaters, von Vater sehr bewundert, seit er mit Mutter einige seiner bedeutendsten Produktionen 1929 in Berlin gesehen hatte. Diese Reise durch Deutschland hinterließ bei meinen Eltern einen tiefen Eindruck. Sie waren vier Wochen unterwegs, fuhren nach München, Frankfurt und Berlin, wo sie Alfred Bartmanns zwei Brüder und deren Familien besuchten – leibliche Vettern meiner Mutter. Von dort aus fuhren sie nach Hamburg, Mutters Lieblingsstadt, und kamen voller Bewunderung zurück. Vater erzählte Geschichten, die einem das Wasser im Munde zusammenlaufen ließen, zum Beispiel über das Frühstücksbüffet im »Excelsior«-Hotel in Berlin, wo man sich selbst sein Roastbeef und seinen Schinken abschneiden, unter gekochten, Rühr- oder Spiegeleiern wählen und sich, soviel man wollte, für einen Festpreis nehmen konnte. Selbst die guten alten Waldheim-Pillen kapitulierten vor diesem Ansturm, und Vaters Gewicht, meistens um 95 Kilogramm, schnellte auf jener Reise auf 105 Kilogramm hoch. Mutter aß wie immer »kaum etwas«, doch wie üblich narrte sie das Schicksal, und sie kam fünf Kilogramm schwerer zurück.

Aber der Eindruck, daß meine Eltern auf einem Schlemmerbummel durch das Reich gewesen wären und von nichts anderem als vom Essen zu berichten gehabt hätten, wäre absolut falsch. Sie bewunderten, wie Deutschland die Auswirkungen des verlorenen Krieges überwand, die Schnelligkeit, wie die Dinge dort vorankamen, die Tüchtigkeit der Deutschen und das großartige Ausmaß von allem, besonders im Vergleich zum winzigen, provinziellen, schlampigen und unglücklichen Österreich.

Als meine Eltern Deutschland besuchten, im Frühsommer 1929, lagen der Börsenkrach in der Wall Street und die Weltwirtschaftskrise noch in der Zukunft. Es war der glücklichste Zeitabschnitt der Weimarer Republik. Ein Gefühl von Zielstrebigkeit und Optimismus lag in der Luft. Deutschland schien eine neue Identität in der Republik gefunden zu haben, während Österreich nicht nur weiterhin ein Land ohne Identität blieb, sondern noch nicht einmal zu wissen schien, wo oder wie es nach einer suchen sollte.

Aber nur vier Jahre nach der Reise meiner Eltern durch Deutschland – es waren ihre zweiten Flitterwochen, und sie fielen mit den kurzen der Weimarer Republik zusammen – waren die braunen Kolonnen von Hitlers Sturmtruppen die Herren des Landes, das sie so begeistert hatte.

Ein einzigartiges Zusammentreffen historischer, politischer und wirtschaftlicher Faktoren – und Intrigen – hatte Adolf Hitler im Januar 1933 an die Macht gebracht, gerade als seine politische Popularität und Fortune im Sinken begriffen waren.

Vater, selbst Veteran des Ersten Weltkrieges, bewunderte gegen seinen Willen in gewisser Weise diesen ehemaligen Gefreiten, der so hoch aufgestiegen war; und ich, der ich mit dem »Guten Kameraden«, mit so vielen Geschichten über deutschen Heldenmut, mit der Dolchstoß-Legende, mit endlosen Reden über die Schändlichkeit der Verträge von Versailles und St. Germain aufgewachsen war, las fasziniert die Reden des Mannes, der versprach, Deutschland wieder groß zu machen.

Wir wußten von seinen antisemitischen Tiraden, wir wußten von dem antijüdischen Boykott 1933, aber so merkwürdig es erscheinen mag – es war wirklich eine Form von Selbstschutz, unsinnig, aber sehr menschlich –, wir suchten und fanden Entschuldigungen für diese Exzesse. Nachdem Hitler, wie schon so viele Demagogen vor ihm, den Antisemitismus zu Hilfe genommen hatte, um zur Macht zu gelangen, hatte er da eine andere Wahl, als seinen Sturmtruppen die Zügel schießen zu lassen? Hatten wir das nicht schon alles einmal erlebt? Wie war das mit Luegers antisemitischen Reden? Hatten sie sich nicht ganz ähnlich angehört? Und als er – zu guter Letzt – Bürgermeister von Wien war, hatte er da nicht mit seinen jüdischen Freunden getafelt und getrunken? Freilich, Großvater Ludwigs Karriere im städtischen Dienst hatte gelitten, aber hatten nicht auch gerade Luegers Parteifreunde letztlich zu seinen Gunsten gesprochen und ihm zu seiner Beförderung verholfen? War je einem Juden unter Lueger ein physisches Leid geschehen? Hitler war ein Aufrührer, genau wie der junge Lueger. Würde er sich jetzt, nachdem er seinen Ehrgeiz befriedigt hatte, im geringsten anders benehmen? Auf jeden Fall würden ihn Deutschlands mächtige traditionelle und konservative Kräfte in Schranken halten. Man brauchte sich doch nur jenes Foto anzusehen, auf dem der neue Kanzler und Reichspräsident von Hindenburg sich die Hände schüttelten. Wie servil sich Hitler vor dem kerzengerade dastehenden alten Feldmarschall verbeugte. Wie geringschätzig der alte Soldat auf den kleinen Mann herabsah, der im Frack mit weißer Schleife so lächerlich herausgeputzt war; wie ein Oberkellner bei Sacher, nur daß deren Fräcke besser saßen.

Oranienburg, Sachsenhausen, Dachau! Die österreichischen Zeitungen schrieben viel über die neuen Konzentrationslager, aber waren sie nicht auch nur anfängliche Übergriffe eines neuen Regimes? Der Lärm und das Ungestüm der ersten Zeit würden nicht ewig dauern. Selbst ein Hitler würde letztlich mürbe werden. Politische Realitäten – last but not least –, die Großmächte würden dafür sorgen.

Das war es mehr oder weniger, was die Leute in Wien redeten, zu Hause, im Büro, im Kaffeehaus. Eine dunkle Wolke war am politischen Horizont aufgezogen, aber sie war noch weit entfernt.

Blieb zu hoffen, daß der Sog der Zeit sie wieder vertreiben würde. Die wenigen, die die Gefahr sahen, wurden als Berufspessimisten abgetan.

Im Herbst 1933 – Hitler war seit etwa zehn Monaten in Deutschland an der Macht – besuchten wir an einem Sonntagnachmittag die Herlingers, Mutters heitere blonde Freundin mit dem angenehmen russischen Akzent, und ihren Ehemann Ernst. Bei ihnen war auch Ernst Herlingers Bruder, der am Vortag aus Berlin eingetroffen war oder, genauer, aus dem Konzentrationslager Oranienburg, wo er sechs Monate lang inhaftiert gewesen war. Als aktiver Sozialdemokrat war er nach dem Reichstagsbrand festgenommen worden. Er hatte viele Jahre in Deutschland gelebt, die österreichische Staatsangehörigkeit aber beibehalten. Das hatte ihn gerettet. Er sprach offen über seine Erlebnisse. Das erforderte Mut, denn die Nazis hatten ihn gezwungen, ihnen schriftlich zuzusichern, niemals über Oranienburg zu reden. Sie hatten ihm auch ausführlich beschrieben, was sie mit ihm machen würden, falls er jemals etwas ausplaudern sollte. Sie hätten sich das alles ersparen können. Die Brandmale auf Nase und Wangen, wo die SA-Lagerwächter ihre Zigarettenstummel ausgedrückt hatten, waren beredt genug.

Ich werde diesen Nachmittag bei Herlingers nie vergessen. Offensichtlich machten die Geschichten, die Ernst Herlingers Bruder erzählte, einen tiefen Eindruck auf mich, aber es gibt noch einen weiteren Grund, warum ich mich immer an sie erinnern werde: unsere Reaktion auf seinen Bericht. Wir hörten gespannt zu, wir nahmen jedes Wort auf, das er sagte. Wir bemitleideten ihn, aber so aufrichtig unser Mitgefühl auch war, es war kein echtes Mitempfinden. Das tiefe Entsetzen des gejagten, gequälten menschlichen Wesens, das Ernst Herlingers Bruder beschrieb, kann vom Intellekt nicht vollständig erfaßt werden.

Aber das wurde mir erst später bewußt – als ich nach meiner Flucht aus Deutschland als unmittelbar selbst Betroffener Freunden in England und Irland klarzumachen versuchte, was es für einen Juden bedeutete, nach dem »Anschluß« in Wien zu leben oder Augenzeuge der »Reichskristallnacht« in Berlin zu sein, als die Synagogen in Brand gesteckt, die Schaufenster jüdischer Läden zerschlagen, die Geschäfte geplündert und Juden, ob jung oder alt, wahllos festgenommen wurden.

Wie schockiert meine lieben englischen und irischen Freunde waren – und wie sehr sie mich an unsere Reaktion an jenem Sonntagnachmittag in Wien erinnerten, als Ernst Herlingers Bruder uns berichtete! Auch sie hörten aufmerksam zu, während sie hauchdünne Gurken-Sandwiches und kleine Kuchen mit grellrosa Zuckerglasur vertilgten. »Es muß ganz, ganz schrecklich für Sie gewesen sein«, sagten sie. »Nehmen Sie doch noch ein Sandwich, George, bitte. Und noch etwas Tee?« Er floß großzügig, der starke englische oder der noch kräftigere irische Tee der Menschlichkeit. Aber es geschah selten, daß man ein zweites Mal eingeladen wurde. Im Dezember 1938 gab es schon so viele Flüchtlinge, so viele herzzerreißende Geschichten – die Zeitungen waren voll davon. Das Münchner Abkommen und Neville Chamberlains »Peace for our time« waren erst ein paar Wochen alt, und die Nazi-Grausamkeiten ereigneten sich in einer Welt, die für die meisten Briten – zumindest gefühlsmäßig – hinter dem Mond lag.

Ihr Verständnis für das, was auf dem Kontinent geschah, ihr Begriffsvermögen entsprach in etwa dem jener freundlichen älteren englischen Damen von den Women's Voluntary Services, dem Frauenhilfsdienst, die mich gelegentlich als Anhalter in ihren Autos mitnahmen, als ich während des Krieges in der britischen Armee diente. Nach einigen Minuten Geplauder fiel ihnen mein Akzent auf.

»Woher kommen Sie?«

»Aus Wien in Österreich.«

»Wie schön! Dorthin wollte ich schon immer mal fahren.«

Einen Augenblick herrschte Schweigen. Man konnte den berühmten Groschen förmlich fallen hören.

»Aber stecken denn die Österreicher nicht mit den Deutschen unter einer Decke?«

»Ja«, sagte ich.

Verwirrung trat in ihre blaugrauen unschuldigen Augen. »Aber dann kämpfen Sie ja gegen Ihr eigenes Land?«

Ich erklärte, ich sei Jude. Doch das sagte ihnen gar nichts. Für sie war das eine Religion, keine Nationalität.

Wie sehr die lieben Geschöpfe ihre viktorianischen Köpfchen auch anstrengten, meine Auskünfte trugen nichts zur Erhellung der Dinge bei.

»Ja, schon«, sagten sie verwirrter als zuvor. »Aber die Österreicher sind doch Ihre eigenen Landsleute, nicht wahr?«

Und wenn schon die deutschen Juden damals nicht voraussehen konnten, was kommen würde, wie sollte ein österreichischer Jude wie mein Vater die Bedrohung für sich und seine Familie erkennen? Zudem bekämpfte der neue Chef der österreichischen Regierung, der vierzigjährige Engelbert Dollfuß, die Nazis in Österreich mit weit größerer Entschiedenheit als alle seine Vorgänger.

Der neue Kanzler, nur etwa ein Meter fünfzig groß, der prompt nach Österreichs berühmtestem Staatsmann den Spitznamen »Millimetternich« erhielt, glaubte fest an eine besondere geschichtliche Mission seines Landes, die es nur erfüllen konnte, wenn es unabhängig blieb. Nur so ließen sich die Werte der westlichen christlichen Zivilisation wirkungsvoll verteidigen. Damit meinte Dollfuß natürlich nicht den westlichen Liberalismus. Er machte sich eine spezifisch deutsch-österreichische Ideologie zu eigen, eine Art mystischen Zaubertrank, der aus einem guten Schuß Heiligem Römischem Reich deutscher Nation, einem kräftigen Spritzer Heiligem Gral und einer großen Dosis Kreuzzugsgeist bestand. So erkor er das Kruckenkreuz der Kreuzfahrer zu seinem politischen Symbol. Sein »Christentum« verdankte er der Satzung des CV, des »Cartell Verbands«, einer katholischen Studentenverbindung, deren »alte Herren« alle wichtigen Hebel des Staatsapparats in Händen hielten. Millimetternichs Programm enthielt fraglos auch einige Elemente der Politik des großen Metternich, so den festen Glauben an Legitimität und historische Kontinuität und eine nur sehr kärgliche Rücksichtnahme auf politische Freiheit und Demokratie. Entscheidend aber war sein Glaube an Österreich. Dollfuß begriff sein Land nicht einfach als irgendeine deutsche Provinz. Er war im Gegenteil davon überzeugt, daß Österreichs lange Geschichte, seine Lage an den Scheidewegen von West nach Ost, Nord und Süd eine Nation hervorgebracht hatte, die, obwohl deutschsprachig, nicht deutsch war, eine Nation, die, indem sie über Jahrhunderte hinweg die höchsten kulturellen Errungenschaften der romanischen, slawischen und deutschen Völker verband, nicht nur das Recht, sondern geradezu die Pflicht hatte, ihre eigene unabhängige Existenz fortzuführen.

Dollfuß' Ansichten waren für die beiden politischen Parteien, die einander in jeder anderen Frage erbittert bekämpften, gänzlich unakzeptabel: Die Mehrheit der österreichischen Nationalsozialisten wollte den »Anschluß«, wollte Groß-Deutschland; die österreichischen Sozialdemokraten wünschten dies auch, allerdings nicht, solange Hitler das Reich beherrschte.

An dieser Überzeugung hielten die Sozialdemokraten so unbeirrt fest, daß selbst nach dem »Anschluß«, im Juni 1938, Otto Bauer, der Führer der Sozialisten, in der Emigrationszeitschrift der österreichischen Sozialdemokratie, »Der österreichische Kampf«, schreiben konnte: »Aber die Parole, die wir der Fremdherrschaft der faschistischen Satrapen aus dem Reich über Österreich entgegensetzen, kann nicht die reaktionäre Parole der Wiederherstellung der Unabhängigkeit Österreichs sein, sondern nur die revolutionäre Parole der gesamtdeutschen Revolution, die allein mit den anderen deutschen Stämmen auch den österreichischen Stamm der Nation von der Gewaltherrschaft der faschistischen Zwingherren befreien kann.«

In den Versuchen von Dollfuß und seinem Nachfolger Kurt von Schuschnigg, die Österreicher mit einem tiefen patriotischen Gefühl zu erfüllen, sah Bauer nur die vergeblichen Bemühungen, eine reaktionäre Fata Morgana zum Leben zu erwecken.

Dollfuß und Schuschnigg scheiterten. Doch die Satiren, die die Geschichte schreibt, sind um vieles bitterer und schärfer als alles, was der menschliche Verstand hervorbringen kann – es blieb Adolf Hitler überlassen, das zu vollbringen, was die beiden österreichischen Kanzler nicht vermocht hatten: den Österreichern ein starkes Gefühl ihrer nationalen Identität und Unabhängigkeit zu geben.

Der 11. September 1933 war ein entscheidender Tag für Österreich. Dollfuß sprach auf einer Massenversammlung auf der Wiener Trabrennbahn und verkündete seinen Anhängern das Ende der parlamentarischen Demokratie in Österreich. An ihre Stelle sollte der autoritäre Ständestaat treten. Einer der Augenzeugen, G.E.R. Gedye, Wiener Korrespondent des Londoner »Daily Telegraph«, schrieb: »Es war alles sehr pittoresk und zugleich äußerst bedrückend. Die Heimwehr-Regimenter in ihren grünen Uniformen standen neben freiwilligen Tiroler Landesschützen in ihren farbenfrohen Volkstrachten. Hunderttausende schrien ›Heil‹, als der kleine Kanzler in seiner graugrünen Uniform als Oberleutnant der Kaiserjäger, einen Militärmantel über der Schulter und eine weiße Feder an der Mütze, das Podium erklomm.«

Ein anderer Augenzeuge des Ereignisses, einer der Hunderttausende, die »Heil Dollfuß!« schrien, war ich. Ich hatte an meinem Budapester Entschluß festgehalten, Pfadfinder zu werden, den großen Mafeking-Hut zu tragen und stramm bei Paraden mitzumarschieren. Da war ich also, noch nicht dreizehn Jahre alt, und stimmte mit ein in das »Heil« auf den kleinen Mann dort oben, wann immer die anderen ihr »Heil« brüllten. Mit dem enormen Pfadfinderhut sah ich wie ein aufgeblähter Pilz aus, denn in diesem, fraglos dem korpulentesten Zeitabschnitt meines Lebens schien ich, zumindest in meinen Augen, ebenso breit wie lang zu sein. Zu den Pfadfindern zu gehen war – ganz abgesehen davon, daß man für politische Zwecke mißbraucht wurde – sowieso kein sehr weiser Entschluß gewesen. Ich hätte auf Vater hören sollen, der dagegen gewesen war – freilich aus ganz falschen Gründen. Er glaubte nämlich, daß dieses ganze Pfadfindertum – das Bergsteigen, das Umgehen mit scharfen Messern und Äxten und all die anderen abenteuerlichen Dinge, die diese Jungen unternahmen – viel zu gefährlich für seinen Sohn wäre.

Ich war anfangs davon überzeugt gewesen, daß Pfadfinder einander in brüderlicher Liebe zugetan sind. Aber die Jungen in meinem Zug waren gnadenlos, und ein Tritt in den Hintern, wenn man sich bei seinen täglichen Arbeiten im Lager zu langsam bewegte, galt noch als milde Form des Ansporns. Aber schön und gut, kleine Jungen sind wohl immer grausam zueinander. Was für mich zählte, war das Pfadfinderideal, einer für alle und alle für einen, das Zusammengehörigkeitsgefühl und die gemeinsame gute Sache. Doch die österreichische Wirklichkeit sah anders aus. Selbst die Pfadfinder wurden in jüdische und »arische« Züge aufgeteilt. Um das zu verschleiern, hatte jeder jüdische Zug einen oder zwei »Renommier-Gojim«. Der »arische« Haufen kam dagegen ganz gut ohne »Paradejuden« aus.

Was ich während meiner Pfadfinderzeit wirklich genoß, waren die Paraden und Aufmärsche. Ich war also sehr stolz, daß wir zur Trabrennbahn abkommandiert wurden, um als optische Unterstützung – »Österreichs Jugend, seine Zukunft, steht beim Kanzler« – auf Millimetternichs Mini-Nürnberger Parteitag zu fungieren.

Unsere Kolonne stand direkt neben einem Bataillon der »Heimwehr«. Ich hatte genug Zeit, sie zu betrachten. Poldis Ehemann, zeit seines Lebens Sozialdemokrat, hatte sie immer als einen bunten Haufen von Rüpeln, Bauernlümmeln, Faschisten, Beinahe-Nazis und wenigen echten Patrioten beschrieben, die von Playboy-Offizieren angeführt wurden. Und genauso sahen unsere Nachbarn von Prinz Starhembergs Wehrverband auch aus.

Es war, wie Gedye beschreibt, eine pittoreske Szene. Nicht nur wegen der Tiroler Burschen. Weit beeindruckender schien mir die österreichische Armee samt ihren Offizieren. Zum erstenmal trugen sie ihre neuen alten Uniformen. Die Regierung Dollfuß hatte, ohne Rücksicht auf die Kosten, ihre Soldaten in die alten kaiserlichen Uniformen gekleidet. Nach dem Weltkrieg hatte die »Anschluß«-hungrige sozialistische Regierung die österreichische Armee in Uniformen gesteckt, die mit denen der Reichswehr des Weimarer Deutschland fast identisch waren. Es war ein kluger, wenn auch teurer Schachzug, die Uniformen der alten Armee als visuelle Erinnerung an Österreichs Beständigkeit wiederaufleben zu lassen. Oberste und Generäle im Ruhestand staubten ihre alten Waffenröcke ab, polierten ihre Sporen, Säbel und Medaillen und rasselten stolz durch die Straßen von Wien. Eine farbenfreudige, wenn auch ziemlich klapprige Werbung für vergangenen Ruhm.

Eine regelrechte Welle von Nostalgie überschwemmte das Land. Selbst leibhaftige Erzherzöge, überraschend viele, kehrten zurück. Als wären sie direkt von der Operettenbühne herabgestiegen, sah man sie von Bällen zu Basaren, von Gedächtnisgottesdiensten zu Regimentstreffen und patriotischen Versammlungen spazieren. Otto von Habsburg, ältester Sohn des letzten

Kaisers und derjenige, der auf den Thron Anspruch erhob, war ebenfalls wieder da. Nicht persönlich – die Tschechen, Ungarn, Jugoslawen hätten sich das nicht gefallen lassen –, aber auf Bildpostkarten, die ihn in voller Regimentsuniform oder in Tiroler Nationaltracht zeigten. Buchstäblich über Nacht tauchten derartige Bilder in den Auslagen der Zeitungshändler auf. Aber in einem Land wie Österreich wirkte diese Form der Nostalgie bestenfalls wie ein Placebo, ein Leermedikament. Es war mehr vonnöten, um die eiternden Wunden, die Argwohn und Haß, aufrührerische Reden und Taten und vor allem die Schüsse vom Juli 1927 Österreichs Staatskörper zugefügt hatten, zu heilen.

Ein derartiges Wunderheilmittel besaß Dollfuß nicht – seine Gegner allerdings auch nicht. Was der Bauernsohn Dollfuß indes hatte, war eine viel klarere und einfachere Beziehung zur Macht als all die komplizierten Intellektuellen, die die Sozialdemokraten führten. Im Gegensatz zu dem Sozialisten Bauer waren Dollfuß, der von Karl Marx bestimmt nicht beeinflußt war, nicht die Hände durch einen Glauben an irgendwelche historische Unausweichlichkeiten oder die unumstößliche Logik der Ereignisse gebunden. Er handelte, während seine Opponenten grübelten, er schnitt die parlamentarische Demokratie einfach aus der österreichischen Verfassung heraus. Sodann versuchte er, die alten und neuen Wunden des Landes zu heilen, indem er sein eigenes Allheilmittel verschrieb – den autoritären Ständestaat, das »neue« Österreich.

Vater nahm gegenüber Dollfuß' Österreich eine etwas ambivalente Haltung ein. Obwohl er bei jeder Wahl für die Sozialdemokraten gestimmt hatte, war er in Wirklichkeit ein altmodischer Liberaler. Dollfuß beeindruckte ihn als ein Mann, der den Mut hatte, zu seinen Überzeugungen zu stehen, der an Österreich und die Unabhängigkeit des Landes glaubte und zudem einen Staat schaffen wollte, der zumindest an der Oberfläche Ähnlichkeiten mit dem Habsburger Österreich aufwies, in dem Vater aufgewachsen war. Vor allem aber hatte der winzige Kanzler im Unterschied zu seinen Vorgängern den Mut, die Nazi-Partei zu verbieten.

Wenn man nicht gerade ein politischer Aktivist war, konnte man unter »Millimetternich« ungestört sein eigenes Leben führen. Man mußte in seine »Vaterländische Front« eintreten, aber das war ein so formloses Gebilde, daß die Mitgliedschaft keine größeren Gewissensnöte mit sich brachte. Vater trat bei. Wie Millionen Österreicher, die alles andere als fanatische Dollfuß-Anhänger waren, trug auch er das kleine rot-weiß-rote Band der »Vaterländischen Front« in seinem Knopfloch.

Es war der 12. Februar 1934, ein dunkler Wintermorgen. In den Klassenräumen im Landerziehungsheim brannten die Lampen. Plötzlich, kurz nach 11.30 Uhr, ging das Licht aus. Wir reagierten, wie es Schuljungen bei einer unerwarteten Unterbrechung des Unterrichts immer tun – mit Jubel. Es war draußen aber inzwischen hell genug, und so fuhren die Lehrer mit dem Unterricht fort. Nach wenigen Minuten allerdings kam der Heimleiter durch den Flur gestürmt und rief: »Hinaus auf den Haupthof, alle hinaus!«

Als alle versammelt waren, erklärte Schulleiter Lohan: »Der Generalstreik ist ausgerufen worden. Geht jetzt zurück in eure Klassenzimmer und packt eure Sachen. Heimschüler gehen in das Hauptgebäude. Tagesschüler gehen auf dem kürzesten Weg nach Hause. Ich glaube, die Straßenbahnen fahren nicht mehr. Es kann also sein, daß ihr laufen müßt. Aber wie schon gesagt, direkt nach Hause, bitte! Keine Bummelei, lauft, so schnell ihr könnt.«

Damit waren wir entlassen. Wir rannten die Straße hinunter zur Tram-Haltestelle. Ich hinkte ein wenig als Folge eines Skiunfalls. Die Straßenbahnwagen waren da, Fahrer und Schaffner standen auf der Straße. »Wartet bloß nicht, Jungen«, sagte einer der Kondukteure zu uns. »Es gibt keinen Strom, wir wissen selbst nicht, was los ist.«

Trotz der Ermahnungen des Schulleiters hatten wir es nicht besonders eilig. Gemächlich bummelten wir über die Hauptstraße von Grinzing Richtung Innenstadt, vorbei an einer Anzahl stillstehender Straßenbahnzüge.

Es herrschte so gut wie kein Verkehr. Die wenigen Fußgänger, die man sah, schienen alle in Eile. Alarmkommandowagen mit stahlhelmtragenden Polizisten rasten an uns vorbei. Wir empfanden eine berauschende Mischung aus Furcht und Erregung, Anreiz, nicht nur für Jugendliche, zu mancherlei Torheiten. Wir drei, zwei Nachbarjungen und ich, beschlossen, direkt in die Innenstadt zu laufen. Wir wollten zum Kanzleramt am Ballhausplatz, über die Währinger Straße und – am Schottentor – den Ring entlang.

Wir kamen bis zur Straßenkreuzung Nußdorfer Straße/Währinger Straße, vielleicht zweihundert Meter von der Pichlergasse entfernt. Ein Stacheldrahtverhau versperrte die Währinger Straße. Dahinter waren drei schwere Maschinengewehre in Stellung gegangen, die Mannschaften in voller Kampfausrüstung. »Zurück da!« rief ein Offizier.

Ich trat den Rückzug an – und dabei meinem sehr blassen und sehr wütenden Vater auf die Zehen: »Wo warst du, zum Teufel? Mutti hat in der Schule angerufen. Du hättest schon vor mehr als einer halben Stunde zu Hause sein können! Ich warte hier seit zwanzig Minuten auf dich! Keine Widerrede! Du kommst auf der Stelle mit.«

Später standen wir lange am Fenster des Herrenzimmers und sahen hinab auf die Nußdorfer Straße. Es war ein beängstigender Anblick. Die Läden hatten ihre Stahlgitter heruntergelassen. Keine Menschenseele war auf der sonst so belebten Straße zu sehen. Kein Laut drang herauf. Gespenstisch ruhig lag die Straße in der Winterdämmerung da. Nirgends ein Licht. Aus der Ferne hörte man das Rattern von Maschinengewehren. Vater wußte auch nur, was er in der Bank gehört hatte. Am frühen Morgen war auf Polizisten geschossen worden, die ein Arbeiterheim in Linz nach versteckten Waffen des »Republikanischen Schutzbunds« durchsucht hatten. Die Polizei hatte danach das Gebäude gestürmt. Daraufhin hatten die Sozialdemokraten zum Generalstreik aufgerufen.

Die klerikal-faschistischen Kräfte waren auf eine solche Entscheidungsschlacht vorbereitet. Am 11. Februar, also am Tag vorher, hatte Major Fey, der Kommandant der Wiener »Heimwehr«, seinen Männern gesagt: »Gespräche, die wir gestern und vorgestern mit dem Kanzler führten, haben gezeigt, daß er auf unserer Seite ist. Ich könnte Ihnen noch mehr sagen, aber jetzt nur soviel: Morgen wird es für uns Arbeit geben.«

Fey wußte, wovon er sprach. Der 15. Juli 1927 würde sich nicht wiederholen, mit erbosten Demonstranten, die zu Tausenden in die Innenstadt marschierten und die wenigen schlecht bewaffneten und verwirrten Polizisten mühelos überwältigten. Diesmal waren die Dollfuß-Kräfte auf alles vorbereitet und perfekt organisiert. Die Armee, die Polizei und die »Heimwehr«-Miliz hatten Wiens Verkehrsadern unter Kontrolle. Statt der Arbeiter, die in die Stadt marschierten, rückten nun die Soldaten in die Vorstädte der Arbeiter und umstellten die großen Gemeindebauten, die von der Sozialdemokratie errichtet worden waren. Jahrelang hatten die Rechten diese Gebäude zur Zielscheibe ihres Spotts gemacht, sie »schundig gebaute Kartenhäuser« genannt, die alsbald von selbst einstürzen mußten, aber nun waren dieselben Bauten plötzlich wahre Befestigungen, Bastionen des Bürgerkrieges, die die Stadt nach einem ausgeklügelten strategischen Plan umklammert hielten.

Wir saßen in der hereinbrechenden Abenddämmerung zusammen. Mutter hatte ein paar Kerzen hervorgeholt, aber wir hatten sie noch nicht entzündet. Wir besaßen Lebensmittel für zwei oder drei Tage. Unsere Kohlen – es war bitter kalt – würden für höchstens eine Woche reichen.

Gegen vier Uhr nachmittags hörten wir zum erstenmal Dröhnen und Donnern aus der Ferne, das sich wiederholte. Wir wollten es kaum glauben, aber man setzte tatsächlich Artillerie ein. Schwere Waffen feuerten auf die Wohnblöcke der Arbeiter, in denen sich Frauen und Kinder befanden. Das war doch Mord! War Dollfuß denn verrückt geworden? In zeitgenössischen Berichten und Büchern wurde immer wieder das Bild des wahnsinnigen »Westentaschendiktators«, eines mörderischen Zwergs gezeichnet, der Arbeiterfrauen und -kinder umbrachte, bis Dollfuß einem jener menschenfressenden Ungeheuer auf den Bildern von Hieronymus Bosch glich. Sein großer politischer Fehler war, daß er sich – blödsinnigerweise hatte er auch noch seine Kaiserjäger-Uniform angezogen – zusammen mit den Armeebefehlshabern fotografieren ließ, die die Beschießung der Gemeindebauten mit ihren Scherenfernrohren verfolgten; denn in Wahrheit war Dollfuß kein blutrünstiger Dämon.

Der Einsatz von Artillerie war nicht seine Idee gewesen. Er

hatte Tränengas verwenden wollen, aber im Friedensvertrag von St. Germain waren Österreich Gaswaffen jeglicher Art verboten worden, und alle österreichischen Regierungen, welcher Couleur auch immer, hielten sich an die Bedingungen des Vertrags, da sie in ökonomischer Hinsicht vom internationalen Wohlwollen abhängig waren.

Generäle werden immer humanitäre Gründe für den Einsatz noch zerstörerischerer Waffen finden, und die österreichischen Generäle waren keine Ausnahme von dieser Regel. Schwere Artillerie, so argumentierten sie, würde die schnelle Kapitulation des »Schutzbunds« erzwingen, während langsamere Infanterie-Einsätze größere Verluste an Menschenleben auf beiden Seiten fordern würden. »Heimwehr«-Fey, eitel, ehrgeizig, aggressiv und auf dem Gipfel seiner Macht, unterstützte die Armee, und Dollfuß gab nach.

Die Angehörigen des »Schutzbunds« vollbrachten heroische Taten, ihre Anführer hingegen hatten sich von den Ereignissen überraschen lassen. Nach vierundzwanzigstündigem Kampf erkannten sie, daß die Situation hoffnungslos und der Staat stärker war. Sie flüchteten. Kleinere Einheiten kämpften noch zwei Tage weiter, bis auch sie zur Aufgabe gezwungen waren. Dollfuß hatte gesiegt, aber nur noch fünf Monate zu leben.

Am 25. Juli 1934 war ich den ganzen Nachmittag mit dem Fahrrad unterwegs gewesen. Es war ein heißer Tag. Ich war ziemlich verschwitzt, als ich mein Fahrrad die zwei Etagen hinaufgetragen hatte. Ich stellte das Rad gegen die weiße Holzbank unter dem Flurspiegel, auf seinen üblichen Platz, aber die Faszination des Rades war noch immer so stark, daß ich mich erneut in den Sattel schwang, nur um noch einmal dieses »Fahrgefühl« auszukosten, bis Vater heimkäme und wir essen würden. Es war erst halb sieben, also noch etwa eine halbe Stunde Zeit. Da öffnete sich die Tür zum Speisezimmer, und zu meiner Überraschung standen Vater und Mutter vor mir. »Da bist du ja endlich«, sagte Vater. »Dollfuß ist ermordet worden. Wo warst du so lange? Wir haben uns Sorgen gemacht.«

»Das gibt's doch nicht«, antwortete ich. »Wer hat ihn umgebracht? Das kann nicht sein, draußen ist alles ganz normal. Überhaupt nicht wie im Februar.«

»Es hat einen Nazi-Putsch gegeben. Sie haben Dollfuß erschossen. Der Putsch ist Gott sei Dank mißglückt. Sie sind alle festgenommen worden. Komm herein, wir hören Radio.«

Der Juli-Putsch und Dollfuß' Ermordung wären vermeidbar gewesen. Seit dem 29. Mai dieses Jahres verfügten die österreichischen Behörden über konkrete Hinweise auf eine geplante Naziverschwörung. Sie kamen aus höchst zuverlässigen Quellen. Die Warnungen wurden an die obersten Sicherheitsbehörden weitergegeben, denen der Schutz des Staates, der Regierung und des Kanzlers oblag. Zweifellos kollaborierten einige von ihnen mit den Verschwörern, während die anderen in typisch österreichischer Schlamperei die Warnungen einfach nicht ernst nahmen.

Der Mord an dem kleinen Kanzler hätte eine Art »Menetekel« sein können. Aber für uns war diese Schrift an der Wand mit unsichtbarer Tinte geschrieben. Wir verstanden sie nicht besser als die Juden Deutschlands die ersten Anzeichen, die auf ihr zukünftiges Schicksal hindeuteten. Ein Genie an Voraussicht, vielleicht ein Arthur Schnitzler, hätte sie möglicherweise verstanden. Vater war kein Schnitzler.

Die Propagandamaschinerie der Regierung schwärmte derweil von Mussolini, dem mächtigen Verbündeten unseres Landes, dessen Truppen Hitler für immer von unseren Grenzen fernhalten würden. Und sie wurde auch nicht müde, immer wieder zu betonen, wieviel stärker der Dollfuß-Staat nach dieser Tragödie sei, wieviel gefestigter und tiefer im Herzen des Volkes verankert.

Benito Mussolini schickte in der Tat einige seiner Divisionen an die Grenze am Brenner. Der arme Dollfuß aber wurde zu einer Art österreichischem Horst Wessel umfunktioniert. Was jener Abkömmling der Berliner Gosse für die Nazi-Bewegung war, ihr Ober-Märtyrer nämlich, das wurde Dollfuß für Österreichs patriotische autoritäre Bewegung. Die Nazis heulten ihr Horst-Wessel-Lied, das stets nach der deutschen Nationalhymne gespielt wurde, wir strapazierten unterdessen unsere Stimmbänder beim Dollfuß-Lied, das nach unserer Nationalhymne gespielt wurde. Es hieß »Lied der Jugend«. Seine Anfangszeilen lauteten: »Wir, die Jungen, stehen bereit, mit Dollfuß in die neue Zeit...«

Dollfuß, dem Märtyrer-Kanzler, wurde die pompöseste und dennoch irgendwie rührendste Beerdigung in Österreichs Geschichte zuteil. Dollfuß-Bilder und -Büsten tauchten überall auf. Jeden Morgen mußten wir unsere Lehrer mit einem schmetternden »Heil Österreich« grüßen. Wir mußten Geschichten über uns ergehen lassen, in denen Dollfuß immer der Beste in seiner Klasse gewesen war, in denen ein jeder, der ihn als Knaben kannte, ihn grenzenlos bewundert hatte und in denen seine Führungsqualitäten bereits als Jugendlicher zutage getreten waren. Die Heiligsprechung des kleinen Mannes folgte dann sehr rasch. Man war so in Eile, daß man das Stadium der Seligsprechung überging. Er war unser »heldenhafter Kanzler«, das Herzblut Österreichs, und binnen eines Jahres war eine komplette Dollfuß-Mythologie samt Fast-Vergöttlichung entstanden. Den Dollfuß-Plätzen und -Straßen in jeder österreichischen Stadt, Kleinstadt und jedem Dorf fügte man Dollfuß-Kapellen, -Altarbilder und Ewige Lichter hinzu. Der gekreuzigte Christus hing zwar immer noch über den Altären, aber Dollfuß' Bildnis befand sich oft daneben.

Bis zu einem gewissen Grad war das nicht nur eine künstliche Schöpfung der Regierungspropaganda. Dollfuß war ein Mann des Volkes gewesen. Er sprach seine Sprache, besaß menschliche Wärme und persönlichen Mut, selbst seine winzige Statur hatte zu seiner Popularität beigetragen. Er verstand es, direkten Kontakt zu den katholischen und konservativen Massen herzustellen, weil er ganz offenkundig seine Überzeugungen mit weit größerem Ernst vertrat, als das die abgewirtschafteten Politiker taten, deren Eifersüchteleien und Händel viel dazu beigetragen hatten, die parlamentarische Demokratie in Österreich zu zerstören.

Kurt von Schuschnigg folgte Dollfuß als Kanzler. Der vierunddreißigjährige Rechtsanwalt aus Innsbruck und Justizminister im letzten Kabinett Dollfuß war von seinem Vorgänger so verschieden wie der Tag von der Nacht. Dollfuß stammte von Bauern ab, Schuschnigg kam aus einer Offiziersfamilie. Sein Vater war General im Ruhestand. Dollfuß ließ wenige Leute gleichgültig, entweder man haßte oder man liebte ihn. Schuschnigg wurde von niemandem geliebt. Dollfuß wirkte menschlich, konnte in der Gesellschaft seiner Freunde vergnügt sein. Der beflissene, trokkene Tiroler Rechtsanwalt lächelte selten, erschien kalt und distanziert. Der intelligente und scharfsichtige Otto von Habsburg beschrieb Schuschniggs Brille als »die Glaswand, die ihn von anderen Menschen trennt«. Schuschnigg, obwohl ein Mann von großer Ehrlichkeit und absoluter Integrität, war im Unterschied zu Dollfuß, dem Mann des Volkes, eine durchweg elitäre Erscheinung.

Bundespräsident Wilhelm Miklas akzeptierte Dollfuß' Vorschlag und ernannte Schuschnigg zum Kanzler. Nicht, daß er selbst an den jungen Anwalt glaubte oder gar an den autoritären Staat, dessen Präsident er nur widerwillig war. Die einzige Alternative zu Schuschnigg wäre unter den herrschenden Machtverhältnissen in Österreich aber Prinz Starhemberg oder ein anderer »Heimwehr«-Führer gewesen, und Miklas konnte weder diese faschistische Miliz noch die Männer, die sie kommandierten, ertragen. Dem noch unter der demokratischen Verfassung gewählten Präsidenten des österreichischen Ständestaates waren sie alle ein Dorn im Auge. Nur sein starkes Pflichtgefühl und die Hoffnung – so vergeblich sie auch sein mochte –, daß seine Präsenz noch ein wenig Demokratie retten könne, hielt den konservativen Demokraten Miklas davon ab zurückzutreten.

Der unbesungene Held in der Geschichte der ersten österreichischen Republik ist dieser ehemalige Landschuldirektor, der nur deshalb 1928 zum Bundespräsidenten von Österreich gewählt wurde, weil er der einzige Kandidat war, auf den sich alle politischen Parteien einigen konnten. Er, der nie ein prominenter Führer der Christlich-Sozialen Partei gewesen ist, war bestimmt kein »Progressiver«, aber er war ein überzeugter Anhänger der parlamentarischen Demokratie und ein wahrer Patriot. Am 12. November 1918, als die Österreichische Republik geboren wurde, war Wilhelm Miklas das einzige Mitglied des ersten provisorischen Parlaments der neuen Republik, das gegen den Paragraphen 2 des Gesetzes stimmte, das den neuen Staat konstituierte. Er lautete: »Deutsch-Österreich ist ein Teil der Deutschen Republik...«

In einem Artikel aus dem Jahr 1929 definierte der österreichische Dichter Anton Wildgans den Homo Austriacus, den österreichischen Menschen, folgendermaßen: »Der österreichische

Mensch ist seiner Sprache und ursprünglichen Abstammung nach Deutscher und hat als solcher der deutschen Kultur und Volkheit auf allen Gebieten menschlichen Wirkens und Schaffens immer wieder die wertvollsten Dienste geleistet; aber sein Deutschtum, so überzeugt und treu er auch daran festhält, ist durch die Mischung vieler Blute in ihm und durch die geschichtliche Erfahrung weniger eindeutig und spröde, dafür aber um so konzilianter, weltmännischer und europäischer...«

Wilhelm Miklas war ein wahrer Homo Austriacus. Der Punkt, in dem er mit Dollfuß übereinstimmte, war die Gewißheit, daß der österreichische Mensch, obwohl deutscher Abstammung, kein Deutscher ist.

Sonntagmorgens nahmen Vater und ich meistens die Straßenbahn Nummer 5, um zu unserem üblichen Sonntagmorgenziel zu gelangen, jenem Imperium, das unverrückbarer an seiner Stelle stand als das der Habsburger: Großmutter Julies Wohnung.

Vater besuchte seine Mutter, wie schon gesagt, in der Regel zweimal die Woche. Die Wochentage konnten wechseln, aber der Sonntagsbesuch war ebenso traditionell wie die Eröffnungszeremonie des britischen Parlaments. Der Außenwelt, möglicherweise sogar Vater selbst, zeigten diese häufigen Besuche, daß ein herzlicher Kontakt zwischen ihm und seiner Mutter bestand. Die tiefere Wahrheit aber war, daß ihre Beziehung durch einen hohen Grad gegenseitiger Abhängigkeit gekennzeichnet war.

Als ich noch kleiner war, mußte ich Vater jeden Sonntag begleiten und als braver kleiner Junge Großmutters feuchte Küsse ertragen. Nach diesem Austausch von Liebkosungen wurde ich in Ruhe gelassen, und während Vater mit seiner Mutter und Schwester zusammensaß, verbrachte ich den Vormittag mit Annitschek, mixte Phantasiearzeneien und aß unzählige Scheiben Brot, dick beschmiert mit Butter und Sardellenpaste. Gelegentlich tauchte an diesen Sonntagvormittagen ein weiterer Besucher auf, ein ältlicher Herr Hofrat, wahrscheinlich einer von Großmutters Galanen von ehedem. Er war ein äußerst eindrucksvoller Kavalier, mit einem kunstvoll gepflegten Saum langen grauen Haars um eine Halbglatze und einem dichten schwarzen Schnurrbart. Immer mit einem tadellosen schwarzen Anzug bekleidet, trug er hellgraue Gamaschen über seinen glänzend polierten schwarzen Schuhen. Sein Stock mit goldenem Knauf, der im Flurständer zurückgelassen wurde, war eins meiner Lieblingsspielzeuge.

Mutter begleitete uns nie. Ich fragte sie nicht nach dem Grund, ich konnte ihn vermuten. Vaters intensive Beschäftigung mit den beiden Frauen in der Josefstädter Straße war für sie aus der Entfernung leichter zu ertragen.

Es mag jedoch noch einen Grund gegeben haben, warum Vater nie versuchte, Mutter zu überreden, uns zu begleiten – er lag in Großmutter Julie selbst. Sie akzeptierte, daß ihre Söhne Männer waren und Ehefrauen haben mußten, aber obwohl sie keine religiöse Jüdin war, mochte sie offenbar die Tradition, daß Frauen ihre Andacht in der Synagoge von Männern getrennt verrichten. Die Frauen ihrer Söhne wurden selbstverständlich empfangen, jedoch nie, wenn es sich irgend vermeiden ließ, zusammen mit ihren Ehemännern. Sie wurden sehr förmlich eingeladen, etwa einmal im Monat zum Tee zu kommen.

Wenn sie überhaupt eine Lieblingsschwiegertochter hatte, dann vermutlich meine zurückhaltende Mutter. Die verrückte Gisi und die großsprecherische Hannah erfuhren massive Ablehnung, obwohl ich Hannah in Großmutters Wohnung tatsächlich ein- oder zweimal gesehen habe. Gisi nie; Alice, Onkel Pauls Frau, machte sie nervös. Mutter hingegen war still und höflich, stritt nie über den Beitrag meines Vaters zum Haushalt in der Josefstädter Straße. Es war sein Geld und seine Familie. Alice hatte da eine etwas andere Einstellung.

Als ich älter wurde, bestand Vater nicht länger darauf, daß ich ihn jeden Sonntag begleitete. Er ließ mich entscheiden, ob ich mitkommen wollte oder nicht. Sehr oft ging ich mit. Ich genoß es, mit Vater allein zu sein, selbst wenn es nur für die Dauer der Straßenbahnfahrt zur Josefstädter Straße und zurück war.

Während einer solchen sonntäglichen Straßenbahnfahrt Ende August 1934 eröffnete mir mein Vater, daß das Schuljahr 1934/35 mein letztes in Grinzing sein würde. Ich kam in der Schule gut voran, und es bestand für ihn keine Notwendigkeit, weiterhin das hohe Schulgeld zu zahlen. Er erklärte seinen Standpunkt freundlich, machte mir für meine Leistungen Komplimente und wies darauf hin, wieviel es ihm und Großmutter Julie bedeuten würde, wenn er ihr wieder etwas mehr Geld geben könnte. Es behagte mir nicht besonders, wieder einmal die Schule wechseln zu müssen, aber ich wußte, daß es für meinen Vater wirklich ein Opfer gewesen war, mich nach Grinzing zu schicken. Ich war auch davon überzeugt, an einer anderen Schule genauso gut zurechtzukommen.

Mit vierzehn betrachtet man sich selbstverständlich als Erwachsenen. Eine Meinung, die meine Eltern nicht ganz teilten, aber sie machten Zugeständnisse. Mein Taschengeld wurde erhöht, und das ermöglichte mir, an den Samstagabenden mit meinem neuen Freund Fritzl Pollack auszugehen. Wir waren junge Burschen mit recht sittsamen und festen Gewohnheiten. Wir trafen uns um fünf, sahen uns um sechs einen Reißer im Kino an und dinierten um acht Uhr. Unser Treffpunkt war die Sirk-Ecke gegenüber der Oper, einst der Beginn des galanten »Corso« des kaiserlichen Wien. Von dort aus gingen wir die paar Schritte zur Krugerstraße, einer kleinen Seitenstraße, die in die Kärntner Straße mündete. Die Mädchen, die sich dort anboten, waren nicht der Grund, weshalb wir dorthin gingen, obwohl wir uns ihrer Anwesenheit mehr als bewußt waren und sie mit, wie wir zumindest hofften, sehr verstohlenen Seitenblicken beobachteten. Um die Wahrheit zu sagen, wir hatten – obwohl wir sehr, sehr interessiert waren – aus zwei Gründen große Angst vor ihnen. Wir fürchteten, daß eine von ihnen aus Ärger über die zu offensichtlichen Blicke zweier grüner Jungen uns auf der Stelle ein paar Ohrfeigen geben könnte, aber noch mehr fürchteten wir, daß eine uns fragen könnte, ob die zwei lieben Jungen gern ein wenig Spaß haben wollten.

Unser Ziel war das Kruger-Kino, das Kino in Wien, das sich auf die allerneuesten Gangsterfilme aus Hollywood spezialisiert hatte.

War der Film zu Ende, marschierten wir dahin zurück, woher wir gekommen waren, vorbei an dem neuen Reisebüro der deutschen Reichsbahn mit der größten Fensterscheibe in ganz Wien, so daß man das riesige Hitler-Porträt dahinter nicht übersehen konnte. Wir überquerten den Ring am Opernplatz, und auf der anderen Seite, fast genau gegenüber dem Haus Opernplatz 3, wo Großmutter Julie vor ihrer Heirat mit Großvater gewohnt hatte, lag das O.K.-Restaurant. Es beherbergte zwei Speiselokale. Das eine war der große Selbstbedienungs-Imbiß, das andere das wesentlich elegantere »O.K.-Stüberl« mit Kellnern, hübsch gedeckten Tischen und sehr gutem Essen. Dort gingen wir hinein.

Fritzl Pollack und ich verschwendeten keine Zeit darauf, die Speisekarte zu studieren. Wir wußten, was wir wollten, und jeden Samstag wollten wir das gleiche: zwei große Steaks, frische Pommes frites und eine Flasche mit der Krönung aller Tafelwürzen, Worcestersauce.

Vater hielt sich in diesem Jahr aus dienstlichen Gründen sehr häufig in Prag auf. Zu Weihnachten besuchten Mutter und ich ihn. Wir alle liebten Prag, das fabelhafte Essen, die einzigartige Atmosphäre der schönen alten Stadt.

Weihnachten war in diesem Jahr besonders schön. Vater führte uns in die besten und elegantesten Restaurants. Als er eines Abends beobachtete, wie ich meinen Zeigefinger naß machte und damit auf meinem Brotteller herumfuhr, um so die knusprigen Semmelkrumen aufzusammeln, sagte er, daß er noch jemanden kenne, der so etwas mache, seinen »Gott«, Herrn Direktor Fischer, einen der beiden leitenden Direktoren der Länderbank. Vielleicht sei ich dazu bestimmt, auch Bankier zu werden, scherzte Vater.

Die Reise nach Prag leitete zwar keine Banklaufbahn für mich ein, aber sie lehrte mich doch einiges über die Verwicklungen der internationalen Währungsgeschäfte und die irrsinnigen Devisenbestimmungen, die einem quasi verboten, den Lohn eigener Arbeit zu genießen. Als ich Vater nach unserer Rückkehr beim Auspacken half, beobachtete ich, wie er aus den Innenfalten seiner gestärkten steifen Kragen fest zusammengerollte tschechische Banknoten herausnahm. Es war sein in Prag verdientes Gehalt, das er aber »legal« nicht aus der Tschechoslowakei ausführen durfte.

In den ersten Monaten des Jahres 1935 stieß ich in den Regalen meiner Leihbücherei auf Hitlers »Mein Kampf«. Ich nahm das Buch mit und las es gründlich. Es sei schrecklich langweilig, wurde behauptet. Mich langweilte es nicht. Die Passage, die es mir besonders antat, war Hitlers Beschreibung des Judenjungen, der wie eine Spinne an Straßenecken auf unschuldige »arische« Jungfrauen lauert, die dann von ihm verführt werden. Ich hielt das für absolut lächerlich. Schließlich war ich selbst ein »Judenjunge«, sogar einer, der sehr an Mädchen interessiert war, aber nichts hätte mich weniger beschäftigt als die Frage, ob es blonde Mädl, dunkle oder blonde Jüdinnen, rosenwangige Slawinnen oder elegante Ungarinnen waren – wenn es sich nur um attraktive Mädchen handelte! Überhaupt, was sollte denn so unwiderstehlich an einem Judenjungen sein? Die Mädchen, mit denen ich liebäugelte, taten alles andere, als mir bereitwillig in die Arme zu sinken. Sie bemerkten mich nicht einmal.

Doch auch ohne den rassischen Sex-Appeal, mit dem die Phantasie des Führers mich ausgestattet hatte, lernte ich schließlich das erste Mädchen kennen, das sich tatsächlich etwas aus mir machte.

Sommer 1935 in Jevany. In diesem Kurort am See, weniger als eine Stunde Busfahrt von Prag entfernt, verbrachten wir drei Wochen im Juli, während Vater wieder einmal die Bücher der tschechischen Bank überprüfte. Er fuhr jeden Morgen von unserem sehr komfortablen modernen Hotel mit eigenem Strand in die Stadt. Der prominenteste Gast unseres Hotels und, wie Vater erläuterte, auch der interessanteste, eine wahre Mumie von einem Mann mit stark rot geschminkten Wangen, gefärbten Haaren und Augenbrauen, sehr alt, sehr zerbrechlich, war Professor Stocklasa, einer von Masaryks engsten Mitarbeitern und Mitbegründer der tschechoslowakischen Republik. Für mich persönlich waren zwei andere Hotelgäste von weit größerem Interesse: zwei Mädchen, Töchter eines jüdischen Juweliers aus Prag. Die ältere war etwa in meinem Alter; ihre Schwester, ein Jahr jünger, war die hübschere von beiden, aber ich zog die »Reife« der Schönheit vor. Jedenfalls nahm die ältere Schwester auch Notiz von mir, war wesentlich mehr an mir interessiert als die jüngere. Sie wurde meine erste Freundin. Tatsächlich küßten wir uns sogar ein paarmal, hielten Händchen und schworen uns beim Abschied ewige Liebe.

Mutter war sehr verständnisvoll. Sie sagte nicht viel und war nett zu den beiden Mädchen. Vater zeigte viel zu offen, wie sehr ihn das erste »Abenteuer« seines jungen Sohnes amüsierte. Er sagte wiederholt, er halte die jüngere Schwester für die attraktivere Spielgefährtin, fügte dann aber scherzhaft hinzu, daß sich die ältere Schwester gewiß sehr gut als künftige Schwiegertochter machen würde, weil Juweliere ihre Töchter bekanntlich mit Gold und Silber und wertvollen Steinen ausstatteten.

Vater machte derartige Bemerkungen auch in Anwesenheit meiner Freundin und ihrer Schwester, wohl wissend, daß sie Jüdinnen und somit »deutsche Kulturträger« waren und unsere Sprache genauso gut beherrschten wie wir. Ich wünschte oft, sie würden kein Deutsch verstehen, wenn er seine peinlichen Witze machte. Was mich jedoch weit mehr verletzte als Vaters Anspielungen war die Tatsache, daß er mich ganz offensichtlich nicht ernst nahm; denn plötzlich war aus mir ein äußerst seriöser junger Mann geworden, der sehr wichtige emotionale Erfahrungen durchlebte. All dieser Unsinn über jugendliche Schwärmerei! Wußte er denn nicht, daß die Gefühle seines Sohnes viel reifer waren, als er glaubte, daß es mir wirklich ernst war? Dieses Mädchen war die »Frau meines Lebens«. Ich wollte mit ihr jeden Augenblick teilen. Freiwillige Trennung war undenkbar, die unvermeidliche Trennung schien tragisch.

Das Problem mit Vaters Witzen, obwohl einige mehr als unangebracht waren, bestand darin, daß sie oft auch sehr komisch waren. Ich mochte sie und ich verabscheute sie. Vielleicht haßte ich die Witze, liebte aber meinen Vater.

Als ich Jevany verließ, tat ich das mit Trauer im Herzen, edlen Gedanken im Kopf und lyrischen Regungen in der Seele. Dieser Zustand hielt auch während der nächsten zwei Wochen in Wien an. Die folgenden vier Wochen verbrachte ich in einem Kinderheim am Erlaufsee in der Steiermark, während meine Eltern wieder einmal »kurten«, diesmal in Marienbad statt in Karlsbad. Mein Herz blieb auch im Ferienlager traurig, meine Gedanken edel und meine Regungen lyrisch. Aber jetzt war es eine andere junge Dame, die diese Gefühle in mir hervorrief.

Ihr Name war Lisl. Ich wurde von ihr angezogen, sie von meinen Pyjamas. Ich erblickte sie sofort bei ihrer Ankunft, sie sah jene beim Auspacken meines Koffers. Sie wurde von deren grünseidener Eleganz bestrickt, den exquisitesten, hinreißendsten und ausgiebigst diskutierten Pyjamas, die je in diesem Kinderheim gesehen wurden.

Jene vier Wochen waren der Himmel, wenn Lisl mich ansah, und die Hölle, wenn sie es nicht tat. Sie war neun Monate jünger als ich, knapp über dreizehneinhalb, aber ihre Küsse, die wenigen, die ich bekam, waren viel süßer als die, die mir von – wie hieß sie doch noch? – in Jevany geschenkt worden waren.

Ich setzte meine Ausbildung im Privatrealgymnasium Juranek fort, einer freien höheren Schule in der Josefstadt. Der Schulleiter, Egid von Filek, war ein bekannter Schriftsteller. In der einen Minute ein ausgezeichneter Lehrer, konnte er sich, überaus sensibel und hochgradig exzentrisch, in der nächsten wie ein Verrückter benehmen. Man wußte nie, woran man mit ihm war. Unser Klassenleiter, Professor Frey, war ein sehr guter Lehrer, aber die meisten seiner Kollegen waren – pädagogisch gesehen – ziemlich hoffnungslose Fälle.

Das Realgymnasium Juranek war kein Internat und viel billiger als das Landerziehungsheim in Grinzing. Daher stand es auch nicht in dem Ruf, eine Schule für gutbetuchte Schwachköpfe zu sein – die Schwachköpfe waren hier von schlichterer Art. Die Schüler setzten sich zu etwa einem Drittel aus Juden und zu einem zweiten Drittel aus strammen Nazis zusammen, der Rest war politisch indifferent. Das Bemerkenswerteste an unseren Nazi-Mitschülern war, daß sie sich gegenüber uns Juden ganz anständig benahmen. Die meisten von ihnen waren älter als ich – ein Indiz dafür, daß sie entweder nicht fähig waren, die staatlichen Schulen zu absolvieren, oder aber ihre ganze freie Zeit darauf verwendeten, für »die Sache« zu arbeiten. Nach dem »Anschluß« erschien eine ganze Reihe von ihnen in Uniformen der Hitlerjugend, der SA oder gar SS in der Schule, aber nicht einer von ihnen sagte oder tat je irgend etwas gegen die Juden an der Schule. Das war eine Ausnahme, denn es gab eine Anzahl von staatlichen Schulen, wo jüdische Schüler brutal zusammengeschlagen und in einigen Fällen nach der Machtübernahme durch die Nazis gewaltsam am Betreten ihrer Schulen gehindert wurden.

Der Führer der Hitlerjugend an unserer Schule saß direkt neben mir. Ein paar Tage nach dem »Anschluß« wollte er den anderen Hitlerjungen in der Klasse eine Mitteilung machen. Aber anstatt »Juden raus!« oder etwas noch Schlimmeres zu brüllen, sagte er nur: »Wenn unsere jüdischen Mitschüler nichts dagegen hätten, das Klassenzimmer für ein paar Minuten zu verlassen, wäre ich dankbar. Ich habe eine vertrauliche Mitteilung für die Hitlerjungen.«

Im Jahr 1936, als ich mein erstes Schuljahr am Juranek-Gymnasium beendete, erzielte Franz von Papen, Hitlers Gesandter in Österreich, einen großen diplomatischen Erfolg. Die ersten zwei Jahre seiner Mission waren nicht leicht für ihn gewesen. Er war nach dem Mord an Kanzler Dollfuß ohne Illusionen nach Wien gekommen. Er wußte, wie schwer es sein würde, das Eis zu brechen. Aber er hoffte, aufgrund seiner katholisch-konservativen Einstellung persönliche Kontakte zu einigen österreichischen Regierungsmitgliedern knüpfen zu können. Er wurde schnell vom Gegenteil überzeugt.

Als er seine Akkreditierung am Ballhausplatz vorwies, war der Empfang wahrhaft eisig. Er wurde in eben den Raum des Kanzleramtes geführt, in dem Dollfuß ermordet worden war. Dort, vor einem Marmorsockel, von dem die Totenmaske des zum Märtyrer hochstilisierten Kanzlers auf ihn herniedersah, erwartete die versammelte österreichische Regierung den neuen deutschen Gesandten. Keiner sprach während der Zeremonie ein Wort mehr als unbedingt notwendig. Alles lief streng nach Protokoll ab, es wurden keinerlei Begrüßungsworte, nicht einmal formellster Art, gewechselt.

Doch von Papen verstand zu warten, die Zeit und die ständig wechselnde internationale politische Szene für sich arbeiten zu lassen. Hitler und Mussolini, Österreichs wichtigster Beschützer, kamen sich in den folgenden zwei Jahren näher. Man mußte nicht Diplomat sein, um zu verstehen, wie sehr diese Entwicklung die österreichische Regierung beunruhigte. Ein anderer, mindestens ebenso wichtiger Faktor, der von Papen schließlich zum Durchbruch verhalf, war das verwirrte österreichische Nationalgefühl ohne den psychologischen Halt der unbedingten Loyalität zum Hause Habsburg. Der Kanzler, Kurt von Schuschnigg, war dafür ein perfektes Beispiel. Als österreichischer Patriot und Sohn eines Generals betrachtete er den Demagogen und Emporkömmling Hitler mit Abscheu und Geringschätzung. Da er andererseits aber auch »deutsch empfand«, kam er nicht umhin, den »Führer« zu bewundern, der aus Deutschland wieder ein großes und gefürchtetes Land gemacht hatte.

Ignaz Seipel, Österreichs Kanzler in den zwanziger Jahren, hatte den Begriff »eine Nation, zwei Staaten« geprägt, wenn er von Deutschland und Österreich sprach. Diese Formel verwandte fünfzig Jahre später auch Willy Brandt, um die Beziehung zu definieren, die durch die Bonner Ostpolitik zwischen der Bundesrepublik Deutschland und der »Deutschen Demokratischen Republik« entstanden war. Eine solche Formel kann höchst gefährlich werden, wenn einer der Staaten seinen dringenden Wunsch nach Vereinigung nicht nur verbal kundtut und militärisch stark genug ist, seinen Willen dem schwächeren und widerstrebenden anderen Staat aufzuzwingen. Dann nämlich dient der Gedanke der »einen Nation« zur Rechtfertigung der eigenen Aggression.

Franz von Papen vertrat öffentlich die Ansicht, daß beide deutschen Staaten in der Lage sein sollten, in enger Freundschaft Seite an Seite zu leben; daß zwei Länder, die im schrecklichsten Krieg der Geschichte Schulter an Schulter gekämpft hatten, in grundlegenden deutschen Fragen nicht unterschiedlicher Meinung sein konnten und sollten. Hatten Deutschland und Österreich nicht die Schmach der ungerechten Niederlage gemeinsam erlitten? War nicht beiden deutsch-sprachigen Staaten der Bolschewismus in den Rücken gefallen? Waren sie nicht von den Siegermächten wie Parias und Aussätzige behandelt worden, waren sie nicht beide durch die Kriegsschuldlüge gebrandmarkt und verleumdet worden? Soviel gemeinsames Leid mußte doch ein Band der Einheit schaffen, das weitaus stärker war als alle trennenden Faktoren. Warum also das Vergangene nicht endlich vergangen sein lassen? Der Führer war dazu bereit. Als einen ersten Schritt hatte er von Papen ermächtigt, einen österreichisch-deutschen Freundschaftsvertrag auszuhandeln, der nicht nur Österreichs Unabhängigkeit achten, sondern sie sogar bestätigen, ja garantieren würde.

Schuschnigg widerstand weder den verführerischen Tönen, die Hitlers verbindliche, charmante Sirene anstimmte, noch dem Druck Mussolinis. Der Duce riet dringend dazu, diesen Vertrag zu akzeptieren, der Österreich die Lösung aller österreichisch-deutschen Probleme bringen würde. Daß mit diesem Vertrag aber auch die Voraussetzung für die spätere »Achse« geschaffen wurde, vergaß er zu erwähnen. Und Schuschnigg hielt sich nicht lange bei der Überlegung auf, daß der, »der da gibt«, auch die Macht hat, wieder zu nehmen. Hitlers Garantie ließ durchblikken, daß Nazi-Deutschland im Grunde die einzige Gefahr für Österreichs Unabhängigkeit war, daß Deutschland aber trotz seines Wunsches nach einem »Anschluß« Österreichs seinen Willen bekundete, sich zurückzuhalten. Weder das deutsche Kaiserreich noch die Weimarer Republik hatten Österreich derartige Garantien geboten. Allerdings hatten auch weder der Kaiser noch die Republik die Unabhängigkeit Österreichs je bedroht. Daß Hitler eine solche Garantie anbot, war ein sicheres Indiz dafür, daß das Funktionieren des Konzeptes »eine Nation, zwei Staaten« allein von der Gnade Nazi-Deutschlands abhing, von der Willenserklärung, sich entsprechend zu verhalten. Nirgendwo war festgelegt, was geschehen würde, wenn Österreichs Unabhängigkeit von seinem feurigsten Anbeter – Nazi-Deutschland selbst – angetastet werden sollte.

Der Wortlaut des Kommuniqués über die »Normalisierung der Beziehungen zwischen dem Reich und Österreich« wurde am Abend des 11. Juli 1936 für die Presse freigegeben. Die entscheidenden Passagen lauteten:

»1) Im Sinne der Feststellungen des Führers und Reichskanzlers vom 21. Mai 1935 anerkennt die Deutsche Reichsregierung die volle Souveränität des Bundesstaates Österreich.

2) Jede der beiden Regierungen betrachtet die in dem anderen Lande bestehende innenpolitische Gestaltung, einschließlich der Frage des österreichischen Nationalsozialismus, als eine innere Angelegenheit des anderen Landes, auf die sie weder unmittelbar noch mittelbar Einwirkung nehmen wird.

3) Die österreichische Bundesregierung wird ihre Politik im allgemeinen, wie insbesondere gegenüber dem Deutschen Reiche, stets auf jener grundsätzlichen Linie halten, die der Tatsa-

che, daß Österreich sich als deutscher Staat bekennt, entspricht...«

In den folgenden Tagen war der Vertrag das Hauptthema der Wiener Zeitungen. Nicht, daß er offen diskutiert worden wäre – das war schlecht möglich –, nein, man pries das Vertragswerk und den Kanzler, dessen großartiges staatsmännisches Können diesen »großen Erfolg« für Österreich möglich gemacht hatte. Ziemlich versteckt hinter all dem Wortgeklingel, das Österreichs Freude, die Zustimmung ausländischer Regierungen und der Zeitungskommentatoren ausdrückte, fand sich eine winzige Notiz in der »Neuen Freien Presse« vom 14. Juli, die wir nicht hätten übersehen sollen. Sie lautete: »Der österreichische Generalkonsul in Jerusalem, Dr. Ivo Jorda, steht der Öffentlichkeit morgen und übermorgen von 10 bis 13 Uhr im Bundeskanzleramt, Ballhausplatz 1, 2. Stock, Zimmer 63, für Informationen zur Verfügung.«

Die Klaars, brave Österreicher, die sie waren, machten von dieser Möglichkeit keinen Gebrauch.

Benito Mussolini, der Schuschnigg im eigenen Interesse dazu gedrängt hatte, den Vertrag zu akzeptieren, machte den österreichischen Kanzler nichtsdestoweniger auf den geringen Wert einer Nazi-Garantie aufmerksam.

Einen Monat nach der Unterzeichnung der Übereinkunft empfing er den österreichischen Militärattaché, Oberst Liebitzky, im Palazzo Venezia und erklärte dem Offizier, daß Hitler fest entschlossen sei, im Jahr 1938 das tschechoslowakische Problem zu lösen. »Weisen Sie den Kanzler noch einmal darauf hin, daß Österreich nur noch zwanzig Monate Zeit hat«, fügte er hinzu.

Stefan Zweig, der unweit der deutschen Grenze in Salzburg lebte, faßte unsere Haltung und die der überwältigenden Mehrheit der Wiener Juden treffend zusammen, als er schrieb: »Selbst die Juden sorgten sich nicht und taten, als ob die Entrechtung der Ärzte, der Rechtsanwälte, der Gelehrten, der Schauspieler in China vor sich ginge und nicht drei Stunden weit drüben im gleichen Sprachgebiet. Sie saßen behaglich in ihren Häusern und fuhren in ihren Automobilen. Außerdem hatte jeder das Trostsprüchlein bereit: ›Das kann nicht lange dauern.‹«

Für uns, meine Eltern und mich, ging das Leben weiter wie

bisher. Wir packten unsere Koffer für die Sommerreise. Wieder einmal ging es nach Bad Ischl.

Oh, Ihr Reisenden von heute, gebündelt, verpackt und versandt nach Mallorca oder Teneriffa, die Ihr eingepfercht in Euren Charter-Jets um den Globus fliegt, was wißt Ihr schon von den Freuden und Aufregungen einer Reise von Wien nach Bad Ischl anno 1936? Sechs Stunden im Zug. Aufenthalt auf der Eisenbahnstation mit dem herrlich lautmalerischen Namen Attnang-Puchheim. Sprecht es schnell und mit zunehmender Geschwindigkeit, und Ihr hört das Schnaufen der Lokomotive, das Geräusch der Räder, wie sie über die Schienen rattern und Euch Eurem Ferienziel näher bringen. Attnang-Puchheim, Attnang-Puchheim...

Dieser Rangierbahnhof war der Ort, wo sich die reisenden Klaars, die nur einen Picknickkorb mit kaltem Huhn, Schinken, Würsten, Brot, Butter und Käse mit sich führten, um während der ersten Stunden der Reise am Leben zu bleiben, mit frischem, heißem Kaffee und Wiener Würstchen für den Rest der Fahrt eindecken konnten.

Die Reise an sich war nur das halbe Vergnügen. Die eigentliche Freude, die wahre Würze lag in den Vorbereitungen. Bereits zwei Wochen, bevor der rotbemützte Stationsvorsteher den Pfiff ertönen ließ, der unseren Zug ins Rollen brachte, wurden die Reisekörbe und Koffer aus dem Keller in die Wohnung heraufgeholt. Überall standen sie herum, pausenlos stolperte man über einen von ihnen. Sie wurden eingepackt und wieder ausgepackt. Etwas, das zuunterst hätte sein sollen, fand sich plötzlich obenauf wieder. Das Kleid in diesem Koffer gehörte eigentlich in einen ganz anderen. Die Tischtücher – wir hatten eine Wohnung in Bad Ischl gemietet und mußten unsere eigene Wäsche mitbringen – waren mit den Bettüchern durcheinandergeraten, die sich wiederum aus geheimnisvollen Gründen unter die Badelaken verirrt hatten. Welche Aufregung! Welche Verwirrung! Was gerade dringend gebraucht wurde, war mit Sicherheit längst verpackt; was längst hätte verpackt sein sollen, lag noch irgendwo herum. Während sie über Kleidungsstücke und Wäsche stolperten und unter ihren Lasten stöhnten, keuchten Mutter und das Dienstmädchen von

Zimmer zu Zimmer, von Koffer zu Koffer. Und dann, zur festgesetzten Stunde, wurde jeder einzelne Reisekoffer sorgsam verschlossen, nachdem der innere Widerstand des Gepäckstückes durch das Gewicht von Vater oder Mutter, die sich daraufsetzten, gebrochen worden war. Alle Stücke wurden sorgfältig gezählt und noch einmal gezählt, und dann waren wir endlich wirklich unterwegs.

Irgendwelche Kleinigkeiten wurden natürlich immer vergessen, niemals aber Vaters Urlaubs-Notizbuch. Er führte beileibe kein richtiges Tagebuch. Er hielt nur im Urlaub jede Ausgabe sorgsam fest. Weshalb er das tat, weiß ich nicht. Aber er stellte eine tägliche Ausgaben-Bilanz auf, so daß er immer auf den Groschen genau wußte, was wir in unserem Urlaub verbraucht hatten. Vielleicht tat er das, um in Übung zu bleiben, vielleicht aber auch, weil er nach Gründen suchte, im nächsten Jahr keine Urlaubsreise machen zu müssen.

Als kleiner Junge hatte ich Bad Ischl gehaßt. Jetzt, mit fünfzehneinhalb, bekam ich ein ganz neues Ischl-Gefühl. Ich schloß mich einer Gruppe junger Leute an. Wir unternahmen lange Spaziergänge, flirteten und poussierten ein bißchen, wir tanzten und schlenderten die Esplanade entlang, wir trugen die Tracht der Einheimischen und waren durch und durch österreichisch. Und ich begann, die einzigartige Atmosphäre, die Bad Ischl damals noch hatte, zu spüren.

Meine Eltern und ich verbrachten im Sommer 1936 vier Wochen in Bad Ischl. Dann war Vaters Urlaub vorbei. Er kehrte mit Mutter nach Wien zurück, während ich den Rest meiner Ferien in den Bergen Österreichs verbrachte. Das Ferienlager wurde von demselben jungen Ehepaar geleitet, das schon das Kinderheim am Erlaufsee geführt hatte, in dem ich im Sommer zuvor meine erste Liebe verloren und meine zweite gefunden hatte. In diesem Sommer würde Lisl, meine zweite Liebe, leider nicht dabei sein. Das hatte sie mir klar und deutlich gesagt. Im Laufe des Jahres hatten wir uns ein paarmal in Wien getroffen. Für mich waren diese Rendezvous ziemlich unglücklich verlaufen; denn ich mußte sehr schnell erkennen, daß ich eine Art Reserve-Freund war, der nur die zweite Geige spielte. Ich muß meiner jungen Liebe wohl entsetzlich auf die Nerven gegangen sein mit meinen verliebten Blicken und meiner hündischen Ergebenheit. Ich folgte ihr überall hin und tastete im dunklen Kino nach Händen, die gar nicht gestreichelt werden wollten. Lisl bevorzugte verständlicherweise ältere, selbstsicherere Jungen, die nicht so unreif und ungeschickt waren wie ich.

Man stelle sich also meine Verblüffung vor, als Lisl plötzlich – drei Tage nach meiner Ankunft – ebenfalls im Ferienlager auftauchte. Es machte mich unbeschreiblich glücklich, aber ebenso unbeschreiblich arrogant. Ich muß einfach unausstehlich gewesen sein. Wenn man nett zu ihnen ist, glauben junge Hündchen mitunter, riesige Bernhardiner zu sein. Sie stolzieren umher, als gehöre ihnen die Welt und alle Mädchen. Unsere Beziehung entwickelte sich daher nicht besonders rasch.

Die österreich-deutschen Beziehungen machten da weit schnellere Fortschritte. Es war Herbst, und – wenn man den Verlautbarungen unserer Regierung glaubte – die Früchte des Abkommens mit dem Reich fielen nun als reiche Ernte unserem Kanzler direkt in den Schoß. Als eines seiner »großen« Zugeständnisse schaffte Hitler die Tausend-Reichsmark-Hürde ab, die dringend erwünschte Touristen von den österreichischen Erholungsgebieten fernhielt. Allerdings hatte diese Hürde niemand anders als Hitler selbst drei Jahre zuvor errichtet. Deutsche Staatsbürger, die Österreich besuchen wollten, mußten die damals immense Summe von eintausend Reichsmark für eine deutsche Ausreisegenehmigung bezahlen. Nun konnten sie ohne derlei Schikanen reisen. Und sie kamen zu Tausenden. Sie brachten aber nicht nur ihr so sehnlichst erwünschtes Geld, sondern auch ihre Mundpropaganda mit – die wirksamste Werbemethode von allen. Sie redeten bereitwilligst von all den wunderbaren Dingen, die im Reich vor sich gingen, priesen Hitler und das Wunder, das er in so wenigen Jahren vollbracht hatte, in höchsten Tönen. Die Österreicher nahmen die Geschichten fast ebenso begierig auf wie das Geld ihrer Feriengäste.

Auch die Handelsbeziehungen zwischen beiden Ländern wurden »normalisiert«. Dadurch wurde eine Wirtschaftslage korrigiert, die nur dank Hitler anomal gewesen war.

Natürlich wußten wir nicht, daß dem Juli-Abkommen ein Geheimprotokoll hinzugefügt worden war, aber langsam wurden die Auswirkungen sichtbar. In Wien und anderen Großstädten konnte man wieder deutsche Zeitungen und Zeitschriften kaufen. Keine Parteizeitungen der NSDAP natürlich – die waren immer noch verboten. Aber inzwischen wurden alle deutschen Zeitungen längst durch Goebbels' Propaganda-Ministerium kontrolliert. Daß sie ein rosiges Bild von Hitlers Deutschland und seinen nationalsozialistischen Errungenschaften malten, versteht sich von selbst. Als Gegenleistung wurden österreichische Zeitungen nach Deutschland hineingelassen. Schließlich hielt die österreichische Zensur sie jetzt davon ab, irgend etwas Unfreundliches über das Hitler-Reich zu berichten.

Eine noch wirksamere Propaganda als Zeitungen, Zeitschriften oder Bücher aus Deutschland waren deutsche Filme, besonders Kriegsfilme. Über dem Colosseum-Kino in der Nußdorfer Straße, das ich vom Herrenzimmer aus sehen konnte, tauchte eine riesige Pappfigur eines deutschen Soldaten mit Stahlhelm auf. Sein Mund war weit geöffnet, als würde er Wutschreie gegen den Feind ausstoßen, während er gerade mit der erhobenen rechten Hand eine Granate auf ihn zu schleudern schien. Diese Filme erinnerten die Österreicher, vor allem die jüngere Generation, an die tapferen deutschen Blutsbrüder aus der Kriegszeit. Sie appellierten an eine alldeutsche Solidarität und stellten dar, wie deutschen und österreichischen Frontkämpfern der Dolch in den Rücken gestoßen worden war, wie sie verraten worden waren und daß sie in wirklich fairem, gerechtem Kampf natürlich nie besiegt worden wären. Aber die deutsche Filmindustrie unter Goebbels machte auch auf wesentlich subtilere Art Propaganda für die Nationalsozialisten. Gut gemachte und großzügig produzierte historische Dramen und Abenteuergeschichten zogen die Massen in die Kinos, wo sie sehen konnten, wie mutige deutsche Recken Slawen mit groben Gesichtszügen besiegten, die dabei waren, in deutschen Landen unter den deutschen Maiden schlimme Verwüstungen anzurichten. Und dann gab es auch noch jene geistreichen und spritzigen Komödien und Musikfilme – ganz harmlos und ohne jeden politischen Inhalt –, die zeigten, wie angenehm, elegant und gut man im Reich des Führers lebte.

Schuschnigg mußte aber auch Dinge tolerieren, die weit gefährlicher waren. Wir erfuhren plötzlich, daß wir neben den Nazis auch noch eine »Nationale Opposition« besaßen. Nazis waren gefährlicher, lärmender Pöbel, der ungehobelte, üble Mob. Zur »Nationalen Opposition« gehörten Herren mit akademischen Titeln, alldeutschen Seelen, aber – so wurde betont – auch guten, ehrlichen rot-weiß-roten österreichischen Herzen. Eine ihrer größten Leuchten, ein Angehöriger der Burschenschaft, zu der unser Märtyrer Engelbert Dollfuß auch gehört hatte, ein ehemaliger Offizierskamerad und persönlicher Freund von Kanzler Schuschnigg, war Dr. Arthur Seyß-Inquart, ein bekannter Rechtsanwalt.

Dieser hochgewachsene, bebrillte Herr mit den etwas scheuen und zögernden Bewegungen wurde mit der Leitung einer neugeschaffenen Abteilung innerhalb der »Vaterländischen Front« betraut. In dieser »Volkspolitischen Abteilung« wurden jene Herren der »Nationalen Opposition« versammelt, die ihre Rollen in Österreichs politischer Zukunft noch spielen sollten.

Diese Öffnung nach rechts, die aus dem Juli-Abkommen resultierte, öffnete auch einem bedeutenden Mitglied der »Nationalen Opposition« die Tür zu Schuschniggs Kabinett. General Edmund Glaise-von Horstenau, Direktor im Kriegsarchiv in Wien, wurde Minister ohne Portefeuille. Schuschnigg wußte, daß das die gefährlichste von all seinen Konzessionen an Hitler war. Aber er glaubte, es wäre der geeignete Weg, die nationalistischen Schlachtrösser mit einem rot-weiß-roten Band an den Stallpfosten seiner »Vaterländischen Front« anzubinden.

Ich bereitete meine Sachen für meine Weihnachts-Skireise vor, als mich Vater ganz nebenbei fragte, ob denn Lisl auch mit von der Partie sein würde. Er äußerte das so unbefangen und beiläufig, daß ich den Braten nicht roch und offen mit einem Ja antwortete.

»Ich weiß nicht, ob du dann fahren solltest«, überlegte er laut. »Du siehst diese junge Dame viel zu oft. In deinem Alter hängt man sich noch nicht an ein Mädchen. Da hat man viele Freundinnen. Es wäre besser, wenn du nicht fahren würdest.«

Vater argumentierte vernünftig, sprach kein autoritäres Machtwort, dachte gewissermaßen nur laut darüber nach, ob das, was ich tun wollte, auch wirklich klug sei. Es gab keinen Streit, auch keinen ernsthaften Versuch, mich von der Skireise abzuhalten.

Aber nach der Rückreise aus den Ferien, in denen Lisl und ich uns näher gekommen waren als je zuvor, wenn auch längst nicht so nahe, wie Vater wohl befürchtet haben mochte, begann die Familie Klaar unerwartet damit, Bemerkungen fallenzulassen. Wenn die Klaars »Bemerkungen« machten, war das ein Anzeichen unmittelbarer Gefahr. Annitschek machte den Anfang. Während sie mit höchster Konzentration in einem ihrer Töpfe rührte, sinnierte sie laut vor sich hin: »Nun, nie hätte ich das geglaubt. Da hab' ich immer gedacht, deine Cousine Hedi wär' deine einzige Liebe und daß du sie eines Tages heiraten wirst, und nun gibt es da eine andere.«

Nach dieser ersten diplomatischen Demarche des Familien-Regierungs-Chefs trat der Souverän, Großmutter Julie, höchstpersönlich ins Rampenlicht. Sie musterte mich mehrmals von oben bis unten. Dann kam sie mehr oder weniger zur Sache. »Dein Vater macht sich Sorgen um dich«, erklärte sie. Als ich fragte, was sie denn damit meine, erhielt ich nur ein orakelhaftes: »Oh, du weißt ganz genau, was ich meine. Dein Vater ist bestürzt, und das sollst du wissen!«

Tante Sallys Bemerkung fiel etwas schüchtern aus. Ohne jeden Zusammenhang erklärte sie, daß Liebe wunderbar sein müsse, während Onkel Paul, der aus seiner Praxis herbeigeeilt war, um einen kleinen Imbiß in Annitscheks Küche zu sich zu nehmen, eher auf Physiologie als auf Psychologie bedacht war. Er murmelte etwas von: »Wenn du schon nicht brav sein kannst, sei wenigstens vorsichtig.« Eine absolut unpassende Bemerkung, weil – sehr zu meinem Bedauern – nichts vorgefallen war, das irgendwelche Vorsichtsmaßnahmen erfordert hätte.

Inzwischen war es, selbst für mich, mehr als deutlich, daß Vater meine ganz persönlichen Angelegenheiten mit seiner Mutter und Schwester, mit seinem Bruder und Annitschek besprach.

Mutter und er hatten Lisl nur einmal, und das ganz zufällig in einem Kino, gesehen. Wir beide verließen gerade die Nachmittagsvorstellung, als ich meine Eltern im Vestibül entdeckte, wo sie auf den Beginn der Abendvorstellung warteten. Es gab kein Entrinnen mehr. Ich lief Vater direkt in die Arme. Also stellte ich

Lisl vor. Mutter war höflich, Vater sehr kühl und distanziert. Von diesem Augenblick an wurden Vaters Bemerkungen persönlich. Sie waren auch unfair und erzielten – natürlich – genau das Gegenteil von dem, was sie erreichen sollten. Je ausfallender er Lisl gegenüber wurde, desto mehr rief er meine ritterlichen Instinkte wach. Je lauter er donnerte, ich sei ein verdammter Narr und solle gefälligst eine ganze Reihe von Mädchen haben, desto entschiedener stand für mich fest, daß sie für mich die einzige war. Und je mehr er auf dem Thema beharrte, desto weniger erzählte ich ihm. Er glaubte immer noch, daß ich meine Samstagabende nach bewährtem Muster mit Fritzl Pollack verbrachte – Beefsteaks und Worcestersauce im O.K.-Stüberl und so weiter. Dabei war Fritzl inzwischen längst aus der Rolle eines Freundes in die eines Alibis geschlüpft. Manchmal wurde ihm zwar gestattet, uns zu begleiten, aber die meisten Samstagabende verbrachte ich doch mit Lisl beim Tanzen, allein und ohne »Anstandsdame«. Ich begann, mein eigenes Leben zu führen. Und dabei waren weder meine Eltern noch ein Freund meine Verbündeten, mein innigster Vertrauter war mein Tagebuch, in dem ich meine Gefühle und Sehnsüchte niederschrieb.

Ich schwebte irgendwo in den Wolken und bemerkte kaum, was um mich herum vorging. Und wenn ich es doch bemerkte, dann ordnete ich es nicht richtig ein. Je stärker Vaters Druck wurde, desto mehr wandte ich mich von ihm ab. Meiner Mutter konnte ich mich auch nicht anvertrauen. Obwohl sie es nie aussprach – sie versuchte sogar häufig, Vater zu beruhigen, wenn er allzu heftig wurde –, war sie doch, und das fühlte ich genau, im Grunde auf seiner Seite.

An einem Sonntagmorgen im Februar 1937, ein paar Tage, nachdem der deutsche Außenminister Konstantin Freiherr von Neurath auf Staatsbesuch in Wien gewesen war, kam es schließlich zum großen Krach zwischen Vater und mir. Freiherr von Neurath war einer jener legendären Männer, von denen man geglaubt hatte, sie könnten Hitler »fest an der Kandare« halten. Als Adliger war er ein Repräsentant der alten Schule, ein Konservativer, wie er im Buche steht, ein deutscher Traditionalist. Hochgewachsen und distinguiert, mit silbergrauem Haar, jeder Zoll ein Gentleman, schien er von den frechen, großmäuligen

Parteigängern des Führers Lichtjahre entfernt zu sein. Der Schock war daher um so größer, als Konstantin von Neurath auf dem Bahnhof die wartenden österreichischen Diplomaten mit zum Nazi-Gruß erhobenem rechten Arm und einem weithin schallenden »Heil Hitler« begrüßte. Er »heilhitlerte« sich seinen Weg durch Wien, überall von Tausenden österreichischer Nazis frenetisch bejubelt, die ihm sein »Heil Hitler« mit hysterischer Begeisterung zurückgaben. Vielleicht noch befremdender war allerdings das Verhalten unserer Polizei. Ihre Hauptaufgabe bestand offenbar darin, über Österreichs weltberühmtem Ruf für »Gemütlichkeit« zu wachen. »Meine Herren, bitte, meine Herren«, ermahnten die Polizisten die jubelnden Nazis. »Das sollten Sie wirklich nicht tun. Bitte, beruhigen Sie sich doch.« Hätten die Massen aber sozialistische Schlagworte und Parolen gerufen, hätte ihnen unsere »gemütliche« Polizei mit ihren Gummiknüppeln die Köpfe eingeschlagen.

Die allgemeine Atmosphäre von Spannung und Furcht trug sicherlich dazu bei, daß Vater am folgenden Sonntagmorgen explodierte. Nach dem Frühstück schlug er plötzlich und unerwartet gebieterische Töne an. »Und was machst du heute?« erkundigte er sich.

»Na, ich fahre doch am Vormittag mit dir zu Großmutter.«

»Gut. Und nach dem Mittagessen?«

Am Ton seiner Stimme, an seinem Gesichtsausdruck merkte ich, daß er ärgerlich war. Ich hätte lügen können, aber das wollte ich nicht. Vielleicht suchte ich selbst die Konfrontation.

»Ich werde ausgehen.«

»Wohin? Wozu? Warum?«

»Wenn du es so genau wissen mußt – ich gehe zum Fünf-Uhr-Tee ins Café Splendid.«

»Mit ihr?« Diese Frage wurde mir fast ins Gesicht gespuckt.

»Ja, natürlich.«

»Das wirst du nicht! Das hört auf! Es ist weit genug gegangen! Ich verbiete dir, dieses Mädchen noch einmal zu sehen! Ich lasse nicht zu, daß sich mein Sohn zum Hanswurst macht!« Er schrie. »Du bist viel zu jung! Wie überheblich du auch sein magst – du weißt gar nicht, was du tust! Ich verbiete dir ausdrücklich, diese Affäre weiter fortzusetzen!«

Da war er also, mein erster Erwachsenen-Streit mit Vater. Es sollte nur noch einen zweiten geben. Egal, wie er mich auch immer betrachten mochte, ich sah mich nicht mehr als Kind. Er konnte mich nicht länger beherrschen, für mich entscheiden, mir sagen, was ich tun und lassen sollte. Ich war mein eigener Herr, ich konnte lieben, wen ich wollte. Ich war über sechzehn. Ich war nicht mehr sein kleiner Junge.

»Das geht dich gar nichts an!« schrie ich zurück. »Du kannst mich nicht einsperren! Ich werde tun, was mir paßt!«

Unser Wortwechsel wurde immer hitziger. Nicht nur unsere Stimmen, auch unsere Worte wurden rauher und gipfelten schließlich in meinem wütenden: »Wenn du so bist, dann will ich dich nicht länger zum Vater haben!«

Ich sah ihm sofort an, wie tief ich ihn verletzt hatte. Daß ich fähig war, so etwas zu sagen, machte ihm Angst, weil es ihm auch klarmachte, wie sehr ich verliebt war. Vielleicht erkannte er, daß Lisl der Mensch war, der mir allein durch seine Existenz die Kraft gab, mich von Vater zu lösen. Ich wußte, daß ich meinem Vater Schmerz zugefügt hatte, und trotz meiner Wut wußte ich auch, wie sehr ich ihn liebte und wie weh es tun kann, weh zu tun.

Vater sprach kein Wort mehr. Er verließ das Speisezimmer. Ich fuhr nicht mit zu Großmutter. Ich ging am Nachmittag tanzen.

Cousine Hedi und ihr Bruder Fritz hatten ein paar glückliche Sommer in einem Kinderferienlager in Cesenatico an der italienischen Adria verbracht. Die Leute, die es führten – eine richtige Frau Doktor hatte die Leitung –, genossen einen ausgezeichneten Ruf, und als ich meine Eltern fragte, ob ich in den Sommerferien dorthin fahren könnte, stimmten sie sofort zu. Ich sollte vier Wochen an der Adria verbringen, dann eine Woche mit meinen Eltern in Schruns in Tirol verleben, um schließlich drei Wochen in Bad Ischl zu bleiben. Ich war glücklich, meine Eltern waren glücklich, besonders, weil ich nicht gebeten hatte, wieder in jenes obskure Kinderheim nach Oberösterreich fahren zu dürfen. Nach Vaters Meinung war das junge Ehepaar, das dort die Aufsicht führte, nicht mehr und nicht weniger als Kuppler. Ihre Schuld war es, daß sich sein Sohn in »dieses Mädchen« verliebt hatte. Sie hätten es verhindern müssen. Warum und vor allen Dingen wie – über diese beiden Punkte äußerte er sich weniger entschieden.

Cesenatico war da etwas ganz anderes. Das Ferienlager war viel größer, sollte ziemlich streng sein, die Frau Doktor war eine bekannte Erzieherin, und das Personal stand in dem Ruf, ordentlich ausgebildet zu sein. Ich wußte das alles auch, aber es schreckte mich keineswegs ab. Aus gutem Grund: Lisl würde ebenfalls nach Cesenatico fahren. Das war unser großes und extrem gut gehütetes Geheimnis, und das mußte es auch sein; denn obwohl Lisls Eltern immer sehr freundlich zu mir waren und Lisl nie irgendwelche Probleme mit ihnen hatte, die auch nur entfernt denen ähnelten, die ich mit meinen Eltern hatte, fühlten sie doch wohl auch, daß unsere Beziehung bereits zu eng geworden war und nicht noch unterstützt werden sollte. Soweit ich mich erinnern kann, brauchten weder Lisl noch ich direkt zu lügen. Die beiden Elternpaare nahmen ganz selbstverständlich an, daß jeder von uns in diesem Sommer 1937 seine eigenen Wege gehen würde. Aber wir hatten doch ein Problem: Wie konnten wir unsere Eltern davon abhalten, uns zum Bahnhof zu bringen? Falls wir versuchten, es ihnen auszureden, würden sie mit Sicherheit Verdacht schöpfen, sagten wir aber nichts, würden sie uns verabschieden. Zu guter Letzt kamen Lisl und ich überein, die Dinge einfach laufenzulassen. Ihre Eltern würden schon nicht allzuviel Theater machen, und war ich erst einmal im Zug, würde mein Vater – vor allem, da der Ferienaufenthalt im voraus bezahlt war – wohl kaum den Eisenbahnwagen stürmen, mich packen und wieder herauszerren.

Der Tag der Abreise war da. Meine Eltern standen auf dem Bahnsteig und unterhielten sich mit mir durch das offene Waggonfenster. Sie sprachen von all den belanglosen Sachen, die man im letzten Augenblick bei solchen Anlässen sagt. Sie nahmen nicht die geringste Notiz von meinen wiederholten Hinweisen, daß sie nicht länger zu warten brauchten, daß ich ganz sicher im Zug untergebracht sei und daß der Zug sowieso jeden Augenblick abfahren würde.

Ich versuchte verzweifelt, meine Nervosität zu verbergen. Es war wirklich nicht mehr viel Zeit bis zur Abfahrt. Wo blieb sie nur? Schließlich, kurz bevor der Zug aus dem Bahnhof rollte, kam Lisl den Bahnsteig entlang, begleitet von ihrer Mutter, ihrem Vater und ihrer großen Schwester. Im selben Augenblick, als ich sie sah, begann ich zu zittern und zu beben, und das keineswegs aus Liebe! Lisl hatte alles, aber auch alles getan, was nur möglich war, um meinen Vater zu provozieren. Sie trug einen Hut von so leuchtend roter Farbe, daß er sogar die Mütze des Stationsvorstehers in den Schatten stellte. Noch viel schlimmer war ihr übertriebenes Make-up: Sie hatte den Lippenstift zu dick aufgetragen und – Vater haßte das wie die Pest – zuviel Rouge auf die Wangen gelegt.

Warum, dachte ich, warum, o warum hat sie das nur getan? Sosehr ich sie auch liebte, wußte ich doch, daß es für ein Mädchen von noch nicht sechzehn Jahren einfach unpassend war, eine solche Kriegsbemalung aufzutragen. Vielleicht war ich in diesem Punkt besonders empfindlich, weil Vater, seit er sie zum erstenmal im Kino getroffen hatte, ständig darauf herumgeritten war? Während sich diese Gedanken in meinem Kopf überschlugen, entdeckte Vater Lisl. Er wurde bleich. Aber der Blick, mit dem er mich ansah, zeigte keine Wut, nur Traurigkeit. Er nahm Mutters Arm, beide traten vom Fenster zurück und erwiderten gerade eben die Begrüßungsworte von Lisls Eltern, vollkommen überzeugt, daß sie – arme Unschuldige, die sie doch waren – in unsere Verschwörung verstrickt seien.

Gnädigerweise ging dann alles sehr schnell. Der Zug setzte sich in Bewegung, wir winkten, und der gefährliche Augenblick, den ich so sehr gefürchtet hatte, war ohne den erwarteten Vulkanausbruch vorübergegangen. Vielleicht wurden wir auch nur geschont, weil Vater einfach sprachlos war. Möglicherweise tröstete er sich mit dem Gedanken, daß wir unter strenger Aufsicht stehen würden.

Wie oder warum Frau Doktor und ihr Personal ihren großartigen Ruf erworben hatten, wird mir für immer ein Rätsel bleiben. Falls sie ihn je verdient haben sollten, bleibt doch unklar, wie sie ihn über all die Jahre hinweg aufrechterhalten konnten. Das Ferienlager in Cesenatico war das absolute Chaos. Um uns, die Älteren, »kümmerten« sich Laien, die nur zwei oder drei Jahre älter waren als wir selbst. Die männlichen »Aufsichtspersonen« waren ausgelassener als ihre Schützlinge, die sie unter Kontrolle haben sollten, und ihre Kolleginnen waren auch keine Engel. Daß Cesenatico für uns ein Paradies sein würde und nicht im entferntesten das, was sich unsere Eltern erhofften, wurde schon während der Nachtfahrt nach Italien klar.

Die älteren Jungen und Mädchen teilten sich ein Zugabteil und genossen eine sehr glückliche und muntere Nacht. So aktiv waren wir miteinander beschäftigt, daß wir kaum eine Hand frei hatten, um den österreichischen und italienischen Grenzbeamten unsere Pässe hinzuhalten. Die Italiener müssen einander von den interessanten Dingen erzählt haben, die in unserem Abteil vor sich gingen, denn nachdem wir die Grenze überquert hatten, öffnete jede halbe Stunde ein anderer uniformierter Operettengeneral unsere Abteiltür, betrachtete die Peep-Show mit breitem Grinsen, verschwand wieder, und wir blieben uns selbst überlassen, bis der nächste an der Reihe war zu gaffen. Um die Wahrheit zu sagen, spielte sich außer Küssen und harmlosen Streicheleien nichts ab, aber für Fünfzehn- und Sechzehnjährige war es doch eine sehr aufregende, schlaflose Nacht.

Wir waren mehr als zermürbt, als wir am nächsten Morgen nach einem unverdaulichen Frühstück, bestehend aus einem hartgekochten Ei und einer harten Birne pro Person, um fünf Uhr morgens in Venedig auf den Bahnsteig stolperten.

In den frühen Morgenstunden durch Venedig zu spazieren kann ein Vergnügen sein, doch kaum nach einer schlaflos verbrachten elfstündigen Bahnfahrt. Nichts hätte unseren Betreuern gleichgültiger sein können. Die ganze Gruppe – darunter auch kleine Kinder – wurde zunächst in einen Park geschleppt, wo wir ausruhen sollten, und danach zogen wir um etwa acht Uhr – es war schon heiß und sollte noch viel heißer werden – wie eine Herde verlorener Schafe, die von Minute zu Minute hungriger und elender wurde, durch die Straßen. Die Kleinen begannen zu weinen und zu streiten. Übermüdet weigerten sie sich zu laufen und fielen ständig hin. Schließlich gestattete man uns, am Markusplatz zu rasten. Um ein Uhr, als wir völlig erschöpft und schwach vor Hunger waren, führte man uns in ein übelriechendes Speiselokal, wo man uns Polenta und einen Haufen schmierigen, öligen Fisch vorsetzte. Allein der Anblick verursachte uns Übelkeit. Keiner konnte viel herunterbringen, und den wenigen, die es doch versuchten – darunter ich –, wurde nach einigen Bissen prompt schlecht.

Den Rest des Tages lebten wir von Eis, und als es Abend wurde, amüsierten sich die Älteren großartig, indem sie paarweise Gondelfahrten unternahmen. Wie es die Kleinen schafften zu überleben, bis wir schließlich zum Bahnhof zurücktrotteten, um den Nachtzug nach Cesenatico zu erreichen, wo wir am nächsten Morgen um sieben Uhr ankamen, läßt sich nur als eines der vielen Wunder des Heiligen Markus erklären.

Cesenatico war im Jahr 1937 noch ein Fischerdorf. Es besaß zwar ein großes Hotel, ein paar Straßen mit eleganten Villen und einige wenige Pensionen, aber es war noch weit, weit entfernt von dem »Paradies« des Massentourismus heutiger Tage.

In diesen Sommerferien erhielt ich meine erste und einzige Kostprobe davon, was es bedeutet, jung, sorglos und in die Liebe verliebt zu sein. Da gab es mein Mädchen, aber auch andere, mit denen es sich ebenso gut flirten ließ: Maria, eine schöne, dunkelhaarige Italienerin aus gutem Hause, die bei weitem nicht so behütet wurde, wie dies von italienischen Mädchen aus guter Familie angenommen wird. Da war auch eine der jungen Betreuerinnen, etwas älter als ich und daher um so faszinierender. Es gab Mondscheinfahrten in Fischerbooten, singende italienische Seeleute, Flaschen echten Asti Spumante oder Lacrimae Christi und Lisl in meinen Armen. Alles war noch ziemlich unschuldig, aber voller Romantik, und mit sechzehneinhalb kann an Kitsch grenzende Romantik sehr schön sein. Ich nahm Italienisch-Unterricht bei einem italienischen Medizinstudenten, Mario Finzi, einem überzeugten Faschisten. Wie seine Augen jedesmal vor Stolz aufleuchteten, wenn Flugzeuge der italienischen Luftstreitkräfte über unsere Köpfe hinwegdonnerten! Marschall Italo Balbo, der bärtige Chef der italienischen Luftwaffe, war sein Idol. Niemand hätte ein stolzerer Patriot sein und niemand einem dunklen, gutaussehenden italienischen Renaissanceprinzen ähnlicher sehen können. Ich wußte damals noch nicht, daß Finzi ein jüdischer Name ist, noch wußte Mario, daß die Faschisten, die er so bewunderte, bald seine Verfolger und Peiniger werden sollten. Er überlebte und wurde einer der hervorragendsten Chirurgen Italiens.

Diese letzten Ferientage meiner Jugend, als die Zukunft wachsende Unabhängigkeit, ein sorgloses Leben an der Universität sowie ein ganzes Jahr Walzertanz in der glänzenden Uniform eines österreichischen Offizierskadetten zu verheißen schien, endeten noch nicht mit dem vierwöchigen Italienaufenthalt. Von Cesenatico aus reiste ich zum erstenmal allein zurück nach Österreich, nach Schruns in Tirol, wo ich eine Woche mit meinen Eltern verbrachte, ehe wir zusammen nach Bad Ischl weiterfuhren. Vater und Mutter behandelten mich jetzt fast wie einen Erwachsenen. Mein endgültiger Ritterschlag erfolgte bei einem Gespräch, das Vater mit mir in einer kleinen Gaststätte führte. Zum erstenmal erzählte er mir voll Stolz, was er in diesem Jahr verdient hatte, wieviel von seinem Einkommen von der Bank stammte und wieviel von der französischen Zigarettenfabrik Abadie. Wir diskutierten die Zukunft – seine wie meine – und vermieden dabei nur ein Thema: Lisl.

Keine acht Monate später waren wir verachtet, gejagt, verdammt, waren zu menschlichen Wesen ohne Rechte geworden. Aber im August 1937 saßen wir gemütlich in dieser kleinen Gaststätte und verplauderten die Zeit, als läge sie endlos glücklich vor uns.

Bad Ischl bedeutete auch das Wiedersehen mit meiner alten Clique. Damit meine ich die jungen Leute, mit denen ich im Jahr zuvor zusammengewesen war. Sie waren alle wieder da, ein wenig reifer, ein bißchen flirtfreudiger – und es gab auch zwei neue Leidenschaften. Eine davon war ein Mädchen, das sich Marielouise, Yvonne und den anderen angeschlossen hatte. Eigentlich war sie viel früher an mir interessiert als ich an ihr. Für mich eine ganz neue und sehr aufregende Erfahrung. Die andere Leidenschaft waren »Reinanken«, einheimische Fische, die geräuchert und auf Holzstäbe gesteckt wurden. Meine Hingabe an beide Passionen war gleich intensiv. Sie wurde von der versammelten Familie, die in diesem Sommer um Tante Klara und Cousine Hedi bereichert wurde, schweigend, aber gebührend zur Kenntnis genommen. Jeder war überaus diskret. Es wurden keinerlei Stellungnahmen abgegeben. Vermutlich hatte Vater, der sein Entzücken über mein Interesse an einer neuen jungen Dame zu verbergen suchte, die Familie gewarnt, um Himmels willen nichts zu sagen! Also gab es kein Kopfnicken von Großmutter, keine munteren Bemerkungen von Tante Sally, nicht einmal ein Wort von Annitschek. Nur Tante Klara ließ sich einmal hinreißen. Es muß wohl eine ungeheuerliche Provokation gewesen sein, als ich nach einer vergnüglichen Reinanken-Orgie etwas zu dicht neben ihr saß. »Deine junge Dame muß Fischgeruch übermäßig schätzen«, bemerkte sie spitz.

Nun, meine neue Liebe war in der Tat alles andere als intolerant. Sie war zwei Jahre älter als ich, erfahren und verstand es, mich an alles heranzuführen, an fast alles. Sie entsprach beinahe meinem Traum von jener älteren Frau, die eines Tages in mein Leben treten und mich zur Erfüllung führen würde. Ich war einer solchen Frau tatsächlich schon einmal begegnet, im März oder April 1936 auf der Geburtstagsfeier eines Schulfreundes. Sie war eine ältere Cousine, möglicherweise auch eine Tante von ihm. Sie war Mitte Dreißig, groß, hatte eine schlanke, aber sehr weibliche Figur, trug ein tiefausgeschnittenes, elegantes schwarzes Kleid und bewegte sich mit wahrhaft verführerischer Grazie. Ich sehe sie noch ganz deutlich vor mir, wie sie sich gegen eine weiße Tür lehnt, eine Zigarette durch eine sehr lange, sehr dünne, sehr schwarze Zigarettenspitze raucht, während sich ihr anderer Arm leicht auf ihre aufregend geformte Hüfte stützt. Es ist eine filmreife Szene. Vielleicht »Die Reifeprüfung« mit ihr als Mrs. Robinson und mir in Dustin Hoffmans Rolle. Aber ich, fünfzehneinhalb Jahre alt, wäre natürlich weit mehr der Mann von Welt gewesen als dieser Hoffman! Ich starrte sie an, daß mir die Augen fast aus den Höhlen traten. Sie lächelte. Wer weiß, was alles hätte geschehen können? Mein Drehbuch blieb ungeschrieben, meine Kameras fuhren nicht ab. Ich wurde ans Telefon gerufen. Es war Mutter. Mit ihrer glücklichsten Stimme erzählte sie mir, daß Vater aus Prag zurück sei. Wir hatten ihn erst am nächsten Tag erwartet, aber er, der Lindbergh der Pichlergasse, hatte das Unglaubliche, das Verblüffende vollbracht: Er war mit dem Flugzeug von Prag nach Wien geflogen. 1936 war das eine Sensation. Mit einem Schlag war mein Vater zum Helden geworden, jemand, der viel faszinierender für einen Fünfzehnjährigen war, als jede Frau es sein konnte.

Ich holte meinen Mantel und hastete nach Hause. All meine sinnlichen Träume waren im Nu zerstoben. Ich fieberte danach, den großen Abenteurer, meinen Vater, wiederzusehen und seinen Bericht zu hören. Er saß strahlend in seinem Lieblingssessel im Herrenzimmer. Mutter flatterte um ihn herum wie eine aufgeregte junge Henne, als ich hereinstürzte. Zu meiner maßlosen Verblüffung spielte er sein Heldentum herunter. Er fand nichts Besonderes dabei zu fliegen. Es sei die bei weitem angenehmste Art zu reisen, und deshalb sei er auch fest entschlossen – welch unbekümmerte Kühnheit von diesem Mann! –, es wieder zu tun. Wie stolz war ich darauf, so einen Vater zu haben! Die uneingeschränkte Heldenverehrung endete noch im selben Jahr. Nach dem bitteren Streit, den wir wegen Lisl hatten, begann ich, Vater als menschliches Wesen und nicht länger als den beschützenden Riesen meiner Kindertage zu sehen. Dieser Streit war das Ende unserer alten und der Beginn unserer neuen Beziehung. Sie konnte sich jedoch nicht voll entwickeln, konnte nicht einmal über den Anfang hinauskommen. Meinen Eltern und mir war die Zeit nicht gegeben, einander als Erwachsene kennenlernen zu können. Unsere Beziehung konnte nicht reifen. Sie endete für mich bereits in meiner Jugendzeit, und mein Bild von Vater und Mutter bleibt daher unvollständig, nie ganz deutlich in den Konturen. Es bleibt ohne die Erkenntnis und Sicht eines Erwachsenen, irgendwie flach, ohne ausreichende Kontraste, scharfe Umrisse und Formen, aber erfüllt von tiefer Liebe.

Meine Eltern gestanden mir schon vor meinem siebzehnten Geburtstag ein großes Maß an Unabhängigkeit zu. Das war für die damalige Zeit ziemlich ungewöhnlich, und auch bei der jüdischen Bourgeoisie Wiens, zu der wir gehörten, war es nicht üblich, jungen Leuten die Zügel so locker zu lassen. Ich selbst erkannte das erst an meinem siebzehnten Geburtstag. Meine Eltern gaben an diesem Abend eine Gesellschaft, um ihren achtzehnten Hochzeitstag zu feiern.

Gegen halb acht waren alle Gäste da. Die Mautners, die Herlingers, die verschiedenen Onkel und Tanten, Herr Bloch, ein Stellvertreter von Vater in der Bank, und seine Frau sowie die Maurers. Ja, der Hausfreund meiner Eltern hatte zu guter Letzt doch kapituliert und sein Junggesellendasein für eine sehr nette, dunkelhaarige junge Frau aufgegeben. Ich trank mit den Gästen ein Glas und verabschiedete mich dann – sehr zu ihrer Überraschung. Als sie erfuhren, daß ich ausgehen wollte, um meinen

Geburtstag mit meiner Freundin in Wiens berühmtestem Kabarett, dem »Simpl«, zu feiern, reagierten sie mit betroffenem Schweigen. In ihren Gesichtern stand geschrieben, was sie dachten: »Ernst und Stella gehen wirklich etwas zu weit, ihrem Jungen zu erlauben, so spät mit einem Mädchen auszugehen, und dann auch noch in einen Nachtklub!«

Doch der »Simplicissimus«, um ihn beim vollen Namen zu nennen, war alles andere als eine düstere Kaschemme. Es gab dort keine einzelnen Damen, die auf einsame Herren warteten. Geleitet wurde das Kabarett von zwei Juden, Karl Farkas und Fritz Grünbaum. Farkas war einer der klügsten Köpfe Wiens. Grünbaum, ein Flüchtling aus Hitlers Deutschland, war einer der besten Komiker des deutschen Theaters gewesen. Jedes Kind kannte ihn von den vielen Charakterrollen her, die er in unzähligen UFA-Filmen gespielt hatte. Nie gab es eine vollkommenere Partnerschaft in der Geschichte des Kabaretts, einer Kunstform, die, wie ich glaube, im Wien der dreißiger Jahre ihre höchste Vollendung erlangte. Unter den vielen Kabaretts der Stadt war der »Simpl« unter Farkas und Grünbaum das hervorragendste. Das Wiener Kabarett bot politisch-satirische Sketche, unterbrochen von Chansons und Liedern, die im gewissen Umfang – und das unterscheidet es deutlich vom deutschen Kabarett – die satirische Tradition fortsetzten, die von Johann Nestroy Anfang des 19. Jahrhunderts begründet worden war. Nestroys Werk, das außerhalb des deutschsprachigen Raums kaum bekannt ist, wurde in der Wiener Mundart geschrieben und verliert viel von seinem Charme, sobald es ins Hochdeutsche übertragen wird. Nestroy ist für die Satire das, was Shakespeare für das Drama ist. Seinem unverwechselbaren österreichischen Esprit fügten Farkas und Grünbaum ihren individuellen jüdischen Humor hinzu. Das Resultat hatte Schärfe, Witz und Intellekt, ließ Heiterkeit innerhalb von Sekunden zu Nachdenklichkeit wechseln, schaltete sofort wieder auf Fröhlichkeit um und schlug die Zuschauer vom ersten bis zum letzten Augenblick in Bann. Der unwahrscheinliche Erfolg des »Simpl« wäre aber undenkbar ohne das jüdische Publikum, das Wien damals aufwies. Ein Publikum, das jedes Wortspiel auf Anhieb verstand, das wußte, wie nahe Lachen und Weinen beieinander wohnen.

Wenige Stunden nach dem »Anschluß« wurde Fritz Grünbaum von den Nazis festgenommen. Sie brachten ihn nach Dachau und prügelten ihn dort zu Tode. Farkas hatte mehr Glück. Er entkam und emigrierte in die Vereinigten Staaten. Ein paar Monate nach Kriegsende war er wieder in Wien und eröffnete den neuen »Simpl«. Ich sah ihn manchmal bei meinen gelegentlichen Besuchen im Nachkriegs-Wien im Café Sacher sitzen, grauhaarig, elegant und sehr einsam, von den Kellnern immer sehr respektvoll als »Herr Professor« tituliert. Der österreichische Staat, wohl wissend, daß Titel billiger sind als Wiedergutmachungszahlungen, hatte ihm den Titel als eine Art Trinkgeld zur Statusverbesserung verliehen.

Das Programm, das ich mit Lisl an meinem siebzehnten Geburtstag sah, hieß »Robinson Farkas auf der Grünbaum-Insel«. Zur Feier seines fünfundzwanzigjährigen Bestehens waren die Darbietungen besser als je zuvor. Grünbaum und Farkas waren brillant. Sie und ihre Texte waren so witzig, daß sich Herr Flieder, der berühmte Oberkellner des »Simpl« – selbst ein Unikum –, während der letzten Probe vor Lachen derart bog, daß er sein Tablett fallen ließ. Herr Flieder hatte in diesem Lokal fünfundzwanzig Jahre lang Tabletts durch Menschenmengen balanciert, aber noch nie war ihm dabei auch nur eine Zitronenscheibe heruntergefallen.

Es war der 21. Dezember 1937, als Lisl und ich im Kabarett saßen, uns vor Lachen schüttelten und begeistert klatschten – genau wie das übrige gutgekleidete, wohlhabend aussehende Publikum. Wir alle verhielten uns so, als hätten wir nicht die geringsten Sorgen.

Zumindest ein Drittel des Publikums, das an diesem Abend mit uns jubelte, würde noch vor Ablauf der nächsten drei Monate hinter den elektrisch geladenen Drähten der Konzentrationslager verschwinden. Wie viele verstanden, was Farkas und Grünbaum wirklich zu sagen hatten? Die beiden waren nicht nur hervorragende Schauspieler. In vielen ihrer Späße steckte ein fast prophetisches Bewußtsein für das Unheil, das bereits in der Luft lag, die wir atmeten. Sie waren zweifellos die spaßigsten Kassandras der Geschichte. Ihre eigentliche Botschaft, ihr instinktives Wissen um die Tränen, die dem Lachen folgen würden, wurde wie die

Botschaften aller Kassandras – die tragischen wie die komischen – nicht verstanden. Nicht einmal von Grünbaum selbst, wie sein trauriges Schicksal beweist.

Silvesterabend 1937. Wir saßen im Herrenzimmer – Vater, Mutter und ich. Vater und ich spielten ein paar Partien Schach, wir unterhielten uns, hörten den Rundfunksendungen zu, vertrieben uns die Zeit bis Mitternacht. Die Sägeuhr auf dem Kopf der barocken Harlekinfigur zeigte wenige Minuten vor Mitternacht. Vater öffnete das Fenster zur Nußdorfer Straße. Wir traten zu ihm und warteten auf den Klang der vielen Kirchenglocken von Wien, die das alte Jahr aus- und das neue einläuteten. Als ihr Brausen und Tönen die Stille der Nacht durchbrach, erhoben wir unsere Gläser, tranken einander zu und küßten uns.

Am Neujahrsmorgen des Jahres 1938 schlugen zwei Wiener Zeitungen, die jedoch weder von mir noch von Vater gelesen wurden, ganz neue Töne an. Ihre Leitartikel forderten Maßnahmen der Regierung, um die weitere Einwanderung von Juden nach Österreich zu verhindern. Gleichzeitig empfahlen sie die Überprüfung aller Einbürgerungen von Juden, die nach 1918 erfolgt waren. Douglas Reed, damals Wiener Korrespondent der Londoner »Times« berichtete in seiner Zeitung: »Zum überwältigenden Teil sympathisieren die Österreicher mit den Ansichten dieser beiden Zeitungen, aber das hat nichts mit Antisemitismus zu tun. Seit ein paar Jahren werden die Hauptstädte an der Donau und auf dem Balkan von Emigranten aus Deutschland und Polen überflutet, ein ziemlich hoher Prozentsatz von ihnen ist der Polizei aktenkundig. Genaue Überprüfungen sind früher oder später unumgänglich.« Einen besseren »Spokesman« als Mr. Reed konnte sich Goebbels kaum wünschen.

Die Zeitungen, die wir zu Hause lasen, die »Neue Freie Presse« und das »Neue Wiener Tagblatt«, berichteten einen Tag später, was die »Wiener Neuesten Nachrichten« und die »Reichspost« am 1. Januar geschrieben hatten. Vater äußerte sich nicht dazu. Aber er war an diesem Sonntagvormittag sehr ruhig und brach in außergewöhnlich nachdenklicher Stimmung zu seinem Besuch bei Großmutter auf.

Worüber er nachgedacht hatte, wurde beim Mittagessen klar, als er plötzlich Mutter und mich fragte: »Habt ihr heute in den Zeitungen gelesen, was die ›Reichspost‹ und die ›Nachrichten‹ gestern gefordert haben?«

Wir sagten, wir hätten es gelesen.

»Von den ›Nachrichten‹, diesem Nazi-Schmierblatt, habe ich nichts anderes erwartet«, sagte Vater. »Aber daß die ›Reichspost‹, praktisch doch ein Regierungsblatt, ins selbe Horn stößt, geht nun doch zu weit. Weißt du, Stella, ich glaube, ich sollte die Bank bitten, mich auszuzahlen. Laß uns das Geld nehmen, es müssen etwa vierzigtausend Schilling sein, nicht viel, aber genug für einen neuen Anfang, und in die Schweiz gehen.«

Die Bombe war geplatzt.

Mutter und ich sahen ihn verblüfft und schweigend an.

»Nun, was hältst du davon?« fragte er Mutter.

Mutter zögerte, und Vater beantwortete seine Frage selbst; er tat es so schnell, daß ich heute davon überzeugt bin, daß er mit dem Gedanken nur gespielt hat und nie wirklich das Land verlassen wollte.

»Was würde aus Mutter und Sally werden, wenn ich es täte?« fragte er. »Wer würde sich um sie kümmern? Ich würde gern gehen, aber wie kann ich das?«

Selbstverständlich hatte er viele Gründe, dieser Entscheidung auszuweichen. Er war achtundvierzig Jahre alt. Sollte er alles aufgeben, wofür er gearbeitet hatte? Sein Zuhause, seine Karriere, die angenehme Existenz in der Stadt, die seine Heimat war und die er liebte? Dennoch wären vielleicht all diese Dinge nicht so sehr ins Gewicht gefallen, wären seine Gefühle und sein Verantwortungsbewußtsein gegenüber seiner Mutter und Schwester weniger ausgeprägt gewesen.

Vater hatte beschlossen zu bleiben, obwohl er die Gefahr früher als die meisten erkannt hatte. Von diesem Tag an sprach er bis nach dem »Anschluß« nie wieder von Emigration. Er verschloß Augen und Ohren, ignorierte die Alarmsignale, die von Tag zu Tag zahlreicher und lauter wurden.

Angespornt von Deutschland und ermutigt durch die zunehmende Verwirrung der österreichischen Regierungsstellen, wurden unsere einheimischen Nazis von Stunde zu Stunde ungeduldiger und aggressiver. Benzin- und Rauchbomben landeten in Synagogen und verbreiteten Angst und Schrecken in der Gemeinde. Über Nacht tauchten riesige Hakenkreuze und Nazi-Parolen an Häuserwänden auf. Banden Halbwüchsiger zogen durch die Straßen und belästigten jeden, der in ihren Augen nur irgendwie jüdisch aussah. Darunter auch – sehr zum Vergnügen der Wiener Juden – eine Delegation italienischer Faschisten, die der Metropole einen Besuch abstatteten. Die straff organisierten Gruppen waren leicht zu erkennen. Sie trugen weiße Kniestrümpfe mit Zöpfchenmuster als Ausdruck ihrer politischen Überzeugung. Das Tragen von Hakenkreuz-Abzeichen war illegal, aber die Polizei konnte schwerlich jemanden festnehmen, nur weil er weiße Strümpfe trug.

Es war Faschingszeit in Wien. Der Opernball, das traditionelle und eleganteste gesellschaftliche Ereignis der Saison, verlief so glanzvoll wie immer. Hätte Großmutter Julie die Szene noch vom Fenster des Hauses Opernring 3 verfolgen können, wäre sie ihr ebenso unbeschwert und farbenfroh erschienen wie damals, als sie eine junge Frau gewesen war. Auf dem Ball der Stadt Wien im neugotischen Rathaus, der zweitwichtigsten Faschingsveranstaltung, weniger aristokratisch, mehr mittelklassig, tanzte man Walzer bis in die frühen Morgenstunden, und auf dem Ball der »Vaterländischen Front« drehten sich die Österreicher von Berufs wegen unter rot-weiß-roten Fahnen auf dem Parkett. Unmengen von Gulasch, Wein und Bier brachten die Feiernden wieder zu sich, sobald sie der Erschöpfung nahe waren. Wer regierte das Land? Die Regierung am Ballhausplatz oder die Nazibanden auf den Straßen? Diese Frage war offen. Aber es gab keinen Zweifel, wer das Zepter schwang – Johann Strauß!

Sollte es noch Zweifel geben, wer in Deutschland das Zepter schwang, so wurden sie »ein für allemal« – eines seiner Lieblingsworte – vom Führer beseitigt. Die konservativen Nationalisten, die ihm zur Macht verholfen hatten, hatten ihre Schuldigkeit getan und konnten gehen. Gleiches galt für einige hohe Wehrmacht-Generäle. Seit einiger Zeit gab es Gerüchte, daß in Deutschland dramatische Entwicklungen zu erwarten seien. Am 4. Februar 1938 bestätigte Hitler in seiner Reichstagsrede diese Gerüchte. Er nannte die Namen der entlassenen Generäle, verkündete, daß er sich selbst zum Oberkommandierenden aller deutschen Streitkräfte ernannt, daß er Konstantin Freiherr von Neurath, den konservativen Außenminister, durch den fanatischen Nazi Joachim von Ribbentrop ersetzt habe und daß die deutschen Botschafter in Washington, Rom und Wien, sämtlich Anhänger der alten Ordnung, zurückgerufen würden.

Wie reagierten nun die Anhänger der Theorie »Hitler kann es nicht mehr lange machen« auf diese Veränderungen? Wie so oft bei politischen Auguren lehnten sie es ab, sich von den Tatsachen verwirren zu lassen. Die Frage ist deshalb bedeutsam, weil wir einen dieser Auguren im Schoße der Familie hatten: Onkel Paul. Auf dessen Meinung legte Vater großen Wert. Paul kannte eine Reihe wichtiger Persönlichkeiten in Schuschniggs Administration und stand daher in dem Ruf, gut informiert zu sein, er war der älteste Bruder und obendrein ein Herr Regierungsrat. Vor dem 4. Februar 1938 waren Paul und diejenigen, deren Meinung er teilte, absolut sicher gewesen, daß »Hitler es nicht mehr lange machen« würde, weil die Armee und die Konservativen in den deutschen Regierungsstellen seine radikalen Ideen und Vorhaben sabotieren würden. Folglich mußte er mit seinen fanatischen Anhängern in Konflikt geraten, es würde zu einem Nazi-Putsch gegen Hitler kommen, den die Armee wiederum mit einem Putsch gegen die Nazis kontern würde. Schließlich müßte die Armee gewinnen.

Nun war die Lage anders. Die Konservativen waren Hitler nicht losgeworden. Er war sie losgeworden. Seine Macht schien jetzt uneingeschränkt. Aber das scheine eben nur so, erklärten die Auguren, die ihre Meinungen mit Lichtgeschwindigkeit der neuen Situation angepaßt hatten. Hitler »würde es jetzt nicht mehr lange machen«, weil er sich übernommen habe. Befreit von den Fesseln der Verantwortung würde Deutschlands konservative Opposition nun endlich handeln können. Es sei nur eine Frage von Monaten, ja Wochen, bis sie den Führer gestürzt habe.

Bevor er seinen Posten in Wien verließ, schickte der zurückgerufene Franz von Papen Hitler die Nachricht, daß er neue Vorschläge zur Lösung der österreichischen Frage zu machen habe. Er erbat die Erlaubnis, sie dem Führer persönlich unterbreiten zu dürfen. Am Abend des 6. Februar, einem Sonntag, bestieg von Papen den Zug, der ihn heim ins Reich bringen sollte. Hitlers

Antwort ließ nicht auf sich warten. Kurz nachdem der Zug Wien verlassen hatte, wurde dem Ex-Botschafter ein Telegramm überreicht, das ihn zur Berichterstattung auf den Berghof befahl, Hitlers Refugium auf dem Obersalzberg bei Berchtesgaden, wo er sich nach seiner siegreichen Schlacht gegen Deutschlands Establishment entspannte. Von Papen verließ den Zug in Linz, der Hauptstadt Oberösterreichs, verbrachte dort die Nacht und fuhr am nächsten Morgen mit dem Auto nach Berchtesgaden.

Vierundzwanzig Stunden später war der elegante Herrenreiter mit dem grauen Schnurrbart schon wieder in Wien und führte im Kanzleramt am Ballhausplatz geheime Gespräche mit Schuschnigg und dessen Staatssekretär für Auswärtige Angelegenheiten, Dr. Guido Schmidt. Von Papens Rückkehr wurde streng geheimgehalten, kam aber doch der internationalen Presse zu Ohren. Die Londoner »Times« kommentierte die überraschende Wanderschaft des gefeuerten Botschafters mit Erstaunen. Am 10. Februar schrieb sie: »Herr von Papen, der sich immer noch in Wien aufhält, scheint äußerst darauf bedacht zu sein, daß eventuelle neue Zugeständnisse der österreichischen Regierung auf jeden Fall noch vor seiner Abreise gemacht werden, damit diese nicht wie ein reifer Apfel in den Schoß seines Nachfolgers fallen, der mit hoher Wahrscheinlichkeit den Nationalsozialisten wesentlich näher steht als er selbst.«

Von Papens Argument war denkbar einfach: Er behauptete, daß alle offenen Fragen zwischen dem Deutschen Reich und Österreich in einem persönlichen Gespräch zwischen Schuschnigg und Hitler gelöst werden könnten. Es sei wichtig, daß dieses Treffen möglichst bald stattfinde, damit er – von Papen – noch daran teilnehmen könne. Dabei könne er sich durchaus vorstellen, die Rolle des uneigennützigen Vermittlers zu spielen. Gewiß sei doch dem österreichischen Kanzler die Tatsache nicht unangenehm, daß er – von Papen – kein Nazi sei. Doch schon bald werde Herr von Ribbentrop das deutsche Außenministerium übernehmen, an die Botschaft in Wien würde dann mit Sicherheit ein überzeugter Nazi geschickt, und bei Gesprächen zu einem späteren Zeitpunkt würden diese Leute Hitler zu radikalerem Vorgehen veranlassen, was er – von Papen – wahrscheinlich noch verhüten könne.

Schuschnigg wußte zwar inzwischen genug über Hitler und seine Methoden, um sich klar darüber zu sein, daß der Führer nicht einfach irgendein – vielleicht nur etwas ungestümerer – deutscher Kanzler war. Aber dennoch machte er denselben Fehler, den Chamberlain und Daladier ein paar Monate später in München machen sollten. Er glaubte immer noch, Hitler würde sich an allgemein gültige Regeln der internationalen Diplomatie halten. Trotz vieler Befürchtungen nahm Schuschnigg schließlich Hitlers Einladung an, ihn auf dem Berghof zu besuchen. Daß der österreichische Kanzler Befürchtungen hegte und fieberhaft versuchte, seine Verhandlungsposition zu stärken, beweist der österreichische Regierungserlaß vom 11. Februar, der die Dauer der Wehrpflicht von zwölf auf achtzehn Monate erhöhte.

Die Reiß-Bar lag in einer Seitenstraße der Kärntner Straße. Es war ein sehr schickes Etablissement. Der lange Tresen war aus glänzendem Mahagoni, blitzendem Chrom und schimmerndem Glas, die Stühle mit rotem Leder bezogen, die kleinen Tische besaßen Füße aus vergoldetem Holz und Marmorplatten. Genau das Richtige für zwei Siebzehnjährige, die groß ausgehen wollten. Abends konnte man hier den bezauberndsten – und teuersten – Kokotten Wiens begegnen. Fritzl Pollack und ich trafen uns dort gern an Samstagnachmittagen. Um diese Zeit waren wir meist die einzigen Gäste. Wenn wir in dieser aufregenden Umgebung einen Likör nippten, kamen wir uns mehr als weltmännisch vor.

Am Samstag, dem 12. Februar, betraten wir die Reiß-Bar gegen fünf Uhr nachmittags. Lisl war in den Bergen zum Skifahren. Fritzl und ich wollten unsere übliche Runde machen: einen Drink, ins Kino und dann ein Abendessen im O.K.-Stüberl. Außer uns war nur der Kellner in der Bar. Er schaltete das Radio ein. Es ertönte die übliche leichte Samstagnachmittagsmusik. Wir setzten uns, bestellten unsere Getränke und begannen zu plaudern. Mitten in einem Walzer brach die Musik ab. Stille. Wir sahen uns überrascht an. Dann hörten wie die vertraute Stimme des Ansagers: »Hier Radio Wien. Wir unterbrechen für eine amtliche Mitteilung. Einer Einladung des Führers und Reichskanzlers Adolf Hitler folgend, ist Kanzler Dr. Kurt von Schuschnigg, begleitet von Staatssekretär Dr. Guido Schmidt, heute vormittag in Berchtesgaden eingetroffen, wo Gespräche zwischen den Regierungs-Chefs Deutschlands und Österreichs stattfinden werden. Verehrte Hörer, wir setzen jetzt unsere Unterhaltungsmusik fort.«

Wir zahlten und traten auf die Straße hinaus. Alles war wie immer. Wir bogen in die Kärntner Straße in Richtung Opernring ein und spazierten am deutschen Reisebüro mit dem riesigen Hitler-Porträt vorbei. Noch hatten sich hier keine jubelnden Nazimassen zusammengefunden. Das Geheimnis des Treffens war gut gehütet worden. Es vergingen Stunden, bis die ersten Nazi-Demonstranten sich versammelten, bis die Heil-Rufe und das Lärmen begannen.

Wir wußten beide, daß es unmöglich war, jetzt ins Kino und anschließend essen zu gehen – so zu tun, als sei gar nichts geschehen. Erwachsen oder nicht, unser einziger Wunsch war heimzugehen, bei unseren Familien zu sein, uns in unserer vertrauten Umgebung sicher und geschützt zu fühlen.

Zu meinem Erstaunen war Vater längst nicht so beunruhigt, wie ich es erwartet hatte. Er hatte einige seiner Freunde und Brüder – natürlich auch Onkel Paul – angerufen, als er die Durchsage im Radio gehört hatte. Sie hatten ihm jedoch alle versichert, daß wir mit Schuschnigg als Kanzler in der besten aller denkbaren Welten lebten.

Ich kam gar nicht auf die Idee, Vater zu fragen, ob er auch Richard Mautner angerufen habe, den düstersten und pessimistischsten seiner Freunde. Er, der Wohlhabendste aus dem Bekanntenkreis meiner Eltern, war auch der einzige, der alles richtig machte, als das Ende kam. Dadurch rettete er mir – wenn auch indirekt – das Leben.

Wir begannen uns selbst wissentlich zu belügen. Wir wußten, daß Österreichs Ende nahe war, aber wir glaubten es nicht. Was nicht sein durfte, konnte nicht sein. Wir empfanden so etwas wie den Zwang, uns zu beruhigen. Wir vertrauten sogar den offensichtlich übertrieben optimistischen Regierungsverlautbarungen. Immer wieder wurde betont, der Kanzler sei lediglich einer Einladung Hitlers nach Berchtesgaden gefolgt. Die Zeitungen stellten die Zusammenkunft der beiden Politiker als gemütliches Kaffeekränzchen hin. »Das Treffen«, schrieb eine führende österreichische Zeitung, »fand in einer Atmosphäre äußerster Herzlichkeit statt, und die Gespräche, die viele Stunden andauerten, zeigten die Tiefe des völligen gegenseitigen Einverständnisses zwischen den beiden Männern ...«

Die »Wiener Zeitung«, das offizielle Regierungsorgan, sprach von »freundlicher Diskussion ... herzlicher Atmosphäre ... offenen Gesprächen von Mann zu Mann ... keine sensationelle Entwicklung«. Der Führer hatte den Kanzler sogar an der Treppe zu seinem Haus willkommen geheißen.

Aber sehr bald kamen Gerüchte auf, daß das Kaffeekränzchen auf dem Obersalzberg doch nicht ganz das freundschaftliche Tête-à-tête gewesen war, das man uns eingeredet hatte. Es sickerte durch, daß der neue deutsche Außenminister, von Ribbentrop, auch an dem Treffen teilgenommen hatte. Und am 14. Februar schließlich mußte selbst die »Wiener Zeitung« ein paar andere Herren beim Namen nennen, die diesen »herzlichen« Gesprächen ebenfalls beigewohnt hatten: General Wilhelm Keitel, Chef des Oberkommandos der deutschen Wehrmacht, General Hugo Sperrle, Kommandeur der Luftflotte 3, General Walter von Reichenau, Kommandeur der Heeresgruppe IV. Weitere Erklärungen wurden nicht abgegeben. Vermutlich waren die Herren, gestiefelt und gespornt, lediglich nach Berchtesgaden geeilt, um dort die gesunde Bergluft zu genießen. Oder sollte ausgerechnet ihre Anwesenheit dazu beitragen, den Geist der Entspannung zu fördern, den der Besuch unseres Kanzlers angeblich ins Leben rufen sollte? Ja, in der Tat – über Nacht war das Wort »Entspannung« auf aller Lippen.

Von »Entspannung« wurde auch auf dem Ball gesprochen, den die österreichische Regierung am Montag, dem 14. Februar gab, als die Faschingssaison ihren Höhepunkt erreicht hatte. Es war der verschwenderischste, kostspieligste Ball, der je in den Sälen der Hofburg – der Habsburger Residenz in der Innenstadt – stattgefunden hatte. Plaudernd und lachend tanzten die Gäste durch die kaiserlichen Hallen: die hochdekorierten Diplomaten, die Minister, die führenden Bankiers und ihre juwelengeschmückten Damen. Wie viele von ihnen trugen in ihren Herzen Trauer, wie viele Verrat?

Dr. Arthur Seyß-Inquart betrat die Hofburg zusammen mit Schuschnigg, dem Mann, den er verraten sollte. Obwohl der österreichische Kanzler versucht hatte, sich Hitlers Forderung in Berchtesgaden zu widersetzen, Seyß-Inquart zum Innenminister zu machen, und erst massivem Druck nachgegeben hatte, glaubte Schuschnigg doch immer noch, der scheue Rechtsanwalt an seiner Seite sei ein loyaler Österreicher und ein persönlicher Freund.

Außer den Mitgliedern der Regierung Schuschnigg und einigen wenigen Vertrauten wußte noch niemand in Österreich, daß das heikelste Ministerium, dem alle Sicherheitsdienste und -behörden unterstanden, in die Hände von Seyß-Inquart, dem Führer der »Nationalen Opposition«, gelegt werden sollte.

Am Morgen nach dem Ball, am 15. Februar, ließ die Londoner »Times« die Katze aus dem Sack. »Wird Herr Hitlers Vorschlag angenommen, daß Dr. Arthur Seyß-Inquart zum österreichischen Innenminister ernannt wird, dem dann die gesamten österreichischen Sicherheitsorgane unterstünden, hieße das nach allgemeiner Auffassung österreichischer Nazi-Gegner, daß in Kürze die Worte ›finis Austriae‹ auf die europäische Landkarte geschrieben werden müßten.«

Bundespräsident Wilhelm Miklas weigerte sich, Seyß-Inquarts Ernennungs-Urkunde zu unterschreiben. Achtundvierzig Stunden lang leistete er tapfer Widerstand, dann mußte er Schuschniggs Druck nachgeben. Miklas unterschrieb am frühen Morgen des 18. Februar, und noch am selben Vormittag legte Seyß-Inquart den Amtseid ab. An seinem ersten Tag im Amt empfing er die leitenden Beamten seines Ministeriums und verließ am Abend Wien in Richtung Berlin.

»Daß die erste Amtshandlung des neuen Innenministers ausgerechnet ein Besuch im Ausland ist, zeigt die ungewöhnliche Situation Österreichs nach dem Hitler-Schuschnigg-Treffen recht deutlich«, kommentierte die »Times«.

Am 20. Februar, einem Sonntag, sprach Hitler vor dem Deutschen Reichstag. Der österreichische Rundfunk übertrug aus diesem Anlaß zum erstenmal eine Ansprache des Führers. Sie sollte um 13 Uhr beginnen. Vater und ich waren sehr interessiert daran, sie zu hören, denn es wurde allgemein angenommen, daß Hitler auf das Berchtesgadener Treffen zu sprechen kommen und erneut Österreichs Unabhängigkeit bestätigen würde.

Punkt ein Uhr mittags saßen wir vor dem Radio im Herrenzimmer und hörten dem deutschen Reporter zu, der mit fast hysterischer Begeisterung die Szene in der Kroll-Oper schilderte, die anstelle des ausgebrannten Reichstags als Versammlungsort diente.

Donnerndes »Sieg Heil« begleitete den Auftritt des Führers. Einige Minuten nach ein Uhr ertönte aus dem Rundfunkgerät Hitlers leicht heisere, vulgäre, aber auch aufrüttelnde Stimme mit ihrem leichten österreichischen Akzent. Nachdem er die neuesten Veränderungen in der Regierung und der Armee umrissen hatte, sprach er über die ersten fünf Jahre seiner Regierungszeit. Dabei widmete er den wirtschaftlichen Leistungen und Erfolgen breiten Raum. Eintönig leierte er immer wieder herunter, wie viele tausend Tonnen von diesem oder jenem Produkt Deutschland neuerdings herstellte, und ließ sich endlos über Kohlenbergbau, Schiffsbau, Stahlhütten und ihre Kapazität aus. Er wirkte wie ein nervtötender Gast, der immer wieder unverdrossen auf ein und demselben Thema herumreitet.

Ganz zum Schluß seiner dreistündigen Rede widmete Hitler vier Minuten – oder 2,5 Prozent seiner gesamten Rede – unserem Land. Er dankte unserem Kanzler für »das große Verständnis und die warmherzige Bereitwilligkeit, mit der er meine Einladung annahm und sich bemühte, gemeinsam mit mir einen Weg zu finden, der ebenso sehr im Interesse der beiden Länder wie im Interesse des gesamten deutschen Volkes liegt, jenes gesamten deutschen Volkes, dessen Söhne wir alle sind, ganz gleich, wo die Wiege unserer Heimat stand«.

Schließlich wies er nachdrücklich darauf hin, daß Berchtesgaden ein Beispiel für eine allmähliche Entspannung in Europa sei, und betonte, daß es sich zur Verblüffung seiner Feinde gezeigt habe, daß Deutschland für den Frieden sei. »Sieg Heil! Sieg Heil! Sieg Heil!«

Vater und ich sahen uns an. Wir hatten beide festgestellt, daß er nur wenig über die Juden gesagt hatte. Hitler hatte uns weder als Kapitalisten noch als bolschewistische Bestien bezeichnet. Sicherlich, es hatte einige Routine-Beschimpfungen gegeben, aber auch nicht mehr. Wir hatten allerdings – natürlich! – bemerkt, daß Hitler Österreichs Unabhängigkeit nicht erwähnt, geschweige denn bestätigt hatte. Doch diese Tatsache wurde am nächsten Tag von den Zeitungen »erklärt«. Unsere Unabhängigkeit sei ausdrücklich im Abkommen von 1936 festgehalten, es gäbe also überhaupt keinen Grund zu einer erneuten Erwähnung, vor allem deshalb nicht, weil Berchtesgaden ja geradezu eine Erweiterung des Vertrages von 1936 darstelle... Wir glaubten es, weil wir es glauben wollten.

Drei Tage nach der Hitler-Rede berichtete die »Times« aus Wien: »Die Unruhe der letzten Woche ist in Österreich einer ruhigeren Einschätzung der Lage gewichen. Das ist auch innerhalb der jüdischen Bevölkerung spürbar. Die Juden wurden vor allem dadurch beruhigt, daß Hitler nur sehr wenige Bemerkungen machte, die sie betrafen, aber auch durch die Tatsache, daß der Vertrag des Dirigenten Bruno Walter von der Wiener Staatsoper um ein weiteres Jahr verlängert wurde.«

Am Tag vor Hitlers Reichstagsrede schrieb Otto von Habsburg einen bemerkenswerten Brief an Schuschnigg:

»Es ist dem Feinde Österreichs gelungen, durch einen Gewaltakt ohnegleichen Ihre Regierung in eine bedrohliche Lage zu zwingen, die unseren weiteren Widerstand in gefährlicher Weise erschüttert. Sollten Sie dem Druck von deutscher oder betont nationaler Seite nicht mehr widerstehen zu können glauben, so bitte ich Sie, mir, wie immer die Lage auch sein mag, das Amt des Kanzlers zu übergeben. Ich bin fest entschlossen, zum Schutze von Volk und Staat bis zum äußersten zu gehen, und ich bin überzeugt, dabei Widerhall beim Volke zu finden. Infolge der Lage, die ein langwieriges Anerkennungsverfahren seitens der Mächte nicht erlauben würde, will ich von Ihnen für diesen Anlaß nicht die Restauration der Monarchie verlangen. Ich würde Sie nur auffordern, mir die Kanzlerschaft zu übergeben.«

Nachdem er dem Erben des Hauses Habsburg einen ablehnenden Bescheid gegeben hatte, begann Schuschnigg, die Zukunft rosiger zu sehen. Nicht nur seine eigene Propaganda gab ihm Auftrieb, sondern auch das tatsächliche Wiederaufleben eines patriotischen Bewußtseins in der Bevölkerung.

Nun war es keineswegs so, daß die Österreicher begannen, ihren Kanzler mit den Augen der »Wiener Zeitung« zu sehen. Dieses Blatt beschrieb Kurt von Schuschnigg in einer Mischung aus mittelalterlicher und nautischer Metaphorik als »Ritter ohne

Furcht und Tadel, der das österreichische Staats-Schiff durch die Wogen unserer Zeit steuert«. Aber immerhin näherten sich Sozialdemokraten und Gewerkschaftler wieder dem Regierungslager. Obwohl sie das klerikal-faschistische System nach wie vor verabscheuten und die Schüsse auf die Arbeiterwohnungen keineswegs vergessen hatten, fürchteten und verabscheuten sie die Nationalsozialisten weit mehr.

Prominente Männer aus Schuschniggs engerem Kreis wie Bundespräsident Wilhelm Miklas und Wiens Bürgermeister Richard Schmitz begannen, auf eine Öffnung nach links zu drängen. Sehr langsam, zu langsam und zu zögernd, begann der Kanzler, ihrem Rat Folge zu leisten.

Aber die »Times« hatte durchaus richtig beobachtet, als sie feststellte, daß die Atmosphäre in Wien ausgeglichener geworden war. Zwar fanden immer noch Demonstrationen der Nazis statt, aber nun folgten ihnen regierungsfreundliche Demonstrationen. Das Hakenkreuz war nicht mehr das einzige Symbol auf Wiens Häuserwänden: Über Nacht wurde das Kruckenkreuz, Symbol der »Vaterländischen Front«, neben das Hakenkreuz gemalt. »Rot-weiß-rot bis in den Tod!« war ebenso oft zu lesen wie »Ein Volk, ein Reich, ein Führer!«. Immer mehr rot-weiß-rote Fahnen tauchten auf, Wien wollte sich für die Kanzler-Rede am 24. Februar einen festlichen Anstrich geben.

Man war mit einemmal fester entschlossen, der Bedrohung von jenseits der Grenze standzuhalten. Das hatte seine Auswirkungen auf die Jugend. In meiner Schule blickten die Jung-Nazis, die in der Woche nach Berchtesgaden geradezu übermütig gewesen waren, nun ziemlich betroffen aus der Wäsche. Manche von ihnen sahen recht ramponiert aus, wenn sie nach Demonstrationen wieder in die Schule zurückkehrten. Immer mehr Arbeiter schlossen sich den regierungsfreundlichen Demonstrationen an, unter ihnen viele alte »Schutzbund«-Männer.

Schuschnigg sollte am 24. Februar um sieben Uhr abends vor dem Bundestag, dem Pseudo-Parlament des Ständestaates, sprechen. Alle Büros schlossen bereits um zwei Uhr nachmittags, um es den Angestellten und Arbeitern zu ermöglichen, sich rund um das Parlamentsgebäude zu versammeln und dem Kanzler einen eindrucksvollen Empfang zu bereiten. Und denjenigen, die nach

Hause gehen wollten, sollte es möglich sein, rechtzeitig vor den Rundfunkempfängern zu sitzen, denn die Rede wurde selbstverständlich übertragen.

Wieder einmal saßen wir im Herrenzimmer am Radio und hörten einem Rundfunksprecher zu, diesmal einem österreichischen, der die Szene in ebenso ekstatischen Übertreibungen beschrieb wie sein deutscher Kollege die seine vier Tage zuvor. Dem Kanzler wurden wie dem Führer stehend Ovationen dargebracht, als er den Raum betrat. Die Rufe »Heil Österreich!« und »Front Heil!« klangen ebenso inbrünstig wie die »Sieg Heil!«-Rufe in der Kroll-Oper. Kanzler wie Führer trugen Uniform. Aber die Ähnlichkeiten zwischen dem klerikal-faschistischen Österreicher und dem deutschen Nazi-Führer endeten in dem Augenblick, als Schuschnigg das Wort ergriff. Bei ihm gab es kein pathetisches Wortgeklingel, kein Schreien, weder Drohungen noch Anklagen. Schuschnigg hielt mit klarer, fester Stimme die größte Rede seiner Laufbahn, ein leidenschaftliches Plädoyer für Österreich.

Der einzige Hinweis auf Schuschniggs wahre Gefühle im Hinblick auf das Berchtesgadener Treffen war die Bemerkung über »diesen harten Tag, den 12. Februar 1938« und die Tatsache, daß er – die Ironie war unverkennbar –, dem Beispiel Hitlers folgend, ausführlich Österreichs wirtschaftliche Leistungen in Tonnen und Schillingen bemaß.

Das einzige Schlüsselwort, das Schuschniggs Bereitschaft zu einer Zusammenarbeit mit der Linken andeutete, kam nach seinem Aufruf, die Vergangenheit vergangen sein zu lassen und sich vereint auf die Zukunft zu konzentrieren. »Sollte es jemals zur Aufsplitterung kommen«, sagte er, »Intellektuelle auf der einen, Arbeiter auf der anderen Seite, dann werden Sie mich auf der Seite der Arbeiter finden!« Das war eine klare Botschaft, denn die Nazi-Führung in Österreich und ihre gefährlichsten und lautstärksten Anhänger waren in der Mehrzahl Mitglieder des Kleinbürgertums, junge Leute mit Universitätsabschlüssen, die nicht die Stellungen und Positionen gefunden hatten, auf die sie Anspruch zu haben glaubten, und die nun leidenschaftlich davon überzeugt waren, ein Großdeutschland unter Einschluß Österreichs wäre die Erfüllung ihrer Träume.

Rückblickend war diese unbestritten großartige Rede, die feste und starke Überzeugungen ausdrückte und der wir hingerissen lauschten, die uns neue Hoffnung gab und die unser – falsches – Gefühl der Sicherheit steigerte, doch nur mehr Sand, der uns in die Augen gestreut wurde. Wäre sie eine offene Herausforderung an Hitler gewesen, ein unumwundener Appell an die übrige Welt, hätte sie die große Gefahr, die uns alle bedrohte, deutlich gemacht, wäre die Rede weniger staatsmännisch, dafür aber menschlicher gewesen, der Aufschrei eines Menschen, der Verantwortung für ein Volk trägt und durch die Umstände an den Rand der Verzweiflung getrieben wurde, dann hätte sie Schuschnigg einen besseren Platz in der Geschichte gesichert – und Tausenden das Leben gerettet.

Die »Times« schrieb: »Die heutigen Beifallskundgebungen (während der Kanzlerrede) zeigen, daß es in Wien auf alle Fälle eine starke Mehrheit gibt, die aus Angst vor der bedrohten Unabhängigkeit Österreichs zu leidenschaftlicher Unterstützung der Regierung wachgerüttelt worden ist.«

Seltsamerweise riefen diese hektischen Tage in uns keine große Anspannung hervor. Wir verspürten Nervosität und Furcht, hatten aber auch Hoffnung und erwarteten, daß das Leben in seinen festen, alltäglichen Bahnen weiterlaufen würde. Jeden Morgen ging Vater in die Bank, wie er das immer getan hatte, nahm sein zweites Frühstück bei Würstl-Biel ein, kam mittags zum Essen nach Hause; Mutter erledigte ihre Einkäufe, kontrollierte das staubwischende Mädchen; ich ging zur Schule und lud Lisl samstags zum Tanzen oder ins Kino ein. Am Samstag nach der Kanzlerrede ging ich sogar auf meinen ersten großen Ball, den berühmten Kirtag in St. Gilgen, eines der wichtigsten Ereignisse der Faschingssaison. Er wurde immer im Konzerthaus veranstaltet, wo ich zuvor nur ein einziges Mal gewesen war. Als kleiner Junge hatte ich einmal einen Blumenstrauß für Großmutter Adele dorthin gebracht; sie fastete und betete dort am Jom Kippur, dem Versöhnungstag. An diesem höchsten aller jüdischen Feiertage wurde das Konzerthaus zusätzlich als Gotteshaus genutzt, weil die Synagogen überfüllt waren.

Der Kirtag in St. Gilgen war nun ein ganz anderes Ereignis. Meine Erinnerungen an jenen lange zurückliegenden Jom Kippur waren nur vage, dennoch erschien es mir ganz unwahrscheinlich, daß es sich um dasselbe Gebäude handeln sollte. Die besten Bühnenbildner Österreichs hatten das Haus in ein getreues Abbild des Ferienortes in der Nähe von Salzburg verwandelt. Sie konnten natürlich nicht halb Wien unter Wasser setzen, um auch noch den Wolfgangsee ins Konzerthaus zu bringen, aber das Weiße Rössl, allen Operettenliebhabern wohlbekannt, war im Haus rekonstruiert worden. Da war auch der Dorfplatz mit dem Maibaum und allem, was sonst noch dazugehört. Es fanden sich Bauerngehöfte mit lebenden Kühen und Pferden in den Ställen, Wirtshausgärten mit drallen Kellnerinnen in alten Bauerntrachten, die Wein und Bier ausschenkten, aber auch jede Menge Kapellen, die vom echten »Trarara-bum-diäh!« bis hin zu modernen Klängen – Swinghits aus Fred-Astaire- und Ginger-Rogers-Filmen von Irving Berlin und Cole Porter – alles spielten.

Wie ich es geschafft habe, für diesen Ball, der jedes Jahr Monate im voraus ausverkauft war, Karten zu bekommen, ist mir heute ein Rätsel. Aber ich weiß genau, daß es der Ball war, auf den ich unbedingt gehen mußte! Es war bekannt, daß man sich dort wesentlich mehr als auf anderen Bällen amüsieren konnte und daß er absolut keine Garderobenprobleme aufwarf. Auf dem Kirtag trugen die Männer weder Smoking noch Frack, sondern Lederhosen, Trachtenjanker und Hemden mit offenem Kragen. Kurz, meine Sommerkleidung für Bad Ischl würde es hervorragend tun. Die Damen trugen ihre Dirndl, viele davon aus so teuren Stoffen maßgeschneidert, daß kein Mädchen aus St. Gilgen sie sich je hätte leisten können. Es sei denn, es hätte Gnade vor den Augen eines Erzherzogs oder reichen Bankiers gefunden. Und das soll schon mal vorgekommen sein.

Als erster großer Ball eines Siebzehnjährigen war der Kirtag ein Märchen. Irgendwie gelang es mir an diesem Abend zwischen all den Menschenmassen auch prompt, Lisl zu verlieren – oder, auch das ist möglich, es gelang ihr, mich zu verlieren. Jedenfalls stand ich auf dem Tanzboden und hielt eine Blondine umschlungen – und Lisl war keine Blondine –, als Kanzler Schuschnigg die Loge von Bundespräsident Miklas betrat. Schuschnigg, der einen Tiroler Anzug trug, wurde mit frenetischem, fast hysterischem Applaus und Willkommensrufen empfangen. Die Ovationen dauerten minutenlang an. Immer wieder mußte sich der Kanzler grüßend und dankend erheben, dabei verbeugte er sich ziemlich steif aus der Hüfte heraus. Vorzeitig ergraut – Schuschnigg war noch keine Vierzig –, mit einem schmalen Bärtchen über dem fest geschlossenen Mund, die kurzsichtigen Augen hinter dicken Gläsern verborgen, die im grellen Licht der auf ihn gerichteten Scheinwerfer funkelten, einem angedeuteten Lächeln auf den Lippen, konnte man schon an den Gesten, mit denen er auf den überwältigenden Empfang reagierte, sehen, was für ein verschlossener und gehemmter Mensch er war. Österreichs Antwort auf Hitler war ein Hochschullehrer. Das geringe Maß an Standhaftigkeit, das er besaß, war auch nach seiner großen Rede, mit der er zugegebenermaßen über sich hinausgewachsen war, nicht größer geworden. Nein, er war nicht stark genug, um mit den Problemen der Welt, in der wir lebten, fertig zu werden.

Wieviel von der Begeisterung, die ihm im Konzerthaus entgegenbrandete, war wirklich der Ausdruck des Vertrauens zu ihm? Waren die Hochrufe der Menge – unter ihnen auch Juden – nicht mehr ein frommer Selbstbetrug? Der Versuch, eigene Ängste und Unruhe in lautem Jubel zu ertränken?

Für mich war nur eines wichtig: Es war mein erster Ball! Ich genoß das Tanzen, das Trinken, die Fröhlichkeit, die verblüffende Schnelligkeit und Leichtigkeit, mit der man Partner fand.

Welche Erinnerungen habe ich an die wenigen Tage, bevor wir alle unsere Jugend verloren? An die letzten Tage, in denen ich die gärende Unruhe spürte, daß alles möglich, daß ich in gewisser Weise etwas Besonderes war, daß das Leben vor mir lag? Ich weiß, daß mir selbst die immer heftiger werdenden Nazidemonstrationen eher aufregend als wirklich bedrohlich erschienen. Ich trug damals meist weiße Kniestrümpfe, einen schwarzen Regenmantel und einen Tiroler Hut, also ganz die Kleidung, in der sich die Nazis gern zeigten. Ich trug sie aber nicht in der Absicht, das Jüdische in meinem Gesicht zu kaschieren, sondern als einen Ausdruck meiner eigenen Militanz, meiner Bereitschaft zum Kampf. Einem Nazi ähnlich zu sehen vermittelte einem selbst ein Gefühl der Stärke, verlieh einem einen aggressiveren Ausdruck. Je mehr man in Aussehen und Benehmen einem Nazi glich, desto geringer war die Wahrscheinlichkeit, von ihnen angegriffen zu werden. Nach dem »Anschluß«, nachdem sie die Herren geworden waren, änderte sich das natürlich. Aber in diesen wenigen Tagen davor, als sie selbst noch unsicher waren, ob die Exekutive, besonders die Polizei, nun für oder gegen sie war, suchten sie sich ihre Opfer mit größter Sorgfalt aus, vergriffen sich nur an den Schwächsten und Wehrlosesten. Ein gutes Beispiel dafür lieferte meine Schule. Wie ich schon sagte, war ein Drittel meiner Mitschüler Juden, ein zweites Drittel inzwischen gemäßigt pronazistisch und der Rest fanatische Nazis. Nach dem Unterricht gingen diese Jungen auf Judenjagd, das wußten wir genau – aber aus meiner Klasse wurde nie ein Jude verprügelt oder gequält.

In seiner Heimatstadt Innsbruck, der Hauptstadt Tirols, kündigte Schuschnigg am 9. März für den folgenden Sonntag eine Volksabstimmung an. Jeder österreichische Bürger über vierundzwanzig Jahre sollte sich für oder gegen ein »freies, deutsches, unabhängiges, soziales, christliches und vereintes Österreich« entscheiden. Daß das Ergebnis dieser Abstimmung ein überwältigender Erfolg für die Regierung Schuschnigg werden würde, war vorauszusehen. Mindestens zwei Drittel, wenn nicht sogar mehr, würden mit »Ja« votieren. Die Massen, die Hitler folgten, waren in ihrer überwältigenden Mehrheit unter dreißig Jahren, und die radikalsten unter ihnen waren jünger als vierundzwanzig.

In den letzten Februartagen brachte erst Goebbels' Zeitschrift »Der Angriff« und dann auch der »Völkische Beobachter«, das offizielle Organ der NSDAP, groß aufgemachte Berichte aus Wien. In ihnen wurde behauptet, daß das Schuschnigg-Regime die Austro-Marxisten von der Leine gelassen habe und daß die Demonstrationen der »Vaterländischen Front« gegen die Nationalsozialisten von Kommunisten und Radikalsozialisten angeführt worden wären.

Der Korrespondent der »Times« hatte da ganz andere Eindrücke gesammelt. Unter der Schlagzeile »Spannungen in Österreich – Triumph der Nazis« berichtete er: »Wenn die Dinge sich weiter so entwickeln wie bisher, scheinen die Nazis bald eher ein Monopol auf politische Freiheit als Gleichberechtigung mit anderen politischen Gruppen zu beanspruchen.«

Schuschnigg ertrug das alles schweigend. Doch dann, am 9. März, in seiner Heimatstadt Innsbruck, kam sein Ausbruch. In demselben Saal, in dem er zehn Jahre zuvor seine erste politische Rede gehalten hatte, warf er Hitler den Fehdehandschuh hin und kündigte die Volksabstimmung an. Er schloß seine Ansprache mit einem Zitat Andreas Hofers. Der Tiroler Nationalheld hatte seine Bauern gegen Napoleon und dessen bayerische Verbündete mit den Worten zu den Waffen gerufen: »Mander, 's ischt Zeit!« Das rief jetzt auch der Kanzler seinen jubelnden Zuhörern zu.

Am 10. März erwachte Wien in einem Fieber patriotischer Begeisterung. Die Maler-Kolonnen der »Vaterländischen Front« waren die ganze Nacht hindurch am Werk gewesen. Auf Häuserwänden und Straßen hatten sie Schuschnigg-Porträts angebracht, Kruckenkreuze, riesige »Ja«s und patriotische Parolen. Alles, was eine ausreichend große Fläche aufwies, war mit Symbolen der »Vaterländischen Front« und Aufrufen zum »Ja« bedeckt. Aus Flugzeugen regneten Flugblätter herab, von rot-weiß-roten Lastwagen, die mit »Rot-weiß-rot bis in den Tod!« schreienden Menschen vollgestopft waren, rieselten ebenfalls Flugblätter herunter. In allen Bezirken waren Demonstranten unterwegs, die aus voller Kehle ihre Ergebenheit und Treue zu Österreich und seiner Regierung verkündeten. Die ganze Stadt war ein brodelnder Hexenkessel überschwappender Gefühle und Aktivitäten. Vergleichbare Szenen hatte Wien nur 1914 erlebt, als die Menschenmassen den Kriegsausbruch so begeistert feierten.

Den ganzen Tag lang erklangen aus dem Radio vaterländische Gesänge, hauptsächlich österreichische Militärmärsche, aber auch das gesprochene Wort stand ganz im Dienst der kommenden Volksabstimmung. Keine Frage – am Sonntag würde Österreich Schuschnigg einen überwältigenden Vertrauensbeweis liefern.

Am Morgen des 11. März gingen wir alle, Vater, Mutter und ich, unseren üblichen Beschäftigungen nach. Wir fühlten uns ausgesprochen zuversichtlich. Natürlich gab es auch bange Fragen, wie Hitler wohl auf diese Herausforderung reagieren würde. Doch als wir uns mittags zu Tisch setzten, versicherte der österreichische Rundfunk aller Welt, daß die Gerüchte über eine mögliche Absage der Volksabstimmung unwahr und das Werk der Feinde Österreichs seien. Nachdem ich meine Schularbeiten beendet hatte, nahm ich mein Rad und fuhr zur Fechtschule von Josef Losert, dem österreichischen Meister im Florettfechten. Als ich in die Nußdorfer Straße einbog, sah ich meinen Schulfreund Robert Rosen, der mich über das wirkliche Leben aufgeklärt hatte, zusammen mit Norbert Gewürz und Heinzi Buchwald, zwei jüdischen Mitschülern aus meiner Volksschulzeit, an der Ecke stehen. Ich hielt bei ihnen an. Robert war Mitglied von Betar Trumpeldor, der Weltunion der zionistischen Revisionisten, die 1925 von Vladimir Jabotinsky gegründet worden war und in der Menahem Begin, damals noch in Polen, später eine führende Position innehatte. Robert begrüßte mich mit den Worten: »Wirst du kämpfen?« Selbstverständlich würde ich das! Darüber hatte ich in den vergangenen Tagen gründlich genug nachgedacht. Das stand völlig außer Frage. In meiner Vorstellung sah ich mich schon ganz deutlich – ein richtiger Walter Mitty – mitten im wildesten Schlachtgetümmel hinter einem Maschinengewehr, das seine Kugeln in Hitlers Soldaten spritzte. All die aufregenden Geschichten der Kriegshelden, die ich so oft in »Der gute Kamerad« gelesen hatte, waren lebendiger in mir als je zuvor. Aber es war ein seltsam unblutiger Kampf, den ich in meinen Vorstellungen ausfocht. Genau wie in den deutschen Kriegsfilmen, die ich gesehen hatte, waren es auch bei mir immer die Feinde, die tot in den Schlamm sanken, nie die eigenen Kameraden.

Nachdem ich Robert in die Hand versprochen hatte, daß er, Schuschnigg und Österreich auf mich zählen konnten, radelte ich davon.

Meine Fechtstunde dauerte von vier bis sechs Uhr. In dieser Zeit schwitzte ich überflüssiges Fett und Aggressionen ab, fiel wie der Blitz aus, sprang ebenso rasant zurück, zumindest war ich von meiner Eleganz überzeugt, auch wenn Losert von Zeit zu Zeit sein Florett als Peitsche benutzte, um mich damit zu einem vollkommeneren Vertreter seiner Kunst zu machen.

Meine Cousine Hedi besuchte dieselbe Fechtschule wie ich, und wir verließen kurz nach sechs, nachdem wir geduscht und uns umgezogen hatten, gemeinsam das Gebäude. Es wurde schon dunkel. Die Straßen waren, obwohl die Hauptverkehrszeit bald einsetzen mußte, nicht so belebt wie sonst um diese Zeit. Ich schob mein Rad neben Hedi her, und wir kamen am Hauptquartier der »Vaterländischen Front« gegenüber der Fechtschule, Am Hof 4, vorbei. Ein einsamer Sturmtruppmann bewachte den

Eingang. Er war jung, groß und sah in seiner dunkelblauen SS-ähnlichen Uniform mit hohen Schnürstiefeln und dem alten österreichischen Militär-Tschako auf dem Kopf sehr beeindruckend aus. Ich weiß noch, daß ich mich bei seinem Anblick fragte, warum die Sturmtruppen der »Vaterländischen Front«, eine Art Gegenstück zu Himmlers SS, nicht stärker eingesetzt wurden, um Nazi-Demonstrationen zu zerstreuen. Der junge Mann war das genaue Abbild des idealen SS-Mannes. Was mochte in seinem Kopf vorgehen? Wem war er wirklich ergeben? Ich erinnere mich, daß mir diese Fragen durch den Kopf gingen, als ich mich von Hedi verabschiedete, um nach Hause zu radeln.

Nachdem ich an unserer Wohnungstür geklingelt hatte, erschien mir die Szene, die nun folgte, wie ein Déjà-vu. Wieder – wie schon am 25. Juli 1934, als Dollfuß ermordet worden war – stellte ich mein Fahrrad in der Diele ab. Wieder ging die Tür zum Eßzimmer auf, und da stand Vater – es war gerade erst halb sieben vorbei – und Mutter dicht hinter ihm.

»Die Volksabstimmung ist abgesagt worden«, sagte er.

»Unsinn, Vati«, entgegnete ich. »Du bist auf Nazi-Gerüchte hereingefallen. Das sind doch nur Lügen. Sie haben uns doch schon den ganzen Tag lang davor gewarnt, diesen Märchen zu glauben. Im Radio ist es ja immer wieder durchgegeben worden.«

»Ich kenne die Radiodurchsagen«, erklärte Vater. »Aber jetzt sagen sie das Gegenteil. Gerade eben ist erklärt worden, daß die Abstimmung verschoben wird.«

»Das kann doch nicht wahr sein!«

Erst jetzt sah ich Vater richtig an, denn bisher war ich damit beschäftigt gewesen, meinem Fahrrad einen sicheren Stand zu geben. Und nun, da ich seinen und Mutters Gesichtsausdruck wahrnahm, wußte ich, daß es stimmte.

Wir gingen ins Herrenzimmer. Das Radio war angeschaltet. Man hörte Musik. Aber nicht die Märsche von gestern, sondern eine sehr getragene klassische Melodie.

»Aber sie ist doch nur verschoben«, sagte ich Optimist.

Vater schüttelte den Kopf. »Ich weiß nicht«, begann er zögernd. »Wenn man nach all diesen großartigen Vorbereitungen die Sache verschiebt, kann es doch eigentlich nur bedeuten, daß sie gar nicht stattfinden wird. Das ist das Ende für uns. Wenn ich nur, ach, wenn ich nur getan hätte, was ich vor Wochen überlegt habe. Wenn ich doch nur mein Geld von der Bank geholt und mit Mutter und dir in die Schweiz gefahren wäre!«

Die Musik brach ab. Ein Radiosprecher wiederholte lediglich die knappe Mitteilung, daß die Regierung die Volksabstimmung verschoben habe. Dann bat er die Zuhörer, für weitere Nachrichten an ihren Apparaten zu bleiben. Die Musik setzte wieder ein. Wir nahmen am Tisch Platz und aßen schweigend.

Wir waren gerade fertig, als es an der Tür klingelte. Wir fuhren hoch. Helene, unser Mädchen, ging öffnen. Es war die Familie Ornstein von gegenüber: Emil Ornstein, stolzer Träger des Titels Kommerzialrat, die elegante, platinblonde Selma, seine Frau, seine Schwiegermutter Frau Radziwill und die Tochter Ilse, inzwischen eine heranreifende Fünfzehnjährige.

Sie waren gekommen, weil es kaum jemand ertragen konnte, in diesen kritischen Stunden allein zu sein. Jeder brauchte das Gespräch, wollte die Ansichten und Meinungen anderer Menschen erfahren. Wir setzten uns ins Herrenzimmer und griffen nach Strohhalmen, tasteten nach einem Fetzen Sicherheit, suchten nach einer Macht – Italien, Großbritannien, Frankreich oder Gott persönlich –, die uns zu Hilfe kommen konnte. Die Musik aus dem Radio brach ab. Es war etwa ein Viertel vor acht. Eine atemlose Stimme kündigte mehr schreiend als sprechend an: »Der Kanzler!« Und dann hörte man Schuschniggs Stimme, die vor Bewegung zitterte.

»Österreicher und Österreicherinnen!« begann er. »Der heutige Tag hat uns vor eine schwere und entscheidende Situation gestellt. Ich bin beauftragt, dem österreichischen Volk über die Ereignisse des Tages zu berichten. Die deutsche Reichsregierung hat dem Herrn Bundespräsidenten ein befristetes Ultimatum gestellt, nach welchem der Herr Bundespräsident einen ihm vorgeschlagenen Kandidaten zum Bundeskanzler zu ernennen und die Regierung nach den Vorschlägen der deutschen Reichsregierung zu bestellen hätte, widrigenfalls der Einmarsch deutscher Truppen für diese Stunde in Aussicht genommen wurde.

Ich stelle fest vor der Welt, daß die Nachrichten, die in Österreich verbreitet wurden, daß Arbeiterunruhen gewesen seien, daß

Ströme von Blut geflossen seien, daß die Regierung nicht Herrin der Lage wäre und aus eigenem nicht hätte Ordnung machen können, von A bis Z erfunden sind. Der Herr Bundespräsident beauftragt mich, dem österreichischen Volk mitzuteilen, daß wir der Gewalt weichen.

Wir haben, weil wir um keinen Preis, auch in ernster Stunde nicht, deutsches Blut zu vergießen gesonnen sind, unserem Bundesheer den Auftrag gegeben, für den Fall, daß der Einmarsch durchgeführt wird, ohne wesentlichen Widerstand, ohne Widerstand sich zurückzuziehen und die Entscheidungen der nächsten Stunden abzuwarten. Der Herr Bundespräsident hat den General der Infanterie Schilhawsky, den Generalinspekteur, mit der Führung des Bundesheeres betraut. Durch ihn werden weitere Weisungen an das Bundesheer ergehen. So verabschiede ich mich in dieser Stunde von dem österreichischen Volke mit einem deutschen Wort und einem Herzenswunsch: Gott schütze Österreich!«

Aus dem Radio erklangen die letzten Takte der Nationalhymne. Einige Augenblicke lang saßen wir in völligem Schweigen da. Dann, bevor noch jemand von uns die Möglichkeit hatte, etwas zu sagen, hörten wir es: Hunderte von Menschen schrien, was ihre Lungen hergaben. Noch war nicht festzustellen, woher die Stimmen kamen, irgendwoher aus der Ferne – aber es klang bedrohlich. Sie wurden lauter, kamen immer näher...

Ich raste zum Fenster und sah auf die Nußdorfer Straße hinaus. Sie war noch menschenleer. Wenige Augenblicke vergingen, dann kam der erste Lastwagen in Sicht. Er war voll schreiender und rufender Menschen, eine riesige Hakenkreuzfahne flatterte über ihren Köpfen; die meisten von ihnen trugen Hakenkreuzbinden, einige SA-Mützen, andere sogar Stahlhelme.

Nun konnten wir hören, was sie riefen. Ganz deutlich! »Ein Volk, ein Reich, ein Führer!« schrien sie im Chor, gefolgt von »Ju-da ver-recke! Ju-da ver-recke!«.

»Ju-da verr-rrecke! Ju-da verr-rrecke!« scholl es aus Tausenden von Kehlen, sie schrien ihren ganzen Haß heraus. Ein Klang, den man, einmal gehört, nicht mehr vergessen kann. Lastwagen folgte auf Lastwagen.

Vater schaltete das Licht aus, damit uns die brüllenden Männer nicht sehen konnten – meine Eltern und die Ornsteins waren inzwischen zu mir ans Fenster getreten –, und wir starrten fast zwanzig Minuten lang auf das gespenstische Bild da unten auf der Straße.

Erst als der letzte Laster in der Ferne verschwunden war, wurde das Licht wieder eingeschaltet. Die anderen setzten sich, aber ich blieb noch am Fenster stehen.

Ich blickte immer noch auf die Nußdorfer Straße hinunter, als ich direkt unter unserem Fenster einen unterdrückten Schrei hörte. Ich verrenkte mir den Hals und entdeckte einen österreichischen Polizisten, bereits mit einer Hakenkreuzbinde um den dunkelgrünen Uniformärmel, der mit seinem Gummiknüppel in rasender Wut auf einen Mann einhieb, der sich zu seinen Füßen krümmte.

Ich kannte den Polizisten. Kannte ihn, solange ich zurückdenken konnte. Ich hatte ihn oft an den Straßenkreuzungen in der Nachbarschaft den Verkehr regeln sehen, hatte gelegentlich mit ihm geplaudert, wenn wir uns in den Läden der Umgebung getroffen hatten, hatte ihn unzählige Male Vater höflich grüßen sehen. Als ich jünger gewesen war, hatte ich sogar geglaubt, er sei identisch mit dem Polizisten, von dem mir unser Mädchen Poldi erzählt hatte, als sie mir die Angst vor der Dunkelheit nehmen wollte. Zunächst war er der menschenfressende Riese meiner Kindheit gewesen, dann fast ein Freund geworden, und nun sah ich, wie er mit aller Kraft ein armes Opfer zusammenschlug, das seinen Ärger über die fanatisierten Nazis herausgerufen hatte. Diesmal war es ein Faktum, keine Fiktion – wie die von Poldi –, die ihn wieder zum Menschenfresser machte... Nach Schuschniggs Abschied hatte sich dieser Polizist innerhalb von Minuten aus dem Beschützer von gestern in den Verfolger und Peiniger von morgen verwandelt. Das war noch schrecklicher als das haßerfüllte »Ju-da verr-rrecke!«. Nichts hätte mir deutlicher machen können, was an diesem Tag wirklich geschehen war.

Ich drehte mich um. Ich schwieg über den Vorfall, den ich da eben beobachtet hatte. Ich beteiligte mich an der Unterhaltung. Nun, da jeder Zweifel behoben war, verlief das Gespräch angeregter. Die Gewißheit muß uns allen wohl auch ein Gefühl der Erleichterung gegeben haben. Wir wußten nicht, was noch kommen würde, aber wir wußten, daß unser Leben in Österreich und damit eine Familiengeschichte, die so lange Zeit eng mit diesem Land verbunden gewesen war, ein Ende gefunden hatte. Aus dem Radio, das immer noch eingeschaltet war, erklangen jetzt Hitlers Lieblingsmärsche.

Wir trennten uns schließlich um zwei Uhr früh. Die Worte, die Selma Ornstein beim Abschied zu Mutter sagte, werde ich nie vergessen. Sie sind mir all die Jahre hindurch so klar in Erinnerung geblieben, weil sie die Kluft deutlich machten, die sich zwischen unserer Vergangenheit und unserer Zukunft aufgetan hatte. Es war gerade die Einfachheit des Gedankens, der Selmas Worte zu einem so unvergeßlichen Resümee des 11. März 1938 machte. »Sag mal, Stella«, meinte sie und drehte sich zu Mutter um, »wovon, um alles in der Welt, haben wir früher geredet? Dienstmädchen, Kinder, Kleider, Essen? In welcher Welt haben wir denn geglaubt zu leben?«

Nachdem Ornsteins gegangen waren, waren wir einfach zu müde, um noch weiter miteinander reden zu können. Alles, was an diesem Abend gesagt werden konnte, war gesagt worden. Wir gingen zu Bett. Noch umgab uns die schützende Wärme, die Vertrautheit unserer Wohnung.

Aber unser Zuhause – das gab es nicht mehr.

DRITTER TEIL

In St. Pierreville, einem französischen Bergdorf im Département Ardèche, fanden meine Eltern ihre letzte Zuflucht. Sie bewohnten zwei winzige Zimmer, eines oben, eines unten, und eine dunkle, dumpfige Küche. Auch ein Gärtchen gehörte dazu, heißgeliebt und von meiner Mutter liebevoll gepflegt. In ihren Briefen stand viel von der Freude, die sie erfüllte, wenn sie mit Vater dort saß und die Natur ringsum beobachtete, das Pulsieren, den steten Wandel; jedenfalls, soweit sie mit ihren kurzsichtigen Augen durch die dicken Brillengläser etwas davon wahrnehmen konnte.

Ihr blieb nur wenig Zeit für dieses unschuldige Vergnügen. In seinem Brief vom 23. Januar 1941 schilderte Vater ihre unermüdlichen Anstrengungen, diese schäbige Unterkunft für ihn in ein Heim zu verwandeln. Und noch etwas erwähnte er: Ihre Leidenschaft für Sauberkeit hatte sie nicht verloren.

Ihr mit einem feuchten Seifenlappen bewaffneter ausgestreckter Arm reichte von St. Pierreville im Vichy-Frankreich bis in mein Armeelager in England, sozusagen direkt in mein Gesicht. »Auch wenn Du, mein Bub, jetzt so erwachsen bist«, schrieb sie, »wage ich es, Dich daran zu erinnern, daß Du Dein Gesicht so oft wie möglich mit heißem Wasser wäschst. Ja, ja, ich kann Dich rufen hören: ›O Gott, typisch Mutti!‹ Aber bitte, versuche zu verstehen, daß sich an meiner Sorge um Deine Gesundheit – oder, wie Du es wohl nennen wirst, an ›Mutters Reinlichkeitsfimmel‹ – nie etwas ändern wird.«

Wie recht sie hatte! Doch in vielen anderen Dingen hatte sich Mutter verändert. Die Verwandlung hatte wohl in dem Augenblick begonnen, als die hochgeputschten Nazihorden in die Nußdorfer Straße einfielen: Sie, die sich für den größten Teil ihres Lebens Vaters Führung anvertraut hatte, bewies plötzlich eine erstaunliche Charakterstärke. Ihre Migräne und all die anderen Wehwehchen verschwanden praktisch über Nacht. Auch jene merkwürdige spiralförmige feine Linie vor den Augen war nicht mehr da. Sie, die doch immer – tapp, tapp – mit ihren Schuhen nach dem Kantstein getastet hatte, wenn sie eine Fahrbahn überqueren wollte, die behauptete, selbst mit ihrer dickglasigen Brille nicht bis auf den Boden sehen zu können, bewegte sich nun sicheren Schrittes durch die Straßen von Wien.

Abgesehen von den beengten Verhältnissen, war die kurze Zeit in Frankreich – nur etwa eineinhalb Jahre blieben meine Eltern dort – für meine Mutter keine unglückliche Zeit. Zum ersten und einzigen Mal in ihrer Ehe gehörte Vater ganz und ausschließlich ihr. Es gab keine Bank, keinen Herrn Direktor Fischer, kein Fräulein Blankenburg, keine Großmutter Julie, keine Schwester, keine Brüder und – keinen Sohn.

In diesem entlegenen Dorf, das ihnen das Frankreich von Pétain und Laval zugewiesen hatte, war Stella endlich absolut eins mit ihrem Mann. Ein Zustand, nach dem sie sich wohl während all der glücklichen Jahre unablässig gesehnt hatte, ohne sich das jemals wirklich einzugestehen. Jetzt, im Unglück, hatte sie Ernst, ihren Mann, ganz für sich allein.

Ich glaube, Vater spürte genau, was Mutter die unbezwingbare geistige und körperliche Kraft gab, die er so sehr an ihr bewunderte. »Abends, wenn hier alles so still ist, daß selbst die Mäuse, unsere häufigen Besucher, den Atem anhalten«, schrieb er, »nimmt Mutter einen Band von Goethe oder einem französischen Autor aus dem Regal und erfrischt damit Geist und Gemüt. Tagsüber kommt sie nicht dazu, der vielen Arbeit wegen. Sie ist ein wunderbarer und großartiger Mensch. Wäre ihr das Glück einer Begegnung mit Goethe zuteil geworden, oder eher noch: ihm das Glück einer Begegnung mit ihr, so hätte er vermutlich gesagt, und das mit großer Berechtigung: Voilà une femme!«

Dieses »Voilà une femme!« – in Wien hätte er sie wohl eine »gute Ehefrau und Mutter« genannt – zeigt mir, wie klar er jetzt ihre Qualitäten erkannte und daß es ihnen beiden endlich gelungen war, die Oberfläche ihrer Beziehungen zu durchdringen.

Vaters »Auslassungen« waren Mutter offenbar peinlich. Unter seine lobenden Worte schrieb sie: »Ich würde erröten, wenn das bei diesem eiskalten Winter möglich wäre. Ich tue doch nur meine Pflicht und nehme die Dinge, wie sie sind.«

Unter den Habseligkeiten meiner Eltern, die ich im Büro der Jüdischen Gemeinde in Lyon abholte, fand ich ein Foto: Mutter und Vater, Seite an Seite, in dem kleinen Gärtchen. Es muß im Spätfrühling oder Frühsommer des Jahres 1942 aufgenommen worden sein.

Vater hatte abgenommen. Sein Gesicht war schmaler, seine Nase trat mehr hervor, als ich es in Erinnerung hatte. Selbst die Augen wirkten kleiner. Tief lagen sie in den Höhlen. Die innere Kälte, von der er in seinem Brief geschrieben hatte, liegt in seinem Gesichtsausdruck. Der Sonnenschein, in dem sie stehen, ändert daran nichts. Die Hände hat er vor dem Körper gefaltet, die Finger der einen umklammern die der anderen Hand – ein Bild der Verlassenheit. In seine Züge sind die selbstquälerischen Gedanken gegraben, das unablässige Grübeln über »Fehler« der Vergangenheit. Seine Augen scheinen nach innen zu blicken, nach innen und in die Vergangenheit, sie zeigen keinerlei Interesse an der Umgebung.

Mutter hingegen hatte unverkennbar zugenommen, seit wir am 30. März 1939 auf der Victoria Station in London voneinander Abschied genommen hatten und sie in den Expreßzug nach Paris gestiegen war. Sie hatte nun wieder ihre »Wiener Proportionen«.

Es liegt ein Lächeln auf ihrem Gesicht, und ihre Haltung – ihr rechter Arm umfaßt Vaters Taille – drückt absolute Einheit mit dem Menschen aus, der neben ihr steht. Sie scheint im Frieden mit sich selbst und ihrer Umwelt. Welch ein Unterschied zu der Frau auf dem Foto, das in Irland aufgenommen worden war, kurz nach unserer Abreise aus Deutschland! Die ohnehin fast blinden Augen wirken nahezu ausgewaschen von den Tränenströmen, die geflossen waren, weil sie von Vater, der sich bereits in Paris aufhielt, getrennt war. Es ist das Bild einer sehr traurigen, einsamen und tiefunglücklichen Frau. Dabei war sie gar nicht allein. Ihr Sohn, ihr einziges Kind, war bei ihr, und sie war sicher – weit entfernt von Hitlers Zugriff.

Doch weder ich noch das Gefühl der Sicherheit konnten sie trösten. Der einzige Mensch, nach dem sie sich sehnte, mit dem sie unbedingt zusammen sein mußte, war Vater. Nur er war wirklich wichtig. Wichtiger als ihr eigenes Leben.

Die Frau auf dem Foto aus St. Pierreville akzeptiert lächelnd »die Dinge, wie sie sind«. Dicht neben ihrem Mann stehend, ist sie »vollkommen«, ihr fehlt nichts. Sie hat keinerlei Angst, obwohl die deutschen Truppen im besetzten Frankreich höchstens einhundertfünfzig Kilometer von ihrem Bergdorf entfernt sind und die französischen Helfershelfer der SS und Gestapo sogar noch viel, viel näher.

Der Weg von Ernst und Stella hatte keineswegs direkt von Wien nach St. Pierreville geführt. Eine ganze Reihe von Ereignissen, die alle unverzügliche Maßnahmen erfordert hatten und, jede für sich genommen, vernünftig und logisch gewesen waren, hatte sie aus der beabsichtigten Richtung gezwungen und in jenes Dorf inmitten malerischer Berge verschlagen, wo man – wenn man einem Reiseprospekt glaubt – »Raum in menschlichen Dimensionen« findet und »im hellsten Licht die Freiheit«. Jules Romains, einer der Lieblingsautoren meines Vaters, beschreibt die Ardèche weit treffender als »herbe Mischung von Trauer und Freude«. Das ist es, was meine Eltern dort gefunden haben.

Am Samstag, dem 12. März 1938, wachten wir spät und mit bleischweren Gliedern auf. Ich ging ins Herrenzimmer und öffnete das Fenster zur Nußdorfer Straße. Es war ein kalter, doch heller und sonniger Tag. Ein Hauch von Frühling lag in der Luft. Da die neue Regierung angeordnet hatte, daß Schulen und Behörden geschlossen bleiben sollten, war es auf den Straßen ruhiger als sonst. Sie waren andererseits aber auch bunter als sonst, mit den vielen Fahnen, die von Dächern herab- und aus Fenstern heraushingen. Das beherrschende Rot leuchtete in der Sonne. Viele Fahnen zeigten noch immer das gute alte Rot-Weiß-Rot, andere das offizielle Symbol der Nationalsozialistischen Partei: das große schwarze Hakenkreuz in einem weißen Kreis auf rotem Grund. Die meisten Fahnen aber waren rot-weiß-rot mit Hakenkreuzen verschiedenster Form und Größe, offensichtlich von fleißigen Händen in der Nacht hastig gemalt oder genäht.

Helene, unser Dienstmädchen, hatte verweinte rote Augen, als sie den Frühstückstisch deckte. Ihre Mutter, so erzählte sie mir, sei in aller Frühe aus ihrem Heimatort Perchtoldsdorf gekommen, einer kleinen Stadt vor den Toren Wiens. Nun säße sie in der Küche.

Ich ging hinaus, um sie zu begrüßen. Die alte Frau saß bei einer Tasse Kaffee und schluchzte sich die Seele aus dem Leib. »Oh, Herr Georg«, klagte sie. »Was werden die unserem schönen kleinen Land antun? Was wird nur aus Österreich werden?«

Als wenn ich darauf eine Antwort gewußt hätte! Wir saßen zwar mit trockenen Augen am Frühstückstisch, aber all die Klarheit, die wir tags zuvor empfunden hatten, war verschwunden. Sollten wir auswandern? Wie? Wohin? Aber vielleicht würde es auch gar nicht so schlimm werden? Es hieß doch, daß Hunde, die bellen, selten beißen! Also erst einmal ganz ruhig abwarten? War es nicht durchaus denkbar, daß Österreich trotz der deutschen Truppen ein eigener Staat blieb, wenn auch mit einer nationalsozialistischen Regierung? Würde diese die Nürnberger Rassegesetze übernehmen? Und selbst wenn sie das tat – mußte Vater dann zwangsläufig seinen Posten bei der Bank verlieren? Schließlich handelte es sich bei der Länderbank doch um französischen Besitz! Mutter erinnerte an Rosl Bartmann, eine Cousine zweiten Grades, die älteste Tochter von Onkel Alfreds älterem, bereits verstorbenem Bruder Ludwig. Mit ihrer Mutter, Tante Manja, lebte sie in Berlin und hatte bei der Air France einen guten Posten. Wie würden die Franzosen auf die Ereignisse der vergangenen Nacht reagieren? Wie die Briten? Und wie Mussolini? War er wirklich damit einverstanden, daß an der heiklen Grenze am Brenner deutsche Truppen standen, ganz in der Nähe der widerborstigen Südtiroler?

Fragen über Fragen, aber keine einzige Antwort!

Wir saßen besorgt und niedergeschlagen, aber nicht hoffnungslos am Frühstückstisch. Wir konnten sogar lachen, eher bitter als vergnügt zwar, aber immerhin. Wir lachten, als uns Vater einen Zeitungsartikel mit der Überschrift »Erfolgreiche Flucht« zum besten gab. Darin wurde geschildert, wie der bedauernswerten Greta Garbo die Flucht vor nichts Schlimmerem als einer Gruppe Journalisten gelungen war. Sie war durch eine Geheimtür in der

Gartenmauer einer Villa bei Neapel entwischt, wo sie bei dem Dirigenten Leopold Stokowski wohnte.

Wo war unsere Geheimtür in die Freiheit?

Richard Mautner, Vaters pessimistischer Freund, hatte die seine offensichtlich gefunden. Vater war gerade mit dem Vorlesen fertig, als das Telefon klingelte. Mutter nahm den Hörer ab. Am Apparat war eine gemeinsame Freundin von ihr und Käthe Mautner, die in der Nachbarschaft der Mautners wohnte. Die Botschaft, die sie Mutter von Käthe übermittelte, war kurz. Sie lautete: »Sehr liebe Grüße an alle. Wir sind verreist und werden von uns hören lassen.« Einzelheiten über die Flucht erfuhren wir erst später. Richard, der kluge Pessimist, hatte nicht nur schwarz gesehen, sondern auch gehandelt. Offenbar hatte er bereits nach dem deutsch-österreichischen Vertrag vom Juli 1936 angefangen, sein Geld heimlich in die Schweiz zu transferieren. Als Schuschnigg dann die Volksabstimmung ankündigte, bat Richard seine Frau, die notwendigsten Habseligkeiten zu packen.

Wenige Minuten, nachdem im Rundfunk die Vertagung der Volksabstimmung bekanntgegeben worden war, fuhr Richards Wagen vor seiner Villa in Hietzing vor. Sein Chauffeur trug bereits eine Hakenkreuzbinde um den linken Arm. Im Nu waren die gepackten Koffer im Auto verstaut, Käthe und Tochter Dorli ebenfalls, und sie fuhren auf und davon. Noch bevor Seyß-Inquart als Schuschniggs Nachfolger den Amtseid leistete, überquerten sie die Schweizer Grenze. Die österreichischen Grenzbeamten bei Feldkirch hatten von den Ereignissen in Wien noch keine klaren Vorstellungen, waren aber offenbar von der Hakenkreuzbinde des Chauffeurs und dessen markigem »Heil Hitler« so beeindruckt, daß sie Mautners unbeanstandet passieren ließen.

Daß Richard die »Geheimtür in der Mauer« durch sein Hinausschlüpfen auch noch für uns offenhielt, wurde uns erst ein paar Monate später klar.

Nach dem Frühstück zog ich mich an und tat etwas für mich Ungewöhnliches. Ich ging zu Großmutter Julie. Ich besuchte Großmutter zwar noch immer dann und wann, aber keineswegs so häufig wie Vater. Daß ich gerade an diesem Morgen den Wunsch empfand, in die Josefstädter Straße zu gehen, zeigt nicht nur, daß mir die alte Dame eine Menge bedeutete, sondern auch, daß sie und ihre Umgebung mir als weitaus sichererer Hafen erschienen als unser Heim. Unsere Wohnung verkörperte die Gegenwart, ihre die Vergangenheit; was ich an diesem Morgen vermutlich wirklich unternahm, war eine Flucht aus unserer unheilen Gegenwart in unsere heile Vergangenheit.

Großmutter war ganz ruhig. Sie wußte, was geschehen war, und wußte es doch wieder nicht. In einem Monat würde sie achtundsiebzig Jahre alt werden, aber trotz ihres Alters war ihr Geist hellwach und so scharf wie eh und je. Gefühlsmäßig war sie den aktuellen Ereignissen jedoch um mindestens ein Jahrhundert entrückt. »Schau, Georgerl«, sagte sie. »Ich bin so alt, ich habe so viele unruhige Zeiten durchlebt. So Gott will, werde ich auch diese überstehen, bis meine Zeit gekommen ist.« Ihre Generation, aufgewachsen und gereift in der Blütezeit des europäischen Liberalismus, konnte sich das Böse zwar bis zu einem gewissen Punkt durchaus vorstellen, etwa in der Art, wie Lueger Großvater Ludwig behandelt hatte, aber die Auswüchse des Bösen, das an diesem Tag über Wien hereingebrochen war, konnte sie sich nicht vorstellen, geschweige denn begreifen.

Wie gewöhnlich verbrachte ich einige Zeit bei Annitschek in der Küche. Sie faßte die Geschehnisse der letzten vierundzwanzig Stunden mit weit mehr Klarsicht zusammen als Großmutter Julie. »Das ist das Ende der Familie Klaar«, erklärte sie. Die Art und Weise, wie sie das sagte, ließ keinen Zweifel daran, daß damit auch ihr Leben seinen Sinn verloren hatte. Sie wußte, daß wir fort mußten und daß weder Großmutter noch sie mitkommen konnten.

Ich hatte auf dem Heimweg etwa die Hälfte der Strecke zurückgelegt, als die erste Staffel deutscher Bombenflugzeuge über Wien auftauchte. Die Maschinen flogen in exakter Formation und ziemlich tief, sehr groß und sehr schwarz vor dem Blau des Himmels, ihre Motoren dröhnten unheilverkündend.

Immer mehr Flugzeuge der Luftwaffe, Hunderte, wie es schien, kreisten über der Stadt. Ich kann nur das abgegriffene Klischee vom Himmel wiederholen, der »schwarz von Flugzeugen« ist, denn in diesem Fall traf es buchstäblich zu. Ihre Absicht war ausgesprochen friedlich. Alles, was sie auf Wien niederfallen ließen, waren Flugblätter. Aber ich mußte an das Gespräch denken, das ich am Nachmittag zuvor mit Robert Rosen und anderen Schulfreunden geführt hatte. Wir hatten beschlossen, gegen die Nazis zu kämpfen. Wie groß war eigentlich unsere Chance, dieser gewaltigen Luftstreitmacht widerstehen zu können? Wieviel von Wien wäre noch vorhanden, wenn sie Bomben statt Papier abgeworfen hätten?

»Stadt der Raserei und der Angst« nannte die »Times« Wien in ihrer Samstagausgabe. Diese wenigen Worte beschrieben die Atmosphäre, in der wir nun lebten, sehr genau.

Die Rasenden der vergangenen Nacht waren noch nicht wieder auf die Straßen zurückgekehrt. Diejenigen, die wie berauscht gefeiert hatten, lagen noch immer erschöpft in den Betten oder waren gerade dabei, wieder zu sich zu kommen. Ein neuer Ausbruch der Raserei war zu befürchten.

Die Angst blieb. Sie war allgegenwärtig. Sie war in der Luft, die ich auf dem Heimweg atmete, die Fahnen symbolisierten sie, die Hakenkreuzbinden der Polizisten, die blitzenden neuen Hakenkreuzabzeichen, die so viele Leute plötzlich trugen, die schwarzen Flugzeuge, die über mir kreisten...

Die erste Nazi-Größe, die in Wien eintraf, Heinrich Himmler, war mit seiner Begleitung morgens um 4.30 Uhr auf dem Flughafen Aspern gelandet. Die klägliche Kapitulation von Schuschnigg und seiner Regierung hatten Himmler seine Aufgabe geradezu lächerlich leicht gemacht. Die Akten der österreichischen Polizei waren in seinen Händen.

Am stärksten wurden die Menschen, die keine feste politische oder religiöse Überzeugung hatten, von der Angst gepackt. Die, welche sie besaßen, waren unendlich viel stärker als wir.

Einer von ihnen war Robert Rosen, mein Schulfreund. Er besuchte mich am Nachmittag und kam sehr schnell zur Sache. Er bat um meinen Revolver. Vor Jahren hatte ich ihn einem Mitschüler am Schopenhauer-Gymnasium abgekauft, einem merkwürdigen Typ mit guten Verbindungen zur Wiener Unterwelt. Der Revolver war mein geheimster, kostbarster und gefährlichster Besitz.

Roberts fester Glaube an den Zionismus gab ihm die Kraft und den Mut, auf die Straßen hinauszugehen – mit meinem Revolver in der Tasche. Bevor er ging, bat er mich, Mitglied von Betar

Trumpeldor zu werden. Ich lehnte ab. Vielleicht, weil ich durch die Mitgliedschaft in einer Zionistenorganisation zugegeben hätte, Jude und nicht Österreicher zu sein? Dazu konnte ich mich aufgrund meiner Erziehung und der Geschichte meiner Familie noch nicht durchringen. Hatten die Klaars denn nicht in den letzten hundert Jahren ein überzeugendes österreichisches Erbe angehäuft?

Bald nachdem Robert gegangen war, zeigten die »Sieg Heil!«- und »Juda verrecke!«-Rufe, die von der Straße heraufdrangen, daß die fanatisierten Massen wiederaufgelebt waren und nun begannen, ihre Parolen in die Tat umzusetzen. In Österreich fand kein Punkt des nationalsozialistischen Programms stärkeren Widerhall als der antijüdische. Vielleicht war nur eine Minderheit des schreienden Straßenmobs wirklich überzeugte Nazis, Antisemiten waren sie allemal. Der österreichische Schriftsteller Alfred Polgar sagte: »Die Deutschen sind ausgezeichnete Nazis, aber miserable Antisemiten; die Österreicher sind miserable Nazis, doch – bei Gott – was für ausgezeichnete Antisemiten sie sind!« Das trifft den Nagel auf den Kopf.

Endlich konnte der Judenhaß der österreichischen Antisemiten vom Abstrakten zum Konkreten übergehen. Er fand in primitivem Sadismus seinen Ausdruck. Juden – Männer, Frauen und Kinder, Alte und Kranke ebenso wie Junge und Gesunde – wurden zusammengetrieben und gezwungen, umgeben vom jubelnden und schreienden Mob, in den Straßen niedrige, erniedrigende Arbeiten zu verrichten.

Wir wurden an diesem ersten Abend nicht belästigt. Fälschlicherweise nahmen wir an, daß die vielen Freundlichkeiten, Geschenke und Trinkgelder, die unser Hausmeister und seine Familie über so viele Jahre hinweg von uns erhalten hatten, uns jetzt einen gewissen Schutz gewährten.

Das Zusammentreiben der Wiener Juden, um aus ihnen Straßenkehrer zu machen, war am Nachmittag zu Ende. Es folgte kein weiterer Abend fiebriger Triumphausbrüche. Für sieben Uhr hatten die Führer der Wiener Nazi-Partei einen Fackelzug anberaumt. Als Kolonne auf Kolonne hochgestimmter Wiener auf das Stadtzentrum zumarschierte, wagten sich verständlicherweise nur wenige Juden auf die Straßen. Eine der Ausnahmen war Onkel

Paul. Mit Tante Alice kam er uns besuchen. Es war nicht unbedingt ein Tapferkeitsbeweis, wenn Onkel Paul auch nicht gerade zu den Feiglingen gezählt werden kann, es war die Manifestation seines Glaubens an seinen besonderen Status als Polizeiarzt mit einer beeindruckenden Zahl von Dienstjahren und als hochdekorierter Weltkriegsveteran. Er weigerte sich einfach einzusehen, daß die Welt von heute unendlich weit von der Welt von gestern entfernt war. Er war immer noch genauso überzeugt davon, daß es sich bei Hitler um ein vorübergehendes Phänomen handele, wie er das in den vergangenen fünf Jahren gewesen war.

Als Paul ins Herrenzimmer trat, schaltete er sofort das Radio an. So leise, wie nur möglich, damit keiner unserer Nachbarn irgend etwas davon hörte, lauschten wir den deutschsprachigen Sendungen aus Frankreich und der Schweiz.

Die Franzosen, wenn auch im Augenblick ohne Regierung – kurz vor Hitlers Zugriff war Leon Blums Kabinett zurückgetreten –, hatten einen aggressiven Rundfunkkommentator, der Hitler verhöhnte und das, wie er sagte, österreichische Abenteuer der Nazis mit ätzender Ironie bedachte. Seine Worte waren Musik in unseren Ohren. Wenn man ihm zuhörte, war man sicher, daß die nächste französische Regierung die Nazis und die Deutsche Wehrmacht mit eisernem Besen aus Österreich hinauskehren würde. Paul zweifelte nicht im mindesten daran. Vater hingegen war wesentlich skeptischer – aber er wirkte doch ein bißchen weniger bedrückt als zuvor.

Der erste Tag dessen, was man oft die »Vergewaltigung Österreichs« nennt, neigte sich seinem Ende zu. Aber während wir noch – es war etwa halb acht – dem Programm des französischen Senders lauschten, hielt der große Vergewaltiger höchstpersönlich Einzug in Linz, der Hauptstadt von Oberösterreich, wo er einen großen Teil seiner Jugend verbracht hatte.

Bis zu seinem Eintreffen in Linz hatte Hitler noch nicht beschlossen, was mit Österreich zu geschehen hatte. Sollte es ein selbständiger Staat bleiben, aber mit einer Nazi-Regierung? Eine Kolonie des Deutschen Reiches mit einer eigenen Administration? Darauf hofften Seyß-Inquart und eine Reihe führender österreichischer Nationalsozialisten. Während seiner gesamten Karriere spielte Hitler die Rolle des strengen »Legalisten«. Der triumphale Empfang in Linz zerstreute all seine Bedenken. Hitler befahl Wilhelm Stuckart, den Verfassungsexperten im Reichsinnenministerium, zu sich nach Linz. Als Stuckart eintraf, erhielt er den Auftrag, das juristische Dokument für den Akt der Vereinigung, für den »Anschluß«, vorzubereiten: das Aufsaugen Österreichs ins Deutsche Reich.

In der Nacht von Samstag auf Sonntag war noch später Schnee gefallen. Als ich aus dem Fenster meines Zimmers auf die Pichlergasse blickte, sah sie weiß und sauber aus; selbst die Schuschnigg-Sprüche auf dem Pflaster konnte man nicht mehr sehen.

Wenig später blickte ich durch das Fenster im Herrenzimmer auf die Nußdorfer Straße und sah, daß sich der reine Schnee unter stampfenden Stiefeln und den Auspuffgasen zahlloser Militärfahrzeuge in schmutzigen Matsch verwandelte. Die Deutsche Wehrmacht marschierte ein.

Fasziniert starrte ich auf die deutschen Soldaten mit ihren Stahlhelmen. Sie saßen steif und aufrecht, absolut bewegungslos in ihren Fahrzeugen, ihre Hände umklammerten die Griffe ihrer Gewehre.

Ich frühstückte, zog mich rasch an und raste, alle Furcht vergessend, hinaus auf die Straße, hinüber zum Colosseum-Kino, unter dessen Vordach ich mich stellte. Ein Krad-Fahrer der Wehrmacht, hochgewachsen und genau der Typ des deutschen Soldaten, den ich in so vielen Kriegsfilmen gesehen hatte, kam an mir vorbei und wünschte mir freundlich »guten Morgen«. Ich bog von der Nußdorfer in die Währinger Straße ein. Der Konvoi blockierte die gesamte Währinger Straße. Getrieben von meiner Neugierde, mehr zu sehen, erreichte ich den Ring am Schottentor, bevor ich mich entschloß, doch lieber umzukehren. Das war mein erster Blick auf die mächtigste Militärmaschinerie ihrer Zeit. Ich war tief beeindruckt von dieser Demonstration perfekter Disziplin und brillanter Ausrüstung. Die Männer selbst waren jung, hochgewachsen, gutaussehend, schneidig und elegant. Ich stellte fest, so unglaublich das auch klingen mag, daß ich diese Soldaten bewunderte und sogar ein wenig stolz auf sie war.

So geprägt war ich, der siebzehnjährige Jude, durch meine

österreichisch-deutsche Erziehung von Kindesbeinen an, so tief verwurzelt war alles, was ich gelesen hatte, daß ich in diesen so sauber und sympathisch wirkenden jungen Männern einfach keine Feinde sehen konnte. Die Nazis, die SS, die SA – sie waren meine Feinde, aber diese jungen stattlichen Soldaten der Wehrmacht doch nicht!

Hätte ich nicht – wäre ich nicht als Jude geboren worden – mit siebzehn selbst ein Nazi sein können? Hätte ich nicht einer von ihnen sein können? Hätte mich die Macht und die Herrlichkeit von Hitlers Reich nicht beeindruckt und angezogen?

Aus rassischen Gründen war ich immun gegen den Nazismus. Aber bis heute ist mein Urteil über die jungen Menschen, die Hitler erlegen sind, überschattet durch meine Erinnerungen an meine eigenen Empfindungen an jenem Tag.

Das Paradoxon am Ausbruch des Antisemitismus in Wien ist die Tatsache, daß er Tausenden von Juden das Leben gerettet hat. Der – um noch einmal Polgar zu zitieren – »miserable Antisemitismus« der Deutschen verführte viele deutsche Juden zu der Annahme, sie könnten weiterhin in ihrem geliebten Deutschland leben, während der »ausgezeichnete Antisemitismus« der Österreicher keinen Juden darüber in Zweifel ließ, daß er so rasch wie möglich das Land verlassen mußte.

Wir hatten uns am Freitagabend mit den Ornsteins über eine mögliche Emigration unterhalten, wir hatten auch in unserer Familie darüber gesprochen. Aber das waren eben nur Gespräche gewesen, denen die Dringlichkeit, das Bewußtsein einer unausweichlichen Wahrheit fehlte. Nun wußten wir, daß es keine Alternative gab. Wir wußten es nicht allein wegen der häßlichen Ereignisse überall in Wien, sondern weil wir gehört hatten, was den Ornsteins Samstag nacht geschehen war. Emil und Selma schliefen bereits, als es an der Tür klingelte. Sie öffneten. Draußen stand ihr Hausmeister mit zwei österreichischen Polizisten und zwei deutschen SS-Leuten in ihren schwarzen Uniformen. Sie stürmten in die Wohnung der Ornsteins, durchsuchten jede Nische und jeden Winkel, kippten den Inhalt von Schubfächern auf den Fußboden – und nahmen schließlich Emil Ornstein mit, nachdem sie seine Arme mit Handschellen auf dem Rücken gefesselt hatten. Er war ein prominenter Geschäftsmann, Jude und führender Freimaurer. Das waren seine »Verbrechen«. Eine Woche später sahen wir sein Foto und Bilder anderer festgenommener Juden auf der Titelseite des SS-Blattes »Das schwarze Corps«. Krank sah er aus und elend. Er trug einen tagealten Bart. Sie erlaubten Juden nicht, sich zu rasieren; sie sollten möglichst unsauber und abstoßend wirken.

Wir haben Emil Ornstein nie wiedergesehen.

Am frühen Nachmittag dieses Tages brach Vater zusammen. Ich sehe ihn noch auf dem Stuhl im Schlafzimmer sitzen, höre sein verzweifeltes Schluchzen. Nie zuvor hatte ich ihn weinen sehen, noch nie diese quälenden Laute eines vor Verzweiflung weinenden Mannes gehört, noch nie mit angesehen, wie angestrengt ein vom Schmerz überwältigter Mann versucht, sich wieder in die Gewalt zu bekommen. Ein Mann, dazu erzogen, Tränen unmännlich zu finden, erlebt beim Weinen keine Erleichterung wie eine Frau. Seine Tränen fließen nicht leicht, sondern brennen gleichsam heraus – heiß und voll Schmerz trüben sie Sicht und Seele.

Mutter und ich umarmten ihn, versuchten, ihn zu trösten, ihn zu beruhigen. Ich glaubte, und Mutter wohl auch, daß Vater zusammengebrochen war, weil er schließlich doch den Untergang seiner Welt begriffen hatte, das Ende seiner Karriere, seines bisherigen Lebens. Daß er Angst hatte, sie würden ihn holen, wie sie Emil Ornstein geholt hatten.

Als er dann wieder zu sprechen begann, zwischen Schluchzern, die seinen ganzen Körper erschütterten, sagte er nur einen Satz – aber den immer wieder: »Was soll aus meiner Mutter werden? Was soll aus meiner Mutter werden?« Der Abschied von Großmutter Julie, der – wie er nun wußte – unausweichlich war, und das Wissen, daß er sie vielleicht nie wiedersehen würde, das, und nicht der Zusammenbruch der Welt, die er sich über die vielen Jahre hindurch aufgebaut hatte, war der eigentliche Grund seines Schmerzes.

Als Vater so bitterlich weinte, empfand ich Mitleid für ihn, Zärtlichkeit und viel Liebe. Aber zugleich zerbrachen auch die bisherigen festen Überzeugungen meines Lebens. Vater, der unverwundbare Riese meiner Kindheit, war also doch verwundbar. Wie konnte er, ein erwachsener Mann, um seine Mutter weinen? Damals wußte ich noch nicht, daß das Kind in einem

Manne so lange lebt wie er selbst. Aber indem ich, wie ich damals meinte, meinen Beschützer verlor, gewann ich die Erkenntnis, daß meine Kindheit zu Ende war, daß ich aus der schützenden Wärme der Familie hinaustreten mußte, um auf eigenen Beinen zu stehen.

Im übrigen hatte sich Vater schon bald wieder in der Gewalt. Kaum eine halbe Stunde brauchte er dazu, und als wenig später das Telefon läutete, meldete er sich mit normaler Stimme. Er lauschte aufmerksam. Dann verwandelte sich sein merkwürdig verwunderter Gesichtsausdruck in ein Lächeln. Er sah erst Mutter, dann mich an und sagte: »Natürlich. Wir freuen uns auf euch.« Er legte den Hörer auf und erklärte: »Alfred, Klara und Hedi kommen her.«

Die große Familienfehde war nach zwölf Jahren bitterer »Vendetta« offenbar wirklich zu Ende. Was die drei Schapira-Schwestern so lange vergeblich versucht hatten, gelang Hitler in weniger als achtundvierzig Stunden, indem er die Aufmerksamkeit der Juden auf das Wesentliche richtete. Was dann geschah, als die Bartmanns eintrafen, scheint fast unglaublich. Die beiden Schwäger, Erzfeinde seit Urzeiten, sanken einander buchstäblich in die Arme.

Als wir uns alle im Herrenzimmer versammelt hatten und der Kaffee serviert worden war, erinnerten mich Vaters und Onkel Alfreds Bemerkungen sehr an jene Frage, die Selma Ornstein Mutter gestellt hatte: »Stella, wovon, um alles in der Welt, haben wir früher geredet?« Weil hinter allem, was die beiden Männer sagten, unausgesprochen die Frage stand: »Worüber, um Himmels willen, haben wir uns eigentlich gestritten?«

Wieder läutete das Telefon. Diesmal ging ich an den Apparat. Es war Lisl. Ob ich zu ihnen kommen könnte. Sie hätten »Besuch« gehabt. Am Klang ihrer Stimme hörte ich, wie aufgeregt sie war. Eine Beschreibung der »Besucher« wäre überflüssig gewesen. Ich ging ins Herrenzimmer zurück und erklärte, ich müsse weggehen – und warum. Die Proteste waren mehr als laut. Ich sei wohl verrückt geworden! Was für eine unglaubliche Rücksichtslosigkeit! Zum erstenmal seit so vielen Jahren waren die Bartmanns hier, und ich wollte gehen und »dieses Mädl« besuchen! Vater, aber auch Mutter waren außer sich. Ich sei ein Narr, ein gefühlloser Dickkopf ohne Benehmen! Ob mir nicht klar sei, daß ich Gefahr liefe, draußen von umherstreifenden Nazis aufgegriffen zu werden? Nur ein Wahnsinniger würde jetzt das Haus verlassen und eine Katastrophe provozieren!

Ich hörte ihnen eine Weile zu, dann ging ich einfach fort.

Als ich nach zwanzig Minuten Fußweg ohne jeden Zwischenfall Lisls Wohnung betrat, hatten sie und ihre Familie sich bereits wieder weitgehend beruhigt. Die »Besucher« waren, wie ich vermutet hatte, österreichische SA-Leute gewesen. Das Ganze glich einer Komödie, über die allerdings niemand lachen konnte. Die Männer hatten in ihrer inzwischen vertrauten halbmilitärischen Kostümierung gesteckt. Manche trugen Stahlhelme, manche Stiefel, doch alle – und das war erschreckend – trugen einen Revolver oder ein Gewehr. Sie hatten die Wohnung durchsucht, dabei einige Stücke des Familiensilbers und alles Bargeld mitgehen lassen, eine Reihe von Büchern beschlagnahmt und hielten es, was Getränke betraf, mit der Selbstbedienung. Bevor sie wieder verschwanden, riß ihr Anführer einen Zettel aus seinem Notizheft, auf dem er, in recht mangelhafter Orthographie, vermerkte: »Nachdem die SA diese Wohnung durchsucht hat, sollen die Eigentümer nicht mehr belästigt werden. Das deutsche Folk kennt keine Rachegefühle. Sig Heil!« (Nicht mal den Nazi-Schlachtruf konnte er richtig buchstabieren.)

Unter dieses bemerkenswerte Dokument hatte der Anführer, ein kleiner Mann mit einem zwei Nummern zu großen Stahlhelm, der ihm jedesmal, wenn er sich bückte, über die Augen rutschte, seine Unterschrift gesetzt: Kornherr. Dann knallten sie alle die Hacken zusammen und marschierten davon.

Oh, was für einen herrlichen »Anschluß« die Kornherrs von Wien doch hatten!

Ein wesentlich distinguierterer Herr als der kleine Kornherr, der in seinem Dankschreiben an den Führer gewiß keine orthographischen Fehler machte, erlebte ebenfalls eine entzückende »Anschluß«-Überraschung. Ex-Botschafter Franz von Papen erhielt am selben Sonntagabend ein Telegramm. Darin beorderte ihn Hitler nach Wien, damit er an den Festlichkeiten teilnehmen konnte, zu deren Anlaß er nach Kräften beigetragen hatte. Gleichzeitig meldeten die deutschen Sender: »In Anerkennung seines verdienstvollen Wirkens hat der Führer den Botschafter Franz von Papen mit der Mitgliedschaft der Nationalsozialistischen Deutschen Arbeiterpartei ausgezeichnet und ihm das Goldene Parteiabzeichen verliehen.«

Als ich nach Hause kam, zeigten Vater, Onkel Alfred und Cousine Hedi sichtbare »Anschluß«-Spuren. Sie saßen im Herrenzimmer, genauso, wie ich sie ein paar Stunden zuvor verlassen hatte. Die beiden Männer waren sehr blaß. Ihre Anzüge waren schmutzig und voll weißer Farbflecken. Mutter zitterten die Hände, Tante Klara schien ruhiger, und Hedi, deren Kleid ebenfalls verschmutzt und fleckig war, zeigte einen trotzigen Gesichtsausdruck. Erst allmählich (sie standen alle unter Schock, Hedi allerdings weniger als die Männer), erfuhr ich, was vorgefallen war. Ich hatte das Haus buchstäblich eine Minute vor dem Augenblick verlassen, als die SA es betrat. Unser Hausmeister führte sie vor unsere Wohnungstür, und die vor Jahren angebrachten Metallriegel boten nicht den geringsten Schutz gegen sie. Vater, Onkel Alfred und Hedi nahmen sie mit, Mutter und Tante Klara ließen sie in der Wohnung. Für die beiden Frauen war das eine größere Folter, als wenn man sie auch abgeführt hätte. Die SA-Männer sagten kein Wort und überließen Mutter und Tante Klara dem Zweifel, ob die drei festgenommen waren oder ob man sie nur hinunterbrachte, damit sie dabei halfen, die Schuschnigg-Parolen von den Hauswänden zu entfernen. Alfred, der zehn Jahre älter war als Vater, kam als erster zurück. Vater und Hedi wurden eine weitere Stunde auf die Knie gewungen; während der ganzen Zeit waren die Schaftstiefel der SA-Männer direkt in ihrer Augenhöhe.

Ich erinnere mich sehr deutlich an die weiteren Gespräche dieses Abends; denn sie waren typisch für die vielen Diskussionen mit Verwandten und Freunden, die noch folgen sollten. Die Männer – Vater und Onkel Alfred – waren erschüttert. Ihre Worte kreisten unaufhörlich um »Fehler«, die sie begangen hatten. Vater warf sich unablässig vor, die Bank nicht schon längst darum gebeten zu haben, ihn auszuzahlen. Alfred hingegen beschuldigte sich unentwegt, Richard Mautners Beispiel nicht rechtzeitig gefolgt zu sein. Genau wie Mautner hatte er beträchtliche Summen in der Schweiz auf die Seite gebracht. Später mußte er dieses Geld den Nazis überschreiben. Sie bedrohten alle Juden, die keine Angaben über etwaiges Vermögen im Ausland machten, mit der Todesstrafe und meinten es sehr ernst damit. Wenige Wochen vor dem »Anschluß« hatte sich Onkel Alfred sein erstes Auto gekauft. Es sollte eine Überraschung für Tante Klara werden. Er wollte ihr erst davon erzählen, wenn er die Fahrerlaubnis in der Tasche hatte. Aber er fiel einige Male durch die Führerscheinprüfung. Sein Bürovorsteher, Herr Schreiber, ein »Arier«, war allerdings darauf vorbereitet, die Familie Bartmann unmittelbar nach Schuschniggs Rücktritt über die Grenze in die Schweiz zu fahren.

Alfred erzählte uns nun, wie sie am Freitag abend unruhig in ihrer Wohnung auf und ab gelaufen waren, immer auf der Suche nach der Entscheidung, die Brücken hinter sich abzubrechen – bis es dann zu spät war. Onkel Alfred konnte es einfach nicht über sich bringen, seinen ganzen Besitz zurückzulassen. Und deshalb schlug er sich nun reuevoll an die Brust. Nun wußte er, daß er so viel mehr verloren hatte und in Zukunft noch mehr verlieren würde...

Die Frauen verhielten sich ganz anders als die Männer. Klara konnte sogar sehr humorig über dieses Auto reden. Sie berichtete trocken, daß sie es nur ein einziges Mal zu Gesicht bekommen hatte, und das auch nur ganz zufällig. Sie sah gerade aus dem Fenster ihrer Wohnung, als die Nazis das Gefährt aus der gegenüberliegenden Garage holten und damit davonfuhren. Daß es sich dabei um den Familienbesitz handelte, erfuhr sie wenig später durch einen Anruf von Herrn Schreiber, der sich bei Onkel Alfred dafür entschuldigte, den Nazis Fahrzeugpapiere, Auto- und Garagenschlüssel ausgehändigt zu haben. Er habe keine andere Wahl gehabt.

Weder Mutter noch Tante Klara befaßten sich mit der Vergangenheit, mit Dingen, die gestern oder im vergangenen Jahr geschehen waren. Sie dachten nur an die Zukunft. Jetzt – und auch in den folgenden Monaten und Jahren – zeigten die sanften, verwöhnten und behüteten Schapira-Frauen sehr deutlich, welche Stärke, wieviel eiserne Willenskraft sie besaßen. Sie sprangen für ihre Männer in die Bresche. Sie übernahmen die Führung, trafen Entscheidungen. Ihre Entschlossenheit war es, die ihre Familien rettete. In Klaras Fall traf das noch stärker zu als bei meiner Mutter. Vater gewann nach einigen Wochen seine Nervenkraft zurück und hörte auf, nur in die Vergangenheit zu blicken. Aber Onkel Alfred erholte sich nicht so schnell. Er glich jahrelang einem wandelnden Leichnam, fiel in tiefe Depressionen, aus denen er verblüffenderweise erwachte, als er bereits auf die Siebzig zuging. Während seiner letzten vier Lebensjahre – er starb 1952 mit dreiundsiebzig Jahren – war er ein sehr aktiver Mann und an allem interessiert. Er versuchte sogar, in London eine neue Import-Firma zu gründen.

Kann man von einer ganzen Stadt sagen, daß sie sich verhält wie eine sexuell erregte Frau: zitternd, stöhnend und lüstern seufzend dem Orgasmus, der Befriedigung entgegenfiebert? Verschmockte Schreibe? O nein – das ist eine genaue Beschreibung dessen, wie Wien an diesem Montag, dem 14. März 1938, war und fühlte, als Hitler in die Stadt hineinfuhr.

Und während die Wagenkolonne des Führers durch die Straßen der alten Habsburger Metropole fuhr, die von Hunderttausenden winkender und jubelnder Wiener gesäumt waren, läuteten die Kirchenglocken ihr obszönes Jubilate dazu.

Ja, so war Wien an diesem Tag – ich weiß es, ich bin dabeigewesen! Ich weiß aber auch, daß es viele Tausende gab, und keineswegs nur Juden, die ihre Fenster fest verschlossen hielten, um von der Raserei auf den Straßen nichts hören zu müssen. Das waren Männer und Frauen mit echten Überzeugungen. Sozialdemokraten, Monarchisten, wahre Katholiken, Christlich-Soziale, für die Patriotismus vor Opportunismus kam; aber auch Menschen, die weder das eine noch das andere waren, sondern einfach nur menschliche Wesen. Was sie in diesen Stunden empfanden – Trauer, Scham, Trotz und die Entschlossenheit, eines Tages wieder als Österreicher zusammenzustehen –, sollte zur rechten Zeit die Kluft überbrücken, die sie solange voneinander getrennt hatte, und bildete schließlich das moralische Fundament, auf dem die Zweite Republik errichtet wurde.

Der österreichische Katholik Adolf Hitler, aufrecht in seinem Mercedes stehend, die rechte Hand zum Nazi-Gruß erhoben, verachtete die Massen österreichischer Katholiken, die ihn in ihrer Stadt willkommen hießen, in einer Stadt, die ihn einst nicht zur Kenntnis genommen hatte. Diese Mißachtung hat er Wien niemals verziehen. Er war längst fest entschlossen, daß nicht seine österreichischen, sondern seine deutschen Vasallen künftig an der Donau die Herren sein sollten.

Unterdessen bereitete der deutsche Katholik Franz von Papen, das nagelneue Parteiabzeichen an seine linke Brust geheftet, seinen nächsten diplomatischen Geniestreich vor: ein Treffen zwischen Theodor Kardinal Innitzer und seinem Führer. Selbst die Nachricht, daß Wilhelm von Ketteler, sein treuergebener Sekretär und engster Mitarbeiter über lange Jahre, spurlos aus Wien verschwunden war, konnte von Papens Eifer nicht dämpfen, Hitler beflissen zu Diensten zu sein.

Am folgenden Tag, während von Papen im Gefolge des Führers an der Balustrade der Hofburg stand, auf das Meer der Gesichter unter ihm auf dem Heldenplatz blickte und hörte, wie Hitler der »Geschichte zur Kenntnis« gab, »daß mein Heimatland ins Deutsche Reich heimgekehrt« sei, wurde eine Leiche mit zerschmettertem Schädel aus der Donau gefischt – Wilhelm von Ketteler, von den Nazis ermordet, war gefunden worden.

Am Mittwoch morgen kehrten wir in die Schule zurück. Sämtliche Jungen meiner Klasse, mit Ausnahme der Juden, natürlich, trugen entweder Abzeichen der Hitlerjugend oder Hakenkreuze an ihren Rockaufschlägen. Bevor die erste Stunde begann, stand Helmut Wieczorek, der Stärkste von uns und daher auch anerkannter Klassenführer, auf und hielt eine kurze Ansprache. »Was ich noch sagen wollte. Es gibt in unserer Klasse jüdische Jungen. Sie sind unsere Mitschüler und Freunde seit vielen Jahren. Und ich finde, sie sollten unsere Mitschüler und Freunde bleiben, also entsprechend behandelt werden!«

Die Zustimmung, die seine Worte fanden, war allgemein. Selbst die überzeugtesten Hitlerjungen machten keine Ausnahme.

Der zweite bemerkenswerte junge Mann war Fredl Resch, der Junge, der der engste Freund meiner Kindheit gewesen war. In den letzten Jahren hatte ich mich zwar – seit meinem Abgang vom Wasa-Gymnasium – viel enger an Fritzl Pollack angeschlossen und

Fredl kaum noch gesehen, am zweiten Sonntag nach dem »Anschluß« aber – es war etwa elf Uhr vormittags – läutete es an der Tür. Ich öffnete. Draußen stand Fredl. Alles, was er sagte, war: »Ich dachte, wir könnten mal wieder unseren Sonntagsspaziergang machen.« Er kam herein, begrüßte meine Eltern, und dann gingen wir hinaus auf die Straße. Sein »arischer« Arm eingehakt in meinen – genau so, wie wir als Kinder dahingeschlendert waren –, flanierten wir auch jetzt den Ring entlang. Damals hatten wir immer gesagt, daß man ihn in »Klaaresch Weg« umbenennen würde, eines Tages, wenn wir beide berühmte Männer geworden waren. Was Fredl an diesem Tag tat, war ein Beweis großer Tapferkeit und mehr als nur das. Es gab nicht nur mir, sondern auch meinen Eltern den Glauben an die Menschheit wieder.

Vaters Erfahrungen nach seiner Rückkehr in die Bank waren weniger glücklich. Er betrat sein Büro, sein zweites Heim für so viele Jahre, in dem festen Bewußtsein, daß es ihm nicht mehr lange gehören würde. Es war ein großer Raum – jedenfalls habe ich ihn so in Erinnerung, wenn mir auch bewußt ist, daß der wohlwollende Schwindel des Erinnerungsvermögens die Proportionen vergrößert haben kann. Die Möbel waren überaus kaiserlich-königlich, sehr plüschig, sehr rot. Vaters mächtiger Eichenschreibtisch stand dem Konferenztisch mit seiner roten Plüschdecke und den vier – oder waren es sechs? – plüschbezogenen Stühlen gegenüber. Rote Plüschvorhänge umrahmten das Fenster, ein blaugemusterter Orientteppich bedeckte die Mitte des Parkettfußbodens. Bücherregale und Hutständer vervollständigten die Einrichtung.

Vater hatte kaum an seinem Schreibtisch Platz genommen, als auch schon Dr. Hilger erschien. Dr. Hilger, einer der wenigen Nicht-Juden in der Abteilung, hatte während des Krieges zusammen mit Vater gedient. Er war jener Offizierskamerad, der Vater zu seinem einzigen und fast katastrophal verlaufenen Versuch überredet hatte, auf den Rücken eines Pferdes zu klettern. Wie alle ehemaligen Offiziere der österreichischen Armee duzten sich Vater und Dr. Hilger. Doch an diesem Morgen sagte Dr. Hilger nicht das übliche »Grüß dich Gott, Ernst«, als er den Raum betrat. Er knallte die Hacken zusammen, hob den rechten Arm und rief – einen herrischen, arroganten Ausdruck im Gesicht: »Heil Hitler, Ernst!«

Vater schwieg. Die Worte, die daraufhin über Dr. Hilgers Lippen kamen, klangen genauso herrisch und arrogant wie sein »Heil Hitler«: »Ich bin gekommen, um dir zu sagen, und ich bin sicher, du verstehst meine Gründe, daß ich von heute an nicht mehr unter einem Juden arbeiten oder von ihm irgendwelche Anweisungen entgegennehmen kann.«

Vater musterte den Mann, den er seit so vielen Jahren kannte, und erwiderte: »Unter den gegebenen Umständen, Herr Dr. Hilger, wäre es mir lieber, wenn Sie mich mit Sie anreden würden – sollte es überhaupt noch eine Gelegenheit für Sie geben, mit mir zu reden.«

Dr. Hilger machte auf dem Absatz kehrt und ging hinaus. Diesmal kam ihm kein »Heil Hitler« über die Lippen.

Vaters fast dreißig Jahre bei der Länderbank endeten offiziell – ich glaube, zu diesem Zeitpunkt ging er schon gar nicht mehr ins Büro –, als ein kurzer Brief eintraf, unterzeichnet von einem Herrn von der Lippe, einem der vielen deutschen Amtsverwalter, die jetzt in Österreich das Sagen hatten.

Er war vom 9. April 1938 datiert und an »Herrn Ernst Klaar, Wien« gerichtet. Ohne jede Anrede wie »Sehr geehrter Herr Klaar« oder auch nur »Sehr geehrter Herr« hieß es da: »In Übereinstimmung mit dem Staatskommissar für Privatwirtschaft möchten wir Sie dahingehend informieren, daß wir gehalten sind, Ihnen gemäß den generellen Bestimmungen für strukturelle Umgestaltung die Berechtigung abzuerkennen, im Namen der Bank irgendwelche Unterschriften zu leisten. Die entsprechende Änderung im Handelsregister ist bereits erfolgt. Gleichzeitig sind Sie von allen weiteren Dienstpflichten suspendiert und, bis auf weiteres, in Urlaub.«

Das öffentliche Interesse an aktuellen Fragen spiegelt sich in den Leserbriefen der Zeitungen wider. In Großbritannien zum Beispiel gibt es kein besseres Barometer für die Hochs und Tiefs öffentlicher Anteilnahme als die erlauchten Briefspalten der »Times«. Doch im Monat nach dem »Anschluß« beschäftigten sich ganze vier Briefe mit Österreich. Der erste erschien am 14. März. Mr. Leo Amery, konservativer Abgeordneter und Freund

Winston Churchills, schrieb: »...mit Österreich ist die letzte Heimstätte deutscher Kultur gefallen, die letzte Fluchtburg, in der die Seele der deutschen Rasse noch Schutz finden konnte.«

Am 25. März schrieb ein Mr. F.C. Lindley: »Sir, daß die lange befürchtete Inbesitznahme Österreichs durch Deutschland hysterische Ausbrüche und dümmliche Kommentare bei jenen bewirken, die sich in ihrer Einschätzung außenpolitischer Vorgänge schon häufiger geirrt haben, war zu erwarten. Glücklicherweise besitzen wir einen Premierminister (Chamberlain) und einen Außenminister (Lord Halifax), die stark genug sind, derartigen Gefühlsaufwallungen zu widerstehen.«

Mr. William – später Lord – Beveridge schrieb am 8. April: »Zwei der hervorragendsten österreichischen Wissenschaftler, deren Bedeutung mit der Verleihung des Nobelpreises gewürdigt worden ist, sind aus ihren Wohnungen geholt und inhaftiert worden. Ihre Familienangehörigen dürfen sie lediglich ein paar Minuten pro Woche sehen. Die charakterlichen Qualitäten und das Alter dieser Männer lassen keinen Zweifel daran, daß allein ihre Zugehörigkeit zur jüdischen Rasse Grund für eine derartige Behandlung ist.« Der künftige Gründer des britischen Wohlfahrtsstaates rief dann zu Spenden für die Society for the Protection of Science and Learning (Gesellschaft zum Schutz von Wissenschaft und Forschung) auf, damit Gelehrten geholfen werden könne, die aus ihren Heimatländern vertrieben wurden.

Der vierte Brief, in der »Times« am 14. April abgedruckt, enthielt auch eine Bitte um Spenden für Flüchtlinge. Unterzeichnet war er von einer Reihe prominenter britischer Menschenfreunde, unter ihnen George Bell, der Bischof von Chichester und Yvonne Rothschild.

Der in politischer Hinsicht interessanteste Brief erschien am 4. April. Ein Mr. Edwin A. Stonor schrieb: »In St. Anton – einem bei britischen Skiläufern beliebten Dorf – war der Bahnhof ein Farbenmeer; selbst der Hund des Stationsvorstehers trug sein Hakenkreuz am Halsband, aber er sah nicht gerade glücklich aus und wedelte widerwillig mit dem Schwanz. Neunzig Prozent der Wiener schmücken sich jetzt mit dem Hakenkreuz, im Volksmund ›Sicherheitsnadel‹ genannt.«

»Einen der seltsamsten Anblicke bot die gewaltige Menschenmenge, die versuchte, in das Britische Konsulat in der Wallnerstraße zu gelangen. Darunter viele Juden, ganz versessen darauf, die britische Staatsangehörigkeit zu erlangen – oder zumindest bemüht, ein Land zu verlassen, in dem nur Arier geduldet werden. Arme, irregeleitete Menschen, sie hatten nur wenig Aussicht auf Erfolg.«

Wie recht Mr. Stonor hatte! Ich war einer dieser armen Irregeleiteten. Robert Rosen hatte gehört – alle zwei Minuten gab es ein neues Gerücht –, daß die britische Armee junge und geeignete österreichische Juden als Rekruten aufnahm, und schon waren wir auf dem Weg zur Wallnerstraße, wo wir unsere erste Lektion in britischer Lebensart bekamen – Schlangestehen. Wir standen stundenlang herum. Schließlich wurden wir zu einem britischen Konsulatsbeamten geführt. Über ihn boten wir Seiner Majestät unsere Herzen, Seelen und Körper an, wurden jedoch mit einem knappen »Bei uns gibt's keine Fremdenlegion!« abgewiesen. Irgendeine andere Chance, ein Visum für Großbritannien zu bekommen? »Nein.«

Wie sollten wir wissen, daß am 22. März, wenige Tage, bevor wir zum Britischen Konsulat gingen, das Unterhaus mit 210 zu 142 Stimmen gegen eine Vorlage entschieden hatte, die dem Innenministerium weit größere Möglichkeiten für die Aufnahme österreichischer Flüchtlinge eingeräumt hätte. Nach der Abstimmung erklärte Innenminister Sir Samuel Hoare, er werde Gesuche jener österreichischen Flüchtlinge sorgfältig und wohlwollend prüfen, die in Wissenschaft oder Kunst, Handel oder Industrie tätig waren, deren Anwesenheit für Großbritannien also von Nutzen sein könne. In weniger eleganten Worten hieß das: Wenn du nichts anderes als ein Jude bist, der vor der Verfolgung durch die Nazis flieht, bleib uns gefälligst vom Leibe. Können wir dich aber, aufgrund deines Vermögens oder deiner Ausbildung, nutzbringend für uns einspannen, kannst du kommen – selbst wenn du Jude bist.

Aber natürlich war Großbritannien keineswegs das einzige Land, das auf diese Weise reagierte. Die Tschechoslowakei, lange als die einzig wahre Demokratie und der liberalste Staat in Mitteleuropa gepriesen, schloß wenige Stunden nach dem »Anschluß« die Grenzen für jüdische Flüchtlinge aus Österreich.

Der belgische Politiker Paul Henri Spaak, lange als liberalster Politiker Europas bezeichnet, erklärte vor seinem Parlament, eine »pauschale« Aufnahme von Ausländern in sein Land werde es nicht geben. Der amerikanische Außenminister Cordell Hull sprach sich zwar für die Einsetzung eines internationalen Komitees für politische Flüchtlinge aus, machte aber gleichzeitig sehr deutlich, daß an eine Erhöhung der Einwanderungsquote für Deutsche und Österreicher nicht zu denken sei. Europas älteste funktionierende Demokratie, die Schweiz, war über den Zustrom von Juden aus Großdeutschland so beunruhigt, daß Polizeichef Dr. Heinrich Rothmund – nicht etwa Himmlers SS – als Schöpfer des großen roten »J« in die Geschichte einging, mit dem die Pässe deutscher Juden gestempelt wurden. Er rechtfertigte diesen Schritt mit der Entschuldigung, daß Deutsche bei der Einreise kein Visum brauchten und seine Grenzbeamten jüdische Deutsche häufig nicht von »arischen« unterscheiden könnten. Die weltweite Arbeitslosigkeit und der Widerstand der Gewerkschaften gegen Einwanderer bildeten die häufigsten Vorwände, um Juden abzuweisen.

All das war mir bekannt, als ich zum Britischen Konsulat ging, aber ich wußte auch, daß ich nichts unversucht lassen durfte. Folglich war ich nicht allzu enttäuscht, als ich aus der Wallnerstraße nach Hause zurückkehrte. Als ich das Eßzimmer betrat, sah ich eine hochgewachsene, sehr schlanke und hübsche grauhaarige Dame neben Mutter am Tisch sitzen. Sie hielt Mutters Hand und steichelte sie sanft. »Helga, das ist mein Sohn Georg«, stellte mich Mutter vor.

Als sie den Namen ihrer Besucherin nannte, wußte ich, wer es war. Wie oft hatte sie doch von Helga von Alvers gesprochen, ihrer besten Freundin im Pensionat in Hannover. Obwohl sie sich mehr als dreißig Jahre nicht gesehen hatten, waren sie doch in Verbindung geblieben. 1929, während ihrer Deutschland-Reise, wollten meine Eltern Helga von Alvers in Hannover besuchen, doch in letzter Minute kam irgend etwas dazwischen. 1934 hatte Helga nach Wien kommen wollen. Wieder klappte es nicht, weil zu diesem Zeitpunkt Hitler seine Tausend-Reichsmark-Sperre für Reisen nach Österreich verfügt hatte. Als diese dann – 1936 nach der deutsch-österreichischen Vereinbarung – aufgehoben wurde, hatte Helga ihren Gatten verloren, und ihre kleine Pension erlaubte ihr keine Reise nach Wien.

Jetzt war sie Teilnehmerin der ersten Reise, die das Büro von »Kraft durch Freude« in Hannover nach Österreich veranstaltete. »Kraft durch Freude« oder kurz KdF war die Freizeitorganisation der Nationalsozialistischen Deutschen Arbeitsfront, und die Fahrten, die sie veranstaltete, waren spottbillig. Nach ihrer Ankunft in Wien hatte Frau von Alvers ihr Gepäck ins Hotel gebracht und war dann, ehe sie zu uns kam, längere Zeit durch die Stadt gelaufen. Sie hatte die Szenen jüdischer Erniedrigung gesehen. Die »Säuberungsaktion« der Schuschnigg-Parolen war immer noch in vollem Gange. Frau von Alvers sah auch, wieviel Vergnügen das alles den Wienern bereitete. Sie kam an jüdischen Geschäften mit dem Davidsstern vorbei und dem Wort »Jude«, mit roter Farbe quer über die Schaufenster geschmiert. Sie sah die Plakate an den Geschäften und Kaffeehäusern mit den Worten »Juden unerwünscht« oder direkter »Juden raus!«. Das alles hatte die deutsche »Arierin« mit der makellosen Herkunft tief getroffen. Und so war es nicht nur die Freude über das Wiedersehen mit ihrer alten Freundin, die sie Mutters Hand streicheln ließ. Ihre Geste drückte Liebe, aber auch Mitleid und Scham aus.

»Ich habe Stella schon gesagt, was ich empfand, als ich die schrecklichen Dinge sah, die in dieser Stadt vor sich gehen«, sagte Helga zu Vater. »Und ich habe ihr auch erklärt, wie sehr ich mich schäme – nicht nur persönlich, sondern auch als Deutsche. Bitte, glauben Sie mir, in Deutschland ist so etwas, soviel ich weiß, noch nie geschehen.«

Sie hielt inne. Sie sah Mutter an, dann Vater, dann mich. Nach merklichem Zögern fuhr sie fort: »Aber ich muß Ihnen auch sagen, daß ich 1929 in die NSDAP eingetreten bin und ihr immer noch angehöre. Dadurch bin ich ja auch zu dieser Reise gekommen.«

»Und warum bist du eingetreten, Helga?« erkundigte sich Mutter.

»Hoffentlich kannst du das verstehen«, erwiderte Helga von Alvers. »Du weißt doch, wie stolz ich schon immer darauf war, Deutsche zu sein. Ich liebe meine Nation und glaube fest an sie. Der ungerechte Friedensvertrag von Versailles verbitterte mich tief, und noch mehr die Tatsache, daß man uns Deutschen die Schuld an jenem furchtbaren Krieg gab. Mit der Republik war ich nie einverstanden, aber ich glaubte an Stresemann. Ich habe ihn immer gewählt. Er war der größte Staatsmann, den wir hatten, und ich war davon überzeugt, daß er Deutschland wieder aufwerten würde, dafür sorgen würde, daß unser Land wieder einen angemessenen Platz in der Welt einnahm.«

Sie machte eine Pause und nahm einen Schluck Tee aus einer von Mutters hauchdünnen Porzellantassen – eigens zu Ehren des Gasts aus dem Schrank geholt.

»Doch als Stresemann im Oktober 1929 starb, wer blieb da noch? Alles, was die anderen Politiker konnten, war reden, reden und immer wieder reden. Wenn sie mal eine Pause machten, dann nur, um einander zu bekämpfen. Der einzige Mann, der ein Programm besaß, klare Vorstellungen hatte, war für mich Hitler. Zugegeben, auch er redete unendlich viel. Aber alle anderen hatten ihre Chancen gehabt und nichts daraus gemacht. Warum sollte man ihm nicht auch die Möglichkeit einräumen zu zeigen, was er kann? Und weil ich glaubte, daß auch ich mehr tun müsse, als nur zu reden, trat ich in seine Partei ein.«

»Aber Frau von Alvers«, wandte Vater ein. »Stella hat mir soviel von Ihnen erzählt, wie eng Sie im Pensionat mit ihr befreundet waren. Sie wußten doch sicher, daß Stella Jüdin ist, Sie haben auch ihre Eltern gekannt, in Hamburg bei ihnen gewohnt – und doch sind Sie in Hitlers Partei Mitglied geworden? Sie haben gehört, wie seine Anhänger ihr ›Jude verrecke!‹ schrien. Sie haben gehört, daß man uns Juden verleumdete, uns bedrohte und schmähte.«

»Ja, das habe ich gehört. Aber bitte, glauben Sie mir, Herr Klaar, daß ich und Tausende andere auch das überhaupt nicht ernst genommen haben. Nach allem, was ich heute sehen mußte, weiß ich, daß ich mich geirrt habe. Bitte, glauben Sie mir, ich war überzeugt, daß die antijüdische Propaganda lediglich den Zweck hatte, den trägen Mob aufzuscheuchen. Ich ignorierte es, dachte, es sei unwichtig. Ich war davon überzeugt, daß man darüber nicht mehr reden würde, sobald Hitler an der Macht war, daß...«

»Und die Nürnberger Gesetze?« unterbrach Vater.

Helga von Alvers überlegte einen Moment, bevor sie antwortete. »Ja«, sagte sie schließlich. »Es ist Ihr gutes Recht, mir diese Frage zu stellen. Was soll ich darauf antworten? Natürlich war ich über sie informiert. Und heute weiß ich, daß ich meine Augen ganz fest zugemacht habe, daß ich davon einfach nichts wissen wollte. Ich sagte mir, das würde schon nicht so schlimm werden, wie es klingt. Und wenn es tatsächlich zu Ungerechtigkeiten kommen sollte, mußte man sie eben gegen Hitlers Verdienste und Errungenschaften aufwiegen. Fast sechs Millionen Arbeitslose hatten wieder Arbeit, Deutschland war wieder ein starkes, anerkanntes Land, die Schmach von Versailles war getilgt. Ja, ich habe nur die die guten Dinge sehen wollen und war blind gegen die anderen. Es tut mir so unendlich leid, Stella, aber ich wollte so gern glauben können...«

Helga von Alvers blieb drei Tage in Wien und verbrachte den größten Teil davon mit meiner Mutter. Sofort nach ihrer Rückkehr nach Hannover hörten wir wieder von ihr. Ihr Brief an Mutter hatte zwei »Anlagen«. Eine war ein Rundschreiben der Gauleitung Hannover. Es besagte, daß es in letzter Zeit zu Schmierereien an jüdischen Geschäften gekommen sei. Derartige Parolen seien aber undeutsch und hätten ein Ende zu finden. Die andere war die Durchschrift eines Briefes von Helga von Alvers an die Gauleitung der NSDAP, in dem sie ihre Mitgliedschaft kündigte.

Vaters Freund Richard Mautner hat mir – wie schon gesagt – das Leben gerettet, wenn auch indirekt. Aber auch andere Menschen haben mein Schicksal beeinflußt: Direktor Schwartz von den Österreichischen Bandfabriken, Emil Hirsch, Schwartz' Hauptkonkurrent, Maurice Witzthum, ein in Polen geborener Jude und später Bürger des damaligen Freistaats Irland, und – last but not least – Sean Lemass, 1938 irischer Handelsminister und von 1959 bis 1966 Ministerpräsident der Republik Irland.

Der Mann aber, der am meisten dazu beitrug, mich vor dem Konzentrationslager und der Vernichtung zu bewahren, der Mann, der wirklich mein Leben rettete, war mein Vater. Daß er es sein würde, ließ sich unmittelbar nach dem »Anschluß« nicht einmal ahnen, da er in den Wochen danach in einem Dämmerzustand zu leben schien. Sein Geist war nach innen gekehrt. Seine Augen sahen nur die Vergangenheit, und jeder Satz, den er sprach, begann mit den Worten: »Wenn ich doch nur...«

Das warme, leicht ironische Lächeln, das ich an ihm so geliebt hatte, schien völlig aus seinem Gesicht gewischt. Stundenlang brütete er im Armsessel des Herrenzimmers über die Dinge nach, die er hätte tun sollen, aber nicht getan hatte, über die Gefahren, die er hätte sehen müssen, aber nicht gesehen hatte.

»Wenn ich doch nur begriffen hätte, was uns Ernst Herlingers Bruder 1933 erzählt hat... Wenn ich doch nur die Bank gebeten hätte, mich auszuzahlen... Wenn ich doch nicht so blind gewesen wäre... so leichtgläubig... so dumm... so verbrecherisch optimistisch... so vertrauensselig.« Und so weiter, und so weiter. Und selbst wenn er schweigend in seinem Sessel saß, wußte man, daß sich in seinem Kopf alles um die Wörter »wenn ich doch nur« drehte.

Aber während er sich tiefer und tiefer in Lethargie und Depressionen sinken ließ, wurde Mutter stärker und stärker. Ich konnte zwischen den beiden ein regelrechtes geistiges Duell beobachten. Ihre Liebe und ihr wohlbegründeter Appell an Vaters ausgeprägtes Verantwortungsgefühl waren Mutters Hauptwaffen in diesem Kampf. Sie focht mit unendlicher Geduld und Willensstärke. Das erste Anzeichen für ihren Erfolg und die Tatsache, daß Vater bereit war, Gegenwart und Zukunft wieder ins Gesicht zu sehen, war sein Vorschlag, mich taufen zu lassen. Er wußte selbstverständlich, daß das in den Augen der Nazis absolut nichts ändern würde, aber er hatte davon gehört, daß die Quaker aktiv bemüht waren, »nicht-arischen« Christen bei der Auswanderung zu helfen. Er wollte, daß ich jede – auch die kleinste – Chance ergriff, das Land zu verlassen.

Ich habe keine Ahnung, wie ich reagiert hätte, wenn er mir den Vorschlag, mich taufen zu lassen, während der Schuschnigg-Ära gemacht hätte, aber jetzt? Jetzt lehnte ich kategorisch ab. In mir war während dieser ersten Wochen fanatischen Antisemitismus' ein starkes jüdisches Bewußtsein gewachsen. Es entsprang keinen religiösen Gefühlen, sondern dem Bewußtsein, mich verteidigen, mich behaupten zu müssen. Ich war als Jude geboren, und als Jude würde ich sterben.

Zusammen mit Mutter erforschte Vater nun jede Möglichkeit, das Land zu verlassen, ließ keine Beziehung, keine Verbindung unbeachtet. Mutter schrieb sogar an die Quaker Oats Company in Chikago und fragte an, ob man von dort aus Bernhard Schapiras Enkelsohn behilflich sein würde, eine Einreisegenehmigung in die Vereinigten Staaten zu erlangen. Vater schrieb an Generaldirektor Reuter von der Banque des Pays de l'Europe Centrale in Paris und erhielt von diesem die postwendende Antwort, man werde nichts unversucht lassen, ehemaligen Angestellten zu helfen. Vater stehe auf seiner Liste ganz oben, und er hoffe, für ihn eine Stellung bei einer kleinen Privatbank in London zu finden, mit der die Banque des Pays Geschäftsverbindungen hatte. Dieser erste Hoffnungsschimmer gab Vater wieder Selbstvertrauen und festigte seine Moral.

Ich weiß nicht genau, wie Vater an Direktor Schwartz herangetreten ist, der trotz seines Namens ein reinrassiger »Arier« war. Vater kannte ihn seit einer Reihe von Jahren, denn er hatte im Auftrag der Länderbank die Bücher der Bandfabriken überprüft, an denen die Bank in beträchtlichem Umfang beteiligt war. Es kann gut sein, daß Vater ihn ganz einfach gefragt hat, ob er über irgendwelche ausländischen Beziehungen verfüge, die uns von Nutzen sein konnten, denn Schwartz war ein überzeugter Gegner der Nazis. Es ist aber wahrscheinlicher, daß Richard Mautner zu diesem Schritt geraten hatte. Mautner, Vorstand und wohl auch Miteigentümer von Österreichs größter Hutfabrik, kannte Schwartz sehr gut.

Aber wie das alles wirklich zustande gekommen ist, ist eigentlich gar nicht so wichtig. Wichtig ist nur, daß Schwartz Vater mit Emil Hirsch zusammenbrachte, der bereits mit Lemass und anderen irischen Regierungsmitgliedern über die Verlegung seiner Firma verhandelte. Dabei war Maurice Witzthum in Dublin von entscheidender Bedeutung.

Der junge irische Staat war sehr daran interessiert, neue Industrien und damit Arbeitsplätze zu schaffen. Schon damals boten sie, glaube ich, ausländischen Investoren reizvolle Vorteile. In bezug auf jüdische Unternehmer waren Anreize nicht nötig. Für sie war Hitler der größte Ansporn.

Ein paar weitsichtige tschechische Juden hatten bereits mit

Maurice Witzthums Hilfe im Freistaat eine Filzhutfabrik gegründet. Hirschs Bandfabrik wäre eine willkommene Ergänzung.

Hirsch, in Österreich ein reicher Mann, hatte kein Kapital im Ausland. Er war überzeugt, Webstühle und andere Maschinen ohne weiteres aus Österreich herausbekommen zu können, brauchte aber ein gewisses Startkapital in Irland. Er gab ein Vermögen an Bestechungsgeldern für alle möglichen Nazi-Behörden aus – einschließlich der SS – und schaffte es tatsächlich, für alle Dinge, die er für seinen Neuanfang brauchte, Ausfuhrgenehmigungen zu erhalten. Soweit ich weiß, war es der einzige Fall in Österreich, wo es einem jüdischen Unternehmer gelang, nach dem »Anschluß« praktisch eine ganze Fabrik ins Ausland zu verlagern. Sein Startkapital würde er von Richard Mautner durch Vater erhalten – unter der Voraussetzung, daß Vater, Mutter und ich nach Irland emigrieren konnten. Die betreffende Summe belief sich auf £ 1000, damals weitaus mehr wert als heute, aber doch kein wirklich bedeutender Betrag. Für einen Freundschaftsbeweis der Mautners meinen Eltern gegenüber war es allerdings eine bedeutende Summe. Jedenfalls hoch genug, um die Hirschs daran zweifeln zu lassen, daß das Geld wirklich aus Richards Tasche kam. Sie glaubten vielmehr, es stamme aus Vaters Portemonnaie und daß er – aus welchen Gründen auch immer – nicht eingestehen wollte, ein »reicher« Mann zu sein. Und lange Zeit glaubte ich das auch. Ich konnte einfach nicht verstehen, daß Vater, der für damalige Verhältnisse doch gut verdiente, keinerlei Ersparnisse besaß. Die einfache Erklärung dafür war, daß er eine Menge Geld für seine Gemälde und Antiquitäten ausgab und daß er seine Mutter und Schwester unterstützte.

Maurice Witzthum kam nach Wien, und in der Pichlergasse wurden die Bedingungen ausgehandelt. Vater, der eine Kette nicht von einem Schuß unterscheiden konnte, dem ein Webstuhl ein Buch mit sieben Siegeln war, würde eine Arbeits- und Einreisegenehmigung als Weber für Irland erhalten. Mutter und ich sollten ihn als seine Angehörigen begleiten dürfen. Witzthum meinte, die Formalitäten würden nur wenige Wochen in Anspruch nehmen. In dieser Zeit müßten sämtliche Papiere vorbereitet und die Reichsfluchtsteuer bezahlt werden, die die Nazibehörden ausreisewilligen Juden abverlangten.

Leichter gesagt als getan. Die sprichwörtliche österreichische Schlamperei wurde von den Nazis bewußt genutzt, um jüdische Antragsteller zu schikanieren. Überraschungen erwarteten einen in jedem Amt, wenn man – nach stundenlangem Schlangestehen und in ständiger Gefahr, von einer vorüberkommenden SA- oder SS-Patrouille eingefangen und zum Säubern der Kasernenhöfe abgeführt zu werden – schließlich zu dem Beamten vorgelassen wurde. In acht von zehn Fällen erfuhr man dann, daß man alles falsch gemacht hatte. Also zurück zum Ausgangspunkt, erneut anstellen, vor einer anderen Amtsstube, einem anderen Beamten. Vom letzten erfuhr man dann gewöhnlich, daß der erste doch der richtige gewesen war. Und wenn man endlich, ein erforderliches Stück Papier in den Händen, an der richtigen Adresse war, erfuhr man natürlich, daß auf diesem Dokument jener Stempel und auf jenem Papier dieser Stempel nicht stimmte, und alles begann von vorn. Der Erfindungsreichtum der Nazis kannte keine Grenzen. Dieser Wahnsinn hatte auch durchaus Methode. Denn noch angenehmer als die Schadenfreude über die Schikanen waren die Bestechungsgelder, die als »Belohnung« flossen.

Vor jedem Amt, jeder Behörde wurde man von Juden angesprochen, die sich auf den neuen Beruf eines »Dokumentenfachmanns« spezialisiert hatten. Sie hatten zwar ihre Preise, waren aber auch in der Lage, innerhalb kurzer Zeit und ohne alle Umstände jedes gewünschte Dokument und jeden denkbaren Stempel zu beschaffen. Sie kannten jeden Polizisten, jeden Beamten, ohne Ausnahme alle. Sie kannten jede Hintertür. Es waren die armen Juden, die draußen Schlange standen.

Ein Mann in Wien, der gewiß nichts dagegen hatte, daß Juden schikaniert wurden, bemühte sich dennoch darum, den Exodus der Juden zu beschleunigen. SS-Sturmführer Adolf Eichmann legte damals im alten Rothschild-Palais im 3. Wiener Bezirk den Grundstein für seine künftige »Karriere«. Seine Vorgesetzten würdigten später gebührend, was Eichmann gelang: die größtmögliche Zahl von Juden in kürzester Frist aus dem Land zu schaffen und gleichzeitig die Tributleistungen der »Ausreisewilligen« kräftig zu steigern. Jedesmal, wenn eine jüdische »Gans« die Grenze passieren wollte, mußte sie zuvor für Eichmann und das Nazi-Regime ein »goldenes Ei« legen.

Aber mochte Eichmann auch noch so in Eile sein, die Iren waren es mitnichten. Aus den wenigen Wochen wurden viele, sehr viele. Alle erdenklichen Komplikationen tauchten auf und wurden mit dem Tempo beseitigt, das eine Schnecke an den Tag legt, wenn sie in Dublin vom Ufer des Liffey zur O'Connell Street empor und wieder zurück kriecht. Aber das war nicht weiter verwunderlich. Kein Land dieser Welt wollte Eichmanns Juden. Wir waren alle angstvoll schreiende, hilflose Passagiere eines zerbrechlichen Wagens auf der Achterbahn, der uns zu den höchsten Gipfeln der Hoffnung hinaufriß – nur um uns danach um so tiefer in die Abgründe der Hoffnungslosigkeit hinabzuschleudern.

All das spiegelte sich bei der Weltflüchtlingskonferenz wider, die – auf Vorschlag des amerikanischen Außenministers Cordell Hull – im Sommer 1938 nach Evian einberufen wurde. Mit Sicherheit gab es nicht einen Juden unter deutscher Herrschaft, der nicht hoffnungsvoll auf diesen Schweizer Kurort geblickt hätte. Vertreter aus zweiunddreißig Ländern versammelten sich am Genfer See. Sie lauschten den Vorträgen, konferierten, debattierten, diskutierten und beratschlagten. Sie kamen – nach etlichen Wochen Aufenthalt in Evian – zu dem Schluß, daß sie – wie höchst bedauerlich – nirgendwo in der Welt einen Platz für die Juden finden konnten, nicht einmal für ihre Kinder.

Am 30. Juli erhielt Vater ein Einschreiben von der Länderbank. Es enthielt das »bis auf weiteres«, das Herr von der Lippe angekündigt hatte, oder, präziser gesagt: Vaters Kündigung. Es war kein persönlicher Brief, sondern ein Rundschreiben, in dem es hieß:

»Infolge der Neuorganisation im Lande Österreich haben wir Anlaß, Ihr Arbeitsverhältnis mit Wirkung vom 31. August 1938 zu beenden. Um die finanziellen Fragen zu klären, die sich aus Ihrem Ausscheiden ergeben, ersuchen wir Sie, in der Woche vom 8. zum 13. August in unsere Personalabteilung zu kommen, möglichst aber am 8. August 1938, 15 Uhr.« Datum und Uhrzeit waren gestempelt.

An dem angegebenen Nachmittag betrat Vater das Gebäude, in dem er einen Teil seines Lebens verbracht hatte, zum letztenmal.

Alles, was er dort zu tun hatte, war, den Empfang von 13000 Reichsmark zu quittieren: »Mir auf meine Veranlassung ausgehändigt als Ausgleich für meine sämtlichen Ansprüche gegenüber der Länderbank, die sich aus meinem Arbeitsverhältnis bei diesem Unternehmen ergeben.« Die Formulierung »auf meine Veranlassung« konnte ihm kaum mehr als ein müdes Lächeln entlocken. Der Kündigungsbrief wie auch das endgültige Entlassungsschreiben hatten nicht einmal vorzugeben versucht, daß Vater noch irgend etwas »veranlassen« konnte. Aber als es um Geld ging, waren die neuen Machthaber vorsichtig. Selbst Nazi-Bankiers versuchten, sich gegen alle Eventualitäten abzusichern. Dreizehntausend Reichsmark, das bedeutete beim damals offiziellen – von der Deutschen Reichsbank willkürlich festgesetzten – Umtauschkurs insgesamt 19500 österreichische Schillinge, knapp die Hälfte der Summe, auf die Vater Anspruch hatte. In Wirklichkeit war es noch weniger, denn die Kaufkraft des österreichischen Schillings entsprach etwa der der Deutschen Reichsmark.

Vater regte sich nicht auf – er hatte nichts anderes erwartet. Aber noch wichtiger war, daß diese endgültige Trennung von seiner Lebensarbeit keinen Rückfall in seine frühere Lethargie und Depression brachte. Kein Zurück zum »Wenn ich doch nur...«. Im Gegenteil, er schien das alles sogar mit Erleichterung aufzunehmen. Ein sehr langes und sehr bedeutendes Kapitel seines Lebens war abgeschlossen. Was nun zählte, war unsere Zukunft, und die sah immerhin recht hoffnungsvoll aus. Witzthum hatte geschrieben, daß die notwendigen Visa garantiert seien. Ihm zufolge brauchten wir nur noch nach Berlin zur Irischen Gesandtschaft zu reisen, die für Deutschland und Österreich zuständig war, und unsere Pässe vorzuzeigen. Unsere Einreisegenehmigungen würden uns dort sofort hineingestempelt. Wir würden eine Art Vorhut sein. Emil Hirsch, seine Familie und alle anderen, die ihnen beim Aufbau der neuen Fabrik helfen sollten, würden gegen Jahresende nach Dublin folgen, darunter auch ein nichtjüdischer, antinazistischer Vorarbeiter, ein wirklicher Meister seines Fachs. Doch zunächst gelte es, das Verpacken und den Abtransport der Maschinen zu beaufsichtigen.

Die kurze Zeit, die uns in Wien noch blieb, war angefüllt mit hektischer Betriebsamkeit. Es gab so vieles zu bedenken und zu erledigen – nicht nur das Verpacken unserer persönlichen Habseligkeiten, sondern auch der Möbel, der Einrichtungsgegenstände, der Gemälde, des ganzen Haushalts. Der Abtransport der Einrichtung sollte erst nach unserer Abreise stattfinden, und zwar unter der Aufsicht von Helene, unserem Mädchen. Sie sollte noch in diesem Jahr heiraten, und als Hochzeitsgeschenk und Zeichen ihrer Dankbarkeit bekam Helene das Doppelbett meiner Eltern.

Wir verließen Wien in einem Nacht-Expreß, im erregenden Luxus eines Schlafwagens. Ein gewisses Problem ergab sich, als auf dem Wiener Bahnhof ein strammer Deutscher, Partei-Abzeichen am Revers, mein Abteil betrat. Wohl kaum der ideale Schlafgenosse für einen Juden. Ich murmelte irgendeine Entschuldigung, schlüpfte hinaus und informierte Vater. Ein Trinkgeld von fünf Reichsmark für den Schlafwagenschaffner löste dieses Rassenproblem. In Gegenwart des deutschen Herrn erklärte mir der Schaffner, daß ihm bedauerlicherweise ein Irrtum unterlaufen sei, als er mir mein Abteil zugewiesen habe. Meines wäre nebenan. Er zwinkerte mir zu, brachte mein Gepäck ins Nachbarabteil und flüsterte mir, während sich der Zug in Bewegung setzte, zu: »Dieses Abteil haben Sie für die gesamte Reise ganz für sich allein.«

Am nächsten Tag gegen zwölf Uhr mittags trafen wir in Berlins größtem Bahnhof, dem Anhalter, ein. Wir hatten im Hotel »Excelsior«, das dem Bahnhof gegenüberlag und in dem meine Eltern auch 1929 gewohnt hatten, Zimmer bestellt. Mit 600 Betten war es das größte Hotel auf dem europäischen Kontinent und in meinen Augen sehr luxuriös. Doch am meisten beeindruckte mich, daß uns der Gepäckträger, nachdem er die Koffer auf seinen Karren geladen hatte, zu einem Fahrstuhl mitten auf dem Bahnsteig führte. Von dort aus ging es zu einem unterirdischen Gang, der den Bahnhof direkt mit dem Hotel verband.

Auf dem Weg zum Empfang kamen wir – immer im Kielwasser des Gepäckträgers – auch durch den berühmten Thomasbräukeller des »Excelsior«, vollgestopft mit essenden, biertrinkenden

Berlinern. Da kostete damals ein Brathuhn mit Salat ganze achtzig Pfennige. Als wir an einem Tisch mit uniformierten Parteileuten und SA-Männern vorbeikamen, fühlte ich mich ziemlich unbehaglich, aber sie nahmen überhaupt keine Notiz von uns. In Wien wären ein paar gehässige Bemerkungen wie »Juden sind auch überall!« das mindeste gewesen. Es war etwas an diesen Berlinern, das sie von vergleichbaren Bürgern Wiens unterschied. Lange Zeit konnte ich mir nicht erklären, was an ihnen so anders war. Dann fand ich des Rätsels Lösung: Kaum jemand trug ein Hakenkreuz am Revers.

Was mich ein wenig später, nachdem wir mit vollendeter Höflichkeit empfangen und in unsere Zimmer geführt worden waren, außerdem verblüffte, war die Tatsache, daß das Hotel seinen internationalen – und so wenig »deutschen« – Namen unter Hitler behalten hatte. In Wien gab es derartige Bezeichnungen schon längst nicht mehr.

Innerhalb von vierundzwanzig Stunden nach dem »Anschluß« hatte Wiens führender Gastronom Hübner sein »Café Splendid« in »Kaffee Berlin« umbenannt, und andere waren flugs seinem Beispiel gefolgt.

Wie ich an diesem Tag noch erfahren sollte, gab es eine ganze Reihe von Dingen, in denen die Österreicher weit mehr »Gründlichkeit« bewiesen als die Preußen. Das wurde ganz deutlich, als wir am Nachmittag Mutters Verwandte, die Bartmanns, besuchten und ich meinen Cousin Hanno kennenlernte.

»Was möchtest du heute abend unternehmen?« fragte er mich. »Willst du ins Kino oder ins Theater, oder wollen wir einfach in meinem Wagen durch Berlin fahren?« Ich starrte ihn mit offenem Mund wie ein Dorftrottel an.

»Aber wie können wir das?« fragte ich. »Wir sind doch Juden.«

»Als ob ich das nicht auch wüßte«, stellte er fest. »Aber was hat das damit zu tun?« Es erschien mir unglaublich, war aber wahr – in Berlin, in der Hauptstadt des Dritten Reiches, in der Höhle des Löwen, war es Juden immer noch, im September 1938, erlaubt, sich zu amüsieren, in Kinos, Theater, Cafés – einige von ihnen sogar noch in jüdischem Besitz – oder Konditoreien zu gehen. Sie durften Autos und Geschäfte besitzen. Auf dem gesamten Kurfürstendamm sah ich nur eine einzige Konditorei mit dem Schild »Juden unerwünscht«. In Wien gab es kein Kaffeehaus, keine Konditorei, die nicht so ein Schild am Eingang zeigte. Tatsächlich wurden noch viele Geschäfte am Kurfürstendamm von ihren jüdischen Besitzern geleitet. Wie viele es waren, wurde ein paar Wochen später deutlich, als die Anordnung erging, daß jüdische Geschäftsinhaber ihre Namen in großen weißen Buchstaben an die Schaufenster zu malen hätten. Aber selbst dann wurden noch keine beleidigenden Parolen mit roter Farbe darübergeschmiert. Die »arischen« Kunden dachten auch nicht im Traum daran, wie ich mit eigenen Augen beobachten konnte, sich von diesen Geschäften fernzuhalten.

Später am Abend kam ich mir noch provinzieller vor. Wir fuhren im Taxi zu unserem Hotel zurück und kamen durch belebte, von vielfarbigen Neonlichtern strahlend hell erleuchtete Straßen, und ich spürte das erregende Pulsieren und Vibrieren Berlins. Im Vergleich dazu kam mir Wien wie ein Provinznest vor, das zu den Klängen eines frühen Haydn-Menuetts seine Pirouetten drehte, während Berlin dynamisch lärmend und entschlossen vorwärts stürmte, einer Suite von Strawinsky vergleichbar. Ich war überwältigt von dieser Stadt und konnte in ihr viel freier atmen als in Wien während der letzten sechs Monate. Von Tag zu Tag verstärkte sich mein Eindruck – und auch meine Eltern empfanden da nicht anders –, daß man, aus Nazi-Wien kommend, in Berlin das Gefühl hatte, emigriert und Hitlers Zugriff entkommen zu sein.

Unser erster Morgen im Frühstücksraum des »Excelsior« ließ sich überaus vielversprechend an. Alles war genau so, wie es meine Eltern nach ihrer Rückkehr 1929 erzählt hatten. Man bediente sich selbst an einem Buffet mit kaltem Braten, Eiern, Wurst und Käse, es gab verschiedene Sorten von Brot und Brötchen. Nur Butter war inzwischen rationiert. Nach diesem üppigen Frühstück bestellten wir ein Taxi und fuhren zur Irischen Gesandtschaft in Tiergarten, dem Diplomatenviertel von Berlin. Sie befand sich in einer kleinen Villa. Über eine kurze Treppe gelangte man in eine niedrige, fast spießig wirkende Halle. Eine Tür zur Linken trug die Aufschrift »Privat« und führte ins Büro des Gesandten und zu seinen Wohnräumen. Vater klopfte an die rechte Tür mit dem Schild »Paß- und Visa-Abteilung«. Eine weibliche Stimme forderte uns in deutscher Sprache auf einzutreten. Wir kamen in ein kleines Büro mit einem Schreibtisch, zwei Aktenschränken und einem kleinen runden Tisch mit zwei Stühlen – und Frau Willstedt, einer attraktiven deutschen Blondine Mitte Vierzig. Sie war nicht nur die »Paß- und Visa-Abteilung«, sondern auch die Sekretärin des Gesandten. Die beiden waren der gesamte »Personalbestand«.

Vater erklärte, daß wir gekommen seien, um unsere Visa abzuholen. Sie sah ihn erstaunt an. Dann erklärte sie mit Anzeichen des Bedauerns, daß sie keinerlei Anweisungen aus Dublin erhalten, ja, unsere Namen nie zuvor gehört habe. Vater zeigte ihr Witzthums Brief. Sie las ihn sorgfältig, ging noch einmal ihre Akten durch. Nichts. Sie glaube durchaus, daß irgend jemand in Dublin Witzthum versichert habe, alles sei geregelt, doch unglücklicherweise sei dies keineswegs der Fall.

Wir drei – Vater, Mutter und ich – hatten bei Konsulatsangestellten verschiedener Länder genügend Erfahrung sammeln dürfen, um spüren zu können, auf wessen Seite sie standen. Manche, nicht sehr viele, empfanden Sympathie für die Juden; andere, nicht sehr wenige, empfanden Sympathie für Hitlers Antisemitismus; die meisten jedoch waren indifferent. Frau Willstedt war das bestimmt nicht. Es war offensichtlich, daß es ihr leid tat, uns eine so niederschmetternde Auskunft geben zu müssen. Wenn sie sich in ihren Formulierungen auch sehr zurückhielt, gelang es ihr doch, uns zu verstehen zu geben, daß sie uns helfen würde, soweit es in ihren Kräften stand, daß man dergleichen von ihrem Chef allerdings nicht unbedingt erwarten dürfe. Sie empfahl uns, uns mit Witzthum in Verbindung zu setzen und ihn zu bitten, dem Amtsschimmel in Dublin Beine zu machen. Inzwischen werde sie – das Einverständnis ihres Chefs vorausgesetzt – mit Dublin Kontakt aufnehmen. Ob wir sie wohl in ungefähr einer Woche anrufen oder besuchen könnten?

Eine Rückkehr nach Wien war undenkbar. Dort hatten wir kein Zuhause mehr. Finanziell hatten wir noch keine Probleme. Das Geld, das Vater von der Bank erhalten hatte, war zwar als Notgroschen gedacht, aber es wäre auch kein Unglück, wenn wir es ausgeben würden. Es war sowieso nicht gestattet, mehr als zehn Reichsmark mitzunehmen, wenn man Deutschland verließ. Es blieb nur die Frage: Wie lange würde es dauern, bis wir unsere Visa erhielten, und wieviel Geld würden wir bis zu diesem Zeitpunkt brauchen?

Nach dem ersten Schock der Enttäuschung gewannen wir unsere Zuversicht wieder. Gewiß würde sich die ganze Angelegenheit aufklären und in etwa einer Woche erledigt sein.

Vater schickte Witzthum ein Telegramm. In seiner Antwort versicherte dieser, er werde sofort die notwendigen Schritte unternehmen. Und so blieben wir im »Excelsior« wohnen, das sich nicht nur seinen Namen bewahrt hatte, sondern auch vieles von der Atmosphäre, die Christopher Isherwood in seinem Buch »Leb wohl, Berlin« beschrieben hat, aus dem später das Musical »Cabaret« wurde.

Nach einer Woche hatte Frau Willstedt noch immer nichts aus Dublin gehört. An einen unbefristeten Aufenthalt im teuren »Excelsior« war jedoch nicht zu denken, und so zogen wir in eine Privatpension. Wir befolgten außerdem den wohlgemeinten Ratschlag der Bartmanns, es gebe in Berlin auch weniger kostspielige Transportmittel als Taxis.

Die »Pension Lurie«, in die wir zogen, nahm die gesamte zweite und dritte Etage des Hauses an der Ecke Wilmersdorfer Straße und Kurfürstendamm ein, hatte also eine sehr gute, zentrale Lage. Frau Lurie, die Besitzerin, war Jüdin, und all ihre Gaste waren ebenfalls Juden. Wir bewohnten zwei behagliche Zimmer, und das Essen war ausgezeichnet. Einmal in der Woche mußte man sich allerdings mit einem Eintopf begnügen, mit dem jedermann in Deutschland Hermann Görings Sparparole »Kanonen statt Butter« unterstützte. Die Rationierung der Butter war jedoch die einzig wirklich spürbare Einschränkung in Berlin. Die Restaurants waren gut besucht, die Menschen elegant gekleidet. Die Damen, die nachmittags im berühmten »Café Kranzler« ihren Kaffee tranken, waren keineswegs die biederen, altmodisch gekleideten Hausfrauen, die ich erwartet hatte. Wie oft hatte ich in Wien gehört, deutsche Frauen hätten kein Gefühl für Mode. Ich hatte einen durchaus anderen Eindruck.

Mit gelegentlichen Kinobesuchen zusammen mit meinen Eltern oder auch mit Frau Luries hübscher Tochter – sie war in meinem

Alter und im Begriff, nach Südamerika auszuwandern –, mitunter auch einer Fahrt zu den Berliner Seen in Hannos winzigem Auto vertrieb ich mir die Zeit. Aber das konnte unser anhaltendes Gefühl der Unsicherheit nicht vertreiben, obwohl wir uns natürlich nicht ununterbrochen Sorgen machten. Oft gingen meine Eltern und ich zum Abendessen aus und besprachen unsere Zukunftspläne. Vater war davon überzeugt, in Irland nach einiger Zeit als amtlich anerkannter Bücherrevisor arbeiten zu können, und ich war, wie schon seit Jahren, auf eine Karriere als Journalist aus. Daß ich meine Artikel in englischer Sprache schreiben müßte, war meine geringste Sorge. Mit fünfzehn hatte ich auf der Schule mit Englisch begonnen. Und auf geheimnisvolle Weise müssen einige Schlupfwinkel meines Gehirns, wenn auch in fremder Umgebung, schon immer englisch gewesen sein. Das fremde Vokabular strömte nur so aus mir heraus. Nach dem ersten Jahr verkündete unser Englischlehrer vor der ganzen Klasse, ich besäße schon jetzt Maturareife.

Wenn auch die Wochen angenehm dahinflogen, wuchs doch von Tag zu Tag das Gefühl, daß es in Wirklichkeit nur geborgte Zeit war. Nichts Neues aus der Irischen Gesandtschaft. Immer wieder fragte Mutter telefonisch bei Frau Willstedt nach, und allmählich entwickelte sich zwischen den beiden Frauen so etwas wie eine persönliche Beziehung. Doch am 16. September – inzwischen waren wir fast drei Wochen in Berlin – war es Frau Willstedt, die Mutter anrief. Ob sie zu ihr kommen könne. Nein, die Visa seien nicht eingetroffen. Doch da sei etwas anderes, was sie ihr erzählen wolle.

An das Datum ihres Anrufs erinnere ich mich genau. Es war der Tag, der jenem folgte, an dem der britische Premierminister Chamberlain die Welt verblüffte. Er war nach Berchtesgaden geflogen, um sich mit Hitler zu treffen.

Vater und ich warteten in dem jüdischen »Café Dobrin« am Kurfürstendamm auf Mutters Rückkehr aus der Irischen Gesandtschaft. Sie hatte tatsächlich Neuigkeiten für uns. Eine politische Entscheidung und nicht etwa irische Unlust an übereilten Aktionen verlängerte unseren Aufenthalt in Berlin von einem mañana zum anderen. An diesem Morgen war in der Gesandtschaft ein Schreiben aus Dublin eingetroffen. Darin hieß es, daß die irischen Behörden es für zu riskant hielten, einer jüdischen Familie die Einreise in ihr Land zu gestatten, bevor nicht sichergestellt war, daß der erwähnte Maschinenpark auch wirklich auf dem Weg war. Zweifellos war diese Erklärung wesentlich diplomatischer formuliert, aber darauf lief sie hinaus. Frau Willstedt nahm das Risiko auf sich, Mutter davon zu erzählen – wäre es herausgekommen, wäre sie auf der Stelle entlassen worden; sie tat es dennoch, weil sie meinte, wir sollten wissen, woran wir wären.

Da wir darüber informiert waren, daß die Maschinen nicht vor Ende Oktober verschifft werden würden, stand fest, daß wir weitere sechs Wochen oder mehr in Berlin verbringen mußten. Und dieses Wissen hatte für mich ungeahnte Konsequenzen.

Vater machte sich immer ernsthaftere Sorgen um mein Schicksal. Die wachsende Gefahr, daß wegen der Tschechoslowakei ein Krieg ausbrechen könnte, und die Tatsache, daß ich in drei Monaten achtzehn Jahre alt wurde, beunruhigte ihn tief. Er war sicher, daß Hitler uns junge »taugliche« Juden als Kanonenfutter benutzen würde.

Reichskanzler und Premierminister trafen sich erneut am 22. September in Bad Godesberg. Als nach Chamberlains Abreise am folgenden Tag bekannt wurde, daß die Verhandlungen gescheitert waren, verschlimmerte sich die Krise, und Vater war keineswegs der einzige, der in Panik geriet.

Am 23. September besuchte ich eine Nachmittagsvorstellung in der »Filmbühne Wien«, dem größten Kino am Kurfürstendamm. Es war fast dunkel, als ich wieder herauskam. Zeitungsverkäufer schrien die Schlagzeilen ihrer Blätter heraus: »Godesberger Gespräche gescheitert!« – »Tschechen machen mobil!« Die Leute rissen den Verkäufern die Blätter aus den Händen und überflogen sie an Ort und Stelle. Sie sahen blaß und besorgt aus, Soldaten ebenso wie Zivilisten. Da war nichts, absolut nichts von dem »Hurra-Patriotismus«, mit dem allenthalben in Europa der Ausbruch des Ersten Weltkriegs begrüßt worden war.

Als ich in die »Pension Lurie« zurückkehrte, war Vater außer sich. Ich müsse fort. Auf der Stelle. Das einzige Land, das noch österreichische Juden aufnahm, war Lettland. Das wußten wir, weil Lisl und ihre Familie dorthin emigriert waren. Vater, dem doch so sehr daran gelegen war, daß unser »Verhältnis« ein Ende fand, beschloß nun, mich zu ihr zu schicken. Er hatte bereits mit dem Lettischen Konsulat telefoniert. Dort hatte man ihm bestätigt, daß ich mit einem österreichischen Paß einreisen könne. Eine besondere Genehmigung sei nicht erforderlich. Danach hatte er auch die Litauer angerufen. Wenn ich eine Fahrkarte nach Riga, der lettischen Hauptstadt, vorweisen könne, würde man mir ein auf 24 Stunden befristetes Durchreisevisum erteilen. Selbst die Fahrkarte für den Abendzug des folgenden Tages hatte Vater schon reserviert. Während Mutter am nächsten Morgen meine Sachen packte, sollte ich die Karte abholen und mir das Visum von den Litauern besorgen.

Ich war vor Freude natürlich außer mir. Nicht in meinen kühnsten Träumen hätte ich zu hoffen gewagt, Lisl so bald wiederzusehen. Jeder Art von Gewissensbissen über die Trennung von meinen Eltern hielten diese das Argument entgegen, wie wichtig es sei, daß wenigstens ein Mitglied der Familie im Ausland sei. Von dort aus könne ich für sie nützlicher sein, als wenn ich hier bliebe. Im übrigen würden wir ja auch nicht lange getrennt sein. Frau Willstedt hatte Mutter versichert, daß ich meine irische Einreisegenehmigung auch vom Britischen Konsulat in Riga erhalten würde, wenn meine Eltern im Besitz der ihren waren. Vater kannte im Augenblick nur ein Ziel: mich aus Deutschland herauszuhaben, mich – wie er es sah – vor den Klauen der Wehrmacht zu retten. Das zeigt, wie sehr wir Hitlers Antisemitismus immer noch mißverstanden, wenn wir glaubten, er sei von rationalen Überlegungen geleitet. Es kam weder Vater noch mir in den Sinn, daß für Hitler die Vorstellung eines Juden in Wehrmachtsuniform eine groteske Perversion sein mußte.

Am späten Nachmittag des 24. September fuhren wir mit einem Taxi zum Bahnhof Zoo; von dort aus verkehrten die Züge in östlicher Richtung. Ein deutscher Zollbeamter durchsuchte mein Gepäck nach Wertsachen und anderer Konterbande, die ich möglicherweise hinausschmuggeln wollte. Er war ein kleiner Bursche mit einem Hitlerbärtchen, aber einem lustigen Berliner Gassenjungen-Zwinkern in den Augenwinkeln. »Da ha'm Se wohl jede Menge joldne Jebisse drin, wat?« fragte er und zeigte auf meinen Koffer. In meiner Aufregung ein wenig schwer von

Begriff, erklärte ich ihm ernsthaft, daß ich kein künstliches Gebiß benötigte. Er grinste breit. »Von mir aus könn' Se so ville ha'm, wie Se woll'n«, sagte er und fügte hinzu: »Sojar welche mit Brülljanten.« Er öffnete den Koffer, überflog flüchtig den Inhalt, berührte ein paar Dinge oberflächlich und schloß den Deckel wieder.

Mein Zug stand zur Abfahrt bereit. Schnell verstaute ich mein Gepäck im Abteil und schob dann das Fenster herunter, um mich von meinen Eltern zu verabschieden. Mutter mußte ihrem Sohn natürlich einige grundsätzliche Worte über die Wichtigkeit innerer und äußerer Reinlichkeit mit auf den Weg geben. Etwa: »Iß kein ungewaschenes Obst. Denke immer daran, dir vor dem Essen die Hände und danach das Gesicht mit heißem Wasser und Seife zu waschen!« Niemand außer ihr konnte akustisch so deutlich machen, wie heiß das Wasser zu sein hatte, das sie meinte. Wenn sie die Worte »Heis-ses Was-ser« wiederholte, spürte man förmlich den heißen Strahl zischend und sprudelnd auf der nackten Haut.

Der Zug fuhr an. Das war es also. Keiner von uns wußte, wann, wo und wie wir uns wiedersehen würden. Ich sah Vater in seinem dunklen Wintermantel und mit seinem grauen Hut an. Ich erinnerte mich an die Tage – schon so unendlich fern –, als er vor der Schule auf mich gewartet hatte und ich auf ihn zugerannt war, stolz darauf, einen so gutaussehenden Mann zum Vater zu haben. Mutter trug den schwarzen Persianermantel, den sie von ihrer Mutter geerbt hatte. Ihre Hand auf Vaters Arm zitterte leicht. Einige Augenblicke lang standen sie bewegungslos Seite an Seite. Dann beugte sich Vater über Mutter. Der Zug bog in eine Kurve, und ich verlor sie aus den Augen.

Ich setzte mich, denn vor mir lag eine lange Reise. Zunächst durch den »polnischen Korridor« nach Ostpreußen, dann nach Kaunas, der litauischen Hauptstadt, und von dort aus nach Riga, wo mich Lisl – wir hatten ihr ein Telegramm geschickt – erwarten würde. Wie sehr freute ich mich auf ein Wiedersehen mit ihr! In Gedanken war ich schon bei ihr, während ich im Zugabteil flüchtig meinen Paß durchblätterte. Da war das litauische Visum ebenso wie der – mit Hakenkreuz verzierte – Stempel aus Wien: »Gültig für eine Aus- und Wiedereinreise.« Jeder österreichische

Jude wußte, daß die Berechtigung zur Wiedereinreise nur auf dem Papier stand. Jedem, der seinen Paß abholte, wurde unzweideutig erklärt, daß seine Wiedereinreise in Dachau enden würde, wenn er die Stirn besäße zurückzukommen.

War es Instinkt? War es eine ungewisse Vorahnung? Als unser Zug an der lettischen Grenze hielt – inzwischen lag ganz Litauen zwischen mir und Hitlers Deutschland –, empfand ich nicht das geringste Gefühl von Erleichterung oder Freiheit.

Lettische Grenzbeamte, kleine Männer in grauen Uniformen und mit Vorkriegsgewehren über der Schulter, sammelten unsere Pässe ein. Es dauerte etwa eine halbe Stunde, bis sie zurückkamen. Ich war so ins Lesen vertieft, daß ich nur mit halbem Ohr hörte, daß ein Mann zwei Namen rief. Ich hob den Kopf und lauschte. »Reisende Klaar und Mandl! Reisende Klaar und Mandl!« wiederholte die Männerstimme. Ich stand auf und trat auf den Gang hinaus. Aus dem Nachbarabteil tauchte ein schmächtiger Mann von Mitte Dreißig mit vorzeitig gelichtetem Haar auf.

Ein lettischer Grenzpolizist kam auf uns zu.

»Sie Klaar und Mandl?« fragte er in gebrochenem Deutsch.

Wir bestätigten das. Er klappte die österreichischen Pässe in seiner Hand auf, überprüfte unsere Identität anhand der Fotos.

»Österreich-Pässe nix gutt«, erklärte er. »Nehmen Sachen, raus aus Zug!«

»Aber warum denn?« fragten wir. »Was haben wir denn getan?«

»Österreich-Paß nix gutt«, wiederholte er. »Ihr raus aus Zug.«

Mandl und ich waren die einzigen Reisenden, die noch immer einen ordentlich ausgeschriebenen österreichischen Paß benutzten. Alle anderen Passagiere aus Österreich – es waren viele und die meisten von ihnen Juden – besaßen neue deutsche Pässe.

Natürlich protestierten wir, erklärten, wir hätten uns zuvor beim Lettischen Konsulat erkundigt. Es war sinnlos. Wenn er uns bis Riga fahren ließe, würden wir das Mißverständnis gewiß aufklären können, sagten wir. Der Mann war durchaus nicht unfreundlich, aber sehr bestimmt.

»Ihr jetzt kommen«, sagte er. »Ich sprechen Riga-Telefon.

Wenn Riga sagen gutt, ihr mit nächste Zug. Wenn nicht, ihr zurück Deutschland.«

Als er von einer möglichen Rückkehr nach Deutschland sprach, krampfte sich mir der Magen zusammen. Mandls Reaktion war wesentlich sichtbarer als meine. Er begann zu zittern. Er war in einem so beklagenswerten Zustand, daß ich ihm nicht nur mit seinem Gepäck helfen, sondern ihn sogar stützen mußte, als er aus dem Zug auf den Bahnsteig kletterte.

Nach einigen Minuten hatte er sich wieder soweit in der Gewalt, daß wir beide in der Lage waren, mit unserem Gepäck der bewaffneten Eskorte über den Bahnsteig zum Dienstzimmer der Grenzpolizei zu folgen.

Unsere Mitreisenden beobachteten unsere klägliche kleine Prozession von den Zugfenstern aus. Jude sein war Verbrechen genug, das wußten sie so gut wie wir. Dennoch war in ihren Gesichtern deutlich zu lesen, wie sie ihr Gefühl der Unbehaglichkeit mit dem Gedanken beruhigten: »Irgendwas werden die beiden schon ausgefressen haben.«

Der Beamte hielt Wort. Er telefonierte mit Riga. »Die sich werden melden«, erklärte er uns. Er erlaubte uns – allerdings unter Bewachung –, ins Bahnhofsrestaurant zu gehen, wo wir die letzte Mark, die uns geblieben war, für eine Tasse Kaffee und zwei Schnäpse verpraßten, um unsere Nerven zu beruhigen. Riga meldete sich nicht.

Kurz vor Mitternacht gab der Beamte unserem Drängen schließlich nach und rief selbst noch einmal in Riga an. Keine Neuigkeiten.

Inzwischen davon überzeugt, daß wir nicht davonlaufen würden, zog er unsere Bewachung ab, und wir streckten uns auf den harten Holzbänken des Bahnhofs aus. Für ein paar Stunden fielen wir in einen unruhigen Schlaf. Um vier Uhr früh weckte man uns.

»Riga nix. Ihr halb fünf Zug Kaunas. Holt Gepäck.«

Wie wir von Litauen wieder nach Deutschland kommen sollten ohne einen Pfennig in der Tasche, interessierte die Letten nicht. Aber immerhin gaben sie uns eine Tasse Kaffee und eine Freifahrkarte nach Kaunas.

Wäre der erste Zug nach Kaunas eine Stunde später abgefahren, wären wir nicht ausgewiesen worden, mein Schicksal wäre vermutlich ganz anders verlaufen. Ob besser oder schlechter – wer kann das sagen?

Als der Berlin-Riga-Expreß, mit dem mich Lisl erwartet hatte, ohne mich ankam, setzten sie und ihre Familie Himmel und Hölle in Bewegung, um herauszufinden, was schiefgegangen war. Als sie es wußten, überredeten sie einflußreiche lettische Juden, sich bei der Regierung einzuschalten. Die Folge davon war, daß mein Name auf der Tagesordnung einer Kabinettssitzung erschien, zum ersten und bisher letzten Mal in meinem Leben. Die lettischen Minister berieten stundenlang, was mit Mandl und Klaar geschehen sollte. Ihre endgültige Entscheidung war positiv. Wir würden nach Riga weiterfahren dürfen. Allerdings dauerte es Stunden, in denen die meisten Beamten den Schlaf der Gerechten schliefen, bis die Nachricht durch die entscheidenden Kanäle gesickert war. Als der Grenzbeamte endlich die telefonische Anweisung erhielt, uns freizulassen, reisten wir beide, hungrig, müde und ängstlich, bereits in die entgegengesetzte Richtung, waren wieder in Litauen.

Am frühen Vormittag trafen wir in Kaunas ein. Umgeben von unserem Gepäck standen wir auf dem Bahnsteig; wäre ich mir selbst überlassen gewesen, hätte ich einfach nicht gewußt, wohin ich mich als nächstes wenden sollte.

Nun ergriff Mandl die Initiative. Seine Familie war während des Ersten Weltkrieges aus Galizien nach Wien gekommen. Nach wie vor Traditionalist, wußte er, daß kein Ostjude es ablehnen würde, einem anderen Juden in Not zu helfen. Außerdem sprach er fließend Jiddisch. Auf dem Bahnhof von Kaunas – oder sonstwo in der litauischen Hauptstadt – einen Juden zu finden war überhaupt kein Problem. Mit seinem großen Anteil jüdischer Bevölkerung war Kaunas geradezu ein etwas aus den Fugen geratenes Schtedtl.

Mandl trat also auf den ersten Juden in Kaftan und mit Schläfenlocken zu und schilderte ihm unser Dilemma. Von diesem Augenblick an wurden wir umsorgt. Der Mann holte einen Gepäckträger, der unsere Sachen zur Gepäckaufbewahrung bringen sollte, und bezahlte ihn dafür aus eigener Tasche. Dann ging er mit uns zum naheliegenden Büro des Joint, des American Joint

Distribution Committee, der 1914 in Amerika gegründeten internationalen jüdischen Hilfsorganisation, die weitgehend aus amerikanischen und jüdischen Spenden finanziert wurde.

Dort empfing uns ein bärtiger Jude in westlicher Kleidung. Nachdem er uns angehört hatte, sagte er: »Tut mir leid, aber ich muß Ihnen sagen, daß Sie keine Wahl haben. Hier können Sie nicht bleiben. Sie müssen zurück nach Deutschland.« Er sah den Ausdruck der Verzweiflung auf Mandls Gesicht. »Ich werde erklären, warum«, fuhr er fort. »Ihr litauisches Durchreisevisum läuft um Mitternacht ab. Bleiben Sie länger, werden Sie von der Polizei geschnappt. Und wenn ich auch keinem wünsche, ein litauisches Gefängnis von innen kennenzulernen, wäre das noch längst nicht das Schlimmste. Wenn man Sie ausweist, wird man Sie nicht einfach an die Grenze bringen und dann die Hände in Unschuld waschen, wie es die Letten getan haben. Man wird Sie direkt der Gestapo übergeben. Und wenn die Sie erst einmal haben, haben Sie keine Chance mehr. Als gewöhnlicher Zugpassagier könnten Sie hingegen Glück haben und durchschlüpfen.«

Er wandte sich an mich. »Sie sagen, daß Ihre Eltern in Berlin sind. Telegrafieren Sie ihnen von Königsberg aus und bitten Sie sie, Ihnen das Geld für den Rest der Reise zu schicken. Ich kann Sie nur mit Fahrkarten bis Königsberg versorgen. Eisenbahnkarten für Ausländer müssen mit US-Dollars bezahlt werden, und es gibt noch so viele andere, denen ich helfen muß.«

Wir sagten, daß wir das verstünden.

»Ihr Zug fährt um drei ab. Sie müssen inzwischen halb tot vor Hunger sein. Meine Sekretärin wird Sie in ein jüdisches Restaurant bringen und Ihnen später dort auch Ihre Fahrkarten aushändigen.«

Halbverhungert waren wir sicherlich, aber als ich an dem sauber gedeckten Tisch saß und man mir eine riesige Schüssel jüdischen »Kaviars« hinstellte, eines meiner Lieblingsgerichte – eine köstliche Mischung aus kleingehackter Gänseleber, Eiern und Zwiebeln –, konnte ich doch kaum etwas davon hinunterbringen. Mein Magen schien mit Blei gefüllt. Ich schluckte ein paar Löffel von der Hühnersuppe, die anschließend serviert wurde, doch das Hauptgericht, Gänsebraten mit Rotkraut und Kartoffeln, berührte ich nicht einmal.

Zwei Stunden später saßen wir im Zug nach Königsberg, und ich wußte nicht, was mich mehr beunruhigte: unser vermutliches Schicksal – oder die Tatsache, daß Mandl völlig die Nerven verlor. Ich hatte versucht, ihm Mut einzuflößen, indem ich ihm klarzumachen versuchte, daß unsere nächste Station tatsächlich Königsberg sein würde und nicht das Konzentrationslager von Dachau. Das begründete ich damit, daß, auch wenn die Drohungen der Österreicher sehr deutlich gewesen waren, Österreich – oder die »Ostmark«, wie es jetzt hieß – ziemlich weit von Ostpreußen entfernt liege. Es war durchaus möglich, daß die Österreicher nur geblufft hatten. Ich versuchte, Mandl davon zu überzeugen, daß noch nichts verloren war und daß es entscheidend darauf ankam, sich so natürlich wie möglich zu benehmen, um nicht die Aufmerksamkeit auf sich zu lenken. Aber es gelang ihm nicht, seine Angst zu beherrschen. Schweigend saß er mir im Abteil gegenüber – andere Fahrgäste hatten sich zu uns gesellt, und wir wagten nicht, miteinander zu sprechen – und sah totenbleich aus. Die Knöchel seiner Hände waren schneeweiß, so krampfhaft preßte er die Finger zusammen in dem vergeblichen Bemühen, ihr Zittern zu unterdrücken.

Ich muß äußerlich – so glaube ich wenigstens – ziemlich ruhig gewirkt haben. Aber je näher wir der deutschen Grenze kamen, desto lauter schlug mir das Herz, und mein Blut raste, wie von Preßhämmern angetrieben, durch mein Gehirn.

Die Abteiltür wurde aufgestoßen. Im Rahmen stand ein hochgewachsener Deutscher im dunklen Anzug, ein kleines SS-Abzeichen am Revers. »Deutsche Grenzkontrolle, Ihre Pässe bitte.« Wir gaben sie ihm. Er legte sie zu dem Stapel, den er bereits eingesammelt hatte, und schloß die Abteiltür wieder.

Mandl, seine Hände noch immer ineinander verkrampft, saß mit geschlossenen Augen da. Ich sah nicht in das Gesicht eines lebendigen Mannes Mitte Dreißig, ich sah in eine wächserne Totenmaske, die aber nichts von endgültiger Erlösung zeigte.

Ich hielt ein Buch in der Hand und gab vor zu lesen, aber während der ganzen Zeit lauschte ich angestrengt, ob sich Tritte schwerer Stiefel unserem Abteil näherten. Dann wurde mir das Schweigen ringsum bewußt, eine Stille, die nur vom Zischen des dampfablassenden Zuges unterbrochen wurde. Niemand sprach.

Ich betete stumm vor mich hin. So vergingen etwa zwanzig Minuten. Dann hörte ich, daß Abteiltüren aufgeschoben wurden, und die Stimme des SS-Mannes: »Ihre Pässe, danke schön.«

Er kam näher. Mandl öffnete die Augen und warf mir einen so verzweifelten Blick zu, daß ich ihn am liebsten tröstend gestreichelt hätte. Aber zur selben Zeit war ich wütend auf ihn, weil seine Furcht so ungeheuer groß war. Es war durchaus möglich, daß er plötzlich etwas ganz Verrücktes tat – auf die Knie fallen und um Gnade bitten etwa. Das würde uns beide ans Messer liefern.

Wir waren an der Reihe. Die Tür ging auf. »Ihre Pässe, danke schön.« Der SS-Mann gab sie zurück, schloß die Tür und war verschwunden.

Wir wagten nicht, unsere ungeheure Erleichterung zu zeigen – zu tanzen, zu singen, zu rufen, zu schreien, zu beten und Gott zu danken. Nicht nur wegen der Mitreisenden in unserem Abteil – wie sollte man wissen, ob nicht ein Gestapo-Spitzel unter ihnen war? –, sondern auch, weil wir immer noch nicht zu glauben wagten, daß wir wirklich noch einmal davongekommen waren, ich recht behalten hatte und die Grenzkontrolle in Ostpreußen das »gültig für eine Aus- und Wiedereinreise« wörtlich nahm – so wie es auf dem Papier stand.

Gegen zehn Uhr abends waren wir in Königsberg, erhielten von einem »Zimmernachweis« die Adresse einer nahen Pension, die wir nach einigem Hin und Her schließlich sogar fanden. Auf unser Läuten öffnete eine hochgewachsene, blonde Frau. Ich sagte ihr, daß wir kein Geld hätten, und bat sie um Erlaubnis, von ihrem Telefon aus meine Eltern telegrafisch um Geld zu bitten. Ohne irgendwelche Fragen zu stellen, führte sie uns danach in ein großes sauberes Doppelzimmer. Minuten später lagen Mandl und ich, unter gewaltigen Federbetten begraben, im tiefen Schlaf der Erschöpfung.

Das Läuten der Türglocke, gefolgt von einem »Heil Hitler«, riß uns am nächsten Morgen um sechs Uhr aus dem Schlaf. Mandl fiel fast aus dem Bett. »Sie haben uns gefunden, sie holen uns«, wisperte er. Ich ging zur Zimmertür und öffnete sie. Im Korridor standen unsere Wirtin und ein grünuniformierter Postbote. »Sind Sie Herr Klaar?« fragte er. Ich nickte. »Ich habe Geld für Sie.

Unterschreiben Sie hier, bitte.« Er überreichte mir zweihundert Mark von meinen Eltern, sagte wieder sein »Heil Hitler« und verschwand.

Der Alptraum meiner Flucht vor der Wehrmacht war vorüber. Der Alptraum eines Lebens im Hitler-Deutschland konnte weitergehen.

Die schicksalsschwere Frage, wann und wo ich meine Eltern wiedersehen würde, wurde beantwortet: Am späten Nachmittag des 27. September auf dem Bahnhof Zoo. Die Erleichterung meiner Eltern war groß, mich zurückzuhaben, heil und gesund nach einem Abenteuer, das ebensogut in einer Katastrophe hätte enden können. Vater gab Mandl Geld für eine Fahrkarte nach Wien, und ich verabschiedete mich von dem Gefährten der traumatischsten Reise meines Lebens, ohne allzuviel Bedauern darüber zu empfinden.

Während ich herumgereist war, mehr oder weniger freiwillig über osteuropäische Grenzen geschoben wurde, hatte die Krise um die Tschechoslowakei ihren Höhepunkt erreicht und überschritten. Noch war keine endgültige Entscheidung gefallen, aber die Nachricht, daß sich die »Vier« auf Vorschlag Benito Mussolinis zwei Tage später in München treffen würden, hatte die Situation doch etwas entschärft. Hitler hatte der Welt versichert, mit dem Sudetenland sei seine endgültig letzte territoriale Forderung erfüllt, und drei Tage nach meiner Rückkehr nach Berlin wedelte Mr. Chamberlain auf dem Flughafen Heston mit seinem berühmten Stück Papier und versicherte der Welt seinerseits, es bedeute: »Frieden in unserer Zeit.«

Die deutschen Truppen bereiteten sich auf den Aufbruch vor, und wir auch. Sie würden wieder einmal triumphal Einzug halten, diesmal auf ehemals tschechischem Gebiet, während uns nichts anderes übrigblieb, als uns mit hängenden Köpfen auf unser heimatliches Gebiet zurückzuziehen, nach Wien. Nichts ist wohl mitleiderregender als die Wiedereinwanderung eines Möchtegern-Auswanderers. Nach dem tränenreichen Abschied nun das zaghafte: »Hallo, da sind wir wieder«, mit fast schamrotem Kopf. Und wir wußten ja, daß wir uns nur kurz in Wien aufhalten würden, um dann erneut nach Berlin aufzubrechen. All die herzzerreißenden Abschiede würden von vorn beginnen... Aber unsere Reise nach Wien war unumgänglich gewesen. Mein Paß war durch meine Rückreise nach Deutschland ungültig geworden. Doch auch ohne meine Extratouren mußten wir neue deutsche Pässe erhalten, jetzt, nachdem der Schweizer Polizeichef Dr. Rothmund seinen Vorschlag durchgesetzt hatte, daß alle an Juden ausgegebenen Pässe mit einem großen roten »J« gestempelt werden sollten.

Wieder in Wien, wohnten meine Eltern bei Onkel Paul und Tante Alice, während ich bei Bartmanns schlief. Cousine Hedi überließ mir ihr Zimmer und zog in die nun leerstehende Mädchenkammer neben der Küche.

Am Morgen nach unserer Rückkehr gingen wir zur Paßstelle. Ein ungeheuer dicker und offensichtlich ebenso ungeheuer gutmütiger Beamter händigte uns unsere neuen Pässe aus und schüttelte ungläubig den Kopf, als er hörte, wir seien eigens dafür aus Berlin gekommen. »Die Müh' hätten S' sich spar'n könn'n. Hätten S' mir halt die Reis' bezahlt, a Gulasch und a Bier – i hätt' Ihn' die Päss' höchstpersönlich 'bracht. Hab' schon immer mal nach Berlin woll'n. Na ja!« Er zuckte mit den Schultern, als wollte er sagen: So ist das Leben!, stempelte säuberlich und sorgfältig die »J«s – so, als handele es sich um eine besonders kostbare Verzierung – oben links auf die erste Innenseite unserer neuen Pässe und reichte sie uns. Dann wünschte er uns augenzwinkernd »Gute Reise«, und als wir sein Büro verließen, donnerte kein »Heil Hitler!« hinter uns her.

In der Nacht wurde ich gegen drei Uhr durch einen schrillen Schrei aus dem Schlaf geschreckt. Ich sprang aus dem Bett und rannte auf den Korridor. Ich sah, daß am anderen Ende Tante Klara ihren Mann Alfred, halb stützend, halb schleppend, zurück ins Schlafzimmer brachte. Ich sah nur seinen Rücken, aber es hätte keinen bedauernswerteren Anblick geben können als den früher so eleganten Mann in seinem weißen Nachthemd mit seinem haltlos hin und her schwankenden Kopf. Seine fast zusammengebrochene Gestalt drückte eine weit größere Niedergeschlagenheit, eine totalere Niederlage aus, als selbst ein Goya in seinen Bildern ausdrücken konnte, als er die Opfer von Tyrannei und dunkelster Hoffnungslosigkeit malte – und dabei vergesse ich seine »Schwarzen Bilder« keineswegs.

Intensiver Gasgeruch lag in der Luft. Ich stürmte in die Küche, doch Klara hatte geistesgegenwärtig bereits den Gasherd ausgeschaltet – die Klappe der Backröhre stand noch offen – und das Fenster aufgerissen. Ich ging schnell in die Mädchenkammer, in der Hedi schlief. Ich öffnete auch hier das Fenster und weckte sie. Sie war etwas benommen, fühlte sich schlecht, fing sich aber schnell wieder.

Ich kehrte in den Korridor zurück. Klara, ihren zitternden Sohn Fritzl neben sich, stand am Telefon. Sie sprach mit Onkel Paul.

In einer knappen halben Stunde waren Paul, Alice und auch meine Eltern bei uns. Paul hatte Alfred ein Beruhigungsmittel gegeben und Klara versichert, daß alles gut werden würde. Klara hatte geschlafen, aber ihr Instinkt muß sehr wach gewesen sein. Wenige Minuten, nachdem Alfred heimlich in die Küche geschlüpft war, wachte sie auf und ging ihn sofort suchen. Das hat ihn gerettet – und mit großer Wahrscheinlichkeit auch uns.

Meine Eltern sagten, ich solle mich anziehen und meine Sachen packen. Sie glaubten, Tante Klara nach diesem Vorfall nicht länger mit meiner Anwesenheit belasten zu können. Wir blieben noch etwa eine Stunde bei ihr. Dann hatte sie den ärgsten Schock überwunden, und wir gingen zu Fuß zu Onkel Pauls Wohnung in der Blindengasse, nur wenige Straßen von der Wohnung der Bartmanns entfernt.

In dieser Nacht bemerkte ich die Veränderung bei Paul Klaar, und die hatte nichts damit zu tun, daß er aus dem Schlaf gerissen worden war. Was er sagte, klang immer noch optimistisch und zuversichtlich, doch darunter lag eine nervöse Spannung, die vorher nicht dagewesen war. Er war noch immer ein vollbezahlter Polizeiarzt, allerdings vom aktiven Dienst suspendiert. Die Behörden reagierten wesentlich schwerfälliger als die Privatwirtschaft, zum Beispiel Vaters Länderbank, und Paul wurde erst am 31. März 1939 mit Dreiviertel seiner Pension entlassen. Das Schreiben, das ihn darüber informierte, war allerdings auch nicht von einem obskuren Herrn von der Lippe unterzeichnet, sondern von Seyß-Inquart persönlich.

So »ehrte« der Staat die Seinen.

Im Sommer 1947, bei meinem ersten Besuch im Nachkriegs-Wien sah ich Onkel Paul zum letztenmal. Er und Tante Alice hatten das große Morden überlebt – bis Ende Mai 1943 in Wien und dann – als die Nummern IV/14-692 und 693 – im Ghetto Theresienstadt, wo Paul Amtsarzt war.

Der Dr. Paul Klaar, den ich 1947 sah, war nun »wirklicher Geheimer Hofrat« und Chefarzt der Wiener Polizei – aber als Mensch existierte er nicht mehr. Körperlich war der große, dicke, stets vergnügte und energiegeladene Onkel meiner Kindertage mit seiner jungenhaften Liebe für winzige Kameras und riesige Füllfederhalter auf ein Drittel seines früheren Umfangs zusammengeschrumpft. Seine Seele war noch mehr verkümmert.

Er »funktionierte«. Er ging mit mir spazieren, nahm mich mit in sein Büro im Polizeipräsidium, er sprach – wenn auch nur wenig und sehr langsam –, er aß – ebenfalls wenig und langsam. Wenn ich neben ihm am Tisch saß, wenn ich neben ihm durch die Straßen ging, saß und ging ich neben einem Roboter. Sein Gesicht war völlig ausdruckslos, die Stimme monoton, die Augen ohne Leben.

Sein Beruf, sein früherer Rang bei der Polizei und seine hohen Weltkriegsauszeichnungen hatten Paul vor der physischen Vernichtung bewahrt, gleichzeitig aber seine Seele zerstört. Andere hatten Theresienstadt überlebt, sogar die Hölle von Auschwitz, und sich dann zumindest nach gewisser Zeit – wieder unter die Lebenden gemischt; wenigstens während ihrer wachen Stunden – Gott weiß, welche unvorstellbaren Visionen ihre Träume heimsuchten – schritten sie aufrecht daher. Das konnte Paul nicht. Ihn drückte die ungeheure Last der Schuld zu Boden. Eine Last, die nicht leichter wurde, weil sie mehr imaginär als real war. Im Gegenteil – aus diesem Grund wog sie womöglich nur noch mehr.

Während der zwei Jahre, die seiner und Alices Deportation vorausgingen, arbeitete er seines Ranges und Dienstalters wegen als »medizinischer Helfer« – es war Juden verboten, sich Ärzte zu nennen – für die Wiener Jüdische Gemeinde. In seinen Verantwortungsbereich fiel die Untersuchung derjenigen, die in Richtung Osten abtransportiert werden sollten, und die Attestierung ihrer »Transportfähigkeit«. Er wußte nicht, welches Schicksal diese Unglücklichen erwartete. Die Menschen fürchteten die Deportation wegen der Unsicherheit und des Geheimnisses, mit denen man ihr künftiges Schicksal umnebelte. Sie hatten hier und da Gerüchte gehört über das harte Leben in den Ghettos in Polen und in der besetzten Sowjetunion, aber von der Vernichtung im Fließbandverfahren und von den Massenerschießungen wußten sie nichts. Es gelang der SS, ihre ungeheuerlichen Taten in Hitlers Machtbereich so trefflich zu verschleiern, daß vor Beginn des Jahres 1943 nicht einmal die Mitglieder des jüdischen Ältestenrats von Theresienstadt die endgültige Bestimmung der Transporte kannten, die das Ghetto in östlicher Richtung verließen.

Doch selbst wenn Paul die Wahrheit gekannt hätte – wäre es ihm möglich gewesen, auch nur ein einziges Leben zu retten? Der Mann, der für den Abtransport der Juden aus Wien verantwortlich war, der österreichische Gestapo-Beamte Anton Brunner – im Unterschied zu seinem Chef, SS-Obersturmführer Alois Brunner, bekannt als Brunner I, Brunner II genannt –, achtete peinlich genau darauf, daß jeder Jude, der von seiner Deportationsliste gestrichen wurde, unverzüglich durch einen anderen ersetzt wurde.

Brunner II, einer der schlimmsten Bluthunde in ganz Österreich, erlaubte nur jenen, von seiner Liste zu verschwinden, die ohnehin dem Sterben nahe waren. Als Paul ihn einmal bat, einige Schwerkranke ins Jüdische Krankenhaus bringen zu dürfen, erwiderte Brunner II: »Na, von mir aus. Aber nur, wann S' sicher san, daß die innerhalb der nächsten Viertelstund' abkratzen. Sonst is nix!«

Auch wenn er nichts wußte – in Paul muß dennoch ein bohrender Zweifel gewesen sein und eine Ahnung, daß er – wie unwissentlich auch immer – sein eigenes Leben verlängerte, indem er dazu beitrug, das Leben anderer zu verkürzen.

Durchaus denkbar, daß dies der Grund war für Pauls unerwarteten und heftigen Ausbruch gegen die jüdischen Krankenschwestern in den Wiener Sammellagern, die – getrieben von ihren eigenen Ängsten – mit den zum Abtransport bestimmten Menschen – ich zitiere Pauls Worte – »schlimmer umgingen als selbst die SS-Banditen«. Er schrie das während seiner Aussage im Prozeß gegen

Brunner II, der 1946 in Wien stattfand. Im selben Jahr wurde Brunner II hingerichtet.

Niemand sollte es wagen, über das Verhalten anderer Menschen in extremen Situationen zu richten. Aber keiner kann mit ansehen, wie andere permanent ihrer Menschenwürde beraubt werden, ohne selbst erniedrigt, entwürdigt zu werden. In Pauls Schuldgefühlen, in seiner Selbstverachtung lag wohl auch noch eine andere, persönliche und daher herzzerreißendere Trauer. Er, der Erstgeborene, war nicht imstande gewesen, seine Mutter, meine Großmutter Julie, vor der Deportation nach Theresienstadt zu retten. Sie starb dort in Not und Elend am letzten Oktobertag des Jahres 1943, ein halbes Jahr nach ihrem zweiundachtzigsten Geburtstag. Der Trauring an der Hand der Toten war nicht aus Gold, sondern aus Eisen. Das »Gold gab sie für Eisen«, um Österreich im Ersten Weltkrieg zu helfen.

Ich habe mit einer Reihe von Menschen gesprochen, die Paul während dieser tragischen Jahre in Wien und in Theresienstadt erlebt hatten. Von keinem hörte ich auch nur ein einziges böses Wort über ihn. Jeder sprach gut von ihm – nur sein eigenes Gewissen nicht. 1945 kam er aus dem Ghetto nach Wien zurück, erhielt Ehrungen, Auszeichnungen, ein hohes Amt und versuchte doch dreimal, seinem Leben ein Ende zu setzen. Im Alter von zweiundsechzig Jahren wurde er in der Ringstraße von einer Straßenbahn überfahren und erlag zwei Tage später, am 12. September 1948, seinen Verletzungen. Geriet er geistesabwesend oder absichtlich unter die Straßenbahn? Aber was bedeutet es schon, wie er seinen Frieden fand?

Unseren Plan, zwei weitere Tage in Wien zu bleiben, bevor wir nach Berlin zurückkehrten, mußten wir überraschend ändern. Die rothaarige Helene war der Anlaß dafür. Sie lebte immer noch in unserer Wohnung in der Pichlergasse, aber als meine Eltern dort klingelten, öffnete ihnen niemand. Helene war nicht da. Vater hatte noch seine Schlüssel, und so konnte er mit Mutter die Wohnung betreten. Alle Zimmer waren leer, wie sie es erwartet hatten. Allerdings gab es eine Ausnahme, und das war ihr früheres Schlafzimmer. Helene hatte nicht nur das Doppelbett behalten, das sie ihr geschenkt hatten, sondern auch den großen Schrank, die Kommode, die Chaiselongue, den Sessel, Mutters Frisiertisch, die Nachttische und ein paar andere Möbelstücke.

Meine Eltern waren noch im Schlafzimmer, als Helene zurückkam. Bei ihrem Anblick wurde ihr Gesicht so rot wie ihr Haar, aber sie faßte sich sehr schnell und erpreßte meine Eltern. Entweder wir würden noch am selben Abend Wien verlassen, und zwar auf Nimmerwiedersehen, oder sie würde zur Polizei gehen und mich dort beschuldigen, sie zu sexuellen Handlungen gezwungen zu haben, also behaupten, ich hätte gegen die Nürnberger Gesetze verstoßen, die »Rassenschande« unter strenge Strafen stellten. Machte sie diese Drohung wahr und beteuerte sie dazu noch, daß ihr wegen der finanziellen Abhängigkeit von meinen Eltern keine Wahl geblieben sei, würde ich meine Proteste nur auf dem Weg ins nächste Konzentrationslager loswerden können.

Als eine Art Abschiedsbotschaft teilte sie meinen Eltern noch mit, daß ihr Freund, glühender Kommunist über lange Jahre hinweg, kürzlich der SS beigetreten sei.

Wir nahmen den Nachtzug nach Berlin.

Das Wiedersehen mit Berlin und der »Pension Lurie« vermittelte uns ein stärkeres Gefühl der Heimkehr als der Besuch in Wien. Und wie sich herausstellte, hatte uns Helene ganz unfreiwillig einen guten Dienst erwiesen, als sie uns holterdiepolter aus Wien hinausjagte. Bei der Post, die uns erwartete, war ein Brief von Generaldirektor Reuter in Paris. Er bot Vater eine Stellung bei der Banque des Pays an. Er erklärte, daß sie ursprünglich für einen Direktor Rie vorgesehen gewesen sei, der länger bei der Bank gearbeitet hatte als Vater, aber er habe zusammen mit seiner Frau in Wien Selbstmord verübt. Vaters Stellvertreter Bloch sollte nun den eigentlich für Vater reservierten Job in London erhalten, während Vater an Ries Stelle in die Pariser Zentrale der Bank eintreten würde. Reuter hatte offensichtlich etwas gegen halbe Sachen: Mit diesem Brief sollte Vater zur Französischen Botschaft gehen, wo man ihm sein Visum erteilen würde. Das für den nach Frankreich flüchtenden Juden wertvollste und am schwersten zu erlangende Dokument, seine Carte de travail, seine

Arbeitserlaubnis, würde er nach seiner Ankunft in Paris erhalten. Reuter bat Vater, alle Formalitäten so schnell wie möglich zu erledigen und die Reise bald anzutreten. Der Generaldirektor bedauerte noch, daß es ihm bisher nicht gelungen sei, auch für Mutter und mich die Visa genehmigt zu bekommen. Das sei jedoch eine reine Formalität und werde sich binnen kurzem regeln.

Reuters Brief war der Arbeitsvertrag beigefügt. Vaters Monatsgehalt betrug 3333 Francs. Das war eine so merkwürdige Summe, daß ich sie nicht vergessen habe. Es war natürlich wesentlich weniger, als Vater in Wien erhalten hatte. Aber abgesehen davon, daß der Teufel in der Not bekanntlich sogar Fliegen frißt, ließ es sich damit durchaus leben. Viele Flüchtlinge in Frankreich hätten die Summe sicher als wahrhaft fürstliches Einkommen angesehen.

Seit langem hatte ich Vater nicht mehr so glücklich gesehen. Die Bank, seine Bank wollte ihn! Was machte es da schon aus, wenn er zu Anfang seine Ansprüche ein wenig herunterschrauben mußte? Sobald sein Französisch besser war, würde auch die bessere Position kommen. Vorlaut wies ich darauf hin, daß sich da eine ganze Menge bessern müßte, denn seine Französisch-Kenntnisse wären praktisch gleich Null! Doch Vater war viel zu glücklich, um sich durch meine freche Bemerkung auch nur im geringsten beeindrucken zu lassen. Im übrigen wußte er genau, daß ich so unrecht nicht hatte...

Natürlich dachten wir nicht daran, auf unsere irischen Visa zu verzichten. Die konnten uns gegebenenfalls auch in Paris erteilt werden. Weder Hirsch noch Witzthum konnten Vater irgendwelche Vorwürfe machen, daß er die erste sich bietende Gelegenheit wahrnahm, aus Deutschland hinauszukommen. Schließlich hatten wir in Berlin lange genug herumgesessen und darauf gewartet, daß sich die Iren schlüssig wurden. Es war also keine Frage, daß Vater so bald wie möglich und allein aus Berlin abreisen würde. Wenn er erstmal in Paris war, konnte er versuchen, die Dinge zu beschleunigen, damit Mutter und ich bald unsere Einreisegenehmigungen nach Frankreich erhielten. In zwei, höchstens drei Wochen würden wir wieder eine glücklich vereinte Familie sein, noch dazu eine, die den Vorzug genoß, in Europas glanzvollster Hauptstadt zu leben.

Von dem Augenblick an, als Vater Reuters Brief gelesen hatte, war alles verändert. Niedergeschlagen waren wir in Berlin angekommen, noch immer Helenes Drohung in den Ohren. Jetzt waren wir in euphorischer Stimmung. Wo in Paris würden wir eine Wohnung finden? An welchem Lycée würde ich meinen baccalauréat machen? Wie lange konnte es dauern, bis ich – obwohl es für diese Sprache leider keinerlei geheimnisvolle Schlupfwinkel in meinem Gehirn zu geben schien – mich an der Sorbonne einschreiben konnte?

Nach einer Weile ließ die Euphorie nach und machte, wenigstens bis zu einem gewissen Grade, nüchternen Überlegungen Platz. Wir diskutierten das Für und Wider, Frankreich oder Irland zum endgültigen Zufluchtsort zu nehmen. Irland war sicherer, aber auch viel langweiliger. Und wie fiel der Vergleich zwischen der Hirschschen Bandfabrik und der Banque des Pays in Vaters Augen aus? Die Frage ließ sich mühelos beantworten. Gab es wirklich eine Wahl zwischen Ballymena, Galway, einer anderen irischen Stadt, selbst Dublin – und Paris? Sicher grenzt Frankreich an Deutschland, während Irland weit entfernt liegt, eine Insel, vom Kontinent durch einen enormen seewassergefüllten Wehrgraben getrennt. Aber da war doch die Maginot-Linie, die mächtigste von Menschenhand erschaffene Verteidigungsanlage seit der Chinesischen Mauer. Deutsche Truppen würden nie wieder in Frankreich eindringen.

Alles lief so, wie Monsieur Reuter in seinem Brief angekündigt hatte. Nach vierundzwanzig Stunden hatte Vater das französische Visum in seinem neuen deutschen Paß, und am folgenden Nachmittag nahmen wir wieder einmal voneinander Abschied. Es war nicht mein endgültiges Lebewohl, ich sollte Vater noch zweimal sehen. Aber wenn ich jetzt an diesen Berliner Bahnhof im Jahr 1938 zurückdenke und diese Worte schreibe, ist eine große Traurigkeit in mir, als wären diese Umarmungen unsere letzten gewesen. Damals war ich überhaupt nicht traurig. Es war alles so aufregend: Züge kamen an, Züge fuhren ab, Pfeifen schrillten, Türen knallten, Menschen hasteten, Menschen riefen, und dann die glänzenden, langen Wagen des Paris-Expreß, mit dem Vater in die Freiheit reisen würde – und bald, sehr bald, würden Mutter und ich ihm folgen.

Nein, damals gab es keine Traurigkeit, um so mehr aber jetzt im Rückblick, weil auf diesem Berliner Bahnhof mein Leben mit Vater endete. Es endete in dem Sinn, daß es nichts gibt, was die Vertrautheit der engen, andauernden Beziehung des täglichen körperlichen Zusammenseins ersetzen kann, die so oft als selbstverständlich hingenommen und selten wirklich geschätzt wird – bis man sie schließlich verloren hat, bis jede Begegnung zum Ereignis wird und zum vergeblichen Versuch, die Kluft der Entfernung und der unterschiedlich gemachten Erfahrungen zu überbrücken.

Die Franzosen hatten es, wie wir feststellen mußten, keineswegs eiliger als die Iren. Vater rief uns jede Woche mindestens einmal an, um uns von neuen Versprechungen und Versicherungen zu berichten, die er erhalten hatte. Aber jedesmal, wenn Mutter und ich das Französische Konsulat aufsuchten, wurden wir mit einem gallischen Schulterzucken und einem kühlen »Es tut mir leid, Madame. Demain peut-être. Merci« wieder entlassen. Frau Willstedt zuckte nicht mit den Schultern, aber ihre Auskünfte waren die gleichen.

Ich vertrieb mir die Zeit, so gut es ging. An einem Nachmittag Ende Oktober schlenderte ich den Kurfürstendamm entlang, betrachtete die Schaufensterauslagen, hatte nichts Besonderes vor, als ich eine Gruppe von Männern sah, hundert oder mehr, die, paarweise mit Handschellen aneinandergefesselt, von einer Polizei- und SS-Eskorte die Straße entlanggeführt wurden. Mir war bekannt, ich weiß nicht, woher, daß das polnische und staatenlose Juden waren, die aus Deutschland deportiert werden sollten. Vielleicht waren in der Presse Schritte gegen diese Menschen angekündigt worden, aber der springende Punkt dabei ist nicht, woher ich es wußte, sondern daß ich es überhaupt wußte – und wie meine Reaktion darauf war. Ich fühlte mich ein wenig bedroht bei diesem Anblick, beruhigte mich aber schnell mit dem Gedanken, daß polnische Juden schließlich ein Heimatland hatten, in das sie gehen konnten. Ich wandte mich ab.

Ganz gewiß gab es damals nichts, was ich hätte tun können, aber ich verhielt mich im Grunde nicht anders als die meisten

Deutschen später, als die Deportationen deutscher Juden begannen. Viele hießen es ganz und gar nicht gut, was sie sahen; sie trösteten sich aber mit dem Gedanken, daß diese Menschen nur nach Polen »umgesiedelt« würden.

Es gibt Daten, die unauslöschlich im Gedächtnis haften bleiben. Noch Jahrzehnte später erinnert man sich in jeder Einzelheit an das, was man an einem bestimmten Ort zu einer bestimmten Zeit getan hat. Für mich ist der 7. November 1938 so ein Datum. Nachmittags gegen halb fünf Uhr betrat ich den »Palmengarten« des »Eden Hotels« in der Budapester Straße und nahm an einem Dreier-Tisch Platz. Um fünf wollten Mutter und eine der Bartmann-Damen mich hier treffen.

Der »Palmengarten«, wie der Dachgarten des Hotels mit seinen zwei Topfpalmen ein wenig hochtrabend genannt wurde, war der Lieblingstreffpunkt Berlins zum Fünf-Uhr-Tee. Man ging dorthin zum Tanztee und beobachtete, wie Damen in den Armen von Gigolos über das Parkett glitten, wie sich junge Pärchen Wange an Wange im Rhythmus der Musik wiegten, wie Damen vom Gewerbe, mehr oder weniger verstohlen, die einsamen Herren musterten, den gewissen Heure-bleue-Blick in den Augen. Die Bedienung war ausgezeichnet, das Ambiente ganz enorm chi-chi. Mir jedenfalls kam dies alles überaus elegant und höchst kultiviert vor.

Mutter und ihre Begleiterin waren pünktlich. Wir bestellten Tee, genossen die delikaten Petit-fours, Mutter jammerte über ihre Figur und beschränkte sich auf »nur« zwei Stück Kuchen, und wir plauderten sehr vergnügt miteinander.

Es muß etwa sechs Uhr gewesen sein, als ein Zeitungsverkäufer mit der BZ, Berlins führender Abendzeitung, auftauchte. Er hielt die Titelseite hoch, so daß jeder die riesige Schlagzeile sehen konnte. Die Neuigkeit war eine Sensation. Ein gewisser Herschel Grünspan, ein siebzehnjähriger polnischer Jude, dessen Eltern aus Hannover deportiert worden waren, hatte am Morgen in der Deutschen Botschaft in Paris auf den deutschen Diplomaten Ernst vom Rath geschossen. Vom Rath war lebensgefährlich verletzt.

Die Kapelle spielte weiter, die Paare tanzten weiter, wir lasen am edel gedeckten Teetisch mit dem glänzenden Silber den

Bericht und wußten, daß dieses Ereignis ernste Konsequenzen für uns Juden haben würde.

Zwei Tage später brach die »Reichskristallnacht« aus. In Wien wurden meine sämtlichen Onkel, ja selbst der kleine Fritzl mit seinen vierzehn Jahren festgenommen und mißhandelt. Klaras und Alfreds Sohn saß hinter Gittern, während ich friedlich die Nacht durchschlief, nur vage wissend, daß irgendein antisemitischer Vandalismus durch die Straßen von Berlin fegte. Den Abend des 9. November hatten Mutter und ich in der »Pension Lurie« verbracht. Wir saßen in der kleinen Halle, sahen die bleichen Gesichter der anderen jüdischen Gäste, die sich im Flüsterton unterhielten, und hörten in der Ferne das Krachen und Klirren zerbrechenden Glases. Bald darauf gingen wir in unser Zimmer. Seit Vaters Abreise teilten sich Mutter und ich einen Raum. Ich las noch ein wenig, bis ich meine Lampe ausknipste, während draußen die von Goebbels beauftragten Vandalen und Rowdies – meist Hitlerjungen, angeführt von SA-Raufbolden – »spontanen Ausbruch gesunden Volksempfindens« zeigten und die Ermordung vom Raths durch Grünspan damit vergalten, daß Synagogen niedergebrannt und Schaufenster jüdischer Geschäfte eingeschlagen wurden. Zur selben Zeit spürten SS und Gestapo Juden in ihren Wohnungen auf und führten sie ab. Manche wurden auf der Stelle gelyncht, andere blieben für immer verschwunden, die Mehrzahl büßte die Tat eines einzelnen Juden in Dachau oder Buchenwald. War es ein Wunder oder Unfähigkeit, daß die »Pension Lurie« verschont blieb? Es ist gut möglich, daß SS und Polizei mit den Tausenden von Juden, die sie aus den Wohnungen herausholten, genug zu tun hatten und gar nicht dazu kamen, auch noch die Hotels und Pensionen durchzukämmen. Eine eindeutige Erklärung dafür, daß wir mit heiler Haut davonkamen, habe ich nicht.

Um neun Uhr am nächsten Morgen – Mutter und ich saßen beim Frühstück – klingelte in der »Pension Lurie« das Telefon, und Mutter wurde an den Apparat gerufen. Am anderen Ende der Leitung sagte Frau Willstedt: »Würden Sie bitte sofort zu mir kommen? Mit Ihren Visa ist alles klar.« Freudestrahlend erzählte mir Mutter diese Neuigkeit. Dann ging sie wieder zum Telefon und meldete sich »äußerst dringend« noch für denselben Vormittag beim Friseur an. Mutter war nicht nur Mutter, sie war auch Stella, die Frau, die es nicht über sich bringen würde, mit unfrisierten Haaren zu emigrieren.

Das war nun wirklich nicht der richtige Tag für öffentliche Verkehrsmittel. Von nun an gab es nur noch Taxis – zum Teufel mit den Kosten!

Frau Willstedt, die Deutsche, war – glaube ich – fast so glücklich wie wir, als sie die Visa in unsere Pässe stempelte. Ich hatte den Verdacht, aber natürlich keinerlei Beweise, daß unsere Visa in Dublin schon ein paar Tage früher genehmigt worden waren, dann aber von Mr. Bewley, dem Gesandten – aus welchen Gründen auch immer –, auf Eis gelegt wurden. Ich glaube, daß es Frau Willstedt an diesem Morgen gelungen war, ihn davon zu überzeugen, daß die Angelegenheit nun keinen Aufschub mehr duldete. Es wäre doch allzu merkwürdig, wenn die Genehmigung aus Dublin ausgerechnet am Morgen nach der »Reichskristallnacht« gegeben worden wäre.

Mit den Visa in unseren Pässen verließen wir Frau Willstedt – Mutter umarmte und küßte sie sogar –, fuhren im Taxi zum Lufthansa-Büro, zeigten stolz unsere Pässe und Visa vor und kauften zwei Tickets für den Mittags-Flug des folgenden Tages nach London. Eigentlich hätten wir auch britische Durchreise-Visa haben müssen, doch Frau Willstedt hatte gesagt, ihre Beschaffung würde bestimmt einige Tage in Anspruch nehmen, es sei aber wahrscheinlich, daß wir mit unseren irischen Visa in London landen dürften. Britisches Mißvergnügen war im Vergleich zu jeder weiteren Stunde in Berlin mit Sicherheit das kleinere Übel.

Danach watete Mutter auf der Wilmersdorfer Straße durch zerbrochenes Glas, ging zu ihrem Friseur, während ich am Kurfürstendamm ein Hutgeschäft betrat. Ich habe keine Ahnung, weshalb es für mich so wichtig war, vor dem Flug nach London einen Hut zu kaufen. Vielleicht wollte ich einfach überflüssiges Geld loswerden, denn wir durften ja pro Person nur zehn Reichsmark ins Ausland mitnehmen. Was auch der Grund gewesen sein mochte – auf jeden Fall hatte ich in dem Laden ein Erlebnis, auf das ich nicht gern verzichtet hätte. Als ich eintrat, waren alle drei Verkäuferinnen mit der Bedienung von Kunden beschäftigt. Eine von ihnen wendete den Kopf, sah mich, erkannte, daß ich Jude war – da bin ich mir absolut sicher –, ließ ihren Kunden stehen und kam auf mich zu. Weder der zurückgesetzte Kunde noch sonst jemand im Laden sagte ein Wort. Geduldig wartete er, bis ich mir einen Hut ausgesucht, ihn bezahlt und das Geschäft verlassen hatte.

Mutter hatte bei ihrem Friseur ein noch beeindruckenderes Erlebnis. Kurz bevor sie ging, sagte die junge Friseuse, die sie bedient hatte, zu ihr: »Gnädige Frau, ich möchte mich bei Ihnen für die furchtbaren Dinge entschuldigen, die heute nacht geschehen sind. Glauben Sie mir, wir haben das nicht gewollt.«

Berlins Flughafen Tempelhof, damals der modernste der Welt, war am Vormittag des 11. November 1938 unser Tor zur Freiheit. Da gab man nicht einfach sein Gepäck auf und schritt dann zum Flugzeug. O nein! In jenen Tagen war der internationale Terrorismus noch nicht das Werk kleiner Gruppen von Fanatikern, sondern wurde von ganzen Staaten und ihren Dienern sorgfältig geplant und durchgeführt. Die Terroristen selbst nahmen die Sicherheitskontrollen vor. Mit meinem Gepäck wurde ich in einen kleinen Raum geführt, wo man mich und meine Koffer durchsuchte. Diesmal war es kein gutmütiger Zollbeamter, sondern zwei große Gestapo-Angehörige in Zivil, denen es durchaus nicht egal war, ob ich in meinem Gepäck »jold'ne Jebisse« versteckt hatte oder nicht. Alles wurde genauestens inspiziert. Zu ihrer Überraschung – auch zu meiner, denn Mutter hatte meine Sachen gepackt – fanden sie Toilettenpapier, keine Rollen, sondern einen Karton, bei dem das herausgezogene Blatt das nächste zur Hälfte aus einem Schlitz hervorzieht. Die Gestapo-Männer schrien zwar nicht gerade laut »Halali«, aber der triumphierende Ausdruck in ihren Augen sprach Bände: Jetzt hatten sie ihn, diesen Judenlümmel! Sie waren sicher, daß ich zwischen den Blättern Banknoten versteckt hatte. Blatt für Blatt zogen sie hervor, bis der Karton schließlich leer war und ein ansehnlicher Berg Toilettenpapier ihren Schreibtisch zierte. Teure Mutter! Die heilige Sache der Hygiene hatte bei ihr absolute Priorität.

Der ältere der beiden hatte einen ausgesprochenen Zug ins

Sarkastische und versuchte, mich zu provozieren. Er wirkte ganz lässig und genoß die Situation unverkennbar – ganz im Gegensatz zu mir.

»Froh, hier rauszukommen, nicht wahr?« fragte er.

Welche Antwort erwartete er darauf?

»Nein«, erwiderte ich. »Berlin gefällt mir, aber mir bleibt wohl nichts anderes übrig, oder?«

»Kommt nicht oft vor, daß ich mit einem Juden einer Meinung bin«, erklärte er. »Hier ist also die Ausnahme von der Regel. Ihr seid außerhalb Deutschlands besser dran, und wir sind besser dran ohne euch. Also gut, nehmen Sie Ihre Sachen und gehen Sie zum Flugzeug.«

Mir war ziemlich schwindlig. Ich gab keinen tiefen Seufzer der Erleichterung von mir, sondern behielt mein Pokerface, das ich – wie ich hoffte – während der ganzen Zeit gezeigt hatte. Bis unsere Maschine in der Luft war, nein, bis sie wirklich in London gelandet war, konnte die SS immer noch über mich herfallen. Bis zur Landung konnte ich mir nicht gestatten, mich sicher zu fühlen.

Unsere Maschine stand auf der Startbahn. Es war eine der berühmten JU 52, dieses Arbeitstier der Vorkriegs-Lufthansa, ein merkwürdig quadratisch geformtes Flugzeug mit Tragflächen und Rumpf aus einer Art Wellblech, das ihm das Aussehen einer fliegenden Nissenhütte gab. Aber keine Nissenhütten-Einrichtung – ich hatte nicht nur dabei geholfen, einige von ihnen zu bauen, sondern auch während des Krieges in vielen gelebt – konnte sich mit dem Luxus und der Behaglichkeit in einer JU 52 messen. Man saß nicht etwa auf typischen Flugzeugsitzen, sondern in breiten, bequemen Sesseln mit feststehenden Tischen davor. Vasen mit frischen Blumen waren im Passagierraum angebracht, und mit Volants verzierte Vorhänge rahmten die Fenster.

Jeder Fluggast – ich glaube nicht, daß die Maschine mehr als zwanzig faßte – wurde von einem Steward mit den Manieren eines erstklassigen Butlers an Bord willkommen geheißen und mit ausgesuchter Höflichkeit an seinen Platz geleitet.

Ich ließ mich auf meinem behaglichen Sessel nieder, fühlte mich aber höchst unbehaglich und übernervös. Meine Überprüfung hatte eine gute halbe Stunde gedauert, und ich war sicher gewesen, daß Mutter vor mir im Flugzeug sein würde. Aber da war sie nicht. In zehn Minuten sollte das Flugzeug starten.

Der Abflugtermin verstrich. Immer noch keine Spur von Mutter. Ich begann mich wieder so zu fühlen wie im Zug kurz vor der ostpreußischen Grenze: äußerlich beherrscht, aber mit so laut klopfendem Herzen, daß ich sicher war, jeder müsse es hören.

Zehn Minuten nach der planmäßigen Abflugzeit! Noch immer standen wir auf der Startbahn. Plötzlich fiel mir ein, daß Mutter all ihren Schmuck bei sich trug. War sie verhaftet worden? Sollte ich aus dem Flugzeug steigen und nach ihr suchen? Wieder und wieder drehte ich den Kopf, spähte aus dem Fenster zum Abflug-Ausgang hinüber. Nichts! Was sollte ich nur tun? Was konnte ich denn tun?

Zwanzig Minuten nach der planmäßigen Abflugzeit kommt Mutter aus dem Ausgang, begleitet von einer Lufthansa-Stewardeß, und nähert sich dem Flugzeug. Die lähmende Furcht verläßt meine Glieder.

Ruhig besteigt sie die Maschine. Nur die Röte ihrer Nase, die durch den Puder schimmert, den sie gerade an dieser Stelle besonders dick aufträgt, verrät die nervlichen Strapazen, die sie durchgemacht haben muß. Sie küßt mich, sagt aber kein Wort, bevor nicht die Türen geschlossen sind, die Motoren zu dröhnen beginnen und ihr Lärm es den anderen Passagieren unmöglich macht zu belauschen, was sie mir zu sagen hat.

Wie ich war sie in einen kleinen Raum geführt worden. In ihrem Fall war die Durchsuchung von einer Zollbeamtin vorgenommen worden. Mutter trug einen Tweedrock, eine Bluse und eine Wolljacke. An diese Jacke hatte sie ihren gesamten Schmuck geheftet, bis sie aussah wie Hermann Göring im Sonntagsstaat. Über all das hatte sie einen Seidenschal drapiert, der es zwar nicht ganz verbarg, aber doch ein wenig kaschierte. Die Zollbeamtin durchsuchte Mutter gründlich, viel gründlicher, als mich die Gestapo durchforscht hatte. Mutter mußte sogar Rock und Korsett ausziehen. Die Frau erledigte die Prozedur peinlich genau, hob aber kein einziges Mal Mutters Seidenschal, obwohl man sich kaum vorstellen kann, daß sie nicht ahnte, was sich darunter befand.

Der Flug nach London – der erste meines Lebens – dauerte mehr als vier Stunden. Wir landeten in Croydon und in einer Welt, die so ganz anders war als die, die ich kannte, höchst stilvoll genau zur Tea time. Der britische Einwanderungsbeamte räusperte sich ein wenig unwillig wegen der fehlenden britischen Durchreise-Visa, aber nachdem wir hoch und heilig versprochen hatten, in spätestens vier Wochen die Weiterreise nach Irland anzutreten, stempelte er unsere Pässe und gab sie zurück. Wir waren angekommen. Wir waren frei.

In Croydon erwartete uns ein früherer Mitschüler und seine ältere Schwester. Beide lebten bereits längere Zeit in London. Wir hatten ihnen ein Telegramm geschickt und sie von unserer Ankunft verständigt. Weder Mutter noch ich waren je zuvor in London gewesen und hätten uns ohne ihre Hilfe ziemlich verloren gefühlt. Die beiden hatten auch schon Zimmer in einer Pension in Swiss Cottage für uns gebucht, von der aus ich später am Abend zu meinem berauschenden Befreiungsbummel aufbrach.

Die Schwester hatte ein kleines Auto und fuhr uns zur Pension, hielt aber unterwegs an einem »Lyons Tea Shop«, wo ich meinen ersten englischen Tee zu mir nahm. Ein »Lyons Tea Shop« ist sicher ein ziemlich ungewöhnlicher Ort für starke Gemütsbewegungen, und doch erlebte ich dort eine der größten meines Lebens.

Wie soll ich die ungestüme, freudige Erleichterung in Worte fassen, die ich darüber empfand, nach so vielen Fehlstarts nun doch aus Deutschland herausgekommen zu sein? Wie soll ich erklären, daß ich zwar wußte, aber dennoch nicht fassen konnte, daß es diesen Menschen rings um mich her völlig egal war, ob ich eine Stups- oder Hakennase besaß, ob sie in diese oder jene Richtung gebogen war, ob ich rote, gelbe, grüne oder gestreifte Augen hatte, daß es diese englischen Menschen überhaupt nicht kümmerte, was ich dachte oder sagte? Wie soll ich erklären, daß ich wußte und doch nicht so recht begriff, daß wir endlich in Sicherheit waren, daß uns hier niemand verfolgen würde – und doch spähte ich unwillkürlich zur Tür, als könnten jeden Augenblick ein paar gestiefelte Männer in braunen oder schwarzen

Uniformen hereingestürmt kommen. Wie soll ich erklären, daß ich berauscht war vom englischen Tee, daß mich die winzigen Gurkensandwiches auf einen glückseligen Trip geschickt hatten und daß ich die ganze Zeit über fürchtete, beim Nüchternwerden in das grinsende Gesicht eines Mannes mit einem SS-Abzeichen am Revers blicken zu müssen.

Und dieser Geruch, als wir wieder auf der Straße waren! Der unvergeßliche Geruch des Vorkriegs-London. Er blieb mir für immer in Erinnerung. Diese beißende, rauchig-neblige Luft besaß für mich den Duft der Freiheit.

Was für einen fremdartigen Anblick London für den jungen Mann vom Kontinent bot! Reihen um Reihen kleiner Häuser, die alle gleich aussahen und die Angehörigen der individualistischsten Nation dieser Erde beherbergten. Jede meiner vorgefaßten Meinungen über Großbritannien und London wurde von der Wirklichkeit gleichzeitig widerlegt und bestätigt. Es war eine fast hegelianische Reise, diese Autofahrt durch die Straßen von London, aber die Synthese, das Verstehen der Engländer und des Englischen, dauerte viel länger als die Fahrt von Croydon nach Swiss Cottage, obwohl wir sie noch einmal unterbrachen, bei einem Pfandleiher.

Mutter und ich hatten kein Geld, und es würde einige Zeit dauern, bis Vater uns etwas schicken konnte. Also wurde die große Brillantbrosche, ein Erbstück von Großmutter Adele, gegen einen Pfandschein und zehn knisternde weiße Fünf-Pfund-Noten eingetauscht. Dieser winzige Pfandschein war, soweit ich weiß, alles, was von Mutters Erbstück übrigblieb. Nie war genug Geld da, um die Brosche auszulösen.

Vater, der sein irisches Visum inzwischen in Paris erhalten hatte, traf Ende November in London ein. Überglücklich lag sich die Familie in den Armen, und am Tag danach bestiegen wir in Euston Station den Zug zur Fähre nach Irland. Ein junger Ire kam zu uns ins Abteil, und wir bombardierten ihn mit Fragen über sein Land, über Dublin. Mutter und ich übersetzten Vater die Antworten. Mutter sprach ein sehr schönes, wenn auch etwas altmodisches Englisch mit Diphthongs auf den Us. Nun, wie unser Reisebegleiter sagte, waren wir nicht nur auf der Fahrt in ein anderes Land, sondern auf dem Weg direkt ins Paradies! Und

Dublin – allein beim Klang dieses Namens schlug er die Augen verzückt gen Himmel – war die schönste, die allerschönste Stadt der Welt. Oh, die Weite von O'Connell Street, die Eleganz von Grafton Street, die Anmut von St. Stephen's Green, und an einem »foine dhay« konnte man bis zu den Wicklow Hills blicken. »Paradoise, I tell yer, paradoise!«

Die Schönheit liegt bekanntlich im Auge des Beschauers. Und was meine Augen in Dublin schauten, war zweifellos von dem schäbigen, drittklassigen Hotel beeinflußt, in dem wir unserer begrenzten finanziellen Mittel wegen wohnen mußten. Aber sosehr ich mir das auch einzureden versuchte – schließlich würde ich hier leben müssen –, ein Paradies war es nicht! Klein und beengt war alles; Slums und Armut, wie ich sie noch nie gesehen hatte, nicht einmal in den ärmsten Bezirken von Wien, umgaben O'Connell Street, Schmutz und Trunksucht, wohin ich sah. Gewiß, ich war zu jung und zu fremd, um die heitere Eleganz von Merrion Square und anderen anmutigen Plätzen aus der georgianischen Epoche wirklich würdigen zu können, aber da ich nie zuvor mit einem Iren gesprochen, noch nie etwas von »blarney« gehört hatte, hatte ich unserem irischen Reisegefährten jedes Wort geglaubt, und die Enttäuschung war nun um so größer.

Es wurde beschlossen, daß ich bei Nachbarn der Familie Witzthum Untermieter mit »bed and breakfast« werden, aber meinen Tag sonst bei Witzthums verbringen sollte. Ich weiß nicht, ob ich ihnen jemals die Dankbarkeit bezeugte, die sie für ihre Freundlichkeit verdienten, also möchte ich sie wenigstens hier, wenn auch verspätet, bekunden.

Die Hirschs sollten in einigen Wochen eintreffen. Ich würde für sie arbeiten, zunächst als Dolmetscher, bis weitere Entscheidungen getroffen würden. Vater würde mit Mutter nach London fahren und dann allein nach Paris weiterreisen, während Mutter in London auf die Erteilung ihres französischen Einreisevisums warten sollte, was – wie man Vater versichert hatte – nicht mehr lange dauern konnte.

Am Morgen vor der Abreise meiner Eltern löste eine Bemerkung von mir die letzte und wohl auch heftigste Auseinandersetzung aus, die ich jemals mit Vater gehabt hatte.

Wir saßen in unserem Hotelzimmer beim Frühstück.

»Weißt du, Vati«, begann ich. »Wenn ein Krieg ausbricht, bleibe ich auf gar keinen Fall hier.«

Vater sah mich höchst überrascht an, seine Augen wurden dunkel vor Zorn.

»Sag das noch einmal«, forderte er mich auf.

»Wenn es Krieg gibt, werde ich nicht hierbleiben. Ich werde mich bei der ersten Gelegenheit zur britischen Armee melden«, erwiderte ich.

Er reagierte so heftig, daß ich heute glaube, daß dieser Ausbruch keinesfalls nur auf Sorge und Liebe beruhte, so stark diese Gefühle auch sein mochten. Schließlich hatte ich ja nur eine Bemerkung gemacht, über die man in aller Ruhe vernünftig hätte diskutieren können. Ich war weder vorlaut noch frech gewesen. Meine Worte mußten all jene Spannung, Sorgen und Ängste freigelegt haben, die sich in den vergangenen Monaten offensichtlich in ihm aufgestaut hatten.

»Ja, bist du denn total übergeschnappt?!« brüllte er los. »Ich gebe mir alle Mühe, dich in Sicherheit zu bringen. Du bist hier in einem Land, das von allem weit genug entfernt liegt, das neutral bleiben wird, und du erklärst mir, daß du unbedingt in den Krieg ziehen willst? Du weißt doch überhaupt nicht, was du sagst, du dummer Junge! Hast du einen Krieg erlebt? Aber ich! Kommt ja gar nicht in Frage, nein, nein, nein! Du bleibst, wohin ich dich gebracht habe! Wage es ja nicht!« Damit stand er auf und begann, unruhig im Zimmer auf und ab zu laufen.

Auch ich stand auf. Ruhig wiederholte ich noch einmal: »Vati, es wird unser Krieg sein. Niemand anders als wir sind betroffen. Ich denke nicht daran, hier zu sitzen und zuzusehen. Zum Teufel mit der irischen Neutralität! Wie kann ausgerechnet ich neutral sein?«

»Du wirst tun, was ich dir sage. Ich bin immer noch dein Vater!« schrie er mich an. »Du hast dein ganzes Leben noch vor dir. Willst du es wegwerfen? Du bist achtzehn. Noch nicht einmal ganz. Wenn du einundzwanzig bist, kannst du machen, was du willst. Aber jetzt wirst du gehorchen!«

Mutter versuchte, uns zu beruhigen, aber ohne großen Erfolg. Jetzt war ich es, der schrie.

»Hör doch auf mit dem Unsinn über mein Alter«, fuhr ich ihn

an. »Ich werde gehen, wenn sie mich nehmen. Wie willst du das verhindern? Na, wie denn? Sag's doch! In dem Augenblick, wo der Krieg erklärt ist, melde ich mich freiwillig.«

»Um Himmels willen, Ernst! Reg dich doch nicht so auf«, unterbrach Mutter. »Der Krieg ist doch noch gar nicht da, und bevor es soweit ist, sind wir beide wieder hier. Dann könnt ihr ja immer noch darüber diskutieren.«

Zweifellos hatte sie recht. Vaters großer Zorn wurde wohl auch dadurch ausgelöst, daß sein Sohn urplötzlich und völlig unerwartet eigene Entscheidungen traf und sich hartnäckig gegen die väterliche Autorität auflehnte. Und natürlich war ihm der Gedanke unerträglich, daß sein Junge, bis an die Zähne bewaffnet, in einem Schützengraben irgendwo in Frankreich hockte, während um ihn herum die Granaten explodierten.

Er hatte keine Ahnung, ich auch nicht, wie desinteressiert die britische Armee an kleinen, im Ausland geborenen Helden war. Ich meldete mich tatsächlich sofort, als der Krieg ausbrach. Ich schrieb an das War Office und bot meine Dienste an. Man antwortete mir, daß ich zu jung sei, und bat mich zu bleiben, wo ich war. Später versuchte ich es dann bei der Royal Air Force. Ich schrieb einen langen Brief, erklärte, daß ich zwar im Ausland geboren und – formal betrachtet – ein feindlicher Ausländer sei, aber dies sei nun mal mein Krieg; ich beschrieb alles ganz genau, ließ kein Detail aus und erwartete natürlich, aber auch ziemlich naiv, daß irgendwer diesen Brief auch wirklich lesen würde. In der Antwort des Air Ministry hieß es, daß ich mich im Rekrutierungszentrum in Belfast melden möge. Also reiste ich im Januar 1941 aus dem neutralen Irland nach Ulster, das sich als Teil Großbritanniens im Kriegszustand befand. Ich erhielt ein Stück Papier, auf dem es hieß, man würde mich in den Ausbildungskursus für Flugzeugpersonal aufnehmen.

Als »feindlicher Ausländer« mußte ich mich bei der Royal Ulster Constabulary melden. Dort stand ich dann einem sehr verdutzten Inspektor gegenüber. Er zeigte sich zwar durchaus nicht unbeeindruckt von meiner langen Reise, konnte aber einfach nicht begreifen, warum ein Österreicher unbedingt auf britischer statt auf deutscher Seite kämpfen wollte. Ähnlich wie die kleinen Damen vom Women's Volunteering Service, die mich später in England in ihrem Auto mitnahmen, und die Herren des British Immigration Service, als ich ein paar Monate danach, aus Irland kommend, im britischen Hafen Holyhead aufkreuzte – mit einer Sondergenehmigung, die ich dem britischen Luftwaffen-Attaché in Dublin mit Hilfe des »Zettelchens« von der RAF in Belfast abgeluchst hatte. Im Endergebnis tat ich natürlich, was ich für richtig hielt, und meldete mich als Freiwilliger zur britischen Armee, kaum daß ich 1941 in England gelandet war. Wie alle im Ausland geborenen Soldaten der Armee seiner Majestät diente ich in einer der sogenannten A-Kompanien des Pionierkorps. Diese Einheiten leisteten keineswegs Pionierarbeit. Es waren Arbeitskompanien. Wir bauten Lager, be- und entluden Eisenbahnwaggons, stapelten Baumaterial – kurzum leisteten Arbeit, für die man ein Minimum an Verstand und ein Maximum an Muskelkraft benötigt. Die »A«- oder »Ausländer«-Kompanien waren für diese Arbeit in höchstem Maße ungeeignet, da sie sich aus deutschen und österreichischen Flüchtlingen zusammensetzten – die meisten, aber nicht alles Juden –, die viel Intellekt, aber wenig Muskelkraft besaßen. Die echten britischen Einheiten im Pionierkorps bestanden aus Rekruten, deren Intelligenzquotient so niedrig war, daß sie sich für den Dienst in regulären Infanterieregimentern nicht eigneten. Jeder Angehörige der »A«-Kompanien bekam eine Armee-Dienstnummer, die mit der Zahl 1380 begann.

Schließlich durften wir dann aber in andere militärische Einheiten überwechseln. Es war ein glücklicher Tag für mich, als ich endlich das »Totengräber«-Abzeichen des Pionierkorps – gekreuzte Hacke und Schaufel in einem Lorbeerkranz – von meinem Uniformkäppi abnehmen und durch die kleine messingfarbene Feldkanone der Royal Artillery ersetzen konnte.

Aber alle Ausländer, die zur Artillerie überwechselten, behielten die alten Armee-Dienstnummern mit der 1380. Nachdem ich jetzt in einer Kampfeinheit war, erschien mir das gefährlich. So erbat und erhielt ich eine Unterredung mit meinem Batteriekommandanten.

Ich marschierte schneidig in das Büro des Majors, stampfte in vorgeschriebener Weise mit den Füßen, salutierte, und nachdem ich gefragt worden war, was ich wollte, sagte ich: »Sir, ich und alle meine von den Pionieren übernommenen Kameraden haben unsere alten Armeenummern behalten. All diese Nummern beginnen mit 1380. Wir sind jetzt in einer kämpfenden Einheit, wir können zum Einsatz kommen und könnten gefangengenommen werden. Und sicher wird dem deutschen Geheimdienst bekannt sein, daß jeder Gefangene, dessen Armeenummer mit 1380 beginnt, kein Brite ist. Das könnte sehr gefährlich werden. Ich möchte deshalb darum bitten, Sir, daß mir und meinen Kameraden neue Armeenummern zugeteilt werden.« Der Major fand diese Bitte vernünftig. Er würde sie beim Regiment vortragen, sagte er. Was weder er noch ich wissen konnte, war, daß sich irgendwie, irgendwo die »Abteilung Schildbürgerstreiche« des britischen Kriegsministeriums in den Vorgang einschalten würde.

Zwei Wochen später wurde ich wieder in die Kommandantur gerufen. »Liiiinks, rechts, liiiinks, stillgestanden!« bellte der Batterie-Oberfeldwebel. Fußestampfen, Salutieren. »Rührt euch!«

Der Major blickte auf. »Ich habe vom Regiment gehört, Klaar«, sagte er. »Es macht keine Schwierigkeiten, Ihre Armeenummer zu ändern, aber der Oberst meint, Sie sollten gleichzeitig Ihren Namen ändern. Also, wenn Sie Ihren Namen ändern, bekommen Sie eine neue Nummer. Der Oberst schlägt ›Clark‹ vor.«

»Mit Verlaub, Sir«, antwortete ich, »nicht ›Clark‹. Jeder spricht ›Klaar‹ sowieso als ›Clare‹ aus, wenn also der Name geändert werden muß, damit ich eine neue Nummer bekomme, hätte ich ihn gerne von ›Georg Klaar‹ auf ›George Peter Clare‹ umgeändert.«

»Gut«, sagte der Major, »Sie hören davon.«

Zu gegebener Zeit traf ein Dokument ein und informierte mich, daß ich von nun an offiziell »George Peter Clare« hieße und daß man mir eine neue Armee-Dienstnummer gegeben habe, die statt mit der 1380 des ausländischen Pioniers mit der Zahl 1157 beginne. Problem gelöst. Das dachte ich zumindest, weil ich keine Ahnung von der »Abteilung Schildbürgerstreiche« im Kriegsministerium hatte.

In weniger als vierzehn Tagen erreichten sie, daß jedem im Ausland geborenen Soldaten in der Königlichen Artillerie mit den besten Empfehlungen eine neue Dienstnummer verliehen wurde. Alle diese Nummern begannen mit 1157 und zeigten damit Freund und Feind gleichermaßen an, daß wir alle verdammte Ausländer waren. Und auf diese Art verlor ich grundlos den Familiennamen, auf den ich immer so stolz gewesen war. So also wurde aus dem Klaar ein Clare.

Aber noch lag dies alles in weiter Zukunft, als Vater unseren Streit dadurch beendete, daß er aus dem Hotelzimmer stürmte und eine ganze Weile in den Straßen von Dublin umherlief. Als er zurückkam, hatte er sich beruhigt. Wir sprachen nie wieder über dieses Thema, weder in Dublin noch bei unserem letzten Zusammensein in London im Januar 1939.

Mutter saß den ganzen Dezember über in London, einsam und unglücklich, ohne einen einzigen Menschen, mit dem sie hätte sprechen können. Die französischen Vertreter in der britischen Hauptstadt waren im Schulterzucken genauso geübt wie ihre Kollegen in Berlin. Sie bewilligten Mutter weder ein Einreisevisum, noch lehnten sie es rundheraus ab. Es geschah einfach gar nichts. Sie wurde in einen Zustand des Scheintodes versetzt, ohne wiederbelebt zu werden. Ende Dezember hatte Vater wieder eine Unterredung mit Generaldirektor Reuter. Der versprach, sich direkt an den Botschafter, Monsieur Corbin, zu wenden oder an dessen Vertreter, Monsieur Cambon, den er persönlich kannte. Vater, der mehr als genug davon hatte, so lange von seiner Frau getrennt zu sein, kam in der ersten oder zweiten Januarwoche nach London. Familie Hirsch, die inzwischen in Dublin eingetroffen war und für die ich arbeitete, beurlaubte mich freundlicherweise, so daß ich nach London fahren und mit Vater zusammen sein konnte. Allerdings erhielt ich diesen Urlaub nicht nur aus reiner Menschenliebe. Vater bewahrte einige ihrer Wertsachen auf, die man aus Österreich herausgeschmuggelt und ihm anvertraut hatte. Ich sollte sie mitbringen, wenn ich nach Dublin zurückkam.

Wir gingen zum Abendessen in ein »Lyons Corner House«, sehr plüschig und palmig, mit einer »Zigeuner-Kapelle«, hauptsächlich jüdische Flüchtlinge, die man in ungarische Kostüme gesteckt hatte. Vater mußte zum Ausgehen erst überredet werden, weil er ziemlich unrasiert wirkte. Selbst das Leben ohne den täglichen Besuch von Herrn Lippert hatte ihn noch nicht davon überzeugen können, daß ein Rasierapparat ein ganz nützliches Instrument ist.

Ich sehe Vater ganz deutlich, wie er da neben mir im Corner House Restaurant sitzt, mit Bartstoppeln, die über den Fünf-Uhr-Schatten eindeutig hinausgewachsen waren. Die lange Zeit, die seither vergangen ist, trübt sein Bild nicht im geringsten. Er lächelt ein wenig scheu in dieser für ihn so ungewohnten Umgebung. Er liebte Paris. Die Stadt war sehr schnell für ihn viel mehr als nur eine Ersatzheimat geworden. Er erzählte, daß er sich schon oft gefragt habe, warum er eigentlich immer davon überzeugt gewesen war, nur in Wien glücklich sein zu können. Aber London war eine andere Welt, damals noch sehr englisch, viel mehr, als es das heute ist.

Ich sehe natürlich nicht nur Vater, sondern auch Mutter in vielen unvergeßlichen Stunden, aber mein Bild von ihr ist, wenn auch nicht weniger genau, so doch irgendwie flacher. Vater sehe ich plastischer, mehr dreidimensional, als könnte ich ihn berühren, wenn ich die Hand ausstrecke. Im Vergleich dazu ist Mutter schattenhafter. Aber damals habe ich – und das ist wohl ganz natürlich für einen Mann – auch nie das Gefühl gehabt, daß meine Mutter in mir weiterlebt, während ich durch eine Art Déjà-vu weiß, daß Vater das tut, auch wenn ich in vieler Hinsicht Mutter viel mehr gleiche als ihm. Aber wenn ich zum Beispiel meine Kinder anlächle, dann weiß ich, daß es genau das Lächeln ist, mit dem er mich angesehen hat, daß er es ist, der aus mir lächelt. Es ist ein sonderbares Gefühl, ein bißchen unheimlich vielleicht, aber niemals traurig. Weil nicht der tote, sondern der lebende Vater im Sohn weiterlebt.

Mutter und ich begleiteten Vater – er konnte nur zwei Tage bleiben – nach Victoria Station. Unser Abschied, meine endgültige Trennung von Vater, ist in meiner Erinnerung nicht halb so deutlich wie unser Lebewohl in Berlin. Schon möglich, daß ich nicht so ganz bei der Sache war, weil Mutter und ich am selben Nachmittag nach Irland abreisen wollten. Wir alle – Mutter eingeschlossen – waren zu der Überzeugung gekommen, daß es für sie besser sei, mit mir nach Irland zu kommen, statt allein in London auf ihr Visum zu warten.

Ich lebte inzwischen nicht mehr in Dublin, sondern in Galway, über das mir einmal gesagt worden war, es läge auf dem Mond, aber auf der erdabgewandten Seite. Und das entsprach durchaus meinem Eindruck. Galway war ein idealer Platz für jemanden, der eine stille Zuflucht, Ruhe und Abgeschiedenheit suchte. Mutter hätte dort durchaus glücklich sein können, wenn Vater bei ihr gewesen wäre. Ich aber, der kaum etwas von der Welt gesehen hatte, haßte Galway aus tiefstem Herzen.

Mutter dorthin zu bringen war keine sehr gute Idee. Von London aus betrachtet ist Paris nur einen Sprung über den Kanal entfernt, aber von Galway aus scheinen es Lichtjahre zu sein. Mit jedem Kilometer, den wir uns von London entfernten, wurde Mutter trauriger. Und in Galway wurde sie wirklich sehr unglücklich. Sie verlor an Gewicht, ihr Gesicht wurde hager, und ihre kurzsichtigen Augen waren meist vom Weinen gerötet. Sie war schrecklich einsam, viel einsamer, als sie es in London jemals gewesen war. Mit den anderen österreichischen Damen hatte sie nur wenig gemein. Die Familie Hirsch, die leitenden Angestellten, die sich inzwischen auch in Galway befanden, und ich waren für Mutter wohl eine ziemliche Enttäuschung. Ich war kein guter oder gar verständnisvoller und mitfühlender Gesellschafter. Ich war jung und verliebt und viel zu sehr mit mir selbst beschäftigt und brachte für ihre häufigen Tränen kaum das nötige Verständnis auf.

Wir kehrten Ende März nach London zurück. Hatte Vater geschrieben, daß das Visum endlich »durch« sei, oder hatte sich Mutter entschlossen, die Französische Botschaft zu stürmen? Ich weiß es nicht. Jedenfalls logierten wir wieder in der uns nun schon vertrauten Pension in Swiss Cottage. Und von dort aus führte ich ein Telefongespräch mit Vater, das in mir ein Schuldgefühl auslöste, das ich wohl bis an mein Lebensende nicht loswerden kann, obwohl ich nicht weiß, ob tatsächlich irgendeine seiner späteren Entscheidungen durch das, was ich sagte, auch nur im mindesten beeinflußt wurde.

Vater hatte zunächst mit Mutter telefoniert, dann wollte er mich sprechen. »Georgerl«, sagte er. »Was soll ich deiner Meinung nach tun? In Paris bleiben oder nach Irland kommen?«

»Was sollst du in der Hirschschen Bandfabrik, Vati?« wich ich aus. »Die Bank ist dein Leben, du liebst Paris. Natürlich wirst du da bleiben wollen.«

»Das stimmt schon. Aber Irland ist sicherer. Was soll aus uns werden, wenn sie anfangen?«

Dieses Gespräch fand statt, nachdem Hitlers Truppen in Prag einmarschiert waren, und wenn man vom nächsten Krieg sprach, sagte man nicht mehr »falls«, sondern »wenn«... Bevor ich antworten konnte, fügte Vater hinzu: »Und dann werden mich die Franzosen internieren.«

»Aber das ist doch Unsinn«, erklärte ich. »Die können doch keine jüdischen Flüchtlinge internieren.«

Vaters nächste Fragen lauteten: »Und wenn die Deutschen siegen? Wenn Hitler Frankreich besetzt?«

Mit meinen achtzehn Jahren sah ich mich in die Rolle des Militäranalytikers geworfen. »Das wird er nicht«, versicherte ich überzeugt. »Völlig ausgeschlossen. Beim letztenmal sind sie nicht weiter als bis an die Marne gekommen. Und damals hatten die Franzosen noch nicht einmal die Maginot-Linie.«

Tatsächlich war ich kein schlechterer Militärexperte als die erfahrenen britischen und französischen Generäle jener Zeit. Ich kämpfte den letzten Krieg – genau wie sie – immer wieder durch.

All das klingt harmlos genug, und ich war von dem, was ich sagte, wirklich überzeugt. Aber mir war auch bewußt – und das läßt mir seither keine Ruhe –, daß es da noch etwas gab, was meine Worte beeinflußte. Ich wollte Lisl nach Irland holen und heiraten. Ich fürchtete, daß Vater, wenn er hier war, alles unternehmen würde, das zu verhindern. Ich wollte also nicht wirklich, daß meine Eltern nach Irland kamen.

Knightsbridge ist bekannt dafür, eines der elegantesten Viertel von London zu sein – für Wunder ist es weniger bekannt. Dennoch wurde ich Ende März des Jahres 1939 Zeuge eines Mirakels. Eine traurig blickende fünfzigjährige Frau, meine Mutter, betrat die Französische Botschaft in Knightsbridge, und eine glücklich lächelnde junge Braut, ebenfalls meine Mutter, aber nun mit dem französischen Visum in ihrem Paß, kam heraus.

Am nächsten Morgen tänzelte Mutter an meiner Seite in Victoria Station über den Bahnsteig, von dem aus die Züge nach Paris abfuhren. Ohne jedes unsichere Tapp-Tapp erklomm sie zielstrebig ihren Waggon.

Nachdem ich sie in ihr Abteil gebracht hatte und nur noch wenig Zeit bis zur Abfahrt war, sah ich in ihren Augen wieder Tränen; aber es waren ganz andere als die bitteren Tränen, die sie in Irland vergossen hatte. Dies hier waren sanfte Tränen, Tränen, durch die sie lächeln konnte, Tränen der Liebe zu mir, warm, aber nicht brennend, und sie liefen ihr ganz still über die Wangen, ohne jeden Schluchzer.

Wieder einmal setzte sich ein Zug in Bewegung und verschwand mit einem geliebten Menschen in der Entfernung. Nur scheinbar war das Ziel dieses Zuges, ebenso wie Vaters drei Monate zuvor, Paris, die Lichterstadt. Das wahre Ziel beider Züge, der Bestimmungsort, dem meine Eltern entgegenreisten, war das Tor mit den Worten »Arbeit macht frei«, der Eingang von Auschwitz.

An der Tür des winzigen möblierten Appartements, das meine Eltern in der Rue de Trevise 10 im IX. Pariser Arondissement gemietet hatten, klingelte es. Mutter öffnete. Draußen standen zwei Polizisten. Sie waren gekommen, um Vater zu holen. Es war der 4. September 1939. Am Tag zuvor war der Krieg erklärt worden, und alle männlichen Deutschen wurden zusammengetrieben. Vater wurde ins Internierungslager Beslay gebracht. Ende Oktober, als sich herausgestellt hatte, daß er kein Nazi war, entließ man ihn wieder.

Nachdem die Deutschen die Maginot-Linie durchbrochen hatten, wurde Vater erneut von den Franzosen festgenommen und in ein Internierungslager in der Nähe von Biarritz gebracht. Mutter fand sehr schnell heraus, wo Vater war, packte ihre Sachen und reiste, noch bevor der Strom der französischen Flüchtlinge sämtliche Straßen und Eisenbahnverbindungen in Richtung Süden blockierte, in den berühmten Badeort an der Atlantikküste.

Der Kommandant von Vaters Lager war ein anständiger und menschlicher Mann. Beim Zusammenbruch Frankreichs ließ er die Gefangenen frei. So verhielten sich nicht alle Kommandanten der französischen Internierungslager. Nicht wenige hielten ihre

Juden hinter Stacheldraht, bis die Deutschen eintrafen und sie übernahmen. Vater und Mutter waren längst wieder vereint, bevor die Pétain-Regierung den Waffenstillstand unterzeichnete. Sie verließen Biarritz und reisten nach Oloron-Sainte-Marie, einer Kleinstadt am Fuße der Pyrenäen. Von dort schickten sie mir eine Ansichtskarte. Es war das erste Lebenszeichen, das ich von ihnen nach dem Fall Frankreichs erhielt. Eine Zeitlang vermutete ich, sie hätten die Absicht, über die Grenze nach Spanien zu gehen. Aber natürlich war das eine Frage, die ich in meinen Briefen an sie auf keinen Fall stellen durfte, denn die wurden von den Zensoren der Vichy-Regierung geöffnet und gelesen.

Von Oloron-Sainte-Marie aus fuhren meine Eltern nach Marseille, vermutlich, weil die Banque des Pays dort eine Filiale hatte. Nun korrespondierten wir wieder regelmäßig miteinander. Unsere Briefe nahmen ihren (Um-)Weg über das neutrale Portugal. Eine Cousine zweiten Grades meiner Mutter, Renée Schwartz, hatte einen Portugiesen geheiratet. Sie trug jetzt den prächtigen Namen Renée de Maghalaes Cardoso und war unser Bindeglied.

Finanziell wurden meine Eltern von dem bemerkenswerten Monsieur Reuter unterstützt. Er hat nicht weniger als zweiundzwanzig jüdische Angestellte der österreichischen Länderbank nach Frankreich geholt. Mit Ausnahme meiner Eltern überlebten sie, irgendwo in der französischen Provinz, alle den Krieg und erhielten Geld von Reuter. Zunächst kamen die Zuwendungen von der Bank, später aus seiner eigenen Tasche.

Ich lernte Henri Reuter persönlich kennen, als ich – noch als Soldat – im Sommer 1946 Frankreich besuchte. Er empfing mich in seiner eleganten Wohnung an der Avenue Foch. Ein sehr vornehmer Herr, eine Persönlichkeit von großer innerer Autorität. Damals Ende Sechzig, ruhte er während unseres Gesprächs auf einer Chaiselongue. Er war krank, ausgelaugt von den Kriegsjahren, und als ich ihn sah, trennten ihn nur noch wenige Monate vom Tod. Ich nehme an, daß er jüdischer Herkunft war und derselben Familie entstammte wie Julius Reuter, der Gründer der berühmten britischen Nachrichtenagentur. Natürlich wagte ich es nicht, ihm irgendwelche persönlichen Fragen zu stellen. Ich fühlte mich in Gegenwart von Vaters bewundertem und verehrtem Chef sogar so eingeschüchtert, daß ich unfähig war, ihm meine Dankbarkeit angemessen zu zeigen. Er gab mir alle Briefe meiner Eltern, sämtliche Dokumente, die sie betrafen, und, als ich mich verabschiedete, sogar noch ein nettes kleines Sümmchen. »Ich weiß, daß Sie ein trauriger Anlaß hergeführt hat«, sagte er. »Aber Sie sind ein junger Mann – vergessen Sie nicht, Ihr Leben zu genießen!«

Ein halbes Jahr lang, von Ende Juni oder Anfang Juli 1940 bis Anfang Januar 1941, lebten Vater und Mutter in Marseille. Dann wurden sie vom Vichy-Regime gezwungen, nach St. Pierreville umzusiedeln. Man wollte die ausländischen Juden aus den großen Städten heraushaben, um sie besser kontrollieren zu können. »Résidence assignée« nannte sich das.

Aus den Briefen meiner Eltern weiß ich, daß ihr Leben dort schwer war, doch nicht schwerer als das der einheimischen Bevölkerung in diesem einsamen Bergdorf auch. Aber da war die Angst, die an Vater fraß. Einem jungen Zimmermann namens Quinkal, mit dem er häufig plauderte, ein Mitglied der Résistance, beschrieb er sie als ein unablässiges dumpfes Bangen. Außerdem glaubte Vater, er habe eine Drüsenfunktionsstörung. Ein Freund von Vater erwähnte etwas davon in einem Antwortbrief vom April 1942. Offenbar hatte Vater von seinen Sorgen berichtet.

»Ich hoffe sehr, daß Du inzwischen von Deinem Sohn gehört hast«, schrieb Vaters Freund, »dann wäre eine der Ursachen Deiner Nervosität beseitigt. Was Deine Ängste hinsichtlich möglicher Krankheiten betrifft, so vergiß bitte nicht, daß Du aus einer Arztfamilie stammst. Das ist ein ernstes Handicap. Man weiß mehr über Krankheiten als die meisten anderen Menschen und bildet sich nur allzuleicht ein, selbst krank zu sein.« In dem Brief ist auch von Mutters rheumatischen Schmerzen die Rede. Mich überrascht das nicht. Sie lebten dort in einem sehr kalten, feuchten Haus.

Die Menschen von St. Pierreville waren freundlich zu meinen Eltern und mochten sie. Am 2. Mai 1942 schrieb mir meine Mutter einen Brief, der mit den Worten begann: »Wie es hier Sitte ist, brachte uns ein kleines Mädchen heute früh einen

Maiglöckchenstrauß. Man steckt ihn sich ans Kleid und trägt ihn den ganzen Tag. Das soll Glück bringen.«

Die Menschen von St. Pierreville waren wirklich gut zu ihnen. Sie wußten, daß meine Eltern ihre Heimat verloren hatten, und bedauerten sie deswegen. Vater und Mutter konnten tun und lassen, was ihnen beliebte. Sie mußten sich nur von Zeit zu Zeit bei der örtlichen Gendarmerie melden. Sie konnten jederzeit Spaziergänge machen und durften ein Radio besitzen. Die Versorgung mit Lebensmitteln war selbst hier auf dem Lande nicht besonders, aber immer noch besser als in den Städten. Fleisch war nicht direkt knapp, aber von schlechter Qualität. Kartoffeln gab es ohne Beschränkung. Bei Butter und Öl sah es weniger gut aus, aber es gab einen gut funktionierenden schwarzen Markt. Kohlen waren streng rationiert, aber man brauchte nur ein paar hundert Meter zu gehen, um sich aus dem Wald genügend Holz zu holen.

Im selben Brief betonte meine Mutter zum wiederholten Male, ich dürfe auf gar keinen Fall Depotnummer und Anschrift des Lagerhauses in Paris vergessen, wo unsere Wiener Möbel untergestellt waren. Daß ich in diesem Punkt genau im Bilde war, schien meinen Eltern überaus wichtig zu sein. Sie liebten jedes einzelne Möbelstück, jedes Laken, jede Tasse und Untertasse mehr als je zuvor. Diese Dinge waren alles, was ihnen von ihren Jahren des Glücks, ihrem häuslichen Leben und – vor allem – ihrer Sicherheit geblieben war, die sie nun so schmerzlich vermißten.

Seit wir die Pichlergasse verlassen hatten, um nach Berlin zu fahren, hatten meine Eltern ihr Eigentum nicht mehr gesehen. Und wieviel Mühe hatte es gemacht, den Transport aus Österreich herauszubekommen! Immer neue Zahlungen für dieses und jenes, neue Papiere wurden verlangt, neue Dokumente – bis Ernst Lamberg, Tante Lisas Mann, der das alles für uns erledigte, endlich den entscheidenden Freigabe-Stempel erhielt. Am 3. August 1939, rund elf Monate nach unserer Abreise aus Wien und genau einen Monat vor Kriegsausbruch, traf der Transport in Paris ein und wurde prompt vom französischen Zoll zurückgehalten; gerade rechtzeitig, um meine Eltern von der Unterzeichnung eines Mietvertrages für eine neue Wohnung abzuhalten. Der französische Zoll verlangte den Nachweis, daß mein Vater zu dauerndem Aufenthalt in Frankreich berechtigt war. Diese Berechtigung wurde erteilt – nur wenige Tage, bevor deutsche Soldaten die Champs-Élysées hinuntermarschierten. Aber wenigstens waren meine Eltern, die in den Bergen der Ardèche festsaßen, im Besitz eines offiziellen Dokuments, das ihnen bestätigte, daß auch in den Augen des französischen Staates das ihr Eigentum war, was ihnen schon immer gehört hatte.

Ich trank gerade eine Tasse Tee in unserer Regimentskantine, es war Ende August 1942, als im BBC Nachrichten durchgegeben wurden: »Die Gerüchte, nach denen im Ausland geborene Juden aus dem unbesetzten Frankreich deportiert werden sollen, sind durch französische Quellen in London bestätigt worden«, sagte der Sprecher. »Einzelheiten sind bisher nicht bekannt.«

Ich war tief besorgt, beruhigte mich dann aber halbwegs mit dem Gedanken, daß meine Eltern in ihrem winzigen, abgelegenen Dorf weitab vom Strom der Ereignisse lebten. Wenige Tage später, am 28. August, las ich in der »Times« einen ausführlichen Bericht. »Da sich nur wenige Menschen freiwillig zur Arbeit in Deutschland melden«, hieß es, »hat Laval Ende Juli beschlossen, das Defizit durch jüdische Flüchtlinge auszugleichen. Für den Anfang sind 10000 Deportationen vorgesehen. Die ersten Verhaftungen fanden am 3. August in Marseille statt. Am 6. August verließen die ersten 1000 Juden ein Lager in Les Milles mit unbekanntem Ziel. Am 10. August folgten weitere 2000, und am Tage danach wurden noch 1600 aus anderen Lagern abtransportiert. Etwa ein Drittel kam aus Internierungslagern. Eine Reihe von Protesten wurden vorgebracht, darunter auch einer vom Päpstlichen Nuntius an Marschall Pétain, blieben aber offensichtlich erfolglos.«

Am nächsten Tag brachte die »Times« den Bericht eines Sonderkorrespondenten auf der spanischen Seite der Grenze. Unter der Überschrift »Praktisch ein Todesurteil« hieß es: »Das Zusammentreiben aller Juden fremder Nationalität, die seit 1936 nach Frankreich gekommen sind und jetzt in der unbesetzten Zone leben, wird – einer Meldung aus Vichy zufolge – heute abgeschlossen sein. Die Festgenommenen werden in Dijon konzentriert, von wo aus sie dann nach Osteuropa deportiert werden.

Gleichzeitig hat Vichy, in Übereinstimmung mit den Besatzungsbehörden, den Bürgermeistern Anweisung gegeben, umgehend die Namen aller Juden französischer oder anderer Nationalität, die arretiert, interniert oder deportiert wurden, aus den Personenstandsregistern zu streichen. Wenn das erst einmal geschehen ist, haben die betroffenen Personen keine legale Existenz mehr. Darüber hinaus wird ihr jeweiliger Aufenthalt nicht mehr aufzuspüren sein. Die Juden in der unbesetzten Zone, die noch auf freiem Fuß sind, befürchten, daß das einer Bestätigung des Gerüchtes gleichkommt, daß die arretierten Juden zum Tode verurteilt sind.«

Nachdem ich das gelesen hatte, konnte ich mir nicht länger vormachen, daß Vater und Mutter in Sicherheit waren. Doch gab mir – so seltsam das auch klingen mag – ein weiterer Bericht desselben »Times«-Korrespondenten, in dem er die furchtbaren Umstände der Deportationen schilderte, wieder Hoffnung. »Augenzeugen«, so meldete er, »haben die entsetzlichen Szenen beschrieben, die sich in Nizza, Marseille und Lyon abspielten, als die Polizei Juden ausländischer Herkunft zur Deportation zusammentrieb. Viele waren älter als siebzig Jahre, viele kleine Kinder. Man pferchte sie in geschlossene Lastwagen und fuhr sie zum Bahnhof. Dort wurden sie, nach flüchtiger Überprüfung, in die Waggons getrieben und über die Demarkationslinie nach Dijon verfrachtet. Mütter wurden von ihren Kindern getrennt, Frauen von ihren Männern. Viele Franzosen, besonders junge Studenten, die mit den Juden sympathisierten, versuchten einzugreifen. Es heißt, daß Hunderte von Juden versteckt wurden, ungeachtet der hohen Strafen, mit denen solche Aktionen geahndet werden.«

Es war dieser letzte Satz, der meine Hoffnungen wieder steigen ließ. Und wie ich viele Jahre später herausfand, waren sie nicht ganz unberechtigt. Ich erfuhr, daß meine Eltern die einzigen Angestellten der Länderbank waren, die nicht überlebten, während alle anderen von beherzten Franzosen vor den Vichy-Gendarmen erfolgreich versteckt wurden. Und wirklich hätten auch meine Eltern sich fast verstecken können...

Daß es in Frankreich Widerstand gegen Lavals Anordnung zur Deportation der Juden gab, wurde am 7. September durch einen

Bericht in der »Times« bestätigt. Dort hieß es: »Monsieur Laval hat General de St. Vincent, Militärgouverneur von Lyon, entlassen, weil dieser bei der Massenverhaftung der Juden seine Mitarbeit verweigerte. Laval hat auch römisch-katholische Geistliche festnehmen lassen, die in der unbesetzten Zone jüdischen Kindern Unterschlupf gewährten. Hirtenbriefe mahnen französische Katholiken, verfolgten Juden alle erdenkliche Hilfe zuteil werden zu lassen. Sie werden überall in Frankreich von den Kanzeln verlesen.«

Ende September traf ein Brief aus Portugal ein. Er trug die vertraute Handschrift von Renée Cardoso. Mein Herz klopfte heftig. Ich hatte also recht behalten! Sie waren in Sicherheit! Ich riß den Umschlag auf – und alle Hoffnungen waren zerstört. Was ich in der Hand hielt, war der letzte Brief, den ich meinen Eltern geschickt hatte. Er war ungeöffnet, und eine unbekannte Hand hatte mit Kopierstift darauf vermerkt: Adressé inconnu.

Meine Eltern, meine geliebte Mutter, mein geliebter Vater, waren mit den Millionen »inconnus« in die grauenvolle Anonymität unpersönlichen Massenmordes verschwunden.

Ernst und Stellas Leben war ausgelöscht.

Ich wollte weinen, aber ich konnte es nicht. Viele Jahre lang nicht. Ich versuchte, meinen Verstand auszuschalten, mein Herz zu verschließen. Ich schrieb einen Brief an einen der Brüder meines Vaters, Onkel Fritz: »Meine Eltern sind tot, und ich will nicht wissen, wie und wo sie gestorben sind.« Und wenn ich aus irgendeinem Grund eine Frankreich-Karte betrachten mußte, vermied ich es, meinen Blick auf die Ardèche zu richten, weil ich nicht einmal den Namen St. Pierreville sehen wollte. Es dauerte mehr als dreißig Jahre, bis ich nach St. Pierreville fuhr, um herauszufinden, was mit meinen Eltern, was mit Ernst und Stella Klaar geschehen war.

Monsieur Quinkal zufolge wurde Monsieur Lascombe, der Besitzer des Hauses, in dem meine Eltern wohnten, am 25. August 1942 um Mitternacht vom Chef de Brigade Chandolas geweckt. Er befahl ihm, ihn und seine Gendarmen zum Haus meiner Eltern zu begleiten. Als Vater das Klopfen hörte, wußte er, warum sie gekommen waren. Er kletterte auf das Fensterbrett im Schlafzimmer und drohte damit, hinauszuspringen und sich umzubringen. Chandolas rief zurück, das Fenster sei dafür nicht hoch genug, er werde sich vermutlich nur ein Bein brechen, aber dennoch festgenommen und deportiert werden. Die Gendarmen drangen in das Haus ein und verließen es wenige Minuten später wieder – mit Vater in ihrer Mitte.

Am nächsten Morgen, als sich die Arretierung meines Vaters herumgesprochen hatte, gingen empörte Dorfbewohner zur Gendarmerie und protestierten bei Chandolas. Der erwiderte, daß er lediglich seine Befehle ausgeführt habe. Im übrigen seien Monsieur und Madame Klaar inzwischen sowieso nach Privas überstellt. Es gäbe also nichts, was er tun könne.

Sofort wurden Versuche unternommen, um Vater und Mutter zu retten.

Monsieur de Juan, ein Veteran des Spanischen Bürgerkrieges und Freund meiner Eltern, schrieb am 28. August aus St. Pierreville an Henri Reuter: »Zweifellos haben Sie bereits davon gehört, daß Monsieur und Madame Klaar vor kurzem nach Privas gebracht worden sind. Da mir ihre Freundschaft zu Ihnen bekannt ist, bitte ich Sie um sofortige Benachrichtigung, sobald Sie von Ihnen hören.« Als Reuter de Juans Brief in den Händen hielt, wußte er bereits Bescheid. Die erste Nachricht kam von Vater selbst. Er telegraphierte Reuter am 28. August: »Bitte schicken Sie telegraphisch 7000 Francs. Danke. Ernst Klaar, Camp de Venisseux, Lyon, Baracke 2.« Ein zweites Telegramm erhielt Reuter von einem Monsieur Eisen. Es stammte vom 30. August und lautete: »Bitte Monsieur und Madame Klaar helfen. Sind in Dijon.«

Das bedeutete, daß sie sich bereits in den Händen der Deutschen befanden.

Reuter bat einen Beamten der Vichy-Regierung um Hilfe: Maurice Couve de Murville, den späteren Außen- und Premierminister unter Charles de Gaulle. Daß Couve de Murville zu helfen versuchte – auch in anderen Fällen –, dokumentiert sich in Reuters Brief vom 12. September an ihn:

»Sehr geehrter Herr,

ich danke Ihnen vielmals für Ihre freundliche Hilfe. Ich weiß, wie schwierig es für Sie ist, wirksam in diese traurigen Angelegenheiten einzugreifen, und mir ist auch bewußt, daß Sie sicherlich alles Menschenmögliche getan haben, das Leben dieser armen Menschen zu retten, denen nichts, aber auch gar nichts zur Last gelegt werden kann.

Das gibt mir den Mut, Ihnen mitzuteilen, daß sich auch ein alter Kollege von mir, ein Vizedirektor der Bank, auf der beigefügten Liste befindet. Es handelt sich um Monsieur Klaar und seine Gattin, die beide den mir vorliegenden Nachrichten zufolge zur Zeit in Drancy interniert sind. Würde es helfen, die beiden zu retten, indem man von den Verdiensten spricht, die M. Klaar der Bank erwiesen hat und damit auch den französischen Interessen in Mitteleuropa?

Ich glaube, Sie werden mir meine Eindringlichkeit vergeben in Anbetracht der ernsten Gefahr, in der sich diese Unglücklichen befinden.«

Als Reuter an Couve de Murville schrieb, war es bereits zu spät.

Am 12. September war der Zug, in dem Ernst und Stella Klaar ihrem Ziel entgegenfuhren, entweder noch unterwegs oder meine Eltern bereits tot.

Drancy, das Reuter erwähnte, war ein großes Sammellager außerhalb von Paris, von wo aus die Transporte abgingen. Vater – er und Mutter waren noch zusammen – fand eine Möglichkeit, Reuter eine Postkarte aus Drancy zu schicken. Vermutlich schmuggelte sie eine der französischen Wachen für ihn hinaus. Es ist in gewisser Hinsicht ein bemerkenswertes Dokument, beweist es doch, daß der Mensch selbst in einer so verzweifelten Situation an gesellschaftlichen und persönlichen Gewohnheiten festhält. Auf dieser Postkarte, datiert »Paris, 8. September 1942«, ist Vaters Stil genauso förmlich und beherrscht, wie er immer gewesen war.

»Sehr geehrter Herr Generaldirektor,

hoffentlich hat Sie eine meiner kürzlichen Mitteilungen erreicht. Bislang habe ich diesbezüglich nichts gehört. Hilfe ist von größter Dringlichkeit. Wir werden noch heute abreisen, und ich möchte die Gelegenheit, die sich geboten hat, nutzen, um Ihnen noch einmal meine ergebensten Abschiedsgrüße zu übermitteln. Wann ich wieder die Möglichkeit haben werde, mich bei Ihnen zu melden, weiß ich nicht, doch möchte ich keineswegs die

Hoffnung aufgeben, daß es eines Tages möglich sein wird. Ich bitte Sie, hochverehrter Herr Generaldirektor, sich mit Monsieur Wouters, sobald er in Nizza eintrifft, in Verbindung zu setzen und ihm die monatliche Lagermiete für unser Mobiliar zu zahlen, damit ich, ich meine mein Sohn, nicht des letzten Besitzes seiner Eltern verlustig geht. Weiterhin bitte ich Sie noch einmal, sich mit Monsieur Walla in St. Pierreville in Verbindung zu setzen. Er kümmert sich um die Dinge, die wir dort zurückgelassen haben. Vielleicht ist es Ihnen möglich, sich dieser Dinge unmittelbar anzunehmen? Meinen tiefempfundenen Dank. Ich hoffe sehr, daß anderen unser Schicksal erspart geblieben ist. Mit den allerbesten Wünschen für Ihre Zukunft sowie die Zukunft Ihrer Familie und nochmals tiefempfundenem Dank.

Ihr Ihnen stets ergebener Ernst Klaar.«

Mutter hatte auf der Karte noch Renée Cardosos Adresse vermerkt und darauf hingewiesen, daß man mich über sie erreichen könne. Sie fügte hinzu: »Lassen Sie uns hoffen, daß wir auch diese Prüfung überstehen. Leider hatte der Hinweis auf unsere besondere Situation keine Wirkung. Mit den besten Grüßen Ihre Ernestine Klaar.«

Diese Postkarte war nicht die letzte Nachricht. Am folgenden Morgen kritzelte Vater noch etwas auf ein Stück Papier, das er mit Reuters Adresse versah. Vielleicht wurde es ebenfalls aus Drancy herausgeschmuggelt. Wahrscheinlicher aber ist, daß Vater es aus dem Zug warf, daß es jemand fand und Reuter zuschickte. Vater muß die Zeilen in aller Hast und großer Erregung hingeworfen haben – das verrät seine Schrift. Während er sonst überaus akkurat, mit winzigen, gleichmäßigen, sauberen Buchstaben schrieb, gerieten ihm die Wörter jetzt relativ groß und ungleichmäßig.

»Sehr verehrter Herr Generaldirektor! Leider müssen wir weg. Ich habe gestern nachts noch an Sie geschrieben. Ich weiß aber nicht, ob es ankommen wird. Herr Walla, der Gendarmerie von St. Pierreville gut bekannt, hat einigen Schmuck von mir und alle Woutersbelege. Ich bitte Sie, verehrter Herr Generaldirektor, dies alles mit meinem noch in der Wohnung befindlichen Gepäck übernehmen zu lassen. Ich wäre glücklich, wenn ich alles meinem Sohn retten könnte. Leider fahren wir ohne Geld. Was werden wird, ist nicht schwer zu erraten. Ihnen danke ich für all Ihr Wohlwollen, das Sie mir in vielen Jahren entgegengebracht haben. Bitte grüßen Sie von mir noch Präs. Freund, Dir. Fischer und Dr. Dubrowolski. In aufrichtiger Verehrung. Ihr Ernst Klaar.«

Vater war so verzweifelt besorgt darum, daß ich in die Lage versetzt würde, mich eines Tages an ihn zu erinnern, wenn ich die Dinge um mich versammeln könnte, die in unserer Wohnung gestanden hatten, daß er auf die Rückseite dieses Papiers noch einmal schrieb: »Ich bitte Sie, die Möbelmiete von fs 215 je Monat an Wouters zu senden. Ich will womöglich alles meinem Sohn retten. Mit diesen Zeilen gebe ich auch Herrn Wouters den Auftrag, Ihnen alles zur Verfügung zu halten.«

Aber nicht einmal sein letzter Wunsch sollte in Erfüllung gehen. Nie erhielt ich Gelegenheit, mich – wie er doch so inständig hoffte – in seinen Lieblingssessel zu setzen, wo er stets nach dem Mittagessen sein »Nickerchen« zu machen pflegte, bevor er zur Bank zurückkehrte, oder in Mutters Sessel Platz zu nehmen, dort, wo sie mich als kleinen Jungen auf den Knien gehalten und mir Geschichten erzählt hatte, wenn der Abend hereinbrach – in »unserer Dämmerstunde«, wie sie es zu nennen pflegte. Nie wieder konnte ich einen Blick auf die Gemälde werfen, die Vater mit so viel Liebe gesammelt hatte, oder die Bronzen berühren und den bemalten Barock-Clown mit seiner Uhr. Die Nazis waren viel zu gründlich. Ihr System von Mord und Raub war erprobt und funktionierte präzise. Am 5. Februar 1943 erschienen in Monsieur Wouters Lager deutsche Soldaten und beschlagnahmten alles. Sogar eine Empfangsbestätigung – alles mußte seine Ordnung haben – wurde ausgestellt. Darauf hieß es: »Depot M 596, Ernst Klaar, vollständig beschlagnahmt und abtransportiert. Behörde: Feldpost Nr. 43071W.«

Als ich, fast genau zweiunddreißig Jahre nach der Deportation meiner Eltern, nach St. Pierreville fuhr, empfand ich nichts als tiefe Bedrückung. Rund um mich war die landschaftliche Schönheit der Ardèche. Ich sah sie nicht.

Jahrzehntelang hatte ich St. Pierreville und seine Bevölkerung für Vaters und Mutters Schicksal verantwortlich gemacht. Dabei war mir schon recht früh klar geworden, daß diese Einstellung ebenso ungerecht wie unhaltbar war. Doch irgend etwas in mir akzeptierte diese Erkenntnis einfach nicht, obwohl ich den Beweis doch in den Händen hielt, als ich – im Sommer 1946 – die Habseligkeiten meiner Eltern, darunter den Schmuck meiner Mutter, von der Jüdischen Gemeinde in Lyon abholte. Stück für Stück war alles getreulich und gewissenhaft abgeliefert worden, von Monsieur de Juan und Monsieur Walla aus St. Pierreville, denen Mutter diese Dinge für mich anvertraut hatte. Mutters Schmuck war recht bescheiden, für die Begriffe der Dorfbewohner aber ein Vermögen wert. Es wäre ein leichtes gewesen zu behaupten, Mutter habe alles mitgenommen. Eine ehrliche Aussage über alles, was Deportierte an Besitz zurückließen, war weit eher die Ausnahme als die Regel.

Mir aber kam gar nicht in den Sinn, daß meine feste Überzeugung, St. Pierreville sei ein wahres Hornissennest des Vichy-Faschismus gewesen, falsch sein könnte. Ich war von der Richtigkeit meiner Beurteilung fest überzeugt. In meinen Augen war der Bürgermeister des Ortes ein Judas, der meine Eltern für die Silberlinge des Vichy-Regimes verraten hatte, und die örtliche Gendarmerie abgebrühter als selbst die SS. Wie anders hätte ich mir denn sonst erklären können, daß meine Eltern die einzigen Angehörigen der Länderbank waren, die nicht überlebten? Es kam mir nie in den Sinn, daß menschliche Schwäche und Ignoranz der Grund dafür gewesen sein konnten.

Wie ungerecht ich war, begriff ich erst, als ich den Brief von Michel Walla las, dem Enkelsohn jenes Monsieur Walla, der ein Freund meiner Eltern gewesen war. Der Enkel war inzwischen Bürgermeister von St. Pierreville. Vor meinem Besuch in dem kleinen Ort hatte ich an das Bürgermeisteramt geschrieben und gefragt, ob Dokumente vorhanden seien, die meine Eltern betrafen.

»Wir haben nichts«, hieß es in Michel Wallas Antwortbrief. »Aber meine verstorbenen Großeltern waren eng mit Ihren Eltern befreundet und sprachen mit großer Hochachtung von ihnen. Nachdem ich Ihren Brief erhalten hatte, sprach ich mit einer Reihe von Menschen, die sich noch an die Umstände der

Verhaftung erinnern, vor allem Monsieur Quinkal, der mir gerade heute vormittag viel darüber erzählte.

Die Résistance-Gruppe hier am Ort sorgte dafür, daß Ihre Eltern täglich bis etwa gegen neun Uhr abends unauffällig beobachtet wurden, um bei drohender Deportation eingreifen zu können. Daß es plötzlich und mitten in der Nacht zu einer Verhaftung kommen könnte, kam keinem in den Sinn. Als es dann geschehen war, baten Ihre Eltern – sie waren bereits in der Gendarmerie –, meinen Großvater sprechen zu dürfen. Sie vertrauten ihm an, was sie noch besaßen.

Ich kann Ihnen versichern, daß sich die Einwohner von St. Pierreville voller Mitgefühl und Anteilnahme Ihrer Eltern erinnern und daß sie, als die tragische Nachricht bekannt wurde, Schmerz und Abscheu empfanden.«

Während ich bei strahlendem Wetter die kurvenreiche Gebirgsstraße nach St. Pierreville entlangfuhr, ging mir eine Passage aus Raul Hilbergs Buch »The Destruction of the European Jews« nicht aus dem Sinn. Sie beschreibt den letzten Augenblick in der Gaskammer.

»Das Vergasen war ein kurzer Prozeß in Auschwitz. Sobald die Opfer im ›Duschraum‹ eingeschlossen waren, erkannten sie blitzartig den ganzen Vernichtungs-Mechanismus. Die imitierten Wasserhähne funktionierten nicht. Von außen wurde über einen Hauptschalter das Licht ausgeknipst. Ein Wagen des Roten Kreuzes fuhr mit dem Cyclon vor, und ein maskierter SS-Mann öffnete die gläsernen Lüftungsklappen über den Gittern. Eine Büchse nach der anderen entleerte er in die Gaskammer. Untersturmführer Gräbner, der politisch Verantwortliche des Lagers, stand bereit, eine Stoppuhr in der Hand.

Als die ersten Kügelchen auf den Boden der Kammer fielen, brach der Kampf ums Überleben aus. Um dem schnell steigenden Gas zu entkommen, stießen die Stärkeren die Schwächeren nieder, traten auf die hingestreckten Opfer, um ihr Leben zu verlängern, indem sie die noch gasfreie Luft höherer Schichten atmeten. Die Quälerei dauerte etwa drei Minuten, dann hörten die Schreie auf, die Sterbenden brachen zusammen. Nach vier Minuten war jeder in der Gaskammer tot.«

Eine sachliche Beschreibung, aber gerade wegen ihrer Nüchternheit viel furchtbarer, als irgendeine literarische Schilderung es je sein kann. Sie hinterließ in mir die für immer unbeantwortete Frage: Dauerte Mutters und Vaters Todeskampf zwei Minuten oder länger? Wie lange sind eigentlich zwei Minuten in einer Gaskammer? Oder vier?

Es war Vormittag, als ich mein Ziel erreichte. St. Pierreville, dieses für meine Eltern so friedliche Vorzimmer zu der von Menschen geschaffenen Hölle ist ein typisches Dorf der Ardèche, umgeben von grünen Bergen und durchweht von tatsächlich ziemlich herber und rauher Luft. Es hat das unvermeidliche Château, eine Kirche, einen Campingplatz mit Boule-Feld und ein Gasthaus, das auch Zimmer an Feriengäste vermietet und sich stolz »L'Hôtel des Voyageurs« nennt.

Die meisten Häuser, auch das, in dem meine Eltern gewohnt haben, sind aus großen honigfarbenen Steinblöcken gebaut, ebenso das mit einer Trikolore geschmückte Gebäude der Gendarmerie Nationale, dessen Eingang von zwei Blumenschalen flankiert wird. Das Dorf selbst, eine Straße und ein kleiner Marktplatz mit Brunnen, liegt in einer Talfalte. Obwohl es Sommer war, konnte man sich sehr gut vorstellen, wie düster und drohend die Berghänge im Winter aussehen mußten, wenn sie das ganze Dorf in ihren naßkalten Klauen hielten und die kalte Feuchtigkeit durch den porösen Stein ins Innere der Häuser kroch. Das hatte Vater gemeint, als er von der eisigen Kälte schrieb, die in die Häuser dringt und »jener im Herzen gleichkommt«. Das hatte Mutter gemeint, als sie schrieb, es sei einfach zu kalt, um zu erröten...

Ich parkte mein Auto und ging zum Bürgermeisteramt. Es war verschlossen. Auf einem kleinen Zettel an der Tür stand: »Fermé pour vacances« – »Wegen Urlaub geschlossen«.

Ich ging ins Dorfgasthaus und bestellte einen Kaffee. Madame Sabarot, die Wirtin, eine kräftige, blonde, hübsche Frau Anfang Vierzig, brachte ihn mir. Ich sagte, ich sei der Sohn von Monsieur und Madame Klaar, die während des Krieges in St. Pierreville gelebt hatten, und fragte, ob sie sich vielleicht an sie erinnern könne.

»Aber gewiß, Monsieur«, antwortete sie. »Sehr gut sogar. Sehr nette Leute. Ich weiß noch genau, wie glücklich Ihre Mutter aussah, als ich ihr einen kleinen Strauß Maiglöckchen brachte. Das ist hier so eine Sitte, wissen Sie. Wir tragen sie Anfang Mai als Glücksbringer.« Sie machte eine nachdenkliche Pause und sah mich an. »Leider«, fuhr sie dann fort, »leider haben sie Ihrer armen Mutter nicht viel Glück gebracht.«

»Wissen Sie vielleicht noch, Madame, wie es meinen Eltern hier ging, wie sie lebten?«

»Nein, leider nicht«, erwiderte sie. »Sehen Sie, ich war damals ja erst zehn und viel zu schüchtern, um mit ihnen zu sprechen. Aber sie hatten immer ein Lächeln für mich.«

Madame Sabarot zeigte mir dann den Weg zum Haus, in dem meine Eltern gelebt hatten. Wie alles in St. Pierreville war es nur ein paar Schritte entfernt. Ich ging von der Straße einige Steinstufen hinauf, sah Mutters kleinen Garten und klopfte an die Tür. Keine Antwort.

Aus einem Fenster im Nebenhaus blickte eine alte Frau. Sie hatte wohl mein Klopfen gehört. Was ich denn wünsche, wollte sie wissen.

Ich nannte meinen Namen. »Ah, quelle tragédie!« rief sie aus. Ob ich vielleicht den Schlüssel haben wolle? Das Haus gehöre jetzt einer Familie in Lyon, die hier ihren Urlaub verbringe. Aber alles sei noch genau so wie damals, als meine Eltern hier gewohnt hatten.

Ich schloß die Tür auf und trat ein. Die Küche, in der Mutter ihre »ausgezeichneten kulinarischen Einfälle« in die Tat umgesetzt hatte, war gleich rechter Hand. Dahinter lag das winzige Wohnzimmer, in dem sie Goethe gelesen hatte. Ich fand seine Gesammelten Werke, eine sehr alte Ausgabe, die Vater in Paris erstanden hatte, unter den Dingen, die mir meine Eltern hinterließen – bis auf drei schmale Bände, die Mutter vermutlich mitgenommen hat. Ich stieg eine altersschwache Holztreppe hinauf und stand im Schlafzimmer mit dem schweren Bett aus der Zeit um die Jahrhundertwende, in dem sie geschlafen hatten. Der Waschtisch mit den irdenen Krügen zu beiden Seiten des Waschbeckens stand in einer Ecke. Unwillkürlich lächelte ich: Für Mutter war das sicher das wichtigste Möbelstück im ganzen Haus gewesen.

Ich blieb nicht lange. Es war Mittag geworden, und die Straße lag öde und leer in der Sonne, als ich zur Gendarmerie ging. Doch das Büro war leer. Schließlich war jetzt Mittagszeit, und die Sicherheitskräfte von Frankreich brauchten Stärkung.

Ich weiß nicht, warum, aber statt sofort wieder hinauszugehen, folgte ich dem Korridor. Unversehens fand ich mich – die Gittertür stand offen – vor der Arrestzelle.

Voll kalter Furcht starrte ich auf die grauen Wände. Ich zuckte unwillkürlich zurück, als ich auf der Pritsche die schmutzigen Strohsäcke sah und das winzige Gitterfenster hoch oben in der Mauer.

Zum erstenmal in meinem Leben fühlte ich, was es bedeuten mußte, seine Freiheit zu verlieren und in einer solchen Zelle eingeschlossen zu werden. Ich begriff, wie schnell – wenn man erst einmal hier war – psychischer Druck, durch die Umgebung noch verstärkt, die Widerstandskraft eines Menschen zerbrechen kann.

Hatten sie meine Eltern in diese Zelle gesperrt, bevor sie nach Privas gebracht wurden? Hatte mein verzweifelter Vater auf dieser Pritsche gesessen, ohne Mutters ruhige Stimme recht zu hören, mit der sie Worte voller Liebe, voller Trost, voller Ermutigung sprach, um ihm ein wenig von der Kraft wiederzugeben, die er inzwischen längst verloren hatte? Ich sah sie vor mir, wie sie da neben ihm saß – vor nervöser Erschöpfung am ganzen Körper zitternd, aber mit klarem Kopf und absolut fähig, ihre Lage nüchtern und realistisch einzuschätzen. Weshalb hätte Mutter sonst wohl ihren ganzen Schmuck für mich zurückgelassen? Sie wußte doch, daß sie ohne Geld waren. Hätte sie das getan, wenn ihr nicht klar gewesen wäre, was sie am Ende ihrer Reise erwartete? Vermutlich wußte sie früher als Vater, daß sie nie mehr zurückkommen würden.

Mich überlief ein Frösteln. Schnell trat ich hinaus in die Sonne und ging die Straße hinunter zum Haus von Monsieur Quinkal.

Seine Frau öffnete die Tür. Sie wußte, wer ich war. Ihr Mann hatte ihr gesagt, daß ich kommen würde. Ich könne ihn unten am Fluß auf dem Campingplatz finden. Er arbeite da als eine Art Verwalter.

Ich fuhr zum Fluß hinunter und fragte die boulespielenden Männer, wo ich Monsieur Quinkal finden könne. Ein kleiner

Mann mit blauer Baskenmütze kam auf mich zu. Sein Körper wirkte von Arthritis verkrümmt.

»Ich bin Quinkal, Monsieur«, sagte er. »Sie müssen Monsieur Klaar sein.«

Es war seit vielen Jahren das erste Mal, daß mich jemand mit diesem Namen anredete.

Monsieur Quinkal sah mich an und wiederholte: »Gar kein Zweifel, Sie sind der Sohn von Monsieur und Madame Klaar. Ihre Eltern haben viel von Ihnen gesprochen. Mit ihren Gedanken waren sie ständig bei Ihnen.«

Wir setzten uns in mein Auto, und ich berichtete ihm, was mir Michel Walla geschrieben hatte.

»Ja, das stimmt. Das meiste hat er ohnehin von mir«, erklärte Quinkal. »Die hiesige Résistance-Gruppe wurde von unserem Lehrer geleitet. Sie hatte fünfzehn Mitglieder. Ich war für eine Untergruppe von fünf Leuten verantwortlich. Wir ließen Ihre Eltern nicht aus den Augen. Beim ersten Anzeichen einer Gefahr wollten wir sie zu einem abgelegenen Bergbauernhof bringen. Es war alles vorbereitet. Anschließend hätten wir uns dann noch mit den Maquisards in Verbindung gesetzt und um Mithilfe gebeten. Die Gendarmen hätten sie nie gefunden. Allerdings glaube ich kaum, daß die daran ein größeres Interesse gehabt hätten.«

»Aber ich habe immer geglaubt, daß Ihr Sergeant – oder was sein Dienstrang auch gewesen sein mag – ein Faschist war, ein Antisemit«, sagte ich.

»Oh, Chandolas«, erwiderte Quinkal. »Der war kein Faschist. Überhaupt nicht. Er hatte Angst um seinen Posten, um die eigene Sicherheit. Deshalb hat er uns hereingelegt. Sehen Sie, er hatte vier Männer unter sich. Zwei gehörten zur Résistance, die beiden anderen nicht. Das war ihm natürlich bekannt. Als er den Befehl zur Festnahme Ihres Vaters erhielt, sagte er keinem Menschen etwas davon. Aber er sorgte dafür, daß in dieser Nacht keiner der Résistance-Leute Dienst hatte. Sie müssen wissen, daß in einem Dorf wie diesem hier die Leute früh zu Bett gehen. Um neun Uhr abends schläft im allgemeinen schon alles. Selbst im Sommer. Und es war Krieg. Weil wir dachten, Ihre Eltern seien nicht in Gefahr, zogen wir uns ungefähr um diese Zeit zurück. Chandolas wartete ab. Erst spät in der Nacht schlug er zu.«

»Und Sie glauben wirklich, daß pure Angst Chandolas zu seiner Tat getrieben hat und auch dazu, nach der schrecklichen Szene, als Vater aus dem Fenster zu springen drohte, seinen Befehl auszuführen?« fragte ich.

Quinkal nickte. »Sie können sich einfach nicht vorstellen, was für ein furchtsamer Mann er war«, sagte er. »Er war doch stocksteif vor Angst – vor seinen Vorgesetzten ebenso wie vor dem Maquis. Hätte Chandolas aber gewußt, welches Schicksal Ihren Eltern bevorsteht, hätte er von den Vernichtungslagern gewußt – wir hatten ja alle keine Ahnung, wissen Sie, erst nach der Befreiung hörten wir davon und konnten es kaum glauben –, dann hätte er uns gewarnt, glaube ich.«

Ein oder zwei Minuten lang saßen wir schweigend da.

»Nun, Monsieur Klaar, das ist eigentlich alles, was ich Ihnen sagen kann. Es ist ja auch alles schon so lange her« schloß er und griff nach der Wagentür.

Aber dann drehte er sich noch einmal zu mir um und fügte hinzu: »Ihre Mutter hätte bis zum Kriegsende hierbleiben können. Sie wäre zweifellos sicher gewesen. Chandolas hatte nur den Befehl, Ihren Vater zu verhaften. Sie hätte nicht mitzugehen brauchen. Aber sie wollte Ihren Vater nicht verlassen.«

Ich glaubte, nicht richtig gehört zu haben. Mein Französisch ist nicht besonders gut, und Quinkal hatte ziemlich schnell gesprochen. Ich bat ihn, die letzten Sätze noch einmal langsam zu wiederholen.

Er tat es.

Nachdem ich die Bedeutung seiner Worte begriffen hatte, reagierte ich nicht wie ein Erwachsener, sondern ganz instinktiv und kindlich. Wie konnte sie das tun? Ihr Kind verlassen – mich! Warum blieb sie nicht für mich am Leben?

Ich schüttelte heftig den Kopf, als müsse ich diesen Gedanken loswerden, bevor ich mein inneres Gleichgewicht wiederfinden konnte.

Wie sehr muß sie Vater geliebt haben! Ich schämte mich meiner ersten spontanen Reaktion. Ihr Leben war mit seinem verwoben, nicht mit dem meinen! Ich hatte mein eigenes. Sie hat es mir gegeben. Mir schenkte sie das Leben, Vater schenkte sie sich selbst.

»Das ist alles«, sagte Quinkal noch einmal. »Alle Menschen, die Ihre Eltern näher kannten und enger mit ihnen befreundet waren als ich, sind tot.« Aus seiner Stimme klang auch ein Hauch von Vorwurf, als er hinzufügte: »Sie haben zu lange gewartet, Monsieur. Maintenant c'est trop tard pour être à la recherche des parents perdus – jetzt ist es zu spät für die Suche nach den verlorenen Eltern!«

Ich weiß nicht, ob Quinkal jemals Proust gelesen hat, ich wage es zu bezweifeln, aber bei Gott – genau das waren seine Worte!

In gewisser Hinsicht hatte er natürlich recht. In anderer wiederum nicht. Ich brauchte einige Zeit, um zu verstehen, was er mir gesagt hatte – zu verstehen, in mich aufzunehmen und mit dem Traum in Verbindung zu bringen, den ich immer wieder geträumt habe und an den ich mich in allen Einzelheiten erinnere.

Zu Beginn dieses Traumes läutet das Telefon. Ich hebe ab und höre am anderen Ende der Leitung Mutters Stimme. Sie sagt mir, daß sie und Vater überlebt haben und wo ich sie finden könne. Überglücklich laufe ich zu dem Ort, den sie mir genannt hat. Dort angekommen, sehe ich Mutter sehr deutlich im Vordergrund. Sie sieht genauso aus wie in ihren glücklichen Jahren. Ihr Gesicht, ihr Lächeln, ihre Stimme – alles genauso wie früher. Vater hält sich im Hintergrund. Mutter spricht mit mir, gibt mir aber nie Antwort auf meine wiederholte Frage, warum sie mir erst jetzt mitgeteilt habe, daß sie noch leben, warum sie so lange gewartet habe, bis sie mich endlich verständigte. Vater sagt kein einziges Wort. Er begrüßt mich nicht, sieht mich nicht an, ja, wendet sogar den Kopf ab. Er sieht nicht mehr so aus wie früher. Er ist unrasiert wie an jenem Abend im »Lyons Corner House«, aber viel dünner. Seine Haut ist geisterhaft, fast durchsichtig und hat einen Zug ins Gelbliche. Seine Bewegungen sind unnatürlich, unkoordiniert, ruckartig wie die einer Marionette. Ich will mit ihm sprechen, rufe ihm etwas zu – bekomme aber keine Antwort.

Das ist der Traum. Was will er mir sagen?

Zunächst dachte ich, Vaters Verhalten mir gegenüber sei durch jenes Schuldgefühl bestimmt, das ich seit unserem Telefongespräch im Jahr 1939 mit mir herumtrage, als ich ihm den Rat gab, in Frankreich zu bleiben. Aber dann fragte ich mich, ob er nicht zeigte, daß ich unbewußt gefühlt hatte, daß Mutters Liebe zu Vater zwischen ihm und mir stand und daß sie es war, die ihn weiter von mir entfernte – etwas, das mein Bewußtsein allerdings entschieden zurückweisen würde.

Dann fiel mir ein, daß die entgegengesetzte Interpretation genauso plausibel klingt. Daß ich es war, der Vater in den Hintergrund schob, um Mutter für mich allein zu haben. Das würde meine erste instinktive Reaktion auf Quinkals Worte bestätigen.

Wie auch immer – die Interpretationen tragen einer entscheidenden Tatsache keineswegs Rechnung: der Tatsache nämlich, wie Vater aussieht. Auch wenn sich sein Körper bewegt, sieht er doch so aus wie ein Opfer der Gaskammer.

Vater spricht nicht zu mir, weil ich die unterbewußte Schuld des Überlebenden empfinde. Ich weiß – wenn ich überhaupt etwas weiß –, daß mein Überleben der einzige Trost meiner Eltern war. Und doch – wenigstens solange mich der Traum heimsuchte – muß in mir ein Schuldgefühl gewesen sein. Ich fühlte mich schuldig, überlebt zu haben, entkommen zu sein, das Schicksal meiner Eltern – und in einem weiteren Sinne das meines Volkes – nicht geteilt zu haben.

EPILOG

»Es gäbe ein sehr einfaches Mittel, um den ›christlichen‹ Haß gegen den Juden Jesus schlagartig offenbar zu machen. Man müßte nur einmal über Nacht – in einer Karwoche etwa – in 100 Domkirchen und einigen 100 Kirchen in Stadt und Land ein großes Bild über dem Altar anbringen, das einen dreißigjährigen jungen Juden schmerzgepeinigt als Jesus zeigt. Ein Schrei des Entsetzens, der Empörung würde sich auslösen durch diese Ansage der tiefsten Verdeckung und Verdrängung, die dem Juden Jesus und seiner ganzen ›Mischpoche‹, dem Judentum, gilt. Für viele Kleriker und Laien, Kirchenfürsten und Pfarrer würde dieses Bild eines jungen Juden – etwa einer Photographie, kurz vor der Vergasung 1944 aufgenommen – als eine furchtbare Blasphemie erscheinen.«

Diese Worte schrieb der österreichische katholische Historiker und Publizist Friedrich Heer. Im großen und ganzen beantworten sie die Fragen, die ich mir seit Jahrzehnten gestellt habe: Warum wurden meine Eltern, warum wurden Ernst und Stella Klaar – und die Millionen anderer – vernichtet wie Ungeziefer? Warum mußten sie sterben? Wer ist dafür verantwortlich?

Die vordergründige Antwort lautet: Adolf Hitler. Das ist sicher wahr, aber es ist eine nichtssagende Wahrheit. Genauso unbedeutend wie Hitler selbst. Er war ein hohles Gefäß ohne eigene Ideen, nur angefüllt mit den Gedanken anderer.

Hitler war kein Schöpfer, kein Urheber. Er war nur der schreckliche Vollstrecker der Haßgefühle anderer Menschen, die er zu seinen eigenen gemacht hatte. Durch Adolf Hitler – und nicht wegen! – explodierte der angestaute Judenhaß zweier Jahrtausende. Er war wie der Krater eines Vulkans, durch den die brodelnde, kochende Masse geschmolzenen Gesteins, so lange tief unten im dunklen Innern verborgen, schließlich ans Tageslicht brach.

Fremdenhaß gegenüber den Juden gab es bereits vor Jesus von Nazareth, aber der abgrundtiefe Haß gegen das jüdische Volk begann mit der »Ent-Judung« von Jesus durch die frühen Kirchenväter. Sie wußten genau, daß sie Jesus' wahre Identität zerstörten, als sie ihm sein Judentum raubten. Denn Jesus von Nazareth war ein Jude, lebte als Jude, predigte als Jude, und der Vater, zu dem er betete und dem er diente, war der Gott der Juden.

Dennoch entzogen sie dem toten Jesus seine jüdische Herkunft und brachten dem Andenken an ihn damit Wunden bei, die tiefer und viel quälender sind als jene, die er am Kreuz erlitten hat.

Es gibt kein größeres Verbrechen, als die Seele eines Menschen zu morden. Es wiegt im menschlichen Bewußtsein noch schwerer, wenn es im nachhinein an einem wehrlosen Opfer vollzogen wird. Und es gibt keine größere Strafe als das Schuldgefühl, das es in seinen Verursachern hervorruft.

Die instinktive Abwehr der Menschen gegen überwältigende Schuldgefühle besteht darin, sie jenen anzulasten, denen sie Unrecht getan haben. Und genau das haben die frühen Kirchenväter und viele ihrer Nachfolger getan. Sie wiesen auf die angeborene Bosheit der Juden hin, sie zeichneten den Juden mit hakennasiger, teuflischer Grimasse, nachdem sie ein Wesen geschaffen hatten, das so niemals existiert hatte: den blonden, gradnasigen und sanftmütigen Jesus.

Der religiöse Judenhaß ist die Wurzel des Baumes, auf dem der rassische Antisemitismus wächst. Wenn auch aus religiösen Motiven Juden getötet wurden, so hatten sie doch – wenigstens gelegentlich – die Möglichkeit des Überlebens durch die Taufe. Der rassische Antisemitismus wurde zur Todesfalle, in seiner logischen Konsequenz konnte er nur – wie bei Hitler – zu einem Ergebnis führen: zum Massenmord an den Juden.

Wie das Wort »Antisemitismus« selbst ist der rassische Antisemitismus eine Erfindung des 19. Jahrhunderts, ein Nebenprodukt des nationalistischen und chauvinistischen Geistes, der Europa als Folge der napoleonischen Kriege infizierte.

Franz Grillparzer, der große österreichische Schriftsteller und

Dramatiker, faßte diesen neuen Nationalismus und seine tiefere Bedeutung in einem prophetischen Satz zusammen: »Vom Humanismus über den Nationalismus zur Bestialität.«

Der rassische Antisemitismus dachte an die »Endlösung«, lange bevor Hitler sie ausführte. Zur Zeit des Dreyfus-Prozesses beschuldigte der Franzose Edouard Drumont die Juden, die Syphilis nach Rußland eingeschleppt zu haben, und schlug vor, sie alle in der Seine zu ertränken.

1935 schrieb der britische Antisemit Arthur Leese: »Man muß zugeben, daß die sicherste und dauerhafteste Art, die Juden loszuwerden, darin bestünde, sie auf irgendeine humane Weise, etwa in einer Todeskammer, loszuwerden.«

Aber es gab auch noch andere. Zu den unverhohlensten Judenhassern in Deutschland gehörte im 19. Jahrhundert der Historiker Paul Boetticher, der unter dem Namen Paul de Lagarde schrieb. Er bezeichnete die Juden als »ausbeuterisches Ungeziefer« und schlug vor, sie wie »Trichinen und Bakterien« zu vernichten. Lagarde gehörte zu Hitlers Lieblingsautoren. Von ihm übernahm der »Führer« die Ungeziefer-Terminologie.

Allerdings muß auch gesagt werden, daß der rassische Antisemitismus kein deutsches, sondern ein internationales Phänomen war und ist. Es war der Österreicher Hitler – er wurde nie ein Deutscher, so oft und so laut er auch »Deutschland« schrie –, der dazu bestimmt war und die Macht hatte, mit deutscher Tüchtigkeit und Gründlichkeit – aber auch der bereitwilligen Mitarbeit anderer Nationen – das durchzuführen, was ein de Lagarde und ein Leese vorgeschlagen hatten.

Es wurden nicht nur Juden ermordet. Russen und Polen wurden zu Abertausenden getötet, und wir trauern um sie, wie wir um die Juden trauern, aber es gibt einen entscheidenden Unterschied: Hitler hatte nie die Absicht, alle Polen und alle Russen zu vernichten. Der Genozid war einzig und allein dem jüdischen Volk bestimmt. Selbst die Zigeuner, auch wenn sie das Schicksal der Juden in großer Zahl teilten, waren nicht alle zum Tod verurteilt. Eine Anzahl von ihnen, die bei der Deutschen Wehrmacht gedient hatten, bevor sie verhaftet und nach Auschwitz gebracht wurden, konnten zu ihren Truppenteilen zurückkehren – vorausgesetzt allerdings, sie ließen sich sterilisieren.

Meine Eltern mußten sterben, weil sie Juden waren. Weil sie zu jenem Volk gehörten, das der Welt Jesus von Nazareth geschenkt hat und jenen moralischen Grundsatz, nach dem die Menschen noch nie leben konnten.

Die Kirche lehrt, daß die gesamte Menschheit am Kreuzestod Jesu schuld sei. Genauso trägt die Menschheit Schuld am Tod meiner Eltern und Millionen von jüdischen Männern, Frauen und Kindern in den deutschen Gaskammern.

Die Welt und die sie Regierenden wußten sehr früh, was vor sich ging. Sie wußten von den Massenerschießungen in Polen und der Sowjetunion, von den Vergasungen in Auschwitz, Treblinka, Maidanek, Sobibor und Celmno. Und die Welt – wir alle – ließen es geschehen. Wir taten nichts.

Vielleicht kann dieses Buch, weil es eine wahre Geschichte menschlicher Verzweiflung, die Geschichte der Vernichtung einer Familie erzählt, einige wenige zum Nachdenken und Nachempfinden bewegen. In dieser Hoffnung wurde es geschrieben.

Oder sollte das letzte Wort über uns alle für immer Voltaires Ausspruch sein: »Die Geschichte wiederholt sich nie, der Mensch aber immer wieder!«?

BIBLIOGRAPHIE

Adam, Uwe Dietrich, *Judenpolitik im Dritten Reich,* Droste Verlag, Düsseldorf 1972

Adler, Hans Günther, *Theresienstadt 1941–1945. Das Antlitz einer Zwangsgemeinschaft. Geschichte, Soziologie, Psychologie,* J. C. B. Mohr, Tübingen 1955

Adler, Hans Günther, *Die verheimlichte Wahrheit. Theresienstädter Dokumente,* J. C. B. Mohr, Tübingen 1958

Adler, Hans Günther, *Der verwaltete Mensch. Studien zur Deportation der Juden aus Deutschland,* J. C. B. Mohr, Tübingen 1974

Akten zur deutschen auswärtigen Politik 1918–1945. Aus dem Archiv des Deutschen Auswärtigen Amtes. Serie D, Band 1. Von Neurath zu Ribbentrop (Sept. 1937–Sept. 1938), Imprimerie Nationale, Baden-Baden 1950

Allmayer-Beck, Johann Christoph, *Die K. (u.) K.-Armee 1848–1914,* C. Bertelsmann Verlag, München, Gütersloh, Wien 1974

Améry, Jean, *Jenseits von Schuld und Sühne. Bewältigungsversuche eines Überwältigten,* Klett-Cotta, Stuttgart 1977

Andics, Hellmut, *Fünfzig Jahre unseres Lebens. Österreichs Schicksal seit 1918,* Verlag Fritz Molden GmbH, Wien, München, Zürich 1968

Andics, Hellmut, *Das österreichische Jahrhundert. Die Donaumonarchie von 1804–1900,* Verlag Fritz Molden GmbH, Wien, München, Zürich 1974

Andics, Hellmut, *Der Staat den keiner wollte. Österreich 1918–1939,* Verlag Herder & Co., Wien, Freiburg, Basel 1962

Barea, Ilsa, *Vienna,* George Weidenfeld & Nicolson Ltd., London 1966

Blumenkranz, Bernhard (Hrsg.), *Histoire des Juifs en France. (Collection »Franco-Judaica« 1),* Privat, Toulouse 1972

Botz, Gerhard, *Wohnungspolitik und Judendeportation. Zur Funktion des Antisemitismus als Ersatz national-sozialistischer Sozialpolitik,* Geyer Edition, Wien, Salzburg 1975

Brook-Shepherd, Gordon, *Der Anschluß,* Verlag Styria, Graz, Wien, Köln 1963

Brook-Shepherd, Gordon, *Um Krone und Reich. Die Tragödie des letzten Habsburgerkaisers,* Verlag Fritz Molden GmbH, Wien, München, Zürich 1968

Clary-Aldringen, Alfons, *Geschichten eines alten Österreichers,* Verlag Ullstein GmbH, Berlin, Frankfurt/M., Wien 1977

Cole, Hubert, *Laval,* William Heinemann Ltd., London 1963
Crankshaw, Edward, *The Fall of the house of Habsburg,* Longman Group Ltd., London, Harlow 1963
Danzer, Alfons, *Unter den Fahnen,* F. Tempsky, Wien 1889
Dimont, Max I., *The Indestructible Jews,* Signet 1971
Elon, Amos, *Morgen in Jerusalem. Theodor Herzl. Sein Leben und Werk,* Verlag Fritz Molden GmbH, Wien, München, Zürich 1975
Fest, Joachim C., *Hitler,* Propyläen Verlag, Berlin, Frankfurt/M., Wien 1973
Fraenkel, Josef (Hrsg.), *The Jews of Austria. Essays on their life, history and destruction,* Vallentine, Mitchell, London 1967
Franzos, Karl Emil, *Die Juden von Barnow,* Hallberger, Stuttgart & Leipzig 1878
Friedell, Egon, *Kulturgeschichte der Neuzeit. Die Krisis der europäischen Seuche von der schwarzen Pest bis zum Weltkrieg,* Verlag C. H. Beck, München 1928–1931
Fromm, Erich, *Anatomie der menschlichen Destruktivität,* Deutsche Verlags-Anstalt GmbH, Stuttgart 1974
Fuchs, Albert, *Geistige Strömungen in Österreich. 1867–1918,* Globus-Verlag, Wien 1949
Gedye, George Eric Rowe, *Die Bastionen fielen,* Danubia Verlag, Wien, ca. 1947
Grange, de la, Henry Lovis, *Mahler,* Victor Gollancz Ltd., London 1974
Gunther, John, *Die verlorene Stadt,* Verlag Fritz Molden GmbH, Wien, München, Zürich 1965
Hay, Malcolm, *The Foot of Pride,* Beacon Press, Boston 1950
Heer, Friedrich, *Gottes erste Liebe,* Bechtle Verlag, München u. Esslingen 1967
Heer, Friedrich, *Das Wagnis der schöpferischen Vernunft,* Verlag W. Kohlhammer GmbH, Stuttgart, Berlin, Köln, Mainz 1977
Hilberg, Raul, *The Destruction of the European Jews,* Quadrangle Books, Chicago 1961
Himmler, Heinrich, *Geheimreden 1933 bis 1945 und andere Ansprachen,* Propyläen Verlag, Berlin, Frankfurt/M., Wien 1974
Hitler, Adolf, *Mein Kampf,* Eher Verlag, München 1925–1927
Jäckel, Eberhard, *Hitler und der Mord an den europäischen Juden,* Frankfurter Allgemeine Zeitung vom 25. 8. 1977
Jagschitz, Gerhard, *Der Putsch. Die Nationalsozialisten 1934 in Österreich,* Verlag Styria, Graz, Wien, Köln 1976
Kaindl, Friedrich, *Die Bukowina in den Jahren 1848–1849,* Pardini, Czernowitz, Wien 1900
Kassner, Salomon, *Die Juden der Bukowina,* Loewit Verlag, Wien 1917
Kochan, Lionel, *The Jew and his History,* The Macmillan Press Ltd., London, Basingstoke 1977
Kraus, Karl, *Die letzten Tage der Menschheit,* Kösel-Verlag, München 1970

Lang, Jochen von, *Der Sekretär. Martin Bormann: Der Mann, der Hitler beherrschte,* Deutsche Verlags-Anstalt, Stuttgart 1977
Langbein, Hermann, *Menschen in Auschwitz,* Europa Verlag GmbH, Wien, Zürich, München 1972
Lucacs, John, *The Last European War,* Routledge & Kegan Paul Ltd., London, Boston, Henley 1976/77
Maderegger, Sylvia, *Die Juden im österreichischen Ständestaat 1934 bis 1938,* Geyer Edition, Wien, Salzburg 1973
Magris, Claudio, *Der habsburgische Mythos in der österreichischen Literatur,* Otto Müller Verlag, Salzburg 1966
Magris, Claudio, *Weit von wo. Verlorene Welt des Ostjudentums,* Europa Verlag GmbH, Wien, Zürich, München 1974
Mann, Thomas, *Gedanken im Kriege (1915).* In: *Gesammelte Werke in 13 Bänden, Bd. XIII, Nachträge,* S. Fischer Verlag GmbH, Frankfurt/M. 1974
Marek, George Richard, *The Eagles Die,* Hart-Davis Educational, London 1974
Moser, Jonny, *Die Judenverfolgung in Österreich 1938–1945,* Europa Verlag GmbH, Wien, München, Zürich 1966
Ottawa, Theodor, *Mein Österreichbuch,* Donauland Verlag, Wien 1953
Pearlman, Moshe, *Die Festnahme des Adolf Eichmann,* S. Fischer Verlag GmbH, Frankfurt/M. 1961
Picker, Henry (Hrsg.), *Hitlers Tischgespräche im Führerhauptquartier 1941–1942,* Athenäum Verlag GmbH, Bonn 1951
Popper, Sir Karl, *Unending Quest,* Fontana/Collins, Glasgow 1976
Pulzer, Peter G. Julius, *Die Entstehung des politischen Antisemitismus in Deutschland und Österreich, 1867 bis 1914,* Mohn, Gütersloh 1966
Reitlinger, Gerald, *Die Endlösung. Hitlers Versuch der Ausrottung der Juden Europas 1939–1945,* Colloquium Verlag, Berlin 1957
Roth, Joseph, *Werke in drei Bänden,* Kiepenheuer & Witsch, Köln 1956
Schnitzler, Arthur, *Jugend in Wien. Eine Autobiographie,* Fritz Molden Verlag GmbH, Wien, München, Zürich 1968
Schnitzler, Arthur, *Der Weg ins Freie.* In: *Gesammelte Werke. Die erzählenden Schriften, Band 1,* S. Fischer Verlag GmbH, Frankfurt/M. 1961
Scholder, Klaus, *Die Kirchen und das Dritte Reich* (Bd. I), Propyläen Verlag, Berlin, Frankfurt/M., Wien 1977
Schuschnigg, Kurt von, *Im Kampf gegen Hitler. Die Überwindung der Anschlußidee,* Verlag Fritz Molden GmbH, Wien, München, Zürich 1969
Schuschnigg, Kurt von, *Ein Requiem in Rot-Weiß-Rot. »Aufzeichnungen des Häftlings Dr. Auster«,* Amstutz, Herdeg & Co., Zürich 1946
Stern, J. P., *The Führer and his People,* Fontana/Collins, Glasgow 1975
Stewart, Desmond Stirling, *Theodor Herzl,* Hamish Hamilton Ltd., London 1974
Stoeger, Michael, *Darstellung der gesetzlichen Verfassung der galizischen Judenschaft,* Verlag Kuhn und Millikowski, Lemberg 1833

Tietze, Hans, *Die Juden Wiens. Geschichte, Wirtschaft, Kultur,* Tal, Leipzig 1933

Villiers, Douglas, *Next Year in Jerusalem,* George G. Harrap & Company Ltd., London 1976

Wagner, Dieter und Tomkowitz, Gerhard, *›Ein Volk, ein Reich, ein Führer!‹ Der Anschluß Österreichs 1938,* Piper & Co. Verlag, München 1968

Waite, Robert G. L., *The Psychopathic God – Adolf Hitler,* Basic Books Inc., New York 1977

Warner, Geoffrey, *Pierre Laval and the Eclipse of France,* Eyre & Spottiswoode, London 1968

Watt, Richard M., *The Kings Depart. The Tragedy of Germany: Versailles and the German Revolution,* Simon & Schuster, New York 1968

Weigel, Hans, *Karl Kraus oder Die Macht der Ohnmacht. Versuch eines Motivenberichts zur Erhellung eines vielfachen Lebenswerkes,* Verlag Fritz Molden GmbH, Wien, München, Zürich 1968

Weinzierl, Erika, *Zu wenig Gerechte,* Verlag Styria, Graz, Wien, Köln 1969

Wistrich, Robert Solomon, *Revolutionary Jews from Marx to Trotzky,* George G. Harrap & Company Ltd., London 1976

Zweig, Friderike Maria, *Spiegelungen des Lebens,* Verlag Hans Deutsch, Wien, Stuttgart, Zürich 1964

Zweig, Stefan, *Die Welt von gestern. Erinnerungen eines Europäers,* Bermann-Fischer Verlag AB, Stockholm, 1944

Für die freundliche Genehmigung zum Abdruck der nachstehend aufgeführten Textpassagen danken wir den Verlagen:
Brief Otto von Habsburg (S. 200) und Rede Schuschnigg (S. 210f.) aus: Wagner/Tomkowitz, *›Ein Volk, ein Reich, ein Führer!‹,* Piper & Co. Verlag. Zitat Kraus (S. 102) und Zitat Benedikt (S. 106) aus: Elon, *Morgen in Jerusalem,* Verlag Fritz Molden. Zitat Otto Bauer (S. 150) und Zitat Wildgans (S. 160f.) aus: Andics, *Fünfzig Jahre unseres Lebens,* Verlag Fritz Molden. Zitat Mann (S. 66) aus: Mann, *Gedanken im Kriege;* Zitat Schnitzler (S. 108) aus: Schnitzler, *Der Weg ins Freie* und Zitate Zweig (S. 17f., 19f., 171) aus: Zweig, *Die Welt von gestern,* alle S. Fischer Verlag GmbH. Zitat Heer (S.309) aus: Heer, *Gottes erste Liebe,* Bechtle Verlag.

DANK

sagen möchte ich Herrn Dr. H. G. Adler (London), dem ich nicht nur außerordentlich wertvolle Quellenhinweise, sondern auch den Kontakt zu Frau Gwyn Moser (Wien) verdanke, die für mich in Österreich Nachforschungen anstellte und für deren Ermutigung und Kritik ich sehr dankbar bin.
Das Manuskript schrieb und schrieb Frau Maria Bontoft, der ich für die Aufmerksamkeit, die sie dem Text zuteil werden ließ, und für die Hinweise auf gelegentliche Schlampereien herzlich danke.
Last but not least Dank allen Mitarbeitern des Verlages, die sich so intensiv mit Gestaltung und Herstellung meines Buches befaßten.

NAMENREGISTER

Die Mitglieder der Familien Klaar und Schapira werden der Häufigkeit ihres Auftretens wegen nur anläßlich der ersten Erwähnung hier aufgeführt.

MINISTÈRE
DES
ANCIENS COMBATTANTS
ET
VICTIMES DE GUERRE.

DIRECTION DU CONTENTIEUX
DE L'ÉTAT CIVIL
ET DES RECHERCHES

2ème Bureau

83, Av. Foch, PARIS XVI°

RÉPUBLIQUE FRANÇAISE.

M. 8

Paris, le

ACTE DE DISPARITION.

LE MINISTRE DES ANCIENS COMBATTANTS
ET VICTIMES DE GUERRE.

Vu l'article 88 du Code Civil (Ord. du 30 octobre 1945);
Apres examen des pièces du dossier portant le n° 68.060
DÉCLARE :

la disparition de K L A A R Ernest
né le I5 Octobre I889 à VIENNE (Autriche)
dans les conditions indiquées ci-après :

Interné à DRANCY.
Déporté à AUSCHWITZ (Pologne) par le convoi parti de DRANCY le 9 Septembre I942.

Pour le Ministre des Anciens Combattants et Victimes de Guerre.
Par délégation, le Directeur du Contentieux, de l'État-civil des Recherches

---

MINISTÈRE
DES
ANCIENS COMBATTANTS
ET
VICTIMES DE GUERRE.

DIRECTION DU CONTENTIEUX
DE L'ÉTAT CIVIL
ET DES RECHERCHES

2ème Bureau

83, Av. Foch, PARIS XVI°

RÉPUBLIQUE FRANÇAISE.

M. 8 bis.

Paris, le 13 JAN. 1950

ACTE DE DISPARITION.

LE MINISTRE DES ANCIENS COMBATTANTS
ET VICTIMES DE GUERRE.

Vu l'article 88 du Code Civil (Ord. du 30 octobre 1945);
Apres examen des pièces du dossier portant le n° 68.061
DÉCLARE :

la disparition de KLAAR née SCHAPIRA Ernestine
née le I3 Février I889 à LWOW (Pologne)
dans les conditions indiquées ci-après :

Internée à DRANCY.
Déportée à AUSCHWITZ (Pologne) par le convoi parti de DRANCY le 9 Septembre I942.

Pour le Ministre des Anciens Combattants et Victimes de Guerre.
Par délégation, le Directeur du Contentieux, de l'État-civil des Recherches
P.O. Le Chef du Bureau de l'État Civil Déportés

REMARQUES IMPORTANTES.